GÜTERSLOHER
VERLAGSHAUS

Gütersloher Verlagshaus. Dem Leben vertrauen

Yizhar Hirschfeld

Qumran – die ganze Wahrheit

Die Funde der Archäologie – neu bewertet

Aus dem Englischen übersetzt von Karl H. Nicolai
Deutsche Bearbeitung von Jürgen Zangenberg

Gütersloher Verlagshaus

Deutsche Erstausgabe.
Die amerikanische Originalausgabe erschien 2004 unter dem Titel
Qumran in Context. Reassessing the Archaeological Evidence.

Bibliografische Information Der Deutschen Bibliothek

Die Deutsche Bibliothek verzeichnet diese Publikation in der
Deutschen Nationalbibliografie; detaillierte bibliografische Daten
sind im Internet über http://dnb.ddb.de abrufbar.

1. Auflage

Umschlaggestaltung: Init GmbH, Bielefeld, unter Verwendung von Abbildungen aus dem
Innenteil
Satz: SatzWeise, Föhren
Druck und Bindung: Těšínská Tiskárna AG, Český Těšín
Printed in Czech Republic
ISBN-13: 978-3-579-05225-0
ISBN-10: 3-579-05225-X

www.gtvh.de

Inhalt

Anhang

Qumran, die Essener und die gegenwärtige archäologische Forschung

Einführung

Von Jürgen Zangenberg (Universität Tilburg/NL)

Seit der Entdeckung der berühmten Schriftrollen von Qumran im Winter 1946/47 haben die benachbarten Ruinen von Khirbet Qumran unzählige Forscher und noch mehr Besucher in ihren Bann gezogen. Lange Jahre war die Deutung der Baureste auf der Mergelterrasse unweit des Toten Meers von der Tatsache bestimmt, dass die ersten, in elf Höhlen in unmittelbarer Nähe zur Ruinenstätte gefundenen Schriftrollen den maßgeblichen Interpretationsrahmen für die Siedlung und ihre Bewohner geliefert haben: aufgrund ihrer Berührungen mit theologischen Auffassungen und Praktiken der antiken Essenern galt und gilt seit den Grabungen von Roland de Vaux die Ruinenstätte von Qumran wenn nicht als Zentrum der Essener, so doch als Stützpunkt einer besonders radikalen Untergruppe dieser »Religionspartei«, die sich in der Wüste auf das kommende Gericht Gottes vorbereitete und sich von der Welt und den Frevlern fernhielt. Im Falle Qumrans schienen Archäologie und Textforschung eine geradezu ideale Verbindung einzugehen.

Ein Wendepunkt in der internationalen Forschung

Yizhar Hirschfelds Buch, das zuerst 2004 in den USA erschienen ist und hiermit in einer aktualisierten deutschen Ausgabe vorliegt, markiert einen deutlichen Wendepunkt. Hirschfeld legt die erste systematische Interpretation Qumrans vor, die nicht a priori von der genuinen Verbindung zwischen den Schriftrollen, den Essenern und der Ruine ausgeht. Für Hirschfeld stellen stattdessen zwei andere Faktoren den entscheidenden Referenzrahmen dar, nämlich die vor Ort gefundenen Reste der *materiellen Kultur Qumrans* – angefangen beim Grundriss der Siedlung bis hin zu Münzen, Keramik und Gebrauchsgegenständen – sowie die *wirtschaftliche Struktur und Geschichte der Region*. Qumran darf nach Hirschfeld nicht anders analysiert und interpretiert werden als jede andere archäologische Fundstätte auch. Dieser Neuansatz ermöglicht es Hirschfeld, Argumente, Daten und Beobachtungen neu gegeneinander abzuwägen und in eine neue Gesamtsicht zu integrieren. Hirschfeld kommen dabei seine eigenen archäologischen Arbeiten an benachbarten Fundstätten wie En-Gedi, Khirbet

Mazin und Ain-Feshkha sowie seine intime Kenntnis der gesamten Region im Licht ihrer materiellen Kultur in der Zeit des späten zweiten jüdischen Tempels (der sog. »hellenistisch-römischen Zeit« bis 70 n. Chr.) zugute.

Natürlich hat Hirschfeld wichtige Vorläufer für seine Neuinterpretation. Da ist zu allererst der Münsteraner Professor Karl-Heinrich Rengstorf zu nennen. Seine wegweisende Skizze »Hirbet Qumran und die Schriftrollen vom Toten Meer« hat er bereits 1960 publiziert. Leider fand sie nur wenig Beachtung. Dann Norman Golb, der auf dem Höhepunkt des Streits um die so lange hinausgezögerte Publikation der Schriftrollen Rengstorfs Überlegungen wieder aufgriff und behauptete, die Schriftrollen seien nicht das Produkt einer Sekte aus Qumran, sondern stammten ursprünglich aus Jerusalem. Er veröffentlichte seine Position 1994 in einem Buch, das im gleichen Jahr unter dem Titel »Qumran. Wer schrieb die Schriftrollen vom Toten Meer?« auch auf Deutsch erschien.

Nachhaltige Beachtung fanden diese Hypothesen jedoch erst, als ihnen das belgische Ehepaar Pauline Donceel-Voûte und Robert Donceel die nötige archäologische Rückendeckung gaben. Beide hatten 1989 und 1990 in der École Biblique et Archéologique Française an der Bestandsaufnahme und Publikation der Grabungsdokumentation und Funde Roland de Vaux' gearbeitet. Im Jahre 1994 stießen sie mit ihrem Arbeitsbericht auf der Konferenz »Methods of Investigation of the Dead Sea Scrolls and the Khirbet Qumran Site« an der New York Academy of Sciences dann genau die furiose Debatte an, die bis heute andauert und in die sich auch Hirschfelds Buch einordnet: Was ist der sachgemäße Rahmen für die Interpretation Qumrans – die Schriftrollen oder die dort gefundene materielle Kultur sowie die Region? Wie einzigartig ist die Siedlung wirklich? Woher stammen die Schriftrollen? Inwieweit sind de Vaux' Daten unvollständig und seine Schlussfolgerungen überholt?

Die traditionelle Interpretation

Hirschfelds Buch ist gewissermassen das Gegenstück zu Jodi Magness' Studie »The Archaeology of Qumran and the Dead Sea Scrolls«, die 2002 in den USA veröffentlicht und mit großer Zustimmung bei Vertretern der traditionellen Hypothese aufgenommen wurde. Sie liegt bisher noch nicht auf Deutsch vor[1]. Für Magness', eine ebenso erfahrene wie produktive und streitbare Archäologin, steht die primär religiöse Funktion Qumrans als Sektensiedlung der Essener, ihre – mittlerweile von ihr selbst nur noch als relativ eingeschätzte – Abgeschiedenheit und ihre mit der religiösen Primärfunktion in Bezug stehende Einzigartigkeit nach wie vor fest. Qumran ist danach um 100 v. Chr. von Essenern gegründet worden und bis zur Zerstörung im Jahre 68 n. Chr. von diesen be-

1. Magness 2002; dies. 2004b; vgl. meine Rezensionen Zangenberg 2004b und 2005d.

wohnt geblieben. Magness zufolge legen nicht nur die Tatsache, dass Texte der Essener so nahe bei der Ruine gefunden wurden, diese Interpreation nahe, sondern auch die zahlreichen Übereinstimmungen und Affinitäten mit der materiellen Kultur[2]. Die Mehrheit der archäologisch interessierten Qumranforschung nicht zuletzt auch in Deutschland schliesst sich dieser Sicht an.

Eine gewisse Mittelposition nimmt Jean-Baptiste Humbert ein. Der archäologische Leiter der École Biblique ist derzeit damit befasst, das seit Jahren in den Depots und Kartons schlummernde Material de Vaux' weiter zu sichten und für die Publikation vorzubereiten. Keiner kennt diese Daten wohl besser als Humbert. Im Jahre 1994 ist er selbst mit einem wegweisenden Aufsatz zur Rekonstruktion der Baugeschichte und Überlegungen zur Funktion der Bauten von Qumran an die Öffentlichkeit getreten. Weitere Arbeiten zur Stratigraphie folgten[3]. Darin hat Humbert anhand der Grabungsdokumente klar zwei Bauphasen in Qumran nachweisen können. Die erste ordnet er einer nicht-religiösen Phase zu, in der zweiten Phase sei Qumran dagegen rituelles Zentrum einer jüdischen Sekte gewesen.

In Deutschland hat die Qumranforschung eine lange Tradition. Forscher wie Claus-Hunno Hunzinger oder Hans Bardtke gehörten zu denjenigen Pionieren des Feldes, die auch an archäologischen Fragen interessiert waren[4]. Wie bei ihren ausländischen Kollegen lag auch bei deutschen Forschern jedoch das Schwergewicht der Arbeit zumeist auf der Interpretation der Texte von Qumran. Archäologische Themen gerieten bald aus dem Blick (eine Ausnahme ist allerdings August Strobel[5]), vor allem da de Vaux' Synthese der archäologischen Befunde natürlich auch in Deutschland bis vor kurzem allgemein anerkannt war. Blickt man heute auf den deutschsprachigen Büchermarkt, dann sind neben Publikationen, die den jeweiligen Forschungsstand der Qumran-Essener-Hypothese wiedergeben – etwa von Rainer Riesner und Otto Betz oder von James C. VanderKam[6] –, vor allem die Arbeiten von Hartmut Stegemann, dem langjährigen Leiter der Qumranforschungsstelle an der Universität Göttingen, zu nennen. Stegemann gehörte als einer der wenigen einheimischen Forscher über mehrere Jahrzehnte hinweg zum »inneren Kreis« der Texteditoren und konnte intensiv an originalem Material arbeiten. Sein Sachbuch »Die Essener, Qumran, Johannes der Täufer und Jesus« hat seit 1993 mehrere Auflagen

2. Vgl. Magness 2005.
3. Humbert 1994; ders. 1999; ders. 2003; ders. 2006.
4. Vgl. nur Bardtke 1952; ders. 1958; ders. 1963 und die Forschungsberichte, die Bardtke in den 1950er und 1960er Jahren regelmäßig in der Theologischen Literaturzeitung publizierte.
5. Vgl. etwa Stobel 1973.
6. Betz / Riesner 1993; VanderKam 1998a; sehr hilfreich ist auch der Lexikonartikel von Lange 2003.

erlebt und die interessierte Öffentlichkeit wie auch die hiesige Fachwelt geprägt wie kein anderes modernes deutschsprachiges Buch diesen Zuschnitts. So zuverlässig Stegemanns Darstellung bezüglich der Texte aus den Höhlen, ihres Inhalts und ihrer Theologie noch heute ist und so abgewogen er über das Verhältnis der Texte zu Jesus und zum Neuen Testament urteilt, so problematisch sind seine Überlegungen zur Funktion und Archäologie der Siedlung. Die These, in Qumran sei das Zentrum der Schriftrollenherstellung der Essenergemeinschaft gewesen, ist archäologisch nicht zu halten und wurde schon früh mit guten Argumenten von Ferdinand Rohrhirsch zurückgewiesen[7]. Stegemanns Buch ist gleichzeitig ein gutes Zeugnis für die Zurückhaltung, mit der führende Vertreter der »Qumran-Essener-Hypothese« zu Beginn der 1990er Jahre den neuen Materialien und Theorien gegenüberstanden. Aufgrund neuer Entdeckungen und Publikationen vor allem archäologischen Materials ist das verdienstvolle Buch nun vollends überholt; Stegemanns schwere Krankheit und sein Tod im Jahre 2005 haben verhindert, dass er es hat überarbeiten können.

Eine notwendige Bestandsaufnahme

Die Debatte um den Interpretationsrahmen Qumrans wird derzeit mit grosser Schärfe vor allem in Israel und den USA, zunehmend aber auch in Europa, geführt. Sie ist überfällig und heilsam. Denn sie zwingt die Vertreter der einzelnen Positionen dazu, endlich über die Voraussetzungen, Quellen und Methoden Rechenschaft abzulegen, mit deren Hilfe sie zu ihren Ergebnissen kommen. Diese Debatte trägt auch dazu bei, dass die Archäologie endlich aus der Rolle der punktuellen Illustratorin oder Apologetin befreit und als eigenständige, aus sich heraus *produktive* Stimme anerkannt wird. Und die Debatte ruft immer wieder in Erinnerung, dass es weder bei der Archäologie noch in der Palästinaforschung um letzte Wahrheiten geht, sondern lediglich um Theorien, die auf Argumenten beruhen, die ihrerseits nur so gut sind wie unsere momentane Datenbasis und der kritische Verstand, der mit dieser umgeht. Erweist sich ein Modell nicht mehr als tragfähig, dann ist seine Zeit abgelaufen und Alternativen müssen erörtert werden. In der Qumranforschung ist das nicht anders als etwa bei der Debatte um das homerische Troja[8].

Heiße Debatte auf dünnem Eis

Was aber ist der Grund dafür, dass über eine eigentlich gar nicht so große oder übermäßig komplizierte Ortslage derart unterschiedliche Positionen mit oft

7. Rohrhirsch 1999 (vgl. schon Zeuner 1960).
8. Dazu siehe etwa Zangenberg 2005a.

heftiger Rhetorik vertreten werden? Ein ganz beträchtlicher Teil der Problematik liegt in der noch immer völlig unzureichenden Publikationslage. Die momentane Debatte bewegt sich daher auf allen Seiten auf recht dünnem Eis. In der Qumranforschung haben wir es mit dem grotesken Fall zu tun, dass ganz grundsätzliche Modelle über die Funktion der Bauwerke und die Identität der Bewohnerschaft entworfen und diskutiert werden, ohne die eigentlich erforderliche Basis für solcherlei Schlüsse zur Verfügung zu haben, nämlich den wissenschaftlich fundierten Endbericht der Kampagnen de Vaux'. Ein solcher Endbericht müsste die Erläuterung der Grabungsmethode und der Vorgehensweise durch den Grabungsleiter bieten, die stratigraphischen Befunde (d.h. die Schichtenfolge und den Zusammenhang der Architektur mit den Schichten) und das gesamte Fundspektrum in Wort und Bild (Beschreibung, Zeichnungen und Fotografien) vorlegen sowie dazu noch eine Reihe von Berichten über bestimmte Fundgattungen (z.B. Keramik, Glas, Schriftdokumente, organisches Material, Metall) präsentieren, um *auf dieser Basis* zu einer Interpretation des Gebäudes nach Aussehen, Funktion und Nutzungsgeschichte zu gelangen. Von dieser umfassenden Datenbasis sind wir derzeit noch recht weit entfernt. Was publiziert vorliegt, ist zunächst ein Teil des Rohmaterials in Form von unterschiedlichen Bearbeitungen und Übersetzungen der Grabungstagebücher Roland de Vaux', die trotz allem wichtige Einblicke in die Grabungs- und Denkweise de Vaux' bieten, aber gerade bezüglich der Stratigraphie des Gebäudes unzuverlässig sind, da sie keinerlei Schnittzeichnungen oder Pläne enthalten, die über die Schichtenfolge oder die Lage einzelner Funde in ihrem räumlichen Kontext Auskunft geben. Dann liegt ein sehr umfangreiches Album mit ca. 450 Fotografien aus der Grabungszeit vor, das unerlässliche Informationen zum Verlauf der Grabung und zum Zustand der Gebäude bei der Auffindung bietet. Eine Reihe von knappen, aber aufschlussreichen Vorberichten sowie die abschließende Synthese und Deutung der Befunde in Form einer 1961 und 1973 in Buchform veröffentlichten Vorlesungsreihe sowie einige wenige Lexikonartikel[9] vervollständigen das publizierte Material. Das ist nicht viel und reicht eigentlich für eine endgültige Beurteilung der Nutzungs- und Baugeschichte der Siedlung nicht aus. Was fehlt, ist entscheidend: eine vollständige Übersicht über alle bei den Grabungen de Vaux' in Qumran und Ain-Feshkha gefundenen Objekte in ihrem ursprünglichen archäologischen Kontext (die bisher publizierten Listen sind alles andere als vollständig)[10], die systematische Präsentation der Funde selbst (Keramik, Glas, Metall etc.) und eine umfassende Dokumentation zur Stratigraphie der Gebäude und umliegenden Flächen.

De Vaux selbst scheint bald nach den Grabungen das Interesse an der Siedlung verloren zu haben, offensichtlich in der Meinung, dass die Nähe der Text-

9. De Vaux 1961a; ders. 1973; ders. 1993.
10. Fortlaufende Inventarlisten für Qumran und Ain-Feshkha sind veröffentlicht in Rohrhirsch / Hofmeir 1996, S. 193-228 (Stand 1996).

funde so gut mit dem vermeintlichen Charakter der Siedlung als Sektenzentrum im Einklang stehe, dass er sich von der eigentlich gebotenen systematischen Aufarbeitung der Befunde und Funde nicht mehr viel Neues erwartete. So blieben die Materialien jahrelang unveröffentlicht und unzugänglich in den Magazinen der École Biblique. Die Forschung diskutierte archäologische Fragen, wenn überhaupt, dann auf der Grundlage de Vaux' recht allgemeiner Beschreibungen genereller Befunde und anhand der wenigen ausgewählten Objekte, die der Ausgräber in seinen Veröffentlichungen in Bild und Zeichnung zu zeigen geruhte. Ansonsten galt das unbestritten, was de Vaux in seiner abschließenden Deutung als *Interpretation* vortrug.

Diesem konnte freilich nur so lange unwidersprochen bleiben, wie die Forschung primär mit der Publikation der Textfragmente beschäftigt war. Als man aber zu Beginn der 1990er Jahre zunehmend die Plausibilität des traditionellen Bildes hinterfragte (Golb, Donceel und Donceel-Voûte), setzten auch nachdrückliche Fragen nach dem Verbleib der archäologischen Materialien ein, von denen man sich sozusagen als »unparteiische Dritte« Bestätigung der jeweiligen Sicht versprach. So begann man schließlich auch die Veröffentlichung der materiellen Hinterlassenschaften – gut 40 Jahre nach Abschluss der Grabungen. Die Bewältigung dieser Aufgabe ist momentan noch im Gang und gestaltet sich aufgrund des fragmentarischen Zustands der Grabungsdokumentation und der Lagerungsumstände der Funde offensichtlich schwieriger als erhofft. Ein erster Band mit den erwähnten Grabungstagebüchern und Fotografien ist bereits erschienen und liegt auch in einer deutsch- sowie einer englischsprachigen Ausgabe vor[11], ein zweiter Band mit naturwissenschaftlichen Analysen, den Graffiti und Ostraka, sowie Daten zum Friedhof und diesbezüglichen Befunden wie Knochen und Schmuck läutet die eigentliche Materialpublikation ein, die hoffentlich bald mit der eigentlichen Vorlage der Funde und stratigraphischen Befunde abgeschlossen sein wird[12]. Erst dann wird man wirklich in der Lage sein, die Methoden und Ergebnisse der Grabungen de Vaux' kritisch zu würdigen.

Neue Daten und neue Fragen

Die letzten Jahre haben aber nicht allein den Beginn der Materialpublikation der de Vaux'schen Grabungen gebracht, sondern zugleich Daten, die auf Funden de Vaux' basierten, aber mit neuen Methoden analysiert wurden, so etwa die Analyse der Depotbestände durch das Ehepaar Donceel oder der anthropologischen Materialien aus dem Friedhof durch Olav Röhrer-Ertl und Susan Sheridan. Hinzu kommen Funde und Befunde, die erstmals unabhängig von de

11. Humbert / Chambon 1994; Rohrhirsch / Hofmeir 1996; Pfann 2003 dazu meine Rezensionen Zangenberg 1999a; ders. 2005c.
12. Humbert / Gunneweg 2003, dazu die Rezension Zangenberg 2005b.

Vaux in Qumran selbst ausgegraben und präsentiert wurden. Hier sind vor allem die Grabungen zu erwähnen, die Yitzhak Magen und Yuval Peleg zwischen 1993 und 2004 in Qumran durchgeführt haben. Deren Fundspektrum ist deutlich breiter und umfasst Bestandteile, die bei de Vaux entweder keine Erwähnung finden oder nicht ausreichend gewürdigt werden, so Importkeramik, nabatäische Gebrauchskeramik, Glas, Reste von Metallbearbeitung und Hinweise auf Keramikproduktion[13]. De Vaux hat, so scheint es gegenwärtig, wohl nicht die gesamte Breite der von ihm ergrabenen Funde zur Grundlage seiner Interpretation gemacht. Einiges, das von ihm ergraben worden sein muss und später in seinem Nachlass aufgetaucht ist (z.B. Glas), ignorierte er. Manches ist von ihm sicher auch angesichts des Zeitdrucks und der damaligen Grabungsmethoden übersehen worden, anderes konnte er gar nicht kennen, so etwa bestimmte Fundtypen im Bereich der Keramik oder heute mögliche naturwissenschaftliche Verfahren. All dies ist nicht deswegen entscheidend, weil es die unbestrittenen Verdienste dieses wirklich Großen der Palästinaarchäologie schmälern würde, sondern was zählt, ist allein, dass es nach meinem Eindruck wie auch dem von Yizhar Hirschfeld immer schwieriger wird, den archäologischen Befund mit der traditionellen Qumran-Essener-Hypothese zu verbinden.

Hinzu kommt, dass sich unsere Kenntnis der Region um das Tote Meer seit de Vaux grundlegend geändert hat. Während sich das Land am Toten Meer für de Vaux zur Zeit seiner Grabungen noch als unwirtliche, lebensfeindliche Wüste innerhalb eines abgelegenen Winkels Palästinas präsentierte und sich damit in der Tat als idealer Ort für eine weltabgewandte Sekte wie die Essener anbot, haben die Untersuchungen unzähliger Archäologen in den letzten 50 Jahren zweifelsfrei nachgewiesen, dass die Region trotz ihrer Unwirtlichkeit sehr wohl besiedelt und sowohl wirtschaftlich als auch strategisch für die regionalen Herrscher westlich und östlich des Toten Meers höchst interessant war. Hirschfeld führt uns das in seinem Buch immer wieder vor Augen[14]. Seine Interpretation der Materialien stellt daher eine sinnvolle Alternative dar, wenn sie nun die Archäologie der Siedlung und der Region in den Mittelpunkt stellt und vorschlägt, Qumran als landwirtschaftliche Einrichtung zu sehen, die eine ganz besondere Funktion im regionalen Wirtschaftsgefüge wahrnahm.

Natürlich schliessen sich landwirtschaftliche Aktivität und eine sektenspezifische Nutzung vordergründig nicht aus. Auch Essener mussten essen. Bereits de Vaux hat ja völlig zu Recht auf die agrarische Nutzung zumindest von Ain-Feshkha hingewiesen und dessen Zusammengehörigkeit mit Qumran betont. Insofern führt es in der Tat nicht weiter, die landwirtschaftliche Nutzung Qumrans per se gegen eine mögliche sektarische Bewohnerschaft auszuspielen (übrigens auch nicht, die landwirtschaftliche Nutzung Qumrans zu bestreiten, um

13. Dazu auch Zangenberg, 2004a.
14. Vgl. auch Zangenberg 2000a; ders. 2003; ders. 2004a.

so seinen »sektarischen« Charakter zu retten). Es fragt sich nur, wie viel wirklich auffällige Elemente tatsächlich noch übrigbleiben, um

a) die Gründung und Nutzung Qumrans als von sektarischen Motiven getragen zu begründen, und um
b) diese dann primär gruppenspezifisch definierten Bewohner speziell mit den Essenern gleichsetzen zu können.

Die sachgerechte Einordnung der alten und neuen Funde, ihre Datierung (so im Fall der nabatäischen Keramik aus Qumran oder der Glasfragmente), typologische und funktionale Erfassung (so im Falle der »Schriftrollenkrüge«) und den systematischen Vergleich der Befunde von Qumran mit anderen Ortslagen der Region wird Gegenstand der Forschung in den kommenden Jahren sein. Die Diskussion ist bei weitem noch nicht abgeschlossen. Ich habe aber schon jetzt den deutlichen Eindruck, dass mit jedem neuen Fund, der aus den Grabungen von de Vaux publiziert wird oder durch Neuuntersuchungen vor Ort zu Tage tritt, deutlicher wird, wie groß die Vielfalt der materiellen Kultur Qumrans und die Komplexität der Lebensvollzüge ihrer Bewohner tatsächlich gewesen ist. Je mehr wir wissen, umso mehr rückt Qumran in das Spektrum an materiellen Resten ein, die wir auch von anderen Orten im Raum des Toten Meeres kennen. Es ist durchaus bezeichnend, dass sich durch die neuen Daten gerade *nicht* das traditionelle Bild der Abgeschiedenheit und Einzigartigkeit Qumrans verstärkt (wie man das ja gemäß der herrschenden Theorie erwarten müsste), sondern dass das anwachsende Fundspektrum im Gegenteil mehr und mehr *seine Besonderheiten verliert.* So legt sich nahe, dass der einzigartige, vermeintlich religiös motivierte Charakter Qumrans in weiten Teilen ein Produkt der unzureichenden Publikationslage und ausgetretener Forschungspfade ist. Es wird immer schwieriger, Qumran eine wie auch immer motivierte Sonderrolle zuzuweisen, im Gegenteil: Qumran war kein sektarisch motivierter Sonderfall, sondern offen für Einflüsse von aussen und *integraler Teil der Region am Toten Meer*, ihrer Geschichte, Wirtschaft und Gesellschaft.

Wo bleiben die Essener?

Dies scheint mir der momentane Stand der Forschung und zugleich die Ausgangslage jeglicher weiterer Interpretation zu sein. Darstellungen, die nicht diesen neuen Datenstand voraussetzen – und dazu gehören noch zahlreiche deutschsprachige Publikationen, sind hinsichtlich dieses Themas schlicht veraltet. Was also kann man mit der Essenerhypothese heute noch anfangen? Zwei Möglichkeiten sehe ich:

Die eine und meines Erachtens derzeit plausibelste ist die hier von Hirschfeld vorgeschlagene Lösung. Eine andere verlangt eine radikale Neufassung dessen, was wir unter Qumran-Essenern verstehen. Sieht man in der einschlägigen Literatur nach, dann findet man zur Charakterisierung der Essener zumeist eine Reihe von Merkmalen, die aus verschiedenen antiken Texten wie Philo, Plinius d. Ä. und Josephus sowie Angaben aus einigen für sektarisch gehaltenen Schriftrollen (1QS, 1QSa, 1QSb, CD und eine Reihe von weiteren, oft nur sehr fragmentarisch erhaltenen Texten) gewonnen sind. Genannt werden dann besonders der asketische, auf ein Minimum von Außenkontakten reduzierte Lebensstil, apokalyptische Grundgesinnung, Besitz- und Ehelosigkeit und die Isoliertheit der Siedlung. Diese Merkmale lassen sich in der Tat immer weniger mit dem archäologischen Befund vereinbaren, der klar zeigt, dass die Bewohner Qumrans an der regionalen Wirtschaft partizipieren, Güter aus der jüdischen wie nichtjüdischen Umgebung kauften, Dienstleistungen und Waren für andere ausserhalb der Siedlung zur Verfügung stellten, Frauen und Kinder beherbergten – schlicht in allem Teil der Gesellschaft der Region waren.

Nicht alle Forscher wollen so weit gehen. Manche weisen in der Absicht, an der traditionellen Sicht festzuhalten, auf mittelalterliche Mönchsgemeinschaften hin und betonen, dass geistlich orientierte und in Askese lebende religiöse Gruppen sehr wohl partiell am Handel und Wandel der Umwelt teilhaben können und dennoch ihre asketische Identität nicht aufgeben müssen, wie sie etwa in gruppeninternen Texten aufscheinen kann. Das ist sicher zunächst einleuchtend, doch fragt man sich, warum man denn eigentlich den Umweg über epochenfremde »Analogien« nehmen muss, um das zu interpretieren, was vor Augen liegt. In Wirklichkeit stellt dieses Argument eine Hilfskonstruktion dar, die über das vorhandene Material hinausgeht und zudem noch das voraussetzen muss, was sie beweisen will, nämlich dass in Qumran eine religiöse Gemeinschaft gelebt hat. Solcherart Rettungsversuche mögen in der Qumranforschung momentan beliebt sein, tragen jedoch nicht wirklich zur Erklärung bei. Statt die archäologischen Daten an das traditionelle Bild, das man von den Bewohnern Qumrans hat, anzupassen, wäre richtig und zu fordern, dass sich umgekehrt das Bild der Gemeinschaft an dem orientieren muss, was wir an Informationen über die Bewohner aus den archäologischen Befunden der Siedlung gewinnen können. Das wird zunehmend auch getan, und es bleibt abzuwarten, welche Resultate die Debatte in Zukunft bringt, doch scheint mir die *radikale* Neufassung dessen, was wir unter »Essenern« dann zu verstehen haben, die Voraussetzung dafür zu sein, an der essenischen Bewohnerschaft Qumrans überhaupt festhalten zu können (ich komme darauf unten noch einmal zurück). Dies setzt freilich nicht zuletzt eine erneute Lektüre der einschlägigen Texte voraus hinsichtlich ihrer Verwertbarkeit für die Rekonstruktion der Geschichte, Ideologie und Praxis der Essenergemeinschaft. So kann also sorgfältige archäologische Arbeit ihrerseits wichtige Impulse für die Arbeit an Texten geben – sicher nicht der geringste Beitrag der gegenwärtigen Debatte. Wenn jemand dann doch noch behaupten will, die Bewohner seien trotz der nachgewiesenermaßen unspektakulären und »normalen« Lebensweise innerlich asketisch und der Welt und Aussenstehenden gegenüber abgewandt gewesen, dann mag man das tun. Belegen lässt sich diese Aussage an den archäologischen Befunden dann freilich nicht mehr.

Die Aufhebung der ursächlichen und exklusiven Verbindung der Essener mit Qumran bedeutet freilich nicht, die Existenz der Essener als Gruppe innerhalb des Judentums oder ihre Präsenz am Toten Meer rundweg zu leugnen. Folgt man den Texten, vor allem des Plinius, dann kann man weiter von der Existenz von Mitgliedern dieser Gruppe ausgehen. Nur lebten sie dann zusammen mit anderen Bewohnern der Region, ohne dass man sie auf einem Ort festlegen oder mit einer bestimmten Fundgattung oder einem bestimmten Fundspektrum in Verbindung bringen könnte. Die Essener teilen somit das Schicksal anderer Gruppen des hellenistisch-römischen Judentums wie etwa der Sadduzäer oder der frühen Christen, die in dieser Zeit ebenfalls keine exklusiv mit ihnen in Verbindung stehenden materiellen Spuren hinterlassen haben[15]. Ich bin mir daher auch nicht sicher, ob sich Hirschfelds Zuweisung der von ihm ergrabenen dörflichen Niederlassung am Rande der Oase En-Gedi an die Essener wirklich halten lässt. Das Fehlen von Tierknochen und die Struktur der Siedlung reichen m. E. dafür nicht aus. Auch scheint mir, das Hirschfeld hier in der Gefahr steht, denselben methodischen Fehler wie die Mehrheit der Forschung zu begehen und nur die »Kandidaten« für einen *klar identifizierbaren* Essenerort austauscht, indem er statt Qumran das Dorf in En-Gedi als »essenisch« anspricht. Hirschfelds diesbezügliche Äußerungen (etwa auch im vorliegenden Buch) sind in letzter Zeit daher zu Recht vorsichtiger geworden.

Qumran und die priesterliche Oberschicht

Wer aber hat dann Qumran gebaut? In seiner Abhandlung weist Hirschfeld immer wieder auf die zentrale Rolle der priesterlichen Oberschicht in der jüdischen Gesellschaft der hellenistisch römischen Zeit hin und deutet so einen Weg an, der es unbedingt verdient weiter verfolgt zu werden. Das dass Jerusalemer Priestertum als »missing link« zwischen Jerusalem, den Rollen und Qumran fungieren könnte, hat in der Tat viel für sich. Der Gedanke ist auch nicht neu. So haben in Deutschland etwa Johann Maier[16] und Heinz-Josef Fabry[17] immer wieder auf die zentrale Rolle von Priestern in und neben Qumran hingewiesen, doch möglicherweise noch nicht die durchschlagenden Konsequenzen aus diesem Ansatz gezogen. Wir wissen, dass es innerhalb der Priesterschaft und schriftgelehrter Kreise eine breite Vielfalt an theologischen Diskussionen gab einschließlich oft fundamentaler Differenzen über Fragen der Bibelauslegung und – was für die

15. Zangenberg 2006.
16. Vgl. z. B. Maier 1990, S. 256-259; Sanders 1992 besonders S. 13-30 und 47-92.
17. Vgl. etwa Fabri 2004.

Gestaltung des Kults immens wichtig war – des Kalenders. Priester und immer mehr auch in Bibel und Rechtstraditionen (Halakhah) ausgebildete Laien (»Schriftgelehrte«) bildeten die intellektuelle Elite des Judentums schlechthin, deren Expertise nicht nur in kultischen Fragen (Tempel) von Belang war, sondern auch bei praktisch allen Entscheidungen des religiösen Lebens und der rituellen Praxis (Entscheidung über Reinheit/Unreinheit, Verzehntung, Ehescheidung, Beurkundung von Rechtsgeschäften etc.). Letztendlich kann man jede der Gruppen und Richtungen des Judentums der Zeit vor der Zerstörung des Zweiten Tempels einschließlich der Samaritaner auf unterschiedliche Auffassungen innerhalb priesterlicher oder schriftgelehrter Kreise zurückführen. Insofern ist es durchaus denkbar, dass das quantitativ umfangreiche und inhaltlich so diverse Schriftencorpus aus Qumran ursprünglich aus dem einzigen Ort stammt, an dem solch eine lebendige theologische Vielfalt Tag für Tag gelebt und mit ihr gerungen wurde: Jerusalem. Und weil Priester und Schriftgelehrte die hauptsächlichen Protagonisten theologischer Diskussion und Traditionsentwicklung waren, liegt es sehr nahe, die Autoren und Benutzer der Rollen in diesen Kreisen zu suchen. Der sammelnden und prüfenden Autorität priesterlicher Zirkel schreibt man nicht nur die Entstehung und Fortschreibung der Schriften des Pentateuch oder anderer biblischer Texte zu, hier rang man auch um die adäquate Auslegung dieser Fundamentaltraditionen, deren Früchte ihrerseits wiederum in unterschiedlichen Texten schriftlich festgehalten wurden. Dabei darf man sich das Priestertum keinesfalls als homogenen Block vorstellen. Was Priester einte, war die Tatsache, dass sie einer der priesterlichen Familien entstammen mussten und dass sie primär mit der Ausübung des Opferkultes an dem *einen* Jerusalemer Tempel betraut waren. Hinsichtlich ihrer sozialen Stellung innerhalb der Oberschicht, ihrer theologischen Positionen und ihres faktischen politischen Einflusses gab es durchaus beträchtliche Unterschiede zwischen einzelnen Familien und Individuen. Obwohl eine verantwortungsvolle Wahrnehmung der priesterlichen Aufgabe stets mit dem Studium der heiligen Texte verbunden war, können einzelne Priester durchaus eine noch intensivere oder speziellere Ausbildung durchlaufen haben, sodass sie zugleich »Schriftgelehrte« waren, d.h. in der praktischen Schreibtätigkeit wie auch der Auslegung der (heiligen) Schriften speziell bewandert. So konnte jeder Priester ein Schriftgelehrter sein, wenn auch nicht jeder Schriftgelehrte zugleich Priester gewesen sein muss.

Konkrete Schreibertätigkeit, nämlich das Kopieren von Texten, wie es in den Qumrantexten deutlich wird (mehrfache Versionen eines Werkes, Korrekturen und Verfertigen von Rollen sind Bestandteil des Corpus), ist ebenfalls problemlos in Jerusalem vorstellbar, da dort die nötigen Expertisen und Ressourcen vorhanden waren wie sonst nirgendwo. Möglicherweise lassen sich durch die »priesterliche Brücke« auch die auffälligen Bezüge zwischen Jericho, was ja starke Verbindungen zur Oberschicht hatte, und Qumran (Herkunft eines Teils des qumranischen Keramikrepertoires, die Lage Qumrans am äußersten südlichen

Ende der Jericho-Beckens) erklären. Hirschfeld vermutet mit einigem Recht, dass in Jericho ansässige Priester mit dem Segen der Obrigkeit das Landgut von Qumran betrieben haben könnten, ohne selbst dort zu wohnen.

Ob mit all dem freilich schon gesagt ist, dass wir im Qumrancorpus Teile der Jerusalemer Tempelbibliothek vor uns haben, wie noch Karl-Heinrich Rengstorf vermutet hat und wie es von Norman Golb in den 1990er Jahren zu Beginn der neuen Qumrandebatte wieder aufgenommen wurde, ist eine andere Sache und meines Erachtens eher fraglich. Zwar ist es durchaus möglich, dass auch der Jerusalemer Tempel eine Bibliothek im Sinne einer (mehr oder minder öffentlichen) Sammlung theologischer Traktate und Texte einschliesslich biblischer Manuskripte zur Verfügung hatte, die zur Ausbildung des Nachwuchses oder zur Heranziehung bei theologischen Disputen vorhanden war, doch wissen wir viel zu wenig über den Umfang einer solchen Bibliothek und auch nichts darüber, wie Aufbewahrung und Nutzung konkret organisiert waren. Gegen eine ausschliessliche Herkunft der Qumrantexte aus der Tempelbibliothek spricht vor allem das Vorhandensein von Texten, die eindeutig eine kritische bis ablehnende Stellung gegenüber dem aktuellen Kult einnehmen. Dies war sicher nicht im Sinne derjenigen Priester, die am Tempel das Sagen hatten. Doch erinnern wir uns daran, dass auch die »Qumran-Essener-Hypothese« mit dem Problem zu kämpfen hat, dass im Qumrankorpus Texte vorhanden sind, die entweder nicht spezifisch essenisch oder – und hier liegt das größere Problem – dezidiert »unessenisch« sind. Bisher hat man dies damit erklärt, dass die essenischen Theologen und Schreibexperten auch Exemplare von Büchern aufbewahrten oder gar abschrieben (z. B. mehrere Exemplare von 4QMMT!), die von anderen Gruppen stammten – gleichsam als Referenzwerke oder abschreckende Beispiele für den theologischen »Giftschrank«. Wenn man nicht annehmen will, dass gleiches auch für die Tempelbibliothek gilt (was jedoch ebenso wenig zu bestreiten wäre wie für die imaginäre »Qumranbibliothek«), dann muss man vermuten, dass das Qumrancorpus auch Schriften enthält, die von anderen, zwar nicht unbedingt priesterlichen aber gleichwohl in Jerusalem beheimateten Gruppen stammten. Dass darunter auch essenische Texte sein konnten, ist keinesfalls ausgeschlossen. Um der inhaltlichen Nähe zu dem willen, was antike Schriftsteller wie Philo von Alexandrien, Plinius und Josephus über das Leben der Essener berichten (Philo, Quod Omnis Probus Liber Sit 75-91; Hypothetica 8,11,4-5; Plinius, Naturalis Historia 5,73; Josephus, Bellum 2,120-161; Antiquitates 18,18-22), kann 1QS durchaus als der beste Kandidat für essenische Herkunft gelten. Die darin dargestellte Lebensweise ist gut in Jerusalem denkbar, denn dort gab es eine grosse Vielfalt an Synagogengemeinden, die durchaus auch über Buchsammlungen verfügt haben können, und Josephus berichtet ja davon, dass Essener nicht nur an einem Ort lebten (Josephus, Bellum 2,124 und Philo, Hypothetica 8,11,1; im Unterschied dazu steht die Angabe des Plinius, Naturalis Historia 5,73, wonach Essener allein [?] westlich des Toten Meeres lebten). Matthias Klinghardt hat zudem auf deutliche

Analogien zwischen 1QS und hellenistisch-römischen Vereinssatzungen hingewiesen, was ebenfalls gut zu einer lokalen (Synagogen-)Gemeinde hinter 1QS passt[18].

Die Deponierung der Rollen

Jede Theorie ist natürlich nur so gut wie die Art und Weise, wie sie mit Sperrigem und »Querschlägern« in der Datenbasis umgeht. Die Annahme einer dezentralen Herkunft der Rollen aus mehreren Quellen innerhalb Jerusalems unter deutlicher Beteiligung priesterlicher Kreise scheint mir daher momentan die beste Lösung zu sein. Die Präsenz möglicherweise essenischer Schriften im Qumrancorpus muss ja keinesfall bedeuten, dass deswegen entweder alle anderen Schriften auch essenischen Ursprungs sind oder als »Fremdkörper« in einer essenischen Bibliothek aufbewahrt worden sind. Anders hatte Devora Dimant argumentiert: Ihr zufolge beweist die Anwesenheit sektarischer Schriften in allen Höhlen die Zusamengehörigkeit des Corpus (sie spricht dezidiert von einer »Bibliothek«) als auch ihren zutiefst sektarischen Charakter[19]. Das ist jedoch keinesfalls die einzige Option und die Zusammenstellung des Corpus ist nicht primär nach inhaltlichen Kriterien, sondern zuallererst als *archäologisches* Problem anzugehen. In archäologischer Hinsicht haben wir es beim Schriftrollencorpus von Qumran grundsätzlich mit einem Hortfund -freilich ganz besonders komplexer Art- zu tun und insofern mit zwei Ketten von Faktoren, die auf dessen Bestand eingewirkt und die noch erhaltene Zusammensetzung geformt haben. Was das Corpus in der aufgefundenen Form zusammengebracht hat und für uns heute als ein zusammenhängende Phänomen erscheinen lässt, ist nicht die Herkunft aus einer sozial und religiös beschreibbaren Gruppe, sondern zuallererst die Geschichte seiner Verbergung: das Zusammentragen der wertvollen Rollen im Angesicht der Belagerung Jerusalems durch die Römer, der Transport aus Jerusalem und die Deponierung in den Höhlen bei Qumran. Das Corpus ist in seinem Grundbestand gleichsam »auf dem Weg« zustande gekommen. Schriften unterschiedlicher Herkunft aus Jerusalem und möglicherweise auch von anderen Orten können in ein- und derselben Höhle abgelegt worden sein, wobei praktische Gründe (etwa die Verfügbarkeit von Helfern oder Gefäßen zum Schutz) und auch der Zufall eine größere Rolle als die gemeinsame theologische Heimat gespielt haben. Schließlich wurden in allen Höhlen ja nicht nur »sektarische« Texte gefunden, sondern auch solche, die sich nicht einer bestimmten Gruppe zuweisen lassen. Welcher Teil aber soll formativ sein und warum?

Hinzu kommt als zweiter wesentlicher Faktor bei der Bildung des Corpus all

18. Klinghardt 1994.
19. Dimant 1994; dies. 2000.

das, was *nach* der Verbergung mit den Rollen geschehen ist: eventuelle Untaten römischer Soldaten, Zerwühlen und Zerreißen der Rollen (so wohl geschehen in Höhle 4), Tierfraß und natürliche Dekomposition durch Feuchtigkeit oder Hitze, frühere Entdeckungen und Abtransport (so fast sicher im Fall von CD), Aktivitäten der Beduinen und Archäologen bei der Entdeckung zwischen 1946 und 1956 (und noch später?)

Nur der Teil der von den Römern geretteten Schriften, der diesen zweifachen und höchst vielschichtigen Ereignisprozess überstanden hat, ist uns erhalten geblieben. Die Zufälligkeit und Undurchsichtigkeit des Gesamtgeschehens ist bisher noch gar nicht ausreichend bedacht worden; in der Archäologie spielt die Analyse solcher »postdepositionaler Prozesse« freilich eine große Rolle. Gerade sie machen es so schwierig, derart positivistisch von einer »Qumran-Bibliothek« zu sprechen, wie das in der Forschung oft geschieht, da wir nicht methodisch kontrolliert übersehen können, was verloren gegangen oder – vielleicht – noch nicht entdeckt worden ist. Solcherart Unbekannte erschweren jegliche Rekonstruktion eines inhaltlichen »Profils« oder »Charakters« der »Bibliothek«, da wir unweigerlich nur das in Betracht ziehen können, was da ist, ohne abschätzen zu können, was verloren gegangen ist und warum. So kann es durch die postdepositionalen Prozesse »unabsichtlich«, aber mit eventuell großen Folgen zu Verschiebungen und Verzerrungen des inhaltlichen Profils des ursprünglichen Schriftencorpus gekommen sein. Noch problematischer wird es, wenn man dann aus dem (rekonstruierten) Profil der Gesamtsammlung auf den Charakter oder gar die Identität der Trägergruppen des Corpus schliessen will. Die Zufallsgebundenheit der Entstehung des Corpus und auch die inhaltliche Vielfalt des Erhaltenen verbietet meines Erachtens jegliche allzu direkte Zuspitzung des inhaltlichen Profils und erlaubt allenfalls Näherungen, die so unkonkret wie möglich und so spezifisch wie gerade noch nötig sein sollten.

Trotz der immensen Bedeutung des Depositionsprozesses für die Beurteilung des Qumrancorpus hat dieser bisher noch keine systematische Untersuchung erfahren. Das mag daran liegen, dass dafür Informationen über den Auffindungszustand nötig wären, die wir nur in sehr eingeschränktem Maße zur Verfügung haben. Allein Stegemann hat ein zumindest diskutables Szenario entworfen, wie sich das zugetragen haben könnte[20]. Unser methodisches Problem liegt darin, dass wir stets *ex eventu*, auf der Grundlage des *Ergebnisses* eines komplexen und längst vollzogenen Prozesses argumentieren müssen, ohne dass wir die Motive und Umstände des Vorgangs *in eventu* aus dem Ergebnis des Prozesses heraus destillieren könnten, die zu dem vorliegenden Ergebnis geführt haben. Diese Schwierigkeit besteht natürlich ebenso für das Szenario der Qumran-Essener-Hypothese, wobei sich deren Vertreter oft genug gar nicht die Mühe machen, konkret nach den Umständen der Verbergung zu fragen, und das Corpus schlichtweg als gegeben betrachten.

20. Stegemann 1994, S. 86-115.

Nachdem die inhaltlichen Affinitäten der Siedlung von Khirbet Qumran zu den Rollen im Zuge der neueren Forschungen eine nach der anderen verschwunden sind, bleibt als Stütze für die traditionelle Hypothese eigentlich nur noch die Tatsache übrig, dass die Rollen so nahe bei der Siedlung gefunden wurden. Nimmt man die oben skizzierte Komplexität des Deponierungsprozesses ernst, dann kann man auch daraus keine exklusive Verbindung zwischen den Bewohnern der Siedlung und den Nutzern der Rollen mehr konstruieren. Der Bezug liegt auf einer anderen Ebene als der exklusiven Identität von Nutzern und Verbergern. Sicher ist, dass die Region am Westabfall des judäischen Gebirges immer wieder ein bevorzugter Ort zur Deponierung von wertvollen Gütern war (und dazu gehören ja Schriftrollen allein schon wegen ihres Materialwerts); sicher ist auch, dass die Bewohner von Qumran den Flüchtlingen bei der Rettung ihrer Rollen behilflich waren (immerhin handelt es sich um Glaubensbrüder und der ideelle Wert der Rollen war auch für die jüdischen Bewohner Qumrans evident). Insofern nutzte man die Nähe Qumrans zu den Höhlen sicherlich, diese Nähe garantiert jedoch nicht die *Identität* der Nutzer der Rollen mit den Bewohnern der Siedlung, sondern nur eine für den Moment der Verbergung entscheidende *Affinität*. Insofern beweist auch der Verweis darauf, dass einige der Höhlen nur über das Grundstück der Siedlung erreichbar war, nur, dass die Bewohner der Siedlung der Verbergungsaktion positiv gegenüberstanden, mehr nicht! Es bleibt zu eruieren, ob neben der allgemeinen Sympathie der Bewohner für das Anliegen der Flüchtlinge noch weitere Verbindungen, etwa über Priester aus Jericho bestanden haben. Notwendig ist dies nicht, um die Rollen angesichts der Gefahr durch die Römer in Sicherheit bringen zu lassen.

Wie dem auch sei – im Gegensatz zum traditionellen »Qumran-Essener-Modell« scheint mir das gerade vorgetragene und auch von Hirschfeld vertretene Szenario momentan der bessere Weg zu sein, da es sowohl die Vielfalt als auch Elemente einer gewissen Zusammengehörigkeit innerhalb des Corpus ohne allzu große Harmonisierung in Einklang bringen kann und die Deponierung als *archäologisches* Problem behandelt.

Was ergibt sich daraus für die Arbeit mit den Qumrantexten? Sicherlich eine größere Freiheit bei der Analyse der einzelnen Schriften. Weder haben wir notwendig die Reste nur *einer* Bibliothek vor uns noch ist sie ausschließlich mit den Essenern in Verbindung zu bringen. Überall dort, wo man bei der Textinterpretation allein von der Basis individueller Werke ausgehend arbeitet und so lange als möglich auf Generalisierungen hinsichtlich ihrer Gruppenzugehörigkeit verzichtet, befindet man sich auf sicherem Grund. Diesen zu untersuchen, ist freilich nicht Ziel des vorliegenden Buches.

Ich bin sicher, dass Yizhar Hirschfelds Buch kontroverse und hoffentlich fruchtbare Diskussionen auslösen wird. Gegenstimmen haben sich bei Erscheinen der amerikanischen Ausgabe ja schon zu Wort gemeldet. Man mag Hirschfeld widersprechen, leicht nehmen sollte man seine Argumente aber nicht. Die Zeiten haben sich durch die neuen Funde geändert und verlangen neues Nachdenken über Qumran und seine Bewohner. Das bloße Wiederholen alter Positionen hilft nicht weiter. Das Beste an der Geschichte der Erforschung Qumrans ist ja, dass sie noch lange nicht vorbei ist!

Tilburg/Niederlande, im Frühjahr 2006 Jürgen Zangenberg

Einleitung

Seit ihrer Entdeckung ist Khirbet Qumran, am Nordwestufer des Toten Meeres gelegen, eine höchst umstrittene Ortslage. War dieser Platz, wie die vorherrschende Theorie behauptet, ein Gemeinschaftszentrum der Essener, eine Art Kloster, in dem die Mitglieder dieser Sekte sich zu gemeinsamen Mahlzeiten und Gebeten versammelten? Kopierten eben diese Essener in Qumran die Schriftrollen, die in den Höhlen der Umgebung gefunden wurden und die inzwischen auf der ganzen Welt als die *Schriftrollen vom Toten Meer* bekannt sind? Oder entstanden diese Rollen, wie immer mehr Forscher glauben, in Jerusalem, und wurden sie zu irgendeinem Zeitpunkt während des Ersten Jüdischen Aufstandes (66-70 n. Chr.) aus der Hauptstadt weggebracht und in den Höhlen bei Qumran versteckt? Anhänger der letzteren Auffassung neigen dazu, Qumran als einen Komplex zu interpretieren, der zu einem profan-praktischen – einem wirtschaftlichen, militärischen oder administrativen – Zweck errichtet wurde. So hat man Qumran als Festung, als Raststation an einem Handelsweg oder als Mittelpunkt eines landwirtschaftlichen Gutes, zu dem auch die benachbarte Oase Ain-Feshkha[1] gehörte, gedeutet. Alle diese Interpretationen, die einander nicht unbedingt ausschließen, werde ich erörtern.

Nur wenige Fundstätten in Palästina haben so viel wissenschaftliche Aufmerksamkeit auf sich gezogen wie Qumran. Das Interesse gilt jedoch vor allem der Fülle und der Bedeutung der Schriftrollen, die in den Höhlen der Umgebung gefunden wurden. In diesem Buch will ich nicht diese, sondern die *archäologischen Überreste* Qumrans untersuchen, unabhängig von der religiösen Bedeutung, die ihnen von ihrem ersten Ausgräber, Pater Roland de Vaux, zugeschrieben wurde, und unabhängig vom Inhalt der Schriftrollen, die man zwar in der Nähe der Anlage, aber eben nicht innerhalb derselben fand.

Zur Untersuchung Qumrans und damit zusammenhängender Fragen gelangte ich auf einem indirekten Weg. Während der letzten beiden Jahrzehnte des zwanzigsten Jahrhunderts führte ich bei Ramat Hanadiv (nordöstlich von Caesarea) in zwei Anlagen der frührömischen Zeit (1. Jahrhundert v. Chr. bis 1. Jahrhundert n. Chr.) umfangreiche Ausgrabungen durch. An beiden Orten entdeckte ich nicht nur einen befestigten Gebäudekomplex mit einem Turm, sondern auch landwirtschaftliche Einrichtungen wie Wein- und Ölpressen so-

1. Im Folgenden verwende ich für die Namen von Ausgrabungsstätten und Orten die Form, in der sie am häufigsten in der Literatur erscheinen, also z. B. En-Gedi (hebräisch) oder Ain-Feshkha (arabisch). *En*, *Ain* und ihre Varianten bedeuten »Quelle«.

wie Kolumbarien, also die Überreste von Einrichtungen, in denen Tauben gehalten wurden. Als ich die Funde aus den beiden Anlagen bei Ramat Hanadiv analysierte, fiel mir die große Ähnlichkeit mit den Überresten von Qumran auf.

1996 begann ich in der Oase En-Gedi umfangreiche Ausgrabungen, die ich bis 2004 fortführte. Während dieser Zeit erkannte ich zunehmend den einzigartigen Charakter der natürlichen Gegebenheiten und des damit zusammenhängenden Siedlungsbildes in der Region am Toten Meer. Damals unternahm ich auch mehrere Surveys und begrenzte Ausgrabungen in Ain-Feshkha und Khirbet Mazin (Qasr el-Jahud) südlich von Qumran, in Rujum el-Bahr (Ma'aganit ha-Melah) nordöstlich von Qumran und in Qumran selbst. Auch besuchte ich erneut die großen Anlagen im Gebiet des Toten Meeres, die Paläste des Herodes bei Jericho und in Masada. Dank des Friedensabkommens mit Jordanien konnte ich zudem wichtige Ortslagen am Ostufer des Toten Meeres besuchen. Am bedeutsamsten für unsere Fragestellung sind der große Friedhof von Khirbet Qazone auf der ins Tote Meer hineinragenden Halbinsel Lisan, Kallirhoe (Ain ez-Zara) am Nordostufer und Zoar (as-Safi) ganz im Süden. So habe ich im Laufe meiner Forschungsarbeiten nicht nur aus Qumran intensiv Informationen gesammelt, sondern auch über weitere Orte rund um das Tote Meer sowie darüber hinaus über einschlägige Anlagen aus der herodianischen Zeit in verschiedenen Teilen des judäischen Königreichs. Ich gewann damit eine für die Erforschung Qumrans einzigartige regionale Perspektive, die es mir ermöglicht, die Schriftrollen vom Toten Meer und die Anlage Qumran neu – d. h.: in einem umfassenderen historisch-geographischen Kontext – zu deuten.

Das erste Kapitel meines Buches erläutert den historisch-geographischen Hintergrund der Region am Toten Meer in der Zeit des späten Zweiten Tempels (ca. 200 v. Chr. bis 68 n. Chr.) sowie die Geschichte der Erforschung Qumrans. Das zweite Kapitel berichtet über die Entdeckung der berühmten Schriftrollen und die Funde in den Höhlen bei Qumran und behandelt die Frage ihrer Herkunft: Qumran oder Jerusalem? Das dritte Kapitel untersucht die archäologischen Funde in Khirbet Qumran und deutet die Ruinen in chronologischer Reihenfolge gemäß der vorgefundenen Stratigraphie. Das vierte Kapitel präsentiert die Besiedlungsreste, die in der Oase Ain-Feshkha, 2,5 km südlich von Qumran gelegen, entdeckt wurden. Die beide Orte miteinander verbindende Umfassungsmauer weist darauf hin, dass Qumran und Ain-Feshkha einen zusammenhängenden Komplex bildeten, wobei die reich bewässerte Oase als landwirtschaftliche Einrichtung für das übergeordnete Zentrum Qumran fungierte. Das fünfte Kapitel untersucht die wesentliche Rolle, die Qumran und Ain-Feshkha während der Zeit des Zweiten Tempels im allgemeinen Siedlungsbild der Region am Toten Meer spielten, und es erörtert den faszinierenden Sachverhalt, dass nach unseren Schriftquellen zur Zeit der Nutzung von Qumran westlich des Toten Meeres Essener, Johannes der Täufer und andere Einsiedler lebten. Die Schlussbetrachtung bündelt das bis dahin Behandelte mithilfe von drei zentralen Fragen: Woher stammen die Rollen? Wem gehörte Qumran? Und wer lebte an diesem Ort?

In meiner Darstellung werde ich mich bemühen, die falschen Eindrücke zu korrigieren, die der erste Ausgräber aufgrund seiner klösterlichen Ausbildung und der Eigenheiten seiner französischen Muttersprache durch seine ungewöhnliche und manchmal exzentrische Wortwahl in die Qumranforschung eingeführt hat. Dieses Vokabular bewirkte, dass hinsichtlich vieler Aspekte Qumrans die Ausgewogenheit verloren ging. Ich hoffe, diese Ausgewogenheit wiederherzustellen, indem ich die Funde von Qumran in der objektiven Begriffssprache der Archäologen beschreibe.

Zu einem Verlust an Ausgewogenheit hat auch die Neigung mancher Forscher beigetragen, Funde, die zu den vorgefassten Theorien nicht passten, zu ignorieren. Das vorliegende Buch enthält die aktuellsten Hinweise auf diese »ignorierten« Funde, die ein interessantes neues Licht auf Qumran werfen.

Beim Schreiben dieses Buches profitierte ich sehr von vielen hilfreichen Ratschlägen. Meine Kollegen Katharina Galor und Jürgen Zangenberg lasen das Manuskript und lieferten zahlreiche nützliche Anregungen. Jürgen Zangenberg hat mich außerdem dankenswerter Weise beim Verlag Hendrickson Publishers, der bei der Herausgabe der amerikanischen Grundfassung dieses Bandes keine Mühe scheute, eingeführt. Auch hat er die deutsche Ausgabe des Buches beratend begleitet und bearbeitet. Mein Dank gilt auch Sue Gorodetsky, die Teile des Textes aus dem Hebräischen übersetzte und die Endfassung des Manuskripts redigierte; Robert Amoils und Jill Rogoff, die frühere Fassungen übersetzten und redigierten, sowie Miriam Feinberg Vamosh, die mit ihren Ratschlägen zur Endfassung des Manuskripts beitrug. Die meisten Pläne und Zeichnungen des Buches stammen von Dov Porotsky. Er zeichnete auch, zusammen mit Balizs Balogh, Shlomo Rotem, Anna Yamim und Tanya Gornstein, einige der Rekonstruktionen. Die Fotos stammen vom Verfasser sowie von Zeev Radovan und Gabi Laron. Mein Dank gilt allen, die mir halfen, dieses Buch herauszubringen.

Die Endfassung des englischsprachigen Manuskripts wurde 2002/2003 abgeschlossen, als ich an der Dumbarton Oaks Research Library in Washington (D.C.) weilte. Edward Keenan, dem Direktor von Dumbarton Oaks, Alice-Mary Talbot, zuständig für Byzantinistik, und Michel Conan, zuständig für die Erforschung der Landschaftsarchitektur, danke ich sehr für die Gastfreundschaft, die ich während meines Aufenthalts genoss, und für die idealen Forschungsbedingungen, die ich vorfand.

Die deutsche Übersetzung hat Karl H. Nicolai mit großem Können besorgt. Ausgewählte wichtige Literatur, die nach der Drucklegung der englischen Ausgabe bis 2005 erschienen ist, wurde in den Anmerkungen und wo nötig auch im Text berücksichtigt, sodass sich die vorliegende Ausgabe auf dem neuesten Stand der Forschung befindet. Dafür danke ich Jürgen Zangenberg.

Jerusalem Yizhar Hirschfeld

Kapitel 1
Die Erforschung Qumrans

1.1 Das Rätsel Qumran

Khirbet Qumran, abgekürzt einfach Qumran genannt, ist eine der faszinierendsten und rätselhaftesten Ausgrabungsstätten im östlichen Mittelmeergebiet. Ihr arabischer Name bedeutet »die graue Ruine«; er ist offenkundig von ihrer Lage auf hellem Mergel abgeleitet.[1] Qumran liegt auf einem natürlichen Plateau aus Tonmergel etwa 325 m unter dem Spiegel des Mittelmeers und gut 90 m über den heutigen Ufer des Toten Meers. Von dieser Anhöhe hat man einen großartigen Blick auf die Oase Jericho und die Jordanmündung im Norden, auf die massive Bergkette von Moab im Osten und bei sehr gutem Wetter auf das Ende des Toten Meeres im Süden. Das Mergelplateau setzt sich nach Westen noch einige hundert Meter fort und stößt dann auf die gut 200 m hohe, steile Kalksteinwand des judäischen Gebirges, die den Westabhang des syrisch-afrikanischen Grabenbruchs markiert. Im Süden wird das Mergelplateau durch das steil abfallende Wadi Qumran begrenzt, im Westen und Norden durch weitere, wenn auch nicht so dramatische Einschnitte (Abb. 1). Nach Osten hin findet sich neben der Siedlung noch der Friedhof, bevor die Mergelterrasse auch hier abrupt endet. Der britische Forschungsreisende Gurney Masterman, der Qumran 1900/1901 besuchte, beschrieb seine Lage so:

> Diese Ruinen nehmen insgesamt eine beherrschende Position ein; auf allen Seiten, und besonders im Süden, sind sie von steilen Hängen umgeben. Doch an einem Punkt in der südwestlichen Ecke verbindet ein schmaler Pfad die Anlage mit dem Plateau im Westen. Von Qumran aus kann man jeden Punkt der Oase Ain-Feshkha und alle ihre Zufahrtswege überblicken; die Anlage hat auch einen frischeren und gesünderen Standort als irgendeine andere Stelle in der tiefer liegenden Ebene. Ich fand hier eine frische Brise vor, während das gesamte niedrigere Gelände heiß und windstill war. Die Anlage liegt so, dass man sie in der Römerzeit wohl ausgewählt hätte, um die Quellen und die durch den Bezirk südwärts führende Straße zu schützen – eine Straße, die damals wahrscheinlich an der Küste entlang und um Ras el-Feshkha herum verlief.[2]

1. Palmer 1881, S. 345. Nach Cross (1958, S. 38, Anm. 3) ist der Name in Wirklichkeit von dem arabischen Wort *qmr* abgeleitet, das »vom Mondlicht erhellt« bedeutet. Zur Metamorphose des arabischen Namens von Qumran vgl. Cansdale 2000; Taylor 2002. Nach Masterman (1902, S. 161) gab es einen zweiten Namen: Khirbet el-Yahud.
2. Masterman 1902, S. 152.

Abb. 1: Khirbet Qumran – Gesamtansicht der Anlage von Norden.

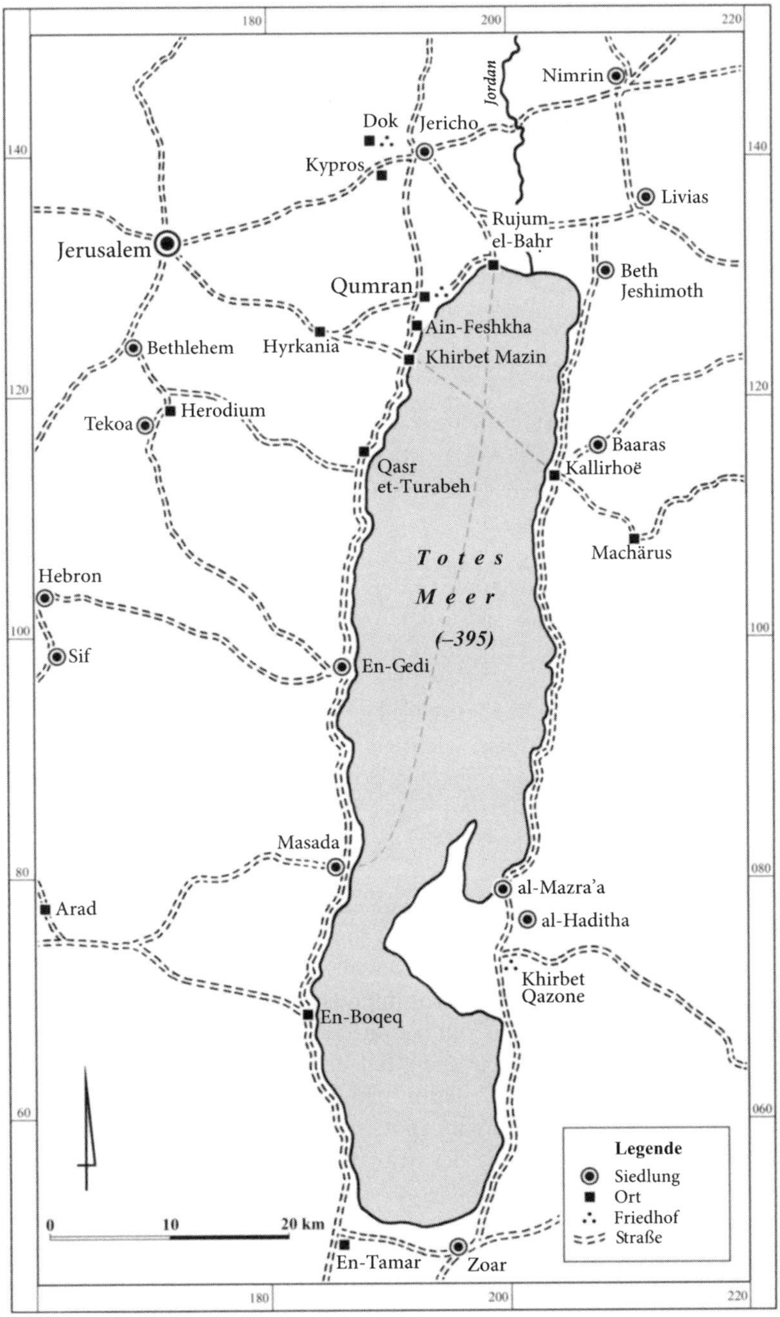

Abb. 2: Das Wegenetz im Gebiet des Toten Meeres in herodianischer Zeit.

Die heutige Zufahrtsstraße nähert sich Qumran von Osten her. Sie zweigt von der Straße Nr. 90 ab, die von Jericho über Qumran nach En-Gedi verläuft. In der Zeit des Zweiten Tempels liefen in Qumran drei antike Straßen zusammen (Abb. 2). Eine Straße kam von Jericho im Norden, lief in der Ebene am Mergelplateau entlang und endete am Wadi Qumran. Die zweite Straße kam von En-Gedi und Masada im Süden, verlief direkt am Ufer des Toten Meeres nach Ain-Feshkha und führte dann auf das Plateau von Qumran hinauf. Dies war die Hauptverkehrsader, die die damaligen Anlagen am Toten Meer mit Jericho und von dort mit Jerusalem verband; mehrere Anlagen aus der Zeit des Zweiten Tempels machen die Existenz und den Verlauf dieser Straße heute noch deutlich. Die dritte Straße führte von Jerusalem im Westen direkt nach Qumran. Sie begann an den südlichen Stadttoren Jerusalems, von denen eines als »Tor der Essener« bezeichnet wurde.[3] Sie verlief entlang der Hügelkette, die sich von Jerusalem ostwärts nach Abu Dis und zum Berg Muntar hinzieht. Vom südöstlichen Abhang dieses Berges führte die Straße zunächst zur Festung Hyrkania, überquerte dann die dortige Hochebene (arab. el-Buqei'a) und erreichte den Steilabhang des Gebirges bei der »Steige von Qumran« (Ma'aleh Qumran; das hebräische Wort *ma'aleh* bedeutet »Aufstieg«, »Steige«). An den Rändern dieser verhältnismäßig bequemen Straße finden sich noch heute Überreste von Stützmauern, die bezeugen, dass sie in der Antike befestigt war.[4] Diese Straße war sehr wichtig, bot sie doch die kürzeste Verbindung zwischen Jerusalem und dem Nordwestufer des Toten Meeres bei Qumran. Die Entfernung von 25 km konnte an einem einzigen Tag zurückgelegt werden.

Qumran lag somit an einem wichtigen Verkehrsknotenpunkt und an einer Stelle, die ihre unmittelbare Umgebung beherrscht; seit der Errichtung im 2. Jh. v. Chr. war die Siedlung aufgrund dieser prominenten Lage an der Ostgrenze des Königreichs Judäa von großer strategischer Bedeutung.

Qumran zeichnet sich aus durch eine Fülle archäologischer Funde in der Anlage selbst sowie in der unmittelbaren Umgebung. Was die Anlage weltberühmt machte, war natürlich die Entdeckung von Schriftrollen, die in elf Höhlen in der Nähe gefunden wurden, die berühmten *Schriftrollen vom Toten Meer:* Hunderte von Texten (hauptsächlich in hebräischer Sprache), darunter die meisten Bücher des Alten Testaments in zum Teil unterschiedlichen Fassungen, theologische Traktate, Hymnen, Bibelkommentare, Regeln einer religiösen Vereinigung und zahlreiche nachbiblische apokryphe Werke aus der Zeit des Zweiten Tempels. Nach der Entdeckung der Schriftrollen führte Pater Roland de Vaux von der *École Biblique et Archéologique Française* in Jerusalem umfangreiche

3. Josephus, Bellum 5,145. Zum »Essenertor« in Jerusalem vgl. Riesner 1995; ders. 1998, S. 14-30, dagegen Wenning 1998.
4. Masterman (1903, S. 265) konnte auf dieser antiken Straße sein Pferd nach Qumran führen.

Ausgrabungen in Qumran durch. In fünf Grabungskampagnen zwischen 1951 und 1956 wurde die Anlage fast vollständig ausgegraben.[5]

In den gut erhaltenen Bauten entdeckte man Hunderte von Münzen aus der Zeit des Zweiten Tempels, außerdem eine bunt gemischte und reichhaltige Vielfalt von Keramik, Glasgefäßen, kosmetischen Artikeln, Steinobjekten, Metallwerkzeugen, Gegenständen aus organischen Stoffen (Matten und Körbe) und Ostraka (beschriftete Tonscherben) mit typisch hebräischen Namen, die beweisen, dass die damaligen Bewohner des Ortes Juden waren.

Aber im Gegensatz zu anderen Anlagen macht die Fülle von schriftlichen Zeugnissen und anderen Funden die Einordnung Qumrans nicht leichter. Im Gegenteil: Je größer die Zahl der Funde, desto größer das Geheimnis und der Streit.

Ein guter Teil des Streits resultiert auch daraus, dass der religiöse Charakter der Schriftrollen dazu verleitet, das Thema aus dem Bereich der Wissenschaft in den der Religion zu verschieben und die materiellen Befunde nicht mehr strikt nach den Methoden der Archäologie zu bearbeiten. Die Debatte konzentriert sich auf zwei Probleme: die Herkunft der Schriftrollen und die Identität der Bewohner von Qumran. Zwei Deutungen herrschen momentan vor und stehen sich zum Teil völlig unversöhnlich gegenüber.

Die herkömmliche, mit de Vaux beginnende Deutung hat zwei Generationen von Forschern zutiefst beeinflusst. Sie betrachtet Qumran als ein Gemeinschaftszentrum einer der Essenergruppen, als eine Art Kloster, in dem die Mitglieder der Sekte sich zu gemeinsamen Mahlzeiten, zu Ritualbädern und zum Abschreiben der später in den benachbarten Höhlen entdeckten Schriftrollen versammelten. Diese Deutung beschreibt Qumran als eine religiöse Anlage, als Zentrum der Sekte, deren Mitglieder sich an einen entlegenen und abgeschiedenen Ort in der Wüste zurückgezogen hatten, um dort spirituelle Erfüllung zu finden. Nur wenige andere Anlagen sind mit so zahlreichen und verschiedenartigen religiösen Bezeichnungen benannt worden. So haben Magen Broshi und Hanan Eshel Qumran als »die erste klösterliche Gemeinschaft der westlichen Welt«[6] bezeichnet. Hartmut Stegemann definiert Qumran als eine Art Werkstatt für geistliche Schriften (»Verlagshaus«), und André Lemaire betrachtet die Siedlung als eine Art Studienhaus *(bet midrash)*.[7] Selbst der Begriff »Gemeinschaftszentrum« (»un édifice communautaire«), den de Vaux zur Beschreibung der dortigen Gebäudereste einführte, bezeichnet im Französischen

5. Die erste Ausgrabungskampagne führte G. W. Lankester Harding zusammen mit Roland de Vaux durch; vgl. Harding 1952. Die Vorberichte der Ausgrabungen von de Vaux liegen vor in de Vaux 1949a; ders. 1953a; ders. 1953b; ders. 1954; ders. 1956; ders. 1959.
6. Broshi / Eshel 1999a, S. 267.
7. Stegemann 1994, S. 81 f.; Lemaire 2000, S. 40.

einen Ort mit religiösem Charakter.[8] Die »Qumran-Essener«-Hypothese, wie sie in der Forschungsliteratur heißt, geht davon aus, dass die meisten – wenn nicht alle – Schriftrollen in Qumran entstanden und zu einer lokalen Bibliothek der Essener-Sekte gehörten.[9] Diese zuerst von de Vaux vorgelegte Deutung wird heute von den meisten Forschern akzeptiert und bildet die Grundlage zahlreicher Untersuchungen über die Schriftrollen und ihren Inhalt.

Auf der anderen Seite wächst seit neuestem die Unterstützung für eine Theorie, die behauptet, dass die Schriftrollen in Jerusalem entstanden, d.h. dass sie unmittelbar vor der Zerstörung Jerusalems im Jahr 70 n.Chr. weggebracht und in Höhlen nahe bei Qumran versteckt wurden. Schriftrollen und Siedlung haben also unmittelbar nichts miteinander zu tun. Diese Sicht wurde bereits in den 60er Jahren des zwanzigsten Jahrhunderts von dem deutschen Forscher Karl H. Rengstorf vorgelegt;[10] eine erweiterte Form erhielt sie in den 90er Jahren durch den amerikanischen Forscher Norman Golb. In seinem Buch *Qumran. Wer schrieb die Schriftrollen vom Toten Meer* vertritt Golb die Auffassung, dass die Rollen nicht aus einer einzigen Bibliothek in Jerusalem, sondern aus mehreren stammten.[11] In einer wichtigen Untersuchung über Qumran und die Essener vertritt die australische Forscherin Lena Cansdale die Auffassung, dass manche der Schriftrollen aus Jerusalem, andere aus Jericho stammen.[12] Diese und andere Forscher fordern daher, Qumran und die Essener zunächst unabhängig voneinander zu interpretieren.[13]

Lässt man sich darauf ein, dass die Schriftrollen aus Jerusalem stammen und nur aufgrund von bestimmten geschichtlichen Ereignissen im Zuge des Jüdischen Krieges nach Qumran gekommen sind, befreien wir die Siedlung von der ihr aufgebürdeten Last einer engen religiösen Bedeutung. Es gestattet uns, die Anlage weltlich zu deuten: nicht als ein Kloster, sondern als einen Gebäudekomplex, der zu einem wirtschaftlichen, militärischen oder administrativen Zweck errichtet wurde. In diesem Sinne sind die Überreste in Qumran verschiedentlich gedeutet worden als Befestigungsanlage,[14] als Wegstation bzw. Kara-

8. De Vaux 1954, S. 210. Die historischen Schlussfolgerungen bezüglich der Schriftrollen und Qumrans zog de Vaux bereits in seinem Vorbericht über die erste Ausgrabungskampagne. Später, in seinen zusammenfassenden Werken in französischer und englischer Sprache (de Vaux 1961; ders. 1973 und posthum ders. 1993) änderte er seine Meinung nicht mehr.
9. Zu den Metamorphosen der Qumran-Essener-Hypothese in der wissenschaftlichen Literatur vgl. z.B. Campbell 1999, S. 813f.; Hutchesson 2000, S. 17-28.
10. Rengstorf 1960.
11. Golb 1994a; ders. 1994b; ders. 1999.
12. Cansdale 1997, S. 96f.
13. Golb 1999, S. 828f.; Cansdale 1997, S. 192. Roth (1959) lehnte eine Verbindung zwischen den Besitzern der Schriftrollen von Qumran und den Essenern ab. Auch Davies (1990, S. 507f.) und Goodman (1995, S. 161) äußern ähnliche Bedenken.
14. Golb 1994 meinte, die archäologischen Überreste in Qumran sollten als eine Festung

wanserei[15] oder als industrielles Zentrum eines landwirtschaftlichen Gutes, zu dem die benachbarte Oase Ain-Feshkha gehörte. Inzwischen akzeptiert eine Reihe von Forschern die Deutung Qumrans als Zentrum eines Landgutes.[16]

Die Schriftrollen vom Toten Meer wurden in der Nähe der Anlage, aber nicht unter ihren Überresten selbst gefunden. Wenn wir die Überreste Qumrans aufgrund ihrer eigenen Bedingungen, losgelöst vom Inhalt der Schriftrollen neu betrachten, können wir Qumran aus der Sackgasse befreien, in der sich die Deutung momentan festgefahren hat: Die Schriftrollen erklären die Funde, und die Funde erklären die Schriftrollen. Wie Edna Ullmann-Margalit gezeigt hat, ist die von de Vaux vorgelegte Deutung ein typischer Zirkelschluss.[17] Einerseits schrieb de Vaux der Siedlung aufgrund der damals bekannten Schriftrollen und der Darstellung der Essener bei Flavius Josephus und Philo von Alexandrien religiöse Bedeutung zu und konnte zu dem Schluss gelangen: »Die Gemeinschaft [von Qumran] hatte einen religiösen Charakter und eigene religiöse Bräuche.«[18] Andererseits werden dieselben Funde als archäologische Belege dafür herangezogen, dass die Schreiber der Schriftrollen und die Bewohner von Qumran mit den Essenern identisch sind. Nach de Vaux sind »die Essener ... die Gemeinschaft von Qumran«.[19]

Jüngst veröffentlichte archäologische Daten weisen jedoch darauf hin, dass Qumran kein isolierter Rückzugsort einer apokalyptischen Sekte war, sondern an der hoch spezialisierten Wirtschaft der Region am Toten Meer teilhatte. Die Nähe Jerusalems, des politischen und religiösen Zentrums der Juden in der Zeit des Zweiten Tempels, hat dabei offenbar eine große Rolle gespielt.[20]

1.2 Das natürliche Umfeld

Das Tal des Toten Meeres ist lang und schmal, verläuft von Norden nach Süden und wird im Westen und Osten von hohen Bergen begrenzt. Westlich von

interpretiert werden. Zu den verschiedenen Deutungen der Anlage vgl. Murphy 2002, S. 350-355.

15. Zu Qumran als einer befestigten Wegstation an der Hauptverbindung zwischen En-Gedi und Jerusalem vgl. z. B. Cansdale 1997, S. 123 f.
16. Vgl. Donceel-Voûte 1994, S. 34; Donceel/Donceel-Voûte 1994, S. 26 f.; Kapera 1996; Hirschfeld 1998, S. 182; Zangenberg 2000a; ders. 2003; ders 2004a. Dagegen findet der Vorschlag von Shapiro (1997), Qumran als Zentrum für Papyrusproduktion zu betrachten, kaum Unterstützung.
17. Ullmann-Margalit 1998.
18. De Vaux 1973, S. 87.
19. De Vaux 1973, S. 136.
20. Hier übernehme ich die Auffassung von Forschern wie Gabriele Faßbeck und Jürgen Zangenberg, die die Anlage in ihrem regionalen Kontext interpretieren, vgl. Faßbeck 2000; Zangenberg 2000a; ders. 2003; ders. 2004a.

Qumran erreicht das jüdäische Bergland eine Höhe von etwa 1.000 Meter über dem Spiegel des Mittelmeers. Östlich von Qumran liegen die Gipfel der Berge von Moab rund 1.500 Meter über dem Meer.

Die Region am Toten Meer gehört zu den trockensten und heißesten der Erde. Die durchschnittlichen Jahresniederschläge sind niedrig; sie bewegen sich zwischen 100 mm im Norden und weniger als 50 mm im Süden.[21] Die Temperaturen sind das ganze Jahr hindurch hoch. Im Sommer beträgt die durchschnittliche Tageshöchsttemperatur 33-38 Grad Celsius; der Winter ist mild, mit einer durchschnittlichen Tageshöchsttemperatur von 20-22 Grad Celsius. Die niedrigste Temperatur, die jemals gemessen wurde, lag bei 3 Grad Celsius: ein Hinweis darauf, dass die Gegend nie unter Frost leidet. Die relative Luftfeuchtigkeit ist selbst während des Winters niedrig.

In seiner Beschreibung der Gegend berichtet Josephus, das Klima sei im Winter »so mild, dass die Bewohner der Region selbst dann Leinenkleidung tragen, wenn im ganzen übrigen Judäa Schnee fällt«.[22] Er schreibt aber auch, dass im Sommer »das Umland so ausgedörrt ist, dass man sich kaum aus dem Haus wagen kann«.[23] Die Skelettreste, die man westlich von Jericho in Gräbern aus der Zeit des Zweiten Tempels entdeckte, lassen die Vorzüge der Region erkennen. Laut den Anthropologen Baruch Arensburg und Patricia Smith weisen das Alter und die Geschlechterverteilung der 192 identifizierten Individuen darauf hin,

> dass in Jericho weniger Kinder starben und mehr Erwachsene über 50 Jahre alt wurden als in Jerusalem. Diese Unterschiede sind möglicherweise auf das Klima zurückzuführen; die Winter in Jericho sind warm und mild, während sie in Jerusalem sehr kalt und feucht sein können.[24]

Nicht zuletzt aus diesem Grund errichtete die reiche Oberschicht aus Jerusalem Paläste und Villen in Jericho, Masada, Kallirhoe und Machaerus sowie an anderen Orten um das Tote Meer.

Beim Toten Meer handelt es sich um ein Gewässer, in das zwar Wasser hineinfließt, das jedoch keinen Abfluss hat. Infolge der geringen Meereshöhe, der hohen Temperaturen und der starken Verdunstung entsteht so eines der salzhaltigsten Gewässer der Erde: der Gehalt an Salzen und Mineralien im Wasser des Toten Meeres liegt bei etwa 30 %. Das Gewässer umfasst zwei Teile, ein 56 km langes nördliches und ein noch ca. 13 km langes südliches Becken. Sie werden durch eine als »die Zunge« bekannte Halbinsel (hebr. ha-Lashon, arab. Lisan) voneinander geschieden. Die frühere Gestalt des Toten Meeres kennen

21. Meine Darstellung des geophysikalischen Rahmens der Region am Toten Meer stützt sich auf Raz 1993; Potcher 2000; Hadas 2002, S. 7-16.
22. Josephus, Bellum 4,473.
23. Josephus, Bellum 4,471.
24. Arensburg/Smith 1983, S. 136.

wir aus Landkarten der 40er und 50er Jahre des zwanzigsten Jahrhunderts, als sein Wasserspiegel bei 392 m unter NN lag. Heute ist das südliche Becken ausgetrocknet – ganz so wie es auch auf der in Jordanien entdeckten Mosaiklandkarte von Madaba aus der Zeit um 600 n. Chr. erscheint. Dies ist darauf zurückzuführen, dass sich der Wasserspiegel seitdem verändert hat.[25] Die Meereshöhe der Schwelle zwischen den beiden Becken beträgt –402 m. In Trockenperioden wie der gegenwärtigen sinkt der Wasserspiegel unter –402 m und das südliche Becken trocknet aus. Als die Mosaiklandkarte von Madaba geschaffen wurde, lag der Wasserspiegel des Toten Meeres also vermutlich ebenfalls unter –402 m.

Das Tote Meer wird gespeist von wenigen ganzjährig Wasser führenden Quellen – dem Jordan, dem Wadi Mujib (Nahal Arnon) und dem Wadi Hasa (Nahal Zered) – sowie von den Quellen, die in den Oasen ringsum an seinen Ufern entspringen. Der wichtigste Wasserlieferant sind jedoch die starken Überschwemmungen, die im Winter von allen Seiten durch die Seitentäler ins Tote Meer hereinfluten (Abb. 90, farbig). Das Tote Meer besitzt ein ungewöhnlich großes Einzugsgebiet, das sich über rund 40.000 qkm erstreckt und heute Teile von sechs Staaten umfasst: Israel, das Palästinensergebiet, Jordanien, Syrien, Libanon und Ägypten (Abb. 3). Da in erster Linie säsonale Überschwemmungen die Wasserzufuhr ins Tote Meer sichern, schwankt sein Wasserspiegel immer wieder entsprechend globaler und regionaler Klimaveränderungen. In niederschlagsarmen Perioden kann der Wasserspiegel um mehrere Meter sinken, während er in Perioden mit hoher Luftfeuchtigkeit und verstärkten Regenfällen wieder ansteigt.[26] Diese Schwankungen des Wasserstandes wirkten sich nicht nur auf das Straßensystem im Gebiet des Toten Meeres entscheidend aus, sondern auch auf die Möglichkeiten der Landwirtschaft in den Oasen an seinen Ufern.

Befürworter der Qumran-Essener-Hypothese betonen im Allgemeinen die Unfruchtbarkeit der Region am Toten Meer und die Salzhaltigkeit ihrer Quellen. So behauptet etwa Jodi Magness, die Quellen von Ain-Feshkha, Ain el-Ghuweir und Ain et-Turabeh (Abb. 4) seien salzhaltig.[27] Zum Beweis dafür beruft sich Magness auf mehrere Forschungsreisende, die im neunzehnten Jahrhundert die Region besuchten und berichteten, das Wasser von Ain-Feshkha sei brackig und schmecke nach Salz.[28] Sie schließt daraus, dass es in

25. Zum Wasserspiegel des Toten Meeres vgl. Amiran 1997.
26. Underhill 1967; Frumkin 1997; Frumkin / Elitzur 2001. In der Vergangenheit wurden diese Veränderungen durch natürliche Prozesse verursacht und vollzogen sich verhältnismäßig langsam. Heute sind sie jedoch hauptsächlich auf menschliches Eingreifen zurückzuführen und spielen sich weit schneller ab.
27. Magness 2002, S. 19-21.
28. Magness 2002, S. 19-21 zitiert aus den Reisebeschreibungen von Robinson und Smith, die das Gebiet 1838 besuchten, und von de Saulcy, der es um die Mitte des 19. Jahrhunderts besuchte.

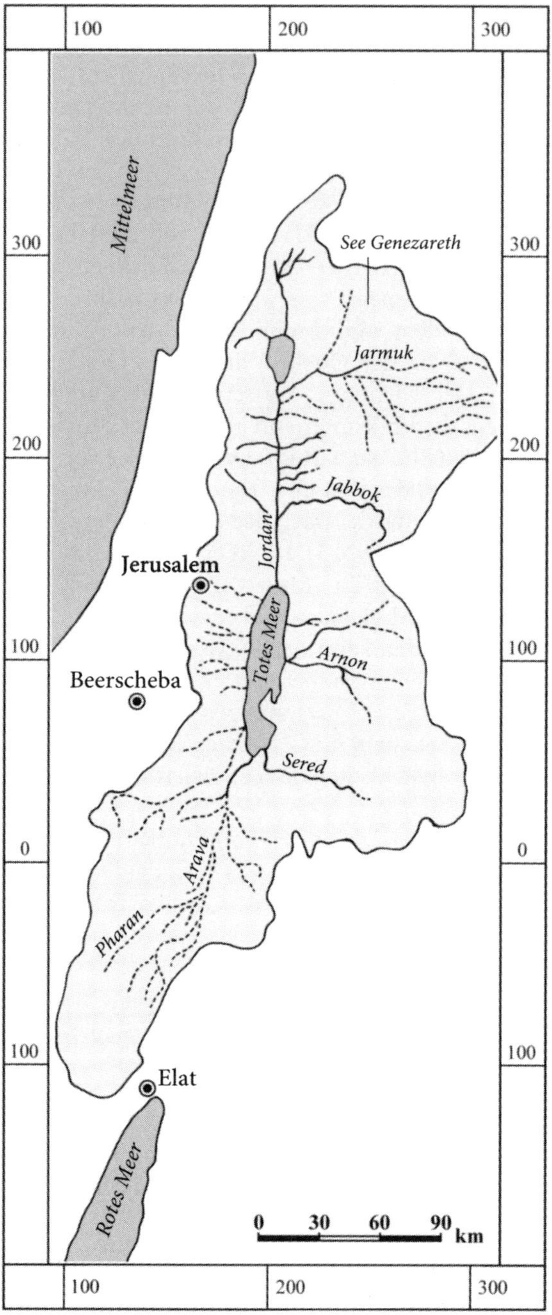

Abb. 3: Das hydrographische Einzugsgebiet des Toten Meeres.

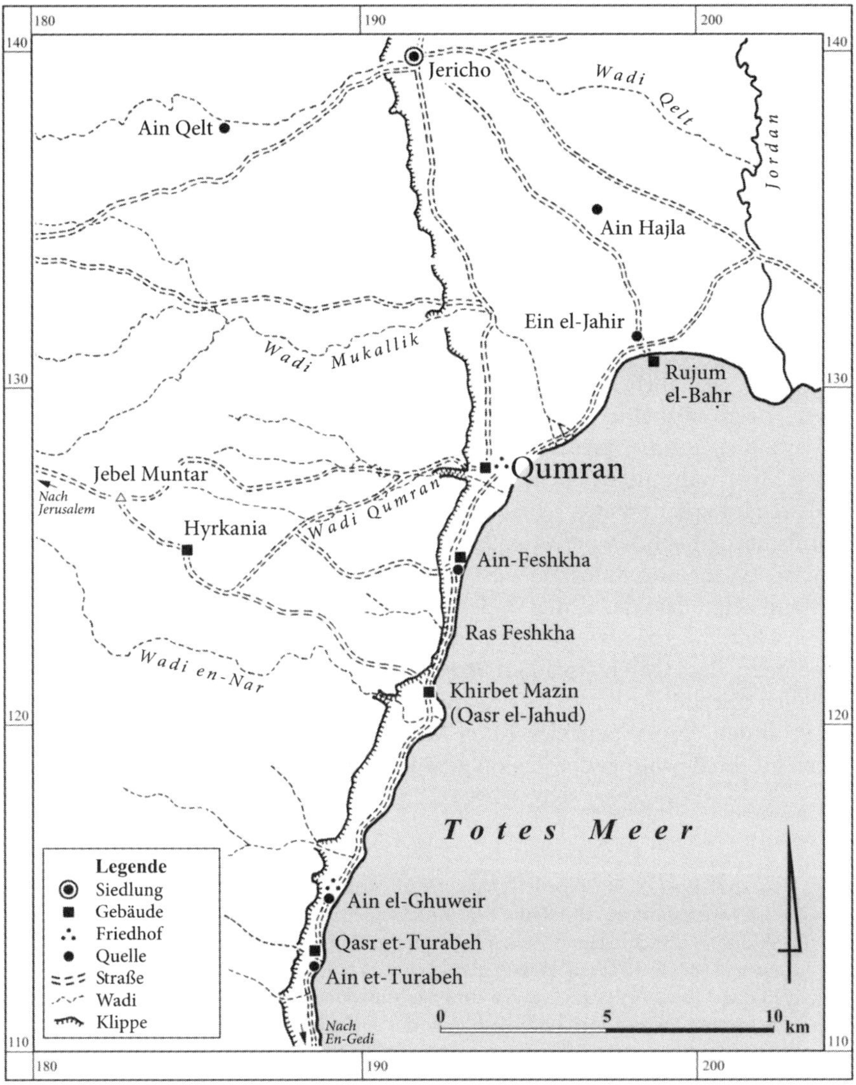

Abb. 4: Die Umgebung Qumrans am Nordwestufer des Toten Meeres mit den Quellen Ain-Feshkha, Ain el-Ghuweir und Ain et-Turabeh.

der unmittelbaren Umgebung von Qumran keine ganzjährig fließenden Süßwasserquellen gebe.

Magness übersieht jedoch, dass sich die periodischen, klimabedingten Schwankungen des Wasserstandes im Toten Meer auch stark auf die Salzhaltigkeit der Quellen an seinen Ufern auswirken wie hydrologische Untersuchungen gezeigt haben. Verstärkte Niederschläge in Jerusalem führen nicht nur zu stärkerem Wasserzufluss durch die zahlreichen Wadis und lassen den Wasserstand des Toten Meeres ansteigen, sondern verstärken auch die Schüttung der Quellen. Im Gegensatz zum trockenen Klima im neunzehnten Jahrhundert war die erste Hälfte des zwanzigsten weit feuchter und der Wasserstand des Toten Meeres stieg auf –393 m.[29] Entsprechend lesen wir in Darstellungen von Forschungsreisenden aus der ersten Hälfte des zwanzigsten Jahrhunderts, dass die Quellen von Ain-Feshkha, Ain el-Ghuweir und Ain et-Turabeh Süßwasser führten.[30] Heute dagegen ist die Lage katastrophal: Während ich dieses Buch schreibe, liegt der Wasserspiegel des Toten Meeres bei –418 Metern, und er sinkt weiter rapide um jährlich 80 cm. Infolgedessen sind auch die Quellen am Toten Meer extrem salzhaltig.

Worauf es uns hier jedoch ankommt, ist die Frage nach dem Wasserstand im Toten Meer während der hellenistischen und frührömischen Zeit. Geologische und archäologische Daten scheinen darauf hinzuweisen, dass dieser damals verhältnismäßig hoch war: etwa –395 m.[31] Drei antike Häfen, in Khirbet Mazin, Rujum el-Bahr und Kallirhoe, bestätigen eine solche Höhe[32] Dieser hohe Wasserstand zeigt, dass das Klima in der Zeit des Zweiten Tempels, wie auch in der ersten Hälfte des zwanzigsten Jahrhunderts, eher feucht war. Man darf daher annehmen, dass Oasen am Toten Meer wie Ain-Feshkha, En-Boqeq und andere reichlich mit Süßwasser versorgt waren.

Wenn der Wasserstand des Toten Meeres bei etwa –395 Metern liegt, herrschen für die Bewohner der Region geradezu ideale Verhältnisse. Ist der Wasser-

29. Underhill 1967, S. 48, Tabelle 1; Mazor/Molcho 1972; Mazor 1997.
30. Es ist interessant zu verfolgen, wie unterschiedlich Besucher das Wasser von Ain-Feshkha zu verschiedenen Zeiten beurteilten. So beschrieben 1873 Condor und Kitchener (1883, S. 171) das Wasser als »leicht brackig«. Masterman (1902, S. 164 f.), der die Oase 1900/1901 besuchte, erwähnt das Süßwasser von Ain-Feshkha und beschreibt eine weitere kleine Quelle nördlich davon – Ain-Mabneyeh – als ein »klares Bächlein mit Süßwasser«. 1934 fand eine Gruppe von 14 Reisenden unter Führung von Raphi Tahoon zwischen den Felsen eine »frische Süßwasserquelle« (Tahoon 1990, S. 255). Diese drei Darstellungen decken sich mit den Daten über den Anstieg des Wasserspiegels des Toten Meeres in der ersten Hälfte des zwanzigsten Jahrhunderts.
31. Frumkin 1997, S. 243 f.; Hirschfeld 2004c.
32. Zu den neuesten Informationen über Khirbet Mazin vgl. Hirschfeld 2002; zu Rujum el-Bahr vgl. Bar-Adon 1989, S. 1-14; zum vermutlichen Hafen von Kallirhoe vgl. 'Amr u. a. 1996, S. 441; Clamer 1997, S. 33-37. Diese Anlagen werden in Kapitel 5 behandelt.

stand höher als –390 Metern, wie etwa in der frühbyzantinischen Zeit,[33] dann bedeckt das Tote Meer die Küstenebene, und Oasen wie die von Ain-Feshkha schrumpfen. Das Wasser reicht dann bis an die Felswand von Ras Feshkha (Rosh Tsuqim), und der Verkehr auf der Küstenstraße wird unmöglich. Ist dagegen der Wasserstand niedriger als –400 Meter, dann vertrocknen viele Quellen und andere werden brackig. Insofern genossen die Bewohner von Qumran und anderer Anlagen am Toten Meer im ersten Jahrhundert v. Chr. und im ersten Jahrhundert n. Chr. die günstigsten Bedingungen, die diese Region bieten kann.

Archäologische Befunde stützen diese Einschätzung. Surveys und Ausgrabungen seit den 1950er Jahren haben nachgewiesen, dass die gesamte Region während der Zeit des späten Zweiten Tempels zwischen ca. 100 v. Chr. und der Zeitenwende, als fast das ganze Gebiet am Toten Meer unter der Herrschaft der Hasmonäer und dann des Herodes stand, einen regelrechten Bauboom erlebte: nicht nur Jericho, Qumran, En-Gedi, Masada und En-Boqeq am Westufer sowie Kallirhoe und Machaerus am Ostufer wurden in dieser Zeit erweitert oder neu errichtet.[34]

In der späthellenistischen und frührömischen Zeit bot die Region am Toten Meer die Grundlage für ein blühendes Wirtschaftsleben. Der Anbau von Dattelpalmen bildet bis heute das Rückgrat der regionalen Wirtschaft. Diese Bäume sind in der Gegend heimisch und kommen mit dem extremen Klima und dem salzhaltigen Grundwasser sehr gut zurecht. Da Dattelpalmen viel Salz aus dem Wasser ausfiltern und überdies Schatten bieten, schaffen sie ideale Bedingungen für den Anbau anderer Feldfrüchte wie Gerste und Gemüse zwischen den Baumreihen. Aus Datteln stellte man Dattelhonig *(silan)* her, der damals ein wichtiger Bestandteil der Nahrung war.[35] Palmen lieferten außerdem den Rohstoff für das Bauhandwerk, für Möbel und zahllose Gebrauchsgegenstände. Eine Beschreibung der Gärten von Jericho aus dem späten neunzehnten Jahrhundert kann uns eine Vorstellung davon geben, wie fruchtbar die Region in der späthellenistischen und frührömischen Zeit war. »In diesen Gärten wird Gemüse aller Art angebaut [...]. Die Weinreben, an 1,2 m hohen Spalieren gezogen, erreichen eine schöne Größe. Auch Weizen und Gerste sind von guter Qualität.«[36]

Neben den Dattelpalmen wurde in der Region auch intensiv Balsam angebaut, der den Rohstoff für kostbare Parfüme und Salben lieferte und noch höhere Gewinne einbrachte.[37] Auch aus anderen Pflanzen stellte man Salben und Parfüme her (etwa Myrrhe, Weihrauch und Narde); außerdem erzeugte man

33. Zum Wasserstand in der frühbyzantinischen Zeit vgl. Hadas 2002, S 13-15; Hirschfeld 2004c.
34. Fischer / Gichon / Tal 2000, S. 143 f. enthält eine ähnliche Liste von Anlagen.
35. Ayalon 1987, S. 78 f.; Hadas 2002, S. 34-36.
36. Conder / Kitchener 1883, S. 189.
37. Patrich / Arubas 1989; Donceel-Voûte 1998; Gichon 2000.

Obst. Das Tote Meer war zudem eine Quelle für die Gewinnung von Mineralien wie Asphalt und Speisesalz.[38] Wegen der ständigen Nachfrage brachten natürlicher Asphalt, Schwefel und Salz bei einem minimalen Einsatz von Arbeit hohe Gewinne; der Handel mit diesen Stoffen verband die Region um das Tote Meer mit internationalen Handelsstraßen, die nach Ägypten und sogar bis nach Rom führten.[39]

Bei Ausgrabungen in den Oasen von Ain-Feshkha, En-Gedi, En-Boqeq und Kallirhoe wurden Villen, Gehöfte, Werkstätten und Einrichtungen aus jener Zeit entdeckt[40] – zusätzlich zu den Palästen und Festungen, die die Hasmonäer und Herodes in Jericho, Masada und Machaerus errichteten. Deshalb war Qumran in dieser Zeit keineswegs abgelegen und isoliert, sondern lag in einem gut erschlossenen Gebiet in der Nähe von Straßen, die die Anlagen am Toten Meer mit der regionalen Hauptstadt Jericho und mit der Hauptstadt Jerusalem im Gebirge verbanden. Vertreter der traditionellen Deutung wie Magen Broshi und Kollegen räumen daher zu Recht ein, dass man von Qumran aus »mit einem Esel in einem einzigen Tag« nach Jerusalem und »zu Fuß in zwei Stunden« nach Jericho gelangen kann.[41] Er weist auch auf die Häfen hin, die im lokalen Verkehrsnetz ein entscheidendes Element waren. Neben den Häfen in Khirbet Mazin und Rujum el-Bahr ist noch derjenige von En-Gedi zu nennen sowie die Anlegestelle von Kallirhoe am Ostufer, der als Hauptzugang nach Machaerus diente.[42] So waren alle Siedlungen am Toten Meer über Land und Wasser miteinander verbunden und für Reisende aus Judäa im Westen bzw. aus Peräa oder den Bergen von Moab im Osten gut zugänglich. Über den Jordangraben oder die Arava-Senke war auch der Norden und der Süden erreichbar. Zusätzlich weist die Reihe von Anlagen am Westufer des Toten Meeres darauf hin, dass Qumran gut erschlossen und ein integraler Teil der regionalen Infrastruktur war.[43]

Die Frage nach der Funktion Qumrans kann man daher nicht losgelöst von seiner Stellung innerhalb des regionalen Straßensystems der späthellenistischen und frührömischen Zeit und unabhängig von seiner Grenzlage zwischen dem Königreich Judäa im Westen und dem Reich der Nabatäer im Osten beantwor-

38. Beit Arieh 1996; Gichon 2000, S. 93-102; Hadas 2002, S. 28-55; Zangenberg 2000a, bes. S. 135-144; ders. 2003; ders. 2004a; ders. 2005a.
39. Vgl. Hammond 1959 zum Wert von Asphalt für die Bewohner der Ufer des Toten Meeres; ferner Amar 1998a zur Gewinnung von Salz und Schwefel in der Region.
40. Zu En-Gedi vgl. Mazar 1993; zu En-Boqeq vgl. Gichon 1993; Fischer / Gichon / Tal 2000; zu Kallirhoe vgl. Clamer 1997; Strobel / Wimmer 2003.
41. Yellin / Broshi / Eshel 2001, S. 65.
42. Strobel 1977; Strobel / Clamer 1986. Zum Hafen von En-Gedi vgl. Hadas 1993.
43. Bar-Adon 1981, S. 348; Walker 1993; Cansdale 1997, S. 104-106; Hirschfeld 1998, S. 171-174; Zangenberg 2000a, S. 144-148.

ten. Forscher, die die Qumran-Essener-Hypothese vertreten, heben demgegenüber gewöhnlich die angeblich isolierte Lage Qumrans hervor. So wies etwa Magen Broshi auf den Felsvorsprung von Ras Feshkha hin, der ins Tote Meer hineinrage und den Durchgangsverkehr behindere: »Keine wichtige Straße führte über Qumran. [...] Nur schmale Pfade verbanden Qumran mit dem Rest der Welt, sonst nichts. Es lag an keiner Nord-Süd-Straße.«[44]

Das südliche Ende der Oase Ain-Feshkha bildet tatsächlich eine steil abfallende Felswand, die im Arabischen Ras Feshkha heißt.[45] Dieser etwa 60 m hohe Fels fällt fast senkrecht zum Ufer ab, so dass nur ein schmaler Durchgang am Ufersaum bleibt (Abb. 91, farbig). Im Jahr 1900 wurde ein Felsblock am Fuß von Ras Feshkha mit den Initialen P. E. F. (Palestine Exploration Fund) versehen. Diese Inschrift ist noch heute unterhalb einer in rund 45 m Höhe eingemeißelten waagrechten Linie zu erkennen (Abb. 5). Ursprünglich befand sich diese Markierung 4,2 m über dem Wasserspiegel des Toten Meeres, der in jener Zeit etwa bei –393 Metern lag. Zwischen der Uferlinie und dem P. E. F.-Felsen verlief damals nur ein schmaler Pfad.[46] Broshi schreibt, die Meereshöhe am Fuß des P. E. F.-Felsens betrage –399 Meter; daher müsse »der Wasserspiegel des Toten Meeres tiefer als –400 m liegen, um einen Verkehr am Fuß des Ras Feshkha vorbei zu ermöglichen«.[47]

Ich bat ein Team qualifizierter Landvermesser, die Meereshöhe am Fuß von Ras Feshkha zu ermitteln. Sie stellten fest, dass die Meereshöhe –393 Meter beträgt, also 6 Meter über der von Broshi angegebenen liegt.[48] In der späthellenistischen und frührömischen Zeit, als der Wasserspiegel des Toten Meeres bei etwa –395 m lag, war somit die Straße, die von Qumran südwärts über Ras Feshkha nach En-Gedi führte, durchaus offen (Abb. 6).

Die Hauptroute von Jerusalem und anderen Siedlungen in den judäischen Bergen nach Jericho und zum Nordbereich des Toten Meeres folgt dem Flussbett des Wadi Qelt (Nahal Prat). Nebenrouten folgen anderen Flussbetten bis zu den Anlagen am Westufer des Toten Meeres. Ma'aleh Qumran ist bereits erwähnt worden. Ein Pfad namens Ma'aleh Feshkha führt von Ain-Feshkha nach hinauf Westen. Sein verhältnismäßig bequemer Anstieg erlaubt es Fußgängern und Lasttieren von der Oase am Ufer des Toten Meeres westwärts zum Tal von Hyrkania und von dort nach Jerusalem zu ziehen.[49]Andere Pfade steigen auf zu

44. Broshi 1999, S. 273.
45. Markus 1970.
46. Underhill 1967, S. 45-48, Tabelle 1; Masterman 1902, S. 156.
47. Broshi 1999, S. 273.
48. Ich danke Avi Blumenkranz und Shomroni, die diese Messung am 23. Juni 2003 durchführten. Die absolute Meereshöhe am Fuß des P. E. F.-Felsens beträgt –391,75 m.
49. Markus 1986, S. 134; Magness 2002, S. 203.

Abb. 5: Der P.E.F.-Felsen am Ras-Feshkha mit der Markierung von 1900.

den Felswänden westlich der wichtigen Anlagen, wie Khirbet Mazin, En-Gedi, Masada und En-Boqeq.[50]

Nur weil die Region am Toten Meer zur Zeit de Vaux' unwirtlich und verlassen war, schien Qumran der ideale Lebensraum für eine autarke, abgeschiedene Gemeinschaft von Asketen zu sein. Leider ignoriert Jodi Magness in ihrem Buch über die Archäologie Qumrans – immerhin einer Anlage mit einer überdurchschnittlichen Zahl von Werkstätten und Einrichtungen – die einzigartige, hoch spezialisierte Wirtschaft dieses Gebietes. Infolgedessen taucht das Wort »Balsam«, das bei antiken Autoren wie Josephus, Strabon und dem älteren Plinius als Quelle von hoch geschätztem Parfüm erwähnt wird, in ihrem Buch überhaupt nicht auf.[51] Alle archäologischen Befunde weisen demgegenüber klar darauf hin, dass Qumran keineswegs eine abgeschiedene Einsiedelei war, sondern vielmehr in der hoch entwickelten, auf Landbau beruhenden Wirtschaft der Region am Toten Meer in der späthellenistischen und frührömischen Zeit einen wichtigen Platz einnahm.[52]

1.3 Feldforschung

1873, lange vor der Entdeckung der Schriftrollen vom Toten Meer, kamen die britischen Landvermesser Claude Conder und Horatio Kitchener nach Qumran. Unter den dortigen Ruinen beschrieben sie ein von unbehauenen Steinen eingesäumtes Wasserbecken mit Stufen, die dorthin hinunterführten. Sie wiesen auf »die ungeheure Zahl von Gräbern auf dem Plateau und dessen östlichem Abhang« hin und schätzten ihre Zahl auf »rund 700 oder mehr«.[53] Die Nord-Süd-Orientierung der Gräber schloss, wie sie erkannten, die Möglichkeit aus, dass es sich um Bestattungen von Muslimen handelte. In einem der Gräber, das sie öffneten, fanden sie die Überreste eines Skeletts, dessen Kopf nach Süden zeigte.

Ein Jahr später, 1874, besuchte der französische Archäologe Charles Clermont-Ganneau das Gelände und öffnete ein weiteres Grab.[54] Der britische Gelehrte Masterman besuchte 1900/1901 Qumran und Ain-Feshkha mehrfach. Er beschrieb die antiken Straßen, die nach Qumran führten, das nach seiner Auf-

50. Zu den Wegen in der Region des Toten Meeres vgl. Dorsey 1991, S. 147-150; Walker 1993; Cansdale 1997, S. 104-107; Zangenberg 2000a, 147 f.
51. Nach dem allgemeinen Register von Magness 2002, S. 236-238.
52. Zur Wirtschaft der Region am Toten Meer vgl. Porath 1986; Fischer / Gichon / Tal 2000, S. 139-146; Hadas 2002; Zangenberg 2000a; ders 2005a.
53. Conder / Kitchener 1883, S. 210. Zur Erforschung von Khirbet Qumran im 19. Jahrhundert vgl. Taylor 2002a.
54. Clermont-Ganneau 1899, S. 14-16.

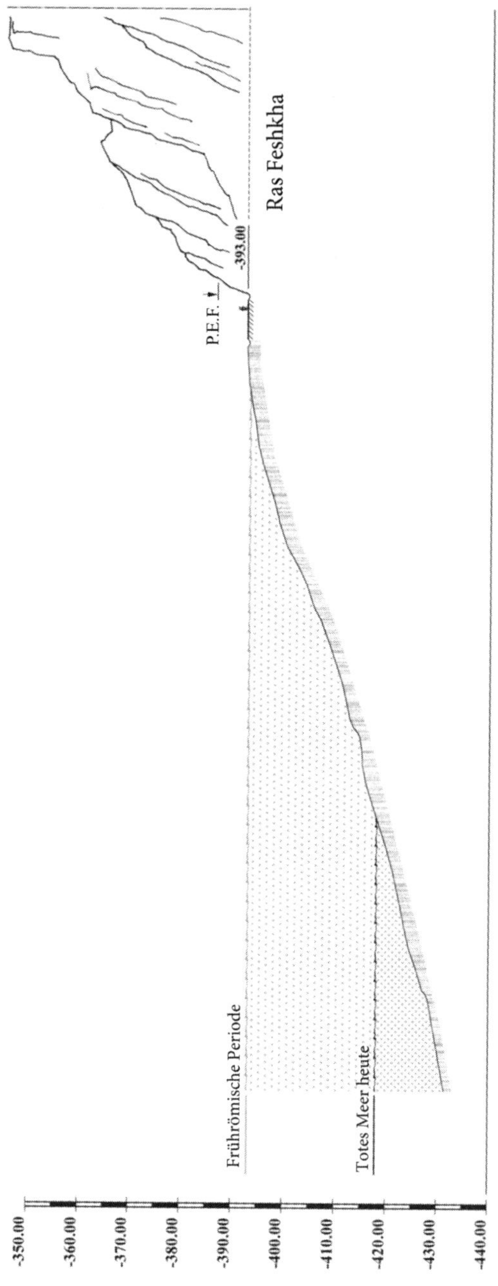

Abb. 6: Die unterschiedlichen Wasserstände des Toten Meeres, Angaben in Meter unter NN.

fassung »einst durchaus eine kleine Festung gewesen sein mag«.[55] Er war auch der erste Gelehrte, der den in den Felsen gehauenen Aquädukt westlich von Qumran beschrieb. Spätere Forschungen haben seine Annahme bestätigt, dass »dieser kleine Aquädukt angelegt wurde, um mit dem winterlichen Regenwasser die Zisterne oder Zisternen zu füllen, die mit dem heute als ›Ruine Kumran‹ bekannten Gebäudekomplex verbunden waren«.[56]

Der nächste Erforscher Qumrans war 1914 der deutsche Gelehrte Gustaf Dalman.[57] Wie seine Vorgänger beschrieb er die Ruinen von Gebäuden (darunter den Sockel einer Säule) und die vom Wadi Qumran ausgehende Wasserleitung. Wie Masterman kam er zu dem Ergebnis, die Anlage könnte eine Festung gewesen sein.

Die ersten Schriftrollen wurden bekanntlich 1946/1947 von Beduinen in der später so genannten Höhle 1 etwa 2 km nördlich von Qumran entdeckt (Abb. 7). Einige der Rollen kamen in die Hände von Eliezer Lipa Sukenik, Professor der Hebräischen Universität in Jerusalem, der als erster einen Zusammenhang mit den Essenern herstellte.[58] 1949 lokalisierten Roland de Vaux, Archäologe an der École Biblique in Jerusalem, und G. W. Lankester Harding, Generalinspektor der im Entstehen begriffenen jordanischen Altertümerverwaltung aus Amman, Höhle 1 (1Q) und gruben sie aus (Abb. 8).[59]Neben Keramik, Textilstücken aus Leinen und anderen Artefakten fanden sie Fragmente weiterer Handschriften und bestätigten so die Herkunft der zuvor gefundenen Rollen. Sie untersuchten auch die Umgebung von Qumran und legten auf dem Friedhof zwei Gräber frei (Grab 1 und Grab 2).

Je mehr Nachrichten von den sensationellen Schriftrollen um den Globus gingen, desto größer wurde die Aufregung. Schon Sukenik hatte unter ihnen das biblische Buch Jesaja identifiziert, und dies beflügelte die Fantasie von Menschen auf der ganzen Welt. Harding und de Vaux kehrten daher 1951 nach Qumran zurück, um die erste systematische Ausgrabungskampagne zu leiten. Spätere Ausgrabungen führte de Vaux allein durch. Unterdessen fuhren auch die Beduinen fort, im Wettlauf mit den Archäologen die Höhlen der Gegend nach Handschriften zu durchsuchen. Als sie 1951 weitere Schriftrollen in Höhle 2 (2Q) fanden, begannen auch die Archäologen einen systematischen Survey der Höhlen bei Qumran.[60] Meist jedoch kamen sie zu spät und die Beduinen hatten die Höhlen schon durchwühlt. Während der Expedition 1952 entdeckten die Archäologen Höhle 3 (3Q), die noch unberührt war und die geheimnisvolle *Kupferrolle* enthielt. Ein besonderes Unglück war, dass Beduinen die

55. Masterman 1902, S. 161.
56. Masterman 1903, S. 267.
57. Dalman 1914, S. 9-11.
58. Sukenik 1948, S. 16.
59. Harding 1949, S. 112-115; 1955, S. 5-7.
60. De Vaux 1962, S. 4-31; Reed 1954, S. 9-13.

direkt westlich gegenüber von Qumran im Mergel liegende Höhle 4Q, in der vermutlich ursprünglich mehr als 600 Schriftrollen deponiert waren, vor den Archäologen entdeckten. 5Q entdeckte man unweit von Höhle 4 (Abb. 9), und noch während der Ausgrabung von 4Q entdeckte man in den Kalkfelsen westlich hinter Qumran Höhle 6Q. Höhlen 7, 8 und 9 entdeckte man am südlichen Ende des Mergelplateaus, auf dem Qumran liegt.[61] Höhle 10, in der Nähe von 4Q befindlich, enthielt keine Textfragmente, wohl aber archäologische Funde. 1956 entdeckten Beduinen südlich von Höhle 3 noch Höhle 11 als vorerst letzte, die Schriftrollen enthielt.[62] Da der Eingang zur Höhle fest verschlossen war, waren die 25 darin gefundenen Schriftrollen (darunter die berühmte Tempelrolle 11QT) relativ gut erhalten. Insgesamt wurden in den 11 Höhlen bei Qumran Reste von rund 850 Schriftrollen gefunden, von denen die meisten freilich nur in zum Teil winzigen Fragmenten vorliegen.

Die erste intensive Ausgrabungskampagne in der Anlage von Qumran erfolgte 1951, gut fünf Jahre nach der Entdeckung der ersten Schriftrollen in den Höhlen. Es ist daher nicht verwunderlich, dass die Ausgrabungen in hohem Maße unter dem Eindruck der Schriftrollen standen. Nicht zuletzt war ja auch de Vaux sowohl an der Entdeckung und Entzifferung der Schriftrollen als auch der Grabung maßgeblich beteiligt. Selbst Mitglied des Dominikanerordens in Jerusalem, glaubte er, die Schriftrollen könnten entscheidend dazu beitragen, die Entstehung des Christentums in der Region des Toten Meeres zu verstehen. Unter dem Eindruck Sukeniks setzte er die Bewohner des Ortes mit den Menschen gleich, die die Schriftrollen verfasst bzw. benutzt und in den nahen Höhlen versteckt hatten. Damit legte de Vaux den entscheidenden Grundstein für das »Qumran-Essener-Modell«, dem in der Folgezeit ein immenser Einfluss auf die Forschung beschieden war.

De Vaux' Vorgehensweise stimmte mit einer gewissen Tendenz innerhalb der biblischen Archäologie im zwanzigsten Jahrhundert überein, alles, was nicht anders erklärbar zu sein schien, auf religiöse Aktivität zurückzuführen.[63] Zur Zeit von de Vaux war der Ausgrabungsort Qumran tatsächlich noch in vieler Hinsicht ungewöhnlich. In den frühen 1950er Jahren hatten die groß angelegten Ausgrabungen von Masada, En-Gedi und Jericho wie auch die kleineren Ausgrabungen von En-Boqeq und Kallirhoe noch nicht stattgefunden. Die Ausgrabung von Qumran war die erste und betrat in Vielem Neuland, und deshalb waren viele der dortigen Funde damals noch ohne Parallele (z. B. Keramik,

61. Zu Höhle 4Q vgl. de Vaux 1977, S. 9-21.
62. Zur Entdeckung von Höhle 11Q vgl. Harding 1958, S. 17.
63. Yeivin (1973, S. 163) wies auf eine in seinen Augen beklagenswerte Tendenz der biblischen Archäologie hin: die Neigung von Forschern, »jeden mehr oder weniger ungewöhnlichen Fund als etwas zu betrachten, das mit religiösen Riten und heiligen Orten zusammenhängt, ob es sich nun um Gebäudereste oder Gefäße oder deren Scherben handelt«. Diese Worte gelten, wie mir scheint, auch für die Archäologie Qumrans.

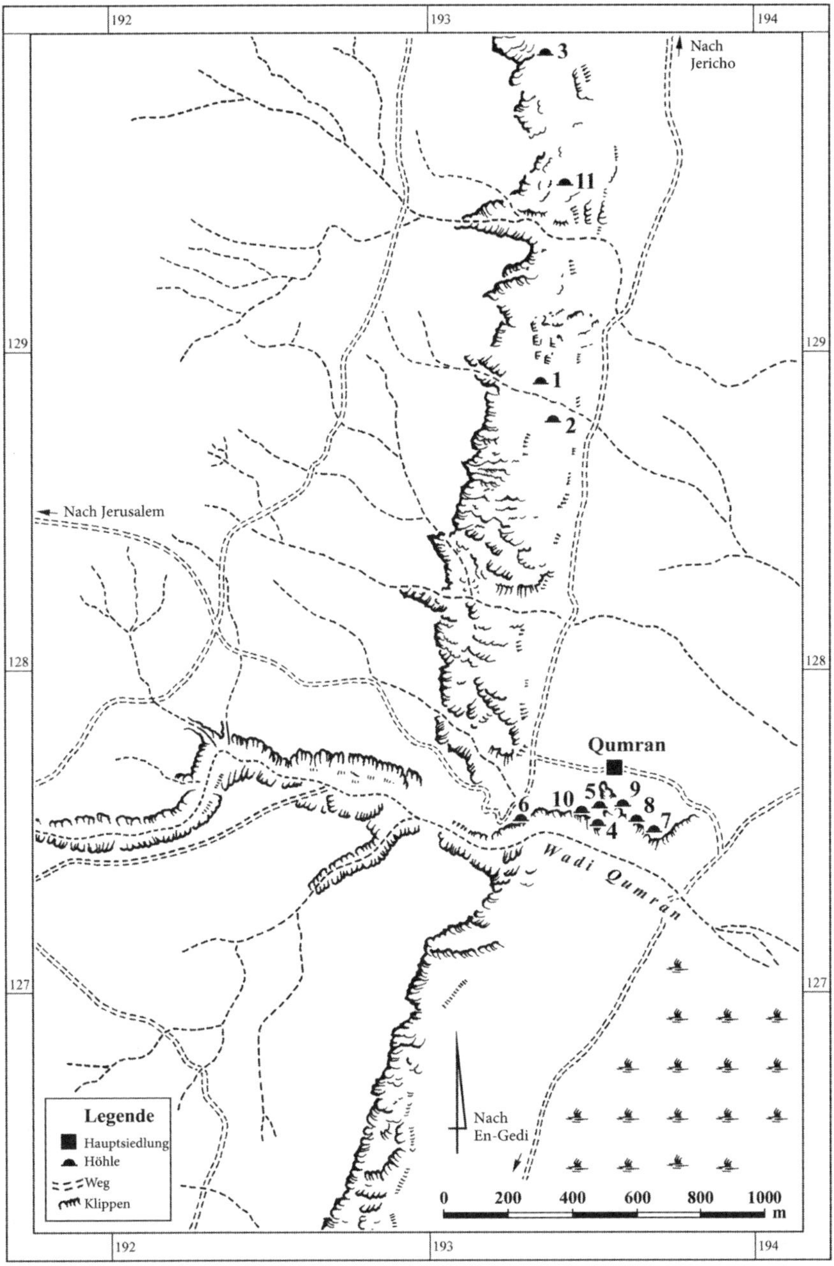

Abb. 7: Die Lage der elf »Schriftrollenhöhlen« bei Qumran.

Abb. 8: Der Eingang von Höhle 11 Q; Blick nach Westen
(mit freundlicher Genehmigung der Israel Antiquities Authority).

Abb. 9: Im Vordergrund rechts: Höhlen 4 und 5 an der Mergelterrasse südwestlich der Hauptsiedlung; Blick nach Südwesten.

Grabform, Form der Anlage). Heute wissen wir z.B., dass die große Zahl von Mikwen (hebr. *miqva'ot;* mit Stufen versehene Wasserbecken, die von Juden für rituelle Waschungen verwendet wurden) für Anlagen aus der Zeit des Zweiten Tempels ganz typisch ist; für de Vaux jedoch waren sie eine spektakuläre Entdeckung, die seiner Meinung nach nur kultisch zu erklären war.

Die Funde der ersten Ausgrabungskampagne im Jahre 1951 veranlassten de Vaux, in Qumran von 1953 bis 1956 vier weitere groß angelegte Ausgrabungen vorzunehmen. Während der letzten Kampagne – und separat 1958 – grub de Vaux auch Ain-Feshkha aus.[64]

Nur wenige andere Anlagen aus der Zeit des Zweiten Tempels (darunter Masada) sind so weitgehend freigelegt worden wie Qumran. Andere Anlagen, die Ähnlichkeiten mit Qumran aufweisen, hat man bis heute nur teilweise ausgegraben und oft leider auch nur knapp publiziert. Gegenstände oder Architekturelemente, die wir aus Qumran kennen, sind daher möglicherweise auch in diesen anderen Anlagen vorhanden, ohne dass wir es wissen. So wurde in Qumran beispielsweise sogar der Gartenbereich vor dem Hauptbau intensiv ausgegraben (Locus 135). Auch andere Anlagen hatten vielleicht ebenfalls Küchengärten, die erst noch freigelegt werden müssen. Nach meiner Auffassung ist das herausragende Merkmal Qumrans seine weitgehende Freilegung. Ein weiteres bemerkenswertes Element ist der Umstand, dass infolge des trockenen Klimas organisches Material – etwa Schriftrollen aus Papyrus oder Pergament bzw. Textilien – in einem größeren Umfang erhalten sind als es in feuchten Gebieten der Fall wäre. Und die abgeschiedene Lage Qumrans in späterer Zeit bedeutete, dass seine Überreste von Steinraub verschont blieben. So war Qumran in der byzantinischen Zeit, als andere Gebiete des Landes – selbst Wüstengebiete – dicht bevölkert waren, unbewohnt.[65]

Bei den langen Ausgrabungskampagnen de Vaux' in Qumran und Ain-Feshkha waren zahlreiche örtliche Beduinen als Arbeiter beschäftigt (und nutzten ihre Kenntnisse oft für eigene »Expeditionen« aus). In den ersten beiden Jahren 1951 und 1953 wurde der Hauptbau freigelegt. Die dritte Grabungskampagne 1954 widmete sich hauptsächlich dem industriellen Bereich südöstlich des Hauptbaus, die vierte 1955 dem industriellen Bereich westlich davon. Im Rahmen dieses Projektes legte de Vaux auch 43 Gräber östlich, südlich und nördlich der Siedlung frei.[66]

Bei den Ausgrabungen von Qumran und Ain-Feshkha vergab man an jeden architektonischen Raum (Zimmer, Halle, Hof oder Einrichtung) eine eigene

64. Zum Vorbericht über die Ausgrabungen in Ain-Feshkha vgl. de Vaux 1959b.
65. Bei meiner jüngsten Ausgrabung in En-Gedi fanden wir heraus, dass das zu Beginn des 2. Jahrhunderts n.Chr. errichtete römische Bad zu Beginn des 4. Jahrhunderts vollständig vom Toten Meer bedeckt war. Man darf annehmen, dass während dieser Periode auch die Oase Ain-Feshkha größtenteils überflutet war. Vgl. Hirschfeld 2004a.
66. Zu den Friedhöfen bei Qumran und Ain-Feshkha vgl. Norton 2003; Donceel 2002.

Locusnummer (archäologische Identifikationsnummer), obwohl in einigen Fällen auch dieselbe Einrichtung zwei Nummern erhielt (so bezeichnete man das mit Stufen versehene Becken im Ostflügel des Hauptbaus als Locus 48/49). Die freigelegten Gräber folgten einem eigenen Identifikationssystem[67].

Die zahlreichen Höhlen bei Qumran wurden ebenfalls nummeriert. Wie wir sahen, fand man Schriftrollen in zehn von elf Höhlen. Fünf davon – 1Q, 2Q, 3Q, 6Q und 11Q – sind natürliche Karsthöhlen in den Kalksteinfelsen westlich von Qumran. Die restlichen sechs – 4Qa-b, 5Q, 7Q, 8Q, 9Q und 10Q – sind künstliche Höhlen, die in dem Mergelplateau von Qumran angelegt wurden. 1952 untersuchte eine von de Vaux geführte Expedition das Gebiet um Qumran. Von den dabei entdeckten Höhlen enthielten 230 keinerlei Artefakte; nur in 40 fand man Keramik und andere Gegenstände.[68]

Qumran lieferte weit mehr Funde als das benachbarte Ain-Feshkha. Unter den Ruinen Qumrans, das römische Soldaten während des Ersten Jüdischen Aufstands zerstört hatten, entdeckte de Vaux Hunderte von Münzen, Gefäßen und anderen Artefakten. Die Funde aus Qumran und Ain-Feshkha wurden zwischen zwei Institutionen in Jerusalem aufgeteilt: dem Rockefeller Museum (das damals noch der jordanischen Altertümerbehörde unterstand) und der École Biblique, mit der de Vaux verbunden war.

Seit de Vaux haben mehrere Ausgrabungen in Qumran stattgefunden. In den 1960er Jahren wurden zwei kleine Grabungskampagnen durchgeführt. Die eine, unter der Leitung von R. W. Dajjani, war Bestandteil der Restaurierungsarbeiten, die kurz vor dem Sechstagekrieg von 1967, als der Ausgrabungsort noch unter jordanischer Kontrolle stand, durchgeführt wurden.[69] 1965-1967 legte Solomon H. Steckoll zwölf Gräber auf dem Friedhof frei.[70]

Während der letzten beiden Jahrzehnte des zwanzigsten Jahrhunderts erforschten israelische Archäologen die Höhlen. 1984/85 führte Joseph Patrich von der Hebräischen Universität einen systematischen Survey und Ausgrabungen von Höhlen in der Umgebung Qumrans durch.[71] Bei dem Survey stellte man fest, dass 17 Höhlen archäologische Überreste wie Keramik und Kleinfunde enthielten. Von 1986 bis 1991 grub Patrich fünf Höhlen aus. In einer von ihnen, der so genannten »Balsamöl-Höhle« fand man ein in Palmfasern eingehülltes herodianisches Kännchen, das Überreste eines zähflüssigen Öls enthielt (Abb. 10).[72] Nach Aussage von Patrich lieferten der Survey und die Ausgrabun-

67. Vgl. die Übersicht bei Röhrer-Ertl / Rohrhirsch / Hahn 2000, S. 210-215 und Eshel / Broshi / Freund / Schulz 2002, 163-165; Sheridan / Ullinger 2006.
68. Zum Survey der Höhlen und zu den darin entdeckten Kleinfunden vgl. de Vaux 1977, S. 9-21 sowie den Überblick bei Bélis 2003b.
69. Donceel / Donceel-Voûte 1994, S. 11 Anm. 37.
70. Steckoll 1968; Kapera 1994, S. 9; Norton 2003, S. 123.
71. Patrich 1994a.
72. Patrich / Arubas 1989.

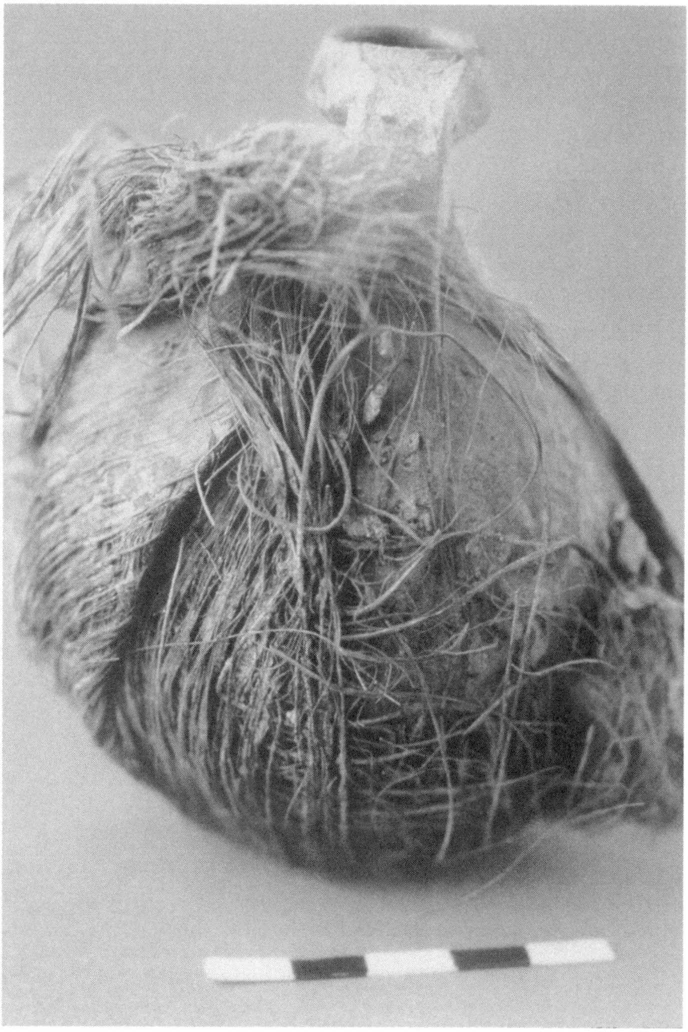

Abb. 10: Herodianisches Kännchen mit Balsamöl (?), Maßstab in cm (mit freundlicher Genehmigung von J. Patrich).

gen Belege dafür, dass die Höhlen bei Qumran zeitweilig von Hirten, Arbeitern oder Flüchtlingen bewohnt waren.

Im Winter 1995/96 führte ein Team unter Magen Broshi und Hanan Eshel in mehreren Höhlen nördlich von Qumran weitere Ausgrabungen durch.[73] Wie frühere Forscher förderten sie nur bewegliche Gegenstände wie etwa Keramik zutage; feste Einrichtungen fanden sie nicht. Trotzdem behaupteten sie, die Besitzer von Qumran hätten die Höhlen in der Umgebung als Wohnräume genutzt.

Von 1993 bis 2004 führten Itzhak Magen und Yuval Peleg von der israelischen Antikenbehörde in Qumran die wohl wichtigsten Ausgrabungen seit de Vaux durch. 2002 legten Magen und Peleg bei einer Konferenz über die Archäologie Qumrans an der Brown University in Providence (Rhode Island) die bemerkenswerten Ergebnisse ihrer Ausgrabungen vor.[74] Sie förderten Hunderte von Artefakten – darunter Keramik, Gefäße aus Glas und Stein, Münzen, Schmuck, Bronzegegenstände und organische Materialien – zutage und entdeckten neue Vorrichtungen und Werkstätten, die das Bild der Siedlung entscheidend verfeinern helfen.

Während der Restaurierungsarbeiten, die 1997-99 von israelischen *Nature and Parks Authority* durchgeführt wurden, konnte ich das Wasserversorgungssystem Qumrans untersuchen sowie die Zisternen und Mikwen vermessen. Ein Archäologenteam unter Israel Vatkin untersuchte gleichzeitig den Friedhof und zählte die Gräber.[75]

Im April 2001 führte ich in Ain-Feshkha kurze Ausgrabungen durch.[76] Diese konzentrierten sich auf zwei Bereiche: die *villa rustica* der frührömischen Zeit, die de Vaux bereits 1956 und 1958 freigelegt hatte (Bereich A) und die Überreste eines kleinen Turms aus der späten Eisenzeit, die wir bei unserer Arbeit entdeckten (Bereich B). Außerdem leitete ich einen Survey der Oase zwischen dem Wadi Qumran und Ain-Feshkha.

Drei weitere Expeditionen beschließen unsere Liste archäologischer Aktivitäten in und um Qumran. 1996 nahm James E. Strange von der University of South Florida auf dem Plateau südlich und östlich von Qumran einen geophysikalischen Survey vor[77]. Bei einer der Sondierungen im südlichen Bereich stieß man direkt unter dem Erdboden auf eine hebräisch beschriftete Scherbe. Diese Scherbe, die als »Yakhad-Ostrakon« für einige Verwirrung gesorgt hat, ist heute im Israel-Museum in Jerusalem ausgestellt.

73. Broshi / Eshel 1999b.
74. Magen / Peleg 2006. Magness (2002, S. 121) erwähnt diese Ausgrabungen nur flüchtig und lässt sich die Gelegenheit entgehen, ihre Daten zu erörtern.
75. Der Survey wurde durchgeführt in Absprache mit zwei Beamten der *Nature and Parks Authority*, Assi Shalom und Amnon Bar-Or.
76. Hirschfeld 2004a.
77. Dazu Strange 2006; zum Ostrakon selbst vgl. Cross / Eshel 1997, Yardeni 1997.

Im Sommer 2001 kartographierte eine Expedition unter Magen Broshi und Hanan Eshel den Friedhof von Qumran.[78] Ein Jahr danach, im Sommer 2002, grub dasselbe Team auf einem niedrigen Hügel am östlichsten Ende des Friedhofs die Überreste eines kleinen Gebäudes aus, das de Vaux als »Gebäude B« bezeichnet hatte. In dem so genannten Grab 1000 innerhalb dieser Baustruktur fand man das Skelett eines 35- bis 40jährigen Mannes, dessen Kopf zum Toten Meer zeigte, und darunter die Überreste zweier Frauen. Erste Spekulationen, es handle sich bei dem Toten um Johannes den Täufer, wurden durch Broshi und Eshel völlig zu Recht zurückgewiesen, doch ihre Vermutung, der Tote sei einer der Führer der Yahad-Gemeinschaft in Qumran (entweder der »Lehrer der Gerechtigkeit« oder der »Aufseher«, die in Schriftrollen erwähnt werden) gewesen, ist kaum plausibler[79].

Seit 2002 forscht Randall Price in mehreren kleinräumigen Arealen auf der Mergelterrasse südlich des Hauptkomplexes von Qumran. Seine ursprüngliche Suche nach möglichen noch unentdeckten Schriftrollenhöhlen im Mergel blieb erfolglos, die sonstigen Befunde (Kochtöpfe mit Tierknochen, Reste von Silos) sind bisher kaum veröffentlicht.[80]

1.4 Die Forschungsgeschichte

Trotz der Bedeutung Qumrans und trotz der Tatsache, dass die Schriftrollen vom Toten Meer nicht in der Anlage, sondern in den nahen Höhlen entdeckt wurden, beschäftigt sich die große Mehrheit der wissenschaftlichen Werke über Qumran bis heute mit den Schriftrollen. Nur vergleichsweise wenige Arbeiten rücken die Archäologie in den Brennpunkt. Die Konferenz von 2002 an der Brown University war die erste, die sich aus dieser Perspektive mit Qumran beschäftigte. Selbst Forscher, die Qumran umfassend betrachten wollten, wie Jodi Magness, die sich als erste seit de Vaux an diese Aufgabe wagte, widmeten der Archäologie viel zu wenig Raum. Bei einigen Nichtfachleuten mag auch mangelnder archäologischer Sachverstand ihre Arbeit behindert haben. Die Kollegin Magness liefert jedoch, obwohl ich ihren Schlussfolgerungen nicht zustimme, eine aus archäologischer Sicht hervorragende Beschreibung der Funde.

Während der Ausgrabungen in Qumran und Ain-Feshkha veröffentlichte de

78. Broshi / Eshel 2003, S. 71.
79. Zu Johannes den Täufer siehe Freund 2003 (später zurückgezogen), zum »Lehrer der Gerechtigkeit« oder »Aufseher« s. Broshi / Eshel 2003; dies. 2004.
80. Price ist Verfechter der traditionellen Hypothese, knappe Berichte zu den Ergebnissen der Grabungen und ein Newsletter sind erreichbar über die Website seiner kommerziellen religiösen Organisation »World of Bible Ministries«. Die Untersuchungen dauern 2006 an.

Vaux Vorberichte in der *Revue Biblique*, der Zeitschrift seines Instituts in Jerusalem.[81] 1961 veröffentlichte er einen zusammenfassenden Überblick über die Archäologie Qumrans in französischer Sprache. 1973 erschien eine erweiterte englische Fassung.[82]

Unser Verständnis Qumrans beruht immer noch sehr stark auf den Veröffentlichungen dieses herausragenden Gelehrten. Sein Werk weist jedoch zwei große Mängel auf: die Überinterpretation von bestimmten Befunden und das Übergehen anderer. Die Tendenz zur Überinterpretation relativ einfacher, inzwischen gut bekannter Gegenstände und architektonischer Merkmale lässt sich in allen seinen Publikationen nachweisen. So beschreibt er eine Halle, die wahrscheinlich als Speisesaal diente, als Hauptversammlungshalle, in der auch rituelle Mahlzeiten stattfanden; Tierknochen, die man außerhalb der Gebäude auf bebautem Land fand, deutete er als rituelle Bestattungen, einen normalen Ofen als Ofen einer Gemeinschaftsbäckerei, und so fort.[83]

Funde und Beobachtungen überzuinterpretieren ist eine Schwäche, von der wir Archäologen nicht immer frei sind. Begreiflicherweise sind wir versucht, die besonderen Merkmale eines Ausgrabungsortes auch besonderes hervorzuheben. Bedenklicher ist de Vaux' Gewohnheit, Belege wegzulassen, die die Qumran-Essener-Hypothese untergraben könnten. In seinen Publikationen ignoriert er verschiedene Funde, die den Wohlstand der Bewohner Qumrans bezeugen. So finden in seinen Publikationen architektonische Schmuckelemente, etwa plastischer Stuck, kaum Beachtung. Andere Funde, die entscheidend sind, wenn wir die Identität und Sozialstruktur der Bewohner von Qumran ermitteln wollen (z. B. Gefäße aus Glas und Stein, edle Keramik, kosmetische Artikel und Spinnwirtel), erwähnt er überhaupt nicht.

Die englische Fassung von de Vaux' Überblick, *Archaeology and the Dead Sea Scrolls*, trug nicht zuletzt dazu bei, die in der Archäologie Qumrans noch heute verwendete Terminologie zu prägen. Vielleicht aufgrund seiner französischen Herkunft oder seines Bestrebens, Qumran als Ort einer Sekte darzustellen, führte de Vaux einige unkonventionelle Begriffe zur Beschreibung der Überreste ein. So nennt er das Plateau, auf dem Qumran liegt, »die Esplanade«, und die Ablagerungsbecken, die an den Öffnungen der meisten Zisternen und Wasserbecken angebracht waren (eine normale Vorrichtung, um das Regenwasser zu säubern und Schlick zum Düngen der Gärten zu sammeln), bezeichnet er seltsamerweise als »Dekantierbecken«.[84] Qumran insgesamt wird von de Vaux schlicht als »Niederlassung einer Gemeinschaft«

81. De Vaux 1953a; ders. 1954; ders. 1956; ders. 1959b.
82. De Vaux 1961; ders. 1973.
83. De Vaux 1973, S. 11f. (zum Speisesaal), 12f. (zu den Tierknochen), 26 (zum Backofen). Zu der Überinterpretation seitens de Vaux' vgl. Davies 1988.
84. De Vaux 1973, S. 3 (»esplanade«) und S. 4 (»decantation basin«).

bezeichnet.[85] Durch die Verwendung einer solchen Terminologie verstärkte de Vaux den Eindruck der Einzigartigkeit der Siedlung und unterstrich die Deutung als Sektenniederlassung. Seither sind diese und viele andere Begriffe Bestandteile des Vokabulars zahlreicher archäologischer Werke über Qumran.[86]

Die Hypothese, dass die Essener Qumran bewohnten und die Schriftrollen vom Toten Meer schrieben, tauchte – wie oben erwähnt – schon in den allerersten Untersuchungen über Qumran auf, und bis weit in die 1980er Jahre wurde diese von de Vaux vertretene Deutung weithin akzeptiert. Bedeutende Forscher wie André Dupont-Sommer,[87] John M. Allegro,[88] Geza Vermes,[89] Frank Moore Cross,[90] J. T. Milik[91] und E. F. Sutcliffe,[92] die meist Geschichte, Epigraphik oder Theologie studiert hatten, unterstützten und stärkten diesen Konsens.

Eine überraschende Haltung nahm der israelische Archäologe Yigael Yadin ein. In *The Message of the Scrolls*[93] übernahm er de Vaux' Schlussfolgerungen im vollem Umfang, obwohl er vor 1967 weder die Anlage Qumran besuchen noch die Ausgrabungsfunde selbst überprüfen konnte. Diese pauschale Unterstützung Yadins für de Vaux' Deutung ist darum schwer zu erklären.[94] Yadins Einfluss auf die Erforschung Qumrans und der Schriftrollen war vor allem in Israel groß und anhaltend. Er war an der Entzifferung und Übersetzung einiger Rollen beteiligt, und auf sein Betreiben wurde in Jerusalem der »Schrein des Buches« errichtet, in dem Teile der Schriftrollen und einige Ausgrabungsfunde für die Allgemeinheit ausgestellt sind. Magen Broshi, ein glühender Verfechter der Qumran-Essener-Hypothese, war viele Jahre lang Kurator dieses Museums.[95] Da Yadin und Broshi de Vaux' Schlussfolgerungen übernahmen, gelangten die meisten Qumranforscher, ob sie nun Historiker, Epigraphen oder Ar-

85. De Vaux 1973, S. 10.
86. Bereits auf Seite 5 schreibt Magness (2002): »In Qumran können wir während des relativ kurzen Bestehens der Sektensiedlung mindestens drei aufeinander folgende Besiedlungshorizonte unterscheiden«, obwohl der Sekten-Charakter der Anlage erst noch zu beweisen ist.
87. Dupont-Sommer 1954.
88. Allegro 1956.
89. Vermes 1956.
90. Cross 1958.
91. Milik 1959.
92. Sutcliffe 1960.
93. Yadin 1957a (hebräisch); 1957b (englisch).
94. Zu der Rolle, die Yadin bei der Schaffung eines Konsenses unter Qumranforschern spielte, vgl. Silberman 2000, S. 921. In seiner berühmten Yadin-Biographie betont Silberman (1993) mit Recht die Einzigartigkeit Yadins als eines »Produzenten historischer Mythen«. Shanks (1998, S. 14 f.) liefert eine anschauliche Beschreibung des emotionalen Engagements Yadins beim Erwerb der Schriftrollen.
95. Adolfo Roitman, Broshis Nachfolger als Kurator dieses Museums, schrieb in dem Ausstellungskatalog, den er im Geiste Yadins und seines Erbes herausgab: »Der Ausstel-

chäologen waren, zu einem Konsens zugunsten dieser Hypothese. Ernest-Marie Laperrousaz, selbst an der Ausgrabung beteiligt, lieferte 1976 einen wichtigen Beitrag zur Erforschung von Qumran und Ain-Feshkha.[96] Sein Buch ist eine nützliche Zusammenfassung der Daten aus beiden Orten und ergänzt de Vaux' Vorberichte.

Erst in den letzten beiden Jahrzehnten des zwanzigsten Jahrhunderts wurden zum ersten Mal andere Stimmen laut, die für die völlige Verwerfung der Qumran-Essener-Hypothese eintraten. 1986 wurde auf Initiative der École Biblique in Jerusalem ein Team gebildet, das den abschließenden Bericht über die Ausgrabungen in Qumran und Ain-Feshkha herausgeben sollte. Ihm gehörten zwei belgische Archäologen an: Robert Donceel und seine Frau Pauline Donceel-Voûte von der Katholischen Universität Löwen. Sie waren eingeladen worden von Jean-Baptiste Humbert, dem heutigen Chef-Archäologen der École Biblique. Das Team beschäftigte sich drei Jahre lang mit den Grabungsdokumenten und Kleinfunden, die in der École noch unpubliziert gelagert waren: Münzen, Lampen, Glaswaren, Keramik, Steingefäße, Metallwaren und andere Artefakte. Die ersten Berichte des Ehepaars Donceel sind ein Meilenstein in der archäologischen Erforschung Qumrans. In einem populären, prächtig illustrierten Beitrag aus dem Jahr 1994 ermöglichte Donceel-Voûte einen kleinen Einblick in den Reichtum und die Vielfalt der Kleinfunde aus Qumran.[97] Zum ersten Mal wurden Fotos der Steingefäße, Glaswaren und der reichhaltigen von de Vaux entdeckten Keramik zugänglich. In einem gemeinsam verfassten Beitrag aus dem gleichen Jahr gab das Ehepaar Donceel zudem einen detaillierten, wissenschaftlichen Überblick über die von de Vaux entdeckten Kleinobjekte.[98] Dieses Material bezeugt den Wohlstand der Besitzer von Qumran und ihre zahlreichen Kontakte mit Jerusalem und anderen Zentren Judäas und darüber hinaus.

Zwei schöne Kataloge illustrieren den Reichtum der Funde aus Qumran einschließlich derjenigen aus den Höhlen. Der erste, *Scrolls from the Dead Sea*, 1993 von Ayala Sussmann und Ruth Peled herausgegeben, erschien zu einer Ausstellung von Schriftrollen und archäologischen Funden aus den Sammlungen der israelischen Antikenbehörde.[99] Der Katalog enthält ausgezeichnete Aufnahmen von Münzen, Steingefäßen, Keramik, Lederartikeln (z. B. Sandalen) und Artefakten aus organischem Material (z. B. Leinen und Korbwaren aus Stroh). Der zweite Katalog, 1997 von Adolfo Roitman herausgegeben, ist noch

lung liegt die Annahme zugrunde, dass Khirbet Qumran und seine Umgebung die Heimat einer jüdischen Essener-Sekte war« (Roitman 1997, S. 7).

96. Laperrousaz 1976.
97. Donceel-Voûte 1994.
98. Donceel / Donceel-Voûte 1994. Zu den Glaswaren Qumrans vgl. Wouters / Fontaine-Hodiamont / Donceel / Aerts / Janssens 1999-2000.
99. Sussmann / Peled 1993; deutsche Ausgabe: Qumran – Die Schriftrollen vom Toten Meer, St. Gallen 1999.

ergiebiger.[100] Er zeigt viele archäologische Funde, die vorher noch nie veröffentlicht worden waren, darunter auch zahlreiche landwirtschaftliche Geräte.

Auch die Publikation der Grabungsdokumentation und der Funde de Vaux' geht voran, ist aber noch nicht abgeschlossen. Im Jahre 1994 veröffentlichten Jean-Baptiste Humbert und Alain Chambon einen umfangreichen Band[101] mit einer großen Auswahl von Grabungsphotographien de Vaux' mit Plänen sowie einer bearbeiteten Fassung der Grabungstagebücher zu den 144 Loci aus Qumran und 36 Loci aus Ain-Feshkha.[102] Diese Veröffentlichung ermöglicht zum ersten Mal eine Analyse von de Vaux' Arbeitsmethoden, und sie zeigt die Mängel auf, die zu falschen Schlussfolgerungen führten. Im Jahre 2003 folgte der erste Band mit naturwissenschaftlichen Analysen von Fundmaterial aus Qumran (wichtig ist vor allem die Provenienzanalyse von Keramikproben), einer Diskussion des Friedhofs, anthropologischer Daten und ausgewählter Einzelfunde (z. B. des in Gräbern gefundenen Schmucks). Weitere Bände, die die Fülle des Fundmaterials zugänglich machen, stehen unmittelbar vor dem Abschluss.

2002 erschienen drei Bücher zur Archäologie Qumrans. Das erste ist das von Jodi Magness. Ihre Behauptung, es sei der »neueste Überblick über die Archäologie Qumrans«,[103] trifft nur zum Teil zu, da sie manches neue Material ignoriert oder nicht kennt. Magness gibt zu, dass ihr nur die Funde im Rockefeller-Museum zugänglich waren,[104] und dies bedeutet, dass sie nur ein Drittel des Qumran-Materials gesehen hat. Die Ausgrabungen von Magen und Peleg hat sie nicht aufgesucht, obwohl diese 1993 – lange vor dem Erscheinen ihres Buches – begannen. Somit beruht ihr Buch hauptsächlich auf dem Material, das de Vaux bereits vor Jahrzehnten veröffentlichte. Man ist daher nicht überrascht, wenn Magness zu der Schlussfolgerung gelangt: »Alle verfügbaren Belege unterstützen de Vaux' Deutung Qumrans als Siedlung einer Sekte.«[105]

Gegenstand des zweiten Buches, geschrieben von der amerikanischen For-

100. Roitman 1997; vgl. auch oben Anm. 93.
101. Humbert / Chambon 1994. Der Band enthält eine eindrucksvolle Fülle von Unterlagen: 48 Zeichnungen (Landkarten und Pläne des Gebietes) und 538 Schwarzweißaufnahmen der Überreste in Qumran zur Zeit ihrer Freilegung. Das französische Original wurde ins Deutsche übersetzt (Rohrhirsch / Hofmeir 1996), und jüngst erschien eine englische Ausgabe (Pfann 2003).
102. 1992 fügten die Herausgeber die letzten acht Loci (Nr. 145-152) hinzu (ebd., S. 338 f.). Nach Aussage von Donceel und Donceel-Voûte (1994, S. 15-18) hinterließ de Vaux acht Notizbücher mit handgeschriebenen Beschreibungen der Ausgrabungsfunde und ein zusätzliches maschinengeschriebenes Notizbuch, das die Loci in numerischer Reihenfolge kurz charakterisiert. Dieses letztere Notizbuch, das weder Maß- noch Höhenangaben noch Schnittzeichnungen enthält, wurde in dem vorläufigen Bericht über die Qumranausgrabungen veröffentlicht (dazu vgl. Zangenberg 2005c).
103. Magness 2002, S. 4, dazu Zangenberg 2004b.
104. Magness 2002, S. 3.
105. Magness, 2002, S. 15.

scherin Catherine Murphy, ist der Wohlstand als Thema in den Schriftrollen vom Toten Meer und in Qumran. In Kapitel 6 ihres Buches gibt sie einen ausführlichen Überblick über die Kleinfunde Qumrans und ihre Bedeutung.[106] Das dritte Buch, von dem finnischen Ehepaar Minna und Kenneth Lönnqvist, ist ein höchst spekulatives Werk, das weitreichende Bezüge Qumrans mit Alexandria, ja zum gesamten Kosmos nachzuweisen sucht.[107]

Im Jahr 2002 fand an der Brown University die schon erwähnte erste internationale Konferenz statt, die sich ausschließlich mit der Archäologie Qumrans beschäftigte. Hier hatten die an der archäologischen Erforschung Qumrans beteiligten Wissenschaftler Gelegenheit, Argumente und zuvor unveröffentlichte Daten auszutauschen und direkt miteinander zu sprechen. Die Diskussionen zeigten deutlich, dass der alte Konsens über Qumran, die Schriftrollen vom Toten Meer und die Essener seine bisherige Akzeptanz weitgehend verloren hat.[108]

Dennoch fehlt immer noch eine Neubewertung der durch Qumran aufgeworfenen Probleme, die sich auf alle gegenwärtig verfügbaren Daten einschließlich der jüngst veröffentlichten Befunde stützt. Chronologisch ging die Entdeckung der Schriftrollen der Ausgrabung der Anlage Qumran voraus. Doch sind sie auch sachlich für die Interpretation der Siedlung maßgebend? Das nächste Kapitel beschäftigt sich deshalb mit den Schriftrollen und mit der Frage ihrer Herkunft: Qumran oder Jerusalem?

106. Murphy 2002, S. 293-360.
107. Lönnqvist / Lönnqvist 2002.
108. Vgl. Zangenberg / Galor 2003; Galor / Zangenberg 2006.

Kapitel 2
Die Herkunft der Schriftrollen: Qumran oder Jerusalem?

2.1 Die Entdeckung der Schriftrollen

Yigael Yadin bezeichnet die ungefähr 850, allermeist nur fragmentarisch erhaltenen Schriftrollen, die zwischen 1947 und 1956 bei Qumran entdeckt wurden, zu Recht als »die wichtigste Entdeckung in Palästina auf den Gebieten der Bibelwissenschaft, der Geschichtswissenschaft und der Geschichte des Judentums und des Christentums«.[1] Auch aus archäologischer Sicht sind sie zweifellos eine der bedeutsamsten Entdeckungen aller Zeiten.

Die meisten Schriftrollen sind in hebräischer Sprache, einige in Aramäisch oder Griechisch oder sogar in Geheimschrift geschrieben. Nur etwa 20 Rollen haben die Zeiten nahezu vollständig überstanden, während die übrigen in unterschiedlichem Grad erhalten sind (manche schätzen die Zahl der Bruchstücke auf 15.000!).[2]

Antike Texte wurden auch an anderen Orten der Judäischen Wüste entdeckt, zum Beispiel in Masada, Nahal Hever, Nahal Arugot, Nahal Zeelim, im Wadi Murabba'at südlich von Qumran sowie in Ketef Jericho und im Wadi Daliyeh nördlich von Qumran (Abb. 11). Man bezeichnet sie insgesamt als »Schriftrollen aus der Judäischen Wüste«, was freilich nicht ganz richtig ist, da nicht alle

1. Yadin 1957a, S. 9. Zur Fundgeschichte vgl. auch Trever 2003. Kürzlich sind weitere Textfragmente, darunter Stücke einer Levitikus-Rolle auf dem Antikenmarkt aufgetaucht. Auch wurden Reste von Pentateuchbüchern aus der Zeit Bar-Kokhbas in Höhlen bei Nahal Arugot entdeckt (dazu s. erste Berichte u. a. von Eshel / Eshel 2005). Die Entdeckungen nähren die Hoffnung, dass nicht nur am Toten Meer weitere Textfunde möglich sind, sondern mehr und mehr auch Fragmente der Wissenschaft zur Verfügung gestellt werden, die sich bereits seit den großen Entdeckungen der 1950er Jahre im Besitz von Antikenhändlern und Privatsammlern befinden.
2. Vgl. van der Woude 1998 und Dimant 2000; VanderKam / Flint 2002, bes. S. 103-153 und 209-238; Davies / Brooke / Callaway 2002, S. 66-165; noch immer hilfreich ist Stegemann 1994, S. 116-193. In der Bibliographie von Garcia Martínez / Parry 1996 erscheinen über 10.000 Titel; seither hat sich die Zahl wahrscheinlich verdoppelt. Eine stets aktualisierte Bibliographie zu den Funden am Toten Meer ist auf der Website des »Orion Center for the Study of the Dead Sea Scrolls and Associated Literature« der Hebräischen Universität Jerusalem zu finden (http://orion.huji.ac.il), dort wird auch regelmäßig über neueste Entdeckungen und Entwicklungen in der Forschung berichtet.

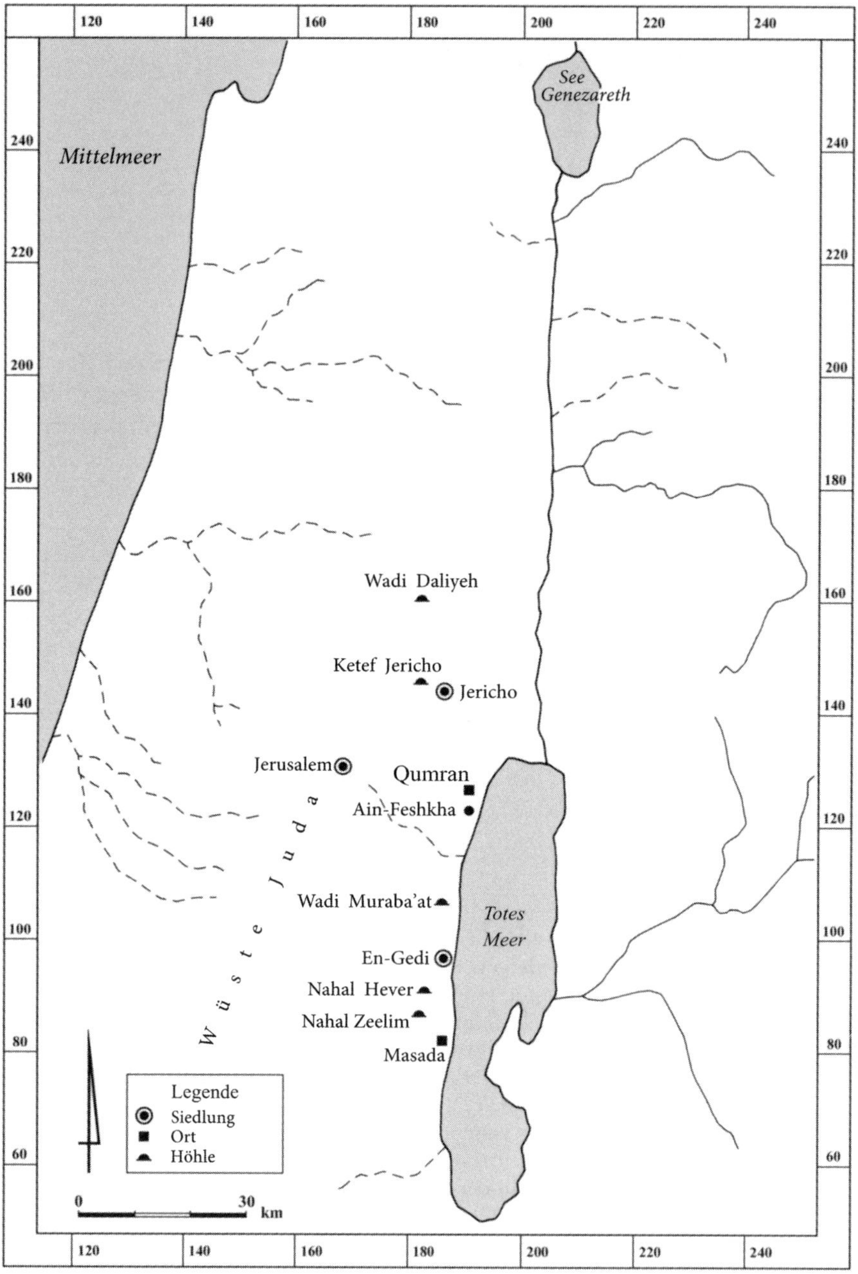

Abb. 11: Fundorte von Schriftrollen oder Papyri in der Judäischen Wüste.

Texte davon auf Rollen geschrieben wurden, sondern u. a. auch Papyri darunter sind.[3] Das Interesse der Forscher wie auch der Öffentlichkeit konzentriert sich jedoch auf die Schriftrollen aus den Höhlen bei Qumran. Dies ist einfach zu erklären: Die meisten Texte aus der Judäischen Wüste haben alltäglichen Charakter; es sind meist Quittungen, Ehe- und Grundstücksverträge sowie diverse Listen, und sie betreffen Menschen, deren Identität sich bestimmen lässt, z. B. Flüchtlinge, die während des Bar-Kochba-Aufstandes in den Höhlen Zuflucht suchten (so besonders im Falle von Nahal Hever, Nahal Zeelim, im Wadi Murabba'at). Biblische Texte sind selten (z. B. aus Masada). Im Gegensatz dazu haben die bei Qumran entdeckten Schriftrollen vom Toten Meer literarischen oder religiösen Charakter. Etwa ein Drittel von ihnen enthalten Bibeltexte, ein weiteres Drittel Texte, die mit dem Leben einer jüdischen religiösen Gemeinschaft in Verbindung gebracht werden können, und die übrigen allgemeine jüdische Schriften ohne sektiererische Züge, unter anderem Abhandlungen zum jüdischen Religionsgesetz *(halakah)*, Weisheitsliteratur, Hymnen, Kommentare zu biblischen Schriften, Gebete sowie apokalyptische und magische Texte.

Die große literarische Vielfalt der Schriftrollen vom Toten Meer, vor allem derer aus Qumran, ist bezeichnend für die jüdische Literatur aus der Zeit des Zweiten Tempels. Die Verbindung von biblischen Schriften, gruppenspezifischen Texten und allgemeiner jüdischer Literatur zeigt, dass es sich um ein Corpus von Texten handelt, die zu verschiedenen Zeiten und von verschiedenen Verfassern geschrieben wurden. Da die gruppenbezogenen Texte (1QS, 1QSa, 1QSb und die aus der Kairoer Geniza stammende, aber in Abschriften mittlerweile auch aus Qumran bekannte »Damasuksschrift« CD) als erste veröffentlicht wurden, erweckten sie den falschen Eindruck, die *ganze* Sammlung gehe auf eine separatistische Gruppe in der Zeit des Zweiten Tempels zurück. Heute gibt es zunehmend Unterstützung für die These, dass die Schriftrollen vom Toten Meer in Wirklichkeit jüdische Schriftrollen sind, die aus Jerusalem, und nicht unbedingt alle von einer separatistischen Gruppe, stammen bzw. für sie reklamiert werden können.[4] Die allgemein akzeptierte Erklärung dafür, dass die Rollen in den Höhlen deponiert wurden, hängt in jedem Fall mit dem Ersten Jüdischen Aufstand zusammen. Traditionellerweise nimmt man an, dass die Mitglieder der Essener-Sekte ihre wertvollen Schriftrollen angesichts der drohenden Zerstörung ihrer Siedlung in Khirbet Qumran in den nahen Höhlen in Sicherheit gebracht hätten. Die ungeheure Zahl der Schriftrollen und ihr höchst vielfältiger Inhalt deutet jedoch eher darauf hin, dass es sich um die Sammlung einer öffentlichen Bibliothek handelt. Ein weiterer Beleg dafür ist

3. Zu einem allgemeinen Überblick über die Höhlen in der Judäischen Wüste, in denen Schriftrollen gefunden wurden, vgl. z. B. Eshel 2000. Zu den Entdeckungen in Ketef Jericho vgl. Eshel / Zissu 2000. Die Funde von Nahal Hever sind publiziert bei Cotton / Yardeni 1997. Zum Wadi Murabba'at vgl. Benoit / Milik / de Vaux 1961.
4. Tov 1998, S. 10; Dimant 2000, S. 171 f.

der Umstand, dass es von einigen Büchern viele Abschriften gibt: mindestens 36 Abschriften von den Psalmen, 27 vom Deuteronomium und 21 von Jesaja. Dagegen fanden sich vom Buch der Sprüche und vom Buch Josua nur zwei Abschriften und von den Büchern der Chronik, Esra und Nehemia nur je eine.

Wie bereits gesagt, wurden die ersten Schriftrollen 1946/47 von Beduinen entdeckt – von drei Hirten aus dem Stamm der Ta'amireh, dessen Gebiet in der Region des Toten Meeres liegt.[5] Bei der Suche nach einer verirrten Ziege, so wird berichtet, stießen Mitglieder des Stammes etwa 2 km nördlich von Khirbet Qumran auf eine Höhle, die 10 Tonkrüge enthielt. In einem der Krüge dieser Höhle, die später als Höhle 1 bezeichnet wurde, fanden sie drei in Leinenstoff gehüllte Schriftrollen: eine vollständige Abschrift von Jesaja (1QIs^{a}), einen kurzen Kommentar *(pescher)* zum Buch Habakuk (1QpHab: *Pescher Habakuk*) und ein weiteres Werk, das später englisch als *Manual of Discipline*, deutsch als *Gemeinschaftsregel* oder *Sektenregel* (1QS: *Serekh Hayahad*) bezeichnet wurde.

Als die Beduinen später zu der Höhle zurückkehrten, fanden sie vier weitere Schriftrollen: eine zweite Abschrift von Jesaja (1QIs^{b}), die *Kriegsrolle* oder *Krieg zwischen den Söhnen des Lichts und der Finsternis* (1QM: *Milhama*), die *Hymnenrolle* (1QH: *Hodayot*), die Loblieder enthält, und das *Genesis-Apokryphon* (1QGenAp). Sukenik erwarb 1947 die ersten drei Rollen; Yadin beschaffte sich später die restlichen vier. So gelangten alle sieben Schriftrollen aus Höhle 1 in den Schrein des Buches im Jerusalemer Israel-Museum.[6]

Diese sieben Rollen sind typisch für die Zusammensetzung der Schriftrollen vom Toten Meer. Zwei von ihnen sind Abschriften des biblischen Buches Jesaja. Die *Gemeinschaftsregel* (1QS) erläutert die Regeln für eine Sekte, deren Identität im Mittelpunkt der heutigen Debatte steht. Sie schildert die Aufnahmezeremonien der Gemeinschaft und zählt die Strafen für diejenigen auf, die ihre Gesetze übertreten. Die große Ähnlichkeit zwischen den Gesetzen dieser Gemeinschaft und den Beschreibungen der Lebensweise der Essener bei Josephus, Philo und Plinius dem Älteren[7] veranlassten Eliezer L. Sukenik (und nach ihm zahlreiche andere Forscher), die Verfasser dieser Rolle mit den Essenern gleichzusetzen.[8]

5. Harding 1955, S. 5 f., enthält einen der frühesten Berichte über die Entdeckung der ersten Schriftrollen. Seither wiederholt fast jedes Buch über Qumran diesen Bericht; vgl. etwa de Vaux 1973, S. 95-97; VanderKam 1994, S. 3-59; Magness 2002, S. 25-29.
6. Zum Erwerb der Schriftrollen vgl. Yadin 1957b, S. 15-52.
7. Die Texte sind in deutscher Sprache bequem greifbar z. B. in Maier 1995-1996; ders. 1997; Lohse 1981; Steudel 2001. Hinsichtlich der Kommentare, aber auch mitunter der Übersetzung, mit kritischer Vorsicht zu benutzen ist Eisenman / Wise 2003.
8. Zu Sukeniks genialer Hypothese, wonach die Schreiber der Schriftrollen mit den aus der antiken Literatur bekannten Essenern gleichzusetzen seien, vgl. Sukenik 1948, S. 16 (die klassischen Texte liegen in Originalsprache und englischer Übersetzung vor z. B. in Vermes / Goodman 1989). Diese Identifikation ist ein Pfeiler der traditionellen »Qumran-Essener-Hypothese«. De Vaux hat durch seine Grabungen den zweiten Grundpfeiler hinzugefügt, indem er die Nutzer der Schriftrollen mit den Erbauern und Bewohnern der Siedlung von Qumran identifiziert hat.

Die *Gemeinschaftsregel*, die die gesamte Diskussion über die Herkunft der Schriftrollen bis heute beherrscht, lieferte vermeintlich den Beweis dafür, dass Qumran das Mutterhaus der Essener war.

Mehrere Schriftrollen, darunter v. a. 1QS, sprechen von der »Wüste«, mit der nach Auffassung vieler Forscher die Judäische Wüste gemeint ist. Doch die betreffenden Stellen in der *Gemeinschaftsregel* 1QS scheinen deutlich eine symbolische Wüste zu bezeichnen, denn sie gehen auf Jesaja 40,3 zurück: »Eine Stimme ruft: Bahnt für den Herrn einen Weg durch die Wüste! Baut in der Steppe eine ebene Straße für unseren Gott!« Doch sind diese Zitate eher Bilder für die »Geheimnisse« der Tora; sie können nicht als Hinweise auf einen bestimmten Ort in der Wüste gelten[9].

Der *Habakuk-Kommentar* aus Höhle 1 ist einer von mehreren Kommentaren unter den Schriftrollen vom Toten Meer. Diese Rolle kommentiert das Buch Habakuk im Sinne einer prophetisch-aktualisierenden Auslegung im Lichte der Wirklichkeit der Zeit des Zweiten Tempels. Sie erwähnt den Führer einer Sekte, den »Lehrer der Gerechtigkeit«, und seinen Gegenspieler, den »Frevelpriester«. Bisher ist es noch nicht gelungen, diese Figuren zweifelsfrei mit historischen Personen zu identifizieren. Fraglich ist vor allem, ob es sich in jedem Fall wirklich um tatsächliche Personen handelt oder nicht vielmehr zum Teil auch um modellhafte Typen, aus denen sich dann aber möglicherweise keine Rückschlüsse mehr auf die Geschichte der angeblichen »Qumran-Gemeinschaft« ziehen ließen.

Die *Kriegsrolle* 1QM gehört zur apokalyptischen Literatur. Sie schildert den Krieg von Gog und Magog, der vor der endzeitlichen Erlösung stattfinden wird. Besondere sektenspezifische Merkmale trägt die Rolle nicht. Die *Hymnenrolle* 1QH enthält etwa 40 bis dahin unbekannte Psalmen aus der Feder einer namentlich nicht genannten Person. Manche Forscher sehen in ihr das Werk des »Lehrers der Gerechtigkeit«, doch bleibt das unsicher. Das *Genesis-Apokryphon* 1QGenAp, in aramäischer Sprache geschrieben, bietet eine literarische Erweiterung der im biblischen Buch Genesis erzählten Geschichten. Auch diesem Text fehlen besondere gruppenspezifische Merkmale.

Während der Ausgrabungen von 1Q entdeckten Harding und de Vaux 1949 etwa 70 weitere Fragmente, von denen einige zu den früher gefundenen sieben Schriftrollen gehörten.[10] Inzwischen hatten die Beduinen in Höhle 2, südlich von Höhle 1, weitere Schriftrollen entdeckt. Diese enthielten Fragmente von 33 Schriftrollen, darunter einen Teil des Buches Sirach, das in der ersten Hälfte des zweiten Jahrhunderts von Ben Sira, einem Schriftgelehrten in Jerusalem, verfasst wurde. Dieses Buch ist typisch für die eher volkstümliche, anti-sadduzäische Sichtweise der späteren Pharisäer. Es verwendet auch einen Mondkalen-

9. Eine andere, ebenfalls kritische Deutung der »Wüste« in der biblischen Literatur mit Blick auf 1QS vertritt Neubrand 2000.
10. Zur Entdeckung von Höhle 1 vgl. Harding 1949; 1955.

der, im Gegensatz zum Sonnenkalender, der in einigen Schriftrollen vom Toten Meer erscheint.[11] Ein weiteres in 2Q entdecktes Fragment gehört zum *Jubiläenbuch*, einem Text, der anscheinend von der elitären Priestergruppe der Sadduzäer stammt, die für eine strikte Befolgung der Gebote der Tora eintrat und den Sonnenkalender befürwortete.

Aufgrund der von den Beduinen gemachten Entdeckungen entschlossen sich Harding und de Vaux, die Höhlen im Nordwesten des Toten Meeres systematisch zu untersuchen. Der 1952 durchgeführte Survey erfasste etwa 250 Höhlen, aber nur in einer von ihnen (Höhle 3) wurden Schriftrollen entdeckt.[12] Diese Höhle enthielt Fragmente von 14 Schriftrollen. Die wichtigste unter diesen ist die *Kupferrolle* (3Q 15), die einzige Schriftrolle vom Toten Meer, die aus Kupfer besteht (die meisten sind auf Pergament und einige auf Papyrus geschrieben). Diese Rolle wurde in einem halb-geöffneten Zustand deponiert; ihre beiden Enden waren zu Rollen von gleicher Größe aufgerollt (Abb. 12). Da das Metall sehr brüchig war, schickte man die Rolle nach Manchester (England), wo sie mit einer feinen Säge, wie man sie damals bei Gehirnoperationen verwendete, in Streifen zerlegt wurde. Bereits vier Jahre nach ihrer Entdeckung war diese Rolle zugänglich und konnte entziffert werden.[13]

Die *Kupferrolle* erwies sich als eine Liste von Schätzen vermutlich aus dem Tempel von Jerusalem. Die Kupferfolien enthielten 12 Kolumnen mit 64 Abschnitten, in denen die Horte verzeichnet waren, die an verschiedenen Orten in Jerusalem, in der Judäischen Wüste und am Toten Meer angelegt worden waren. Die auf der Rolle verzeichneten Mengen sind gewaltig: rund 4600 Talente Silber (ein Talent entspricht 24 kg), 65 Goldbarren, 600 Krüge mit Münzen, die Gewänder der Hohenpriester und andere Schätze. Seit der Veröffentlichung der Rolle sind jedoch alle Versuche, die Schätze ausfindig zu machen, gescheitert.

Zu den geographischen Namen, die in der *Kupferrolle* erscheinen, gehören Secacah, Jericho, das Tal Achor, Duq, Kohlat, die Felsspalte von Kidron und Masada. Mehrere Forscher haben Secacah mit Qumran gleichgesetzt (3Q15 4,13-5,4, Items 20 und 21).[14] Sie argumentieren, dass mehrere im Zusammenhang mit Secacah erwähnte Merkmale – etwa eine Wasserleitung und ein Damm – in Qumran vorhanden sind.[15] Diese Merkmale finden sich aber auch anderswo in der Judäischen Wüste, z.B. in Hyrkania, Kypros (Tel Aqaba west-

11. Zu Fragen des Kalenders vgl. VanderKam 1998; Glessmer 1998.
12. Zu den Entdeckungen in den Höhlen bei Qumran vgl. de Vaux 1962; Reed 1954.
13. Zur Entdeckung der *Kupferrolle* und ihres Inhalts vgl. Milik 1962; Wolters 1994; 1998; Lefkovits 2000; Brooke / Davies 2002.
14. John Allegro, der die *Kupferrolle* 1960 herausgab, schlug als erster diese Gleichsetzung vor; vgl. Allegro 1960, S. 68 und 144. Eshel (1995) und Magness (2002, S. 24f.) übernehmen diese Gleichsetzung als Tatsache, vgl. auch Zissu 2001 und die Diskussion bei Lefkovits 2000, S. 181-189.
15. Strobel 1973; Ilan / Amit 2002, S. 386.

Abb. 12: Die Kupferrolle in Fundlage in Höhle 3a (mit freundlicher Genehmigung der École Biblique).

lich von Jericho) und En-Boqeq. Andererseits heißt es in der *Kupferrolle*, dass in der Nähe der Schätze auch Schriftrollen *(sefarim)* und Schriften *(ketubim)* versteckt sein sollen.[16] Falls die in der *Kupferrolle* enthaltenen Informationen zutreffen, kommt als Herkunftsort für die riesigen Mengen von Schätzen, Artefakten und Schriftrollen nur Jerusalem in Frage.[17]

Gleichzeitig mit der Entdeckung der *Kupferrolle* in Höhle 3 fanden Beduinen in den Mergelhöhlen bei Qumran noch mehr Schriftrollen. In Höhle 4, rund 150 Meter südwestlich der Anlage, befanden sich Tausende von meist sehr schlecht erhaltenen Fragmenten.[18] Zu den Hunderten von Fragmenten biblischer Schriftrollen, auf die man in dieser fundreichsten Höhle stieß, gehören Teile aller Bücher des Alten Testaments (mit Ausnahme des Buches Esther), mehrere Abschriften der Henochapokalypse, Gebete wie die *Sabbatopfer-Gesänge* 4QShirShab (in mehreren Abschriften) und ein Gebet für die Gesundheit des Königs Jonathan (4Q448). Manche Forscher glauben, dieser König sei der von 103 bis 76 v. Chr. regierende Alexander Jannaeus, dessen hebräischer Name Jonathan war.[19]

Eine weitere bedeutsame Entdeckung in Höhle 4 waren sechs Abschriften des Textes, den man als *Miqsat Ma'ase ha-Tora* bezeichnet (*»Einiges von den Taten der Tora«*, 4Q MMT). Diese Rolle legt in Form eines Briefes 22 halachische Entscheidungen dar, die die Auffassungen der sadduzäischen Priestergruppe in Jerusalem widerspiegeln.[20] Manche Forscher datieren diesen Text auf den Beginn der Hasmonäerherrschaft um die Mitte des zweiten Jahrhunderts v. Chr.; andere glauben jedoch, er stamme aus der Regierungszeit von Herodes dem Großen im ausgehenden ersten Jahrhundert v. Chr.

In den benachbarten Höhlen 5 und 6 fanden Beduinen Teile von 15 Schriftrollen, darunter auch mehrere Abschriften der *Damaskusschrift* (5QD, 6QD, mit den Abschriften aus 4Q sind insgesamt mindestens 10 Kopien dieses Textes bekannt). Dieser Text wurde schon lange vor der Entdeckung der Schriftrollen am Toten Meer bekannt, als Solomon Schechter 1896 in der Geniza der Karäer-Synagoge von Alt-Kairo zwei Abschriften entdeckte (zitiert als CD).[21] Die *Da-*

16. Milik 1962, S. 292, 298. Zissu (2001, S. 155) glaubt, den Ort Kahelet identifiziert zu haben, an dem ein zweites Exemplar der *Kupferrolle* versteckt worden sein soll: bei Ain-Samiya in der Wüste von Samaria.
17. Vgl. die Erörterung bei Golb 1999, S. 841-844.
18. Zu den archäologischen Entdeckungen in Höhle 4 vgl. de Vaux 1977; zu den Texten vgl. Allegro 1968; Stegemann 1994, S. 108-110.
19. Eshel / Eshel / Yardeni 1992.
20. Zur Halacha in Qumran vgl. Schiffman 1975; 1990, 1993; Sussmann 1992, S. 108-116; Kampen / Bernstein 1996; van der Woude 1998, S. 23 f. 4QMMT ist ediert in Qimron / Strugnell 1994.
21. Die beiden mittelalterlichen Abschriften des *Damaskus-Textes* könnten ursprünglich auf Texten basieren, die im 3. oder 8. Jh. bei Jericho gefunden wurden. Schechter gab diese Handschriften 1910 heraus.

maskusschrift enthält hauptsächlich Regeln einer Gemeinschaft, die weniger streng sind als diejenigen der *Gemeinschaftsregel* 1QS; Mitglieder der Gemeinschaft von CD und ihren qumranischen Verwandten dürfen zum Beispiel heiraten und Privateigentum besitzen. Die Damaskus-Regel enthält ein knappes Vorwort, in dem die Gründung der Gemeinschaft geschildert wird. Die beiläufigen Erwähnungen des »Landes Damaskus« und des »Damaskus-Bundes« beweisen, dass die Sekte außerhalb Judäas (in Damaskus?) entstand und dass ihre Mitglieder im frühen zweiten Jahrhundert v. Chr. nach Judäa einwanderten.[22]

Die letzte Höhle, in der man Schriftrollen fand, Höhle 11, enthielt die *Tempelrolle* (11Q19 bzw. 11QT), die umfangreichste aller Qumran-Rollen. Sie wurde sicher bereits in den 1950er Jahren von Beduinen entdeckt, kam aber erst 1967 während des Sechs-Tage-Krieges durch Initiative von Yigael Yadin in den Besitz des Israel Museums.[23] Im Mittelpunkt dieser Rolle steht der Tempel von Jerusalem. Die *Tempelrolle* ist bemerkenswert wegen ihres versöhnlichen Charakters; ihr fehlen der Hass und die Feindschaft gegen andere Gruppen, die in manchen gruppenspezifischen Rollen vorherrschen. Auch in dieser Rolle findet jedoch eine Auseinandersetzung statt – zwischen dem Verfasser des Textes, einem Vertreter der sadduzäischen Sichtweise, und den Pharisäern. Yadin datierte die *Tempelrolle* auf die Regierungszeit von Johannes Hyrkanus I. (134-104 v. Chr.); es sind aber auch andere, zum Teil viel frühere Datierungen vorgeschlagen worden.

Die Bedeutung des Beitrags, den die Schriftrollen vom Toten Meer zur Erforschung der biblischen Schriften geliefert haben, kann kaum überschätzt werden. Es genügt wohl, wenn man sagt, dass vor 1947 die ältesten bekannten hebräischen Handschriften der Bibel, die sog. Masoretischen Texte, aus dem zehnten Jahrhundert stammten. Die Entdeckung der Schriftrollen vom Toten Meer schenkte uns hebräische Texte, die mehr als 1000 Jahre älter waren als das älteste bisher bekannte vollständige Manuskript, der Codex Leningradensis. Sie geben sowohl einen faszinierenden Einblick in die äußerst komplexe Entstehungsgeschichte des hebräischen Kanon und die unterschiedlichen im 1. Jh. v. und n. Chr. kursierenden Textfamilien, als auch in die vielfältigen Kontroversen um die Auslegung der Bibel[24]. Die Schriftrollen vermitteln uns schließlich auch detaillierte Informationen über die konkrete Form von Büchern in der Zeit des Zweiten Tempels und über andere Einzelheiten des Schreiberhandwerks.[25] Die meisten Rollen sind auf Pergament geschrieben und enthalten ein einziges Buch. Die vollständigste Rolle aus Qumran, die *Jesajarolle* 1QIs[a] aus

22. Zum Text der *Damaskus-Schrift* vgl. Baumgarten 1997. Zu ihrer Bedeutung vgl. Davies 1983.
23. Yadin 1983. Zur Bedeutung der *Tempelrolle* vgl. Schiffman 1989; Burgmann 1989; Maier 1997 und die Studien in Brooke 1989.
24. Zur Vielfalt der Texttraditionen s. z. B. Tov 1997; Ulrich 1998; ders. 1999.
25. Vgl. z. B. Tov 1998; allgemein s. Müller 2005a.

Höhle 1Q, ist, wenn man sie ganz (von rechts nach links) aufrollt, 7,34 m lang, aber die einzelnen Kolumnen sind nicht sehr hoch. Fast alle anderen Rollen sind weit kürzer. Die Pergamenthäute wurden zusammengeleimt oder mit Fäden aus Tiersehnen geheftet. Die Länge der Häute schwankt zwischen 26 und 90 cm; ihre Breite liegt jedoch ziemlich konstant bei 22 cm. Diese Breite entspricht der der Hand des Benutzers; sie erleichtert ihm das Halten der Rolle beim Lesen. Die Kolumnen bestehen aus durchschnittlich 20 Zeilen. Linien fürs Schreiben wurden mit einem scharfen Instrument und einem Lineal in das Pergament eingeritzt. Im Gegensatz zur heutigen Gewohnheit schrieb man die Buchstaben nicht oberhalb der Linien, sondern »hängte« sie gleichsam von unten an die Zeilenlinie.

Neben den Schriftrollen enthielten Höhlen 1Q, 4Q, 5Q und 8Q auch etwa 30 Phylakterien (hebr. *tefillin*) und Mezuzot, kleine, mit Bibelstellen beschriebene Pergamentstücke. Yadin veröffentlichte einen vollständigen Phylakterienbehälter, der offenbar aus Höhle 4 stammt.[26] Der winzige Behälter (20 × 13 mm) besteht aus Leder (Abb. 13). Er enthielt vier kleine Fächer mit Pergamentstücken, auf denen Verse aus den Büchern Exodus und Deuteronomium in winziger Schrift aufgetragen waren (Ex 13,1-10; 13,11-16; Dtn 6,4-9; 11,13-21). Die Lektüre der Textversionen in diesem Phylakterium enthüllt ein interessantes Phänomen. Wir finden nämlich sieben verschiedene Versionen – keine einheitliche Version, wie wir sie erwarten würden, wenn die Phylakterien von Mitgliedern einer in Qumran lebenden Sekte versteckt worden wären. Es ist deshalb wahrscheinlich, dass sie das persönliche Eigentum von Menschen waren, die während des Ersten Jüdischen Aufstandes von verschiedenen Orten Judäas in die Judäische Wüste kamen.[27]

2.2 Die archäologischen Entdeckungen in den Höhlen

Das Ausgraben einer Höhle ist keine einfache Aufgabe. Das Atmen ist schwierig, der Raum eng, das Licht unzureichend, und es besteht ständig die Gefahr eines Einsturzes. Hinzu kam zur Zeit de Vaux' der drängende Wettlauf mit den Beduinen um unberührte Höhlen (oft genug hatten die Archäologen das Nachsehen und die Höhle war schon durchwühlt). Nicht zuletzt deshalb wurden die Befunde in den Höhlen von Qumran nicht immer gut dokumentiert. So kann heute die genaue Lage der beweglichen Objekte, z. B. Tongefäße, Körbe, Matten und Metallwerkzeuge sowie z. T. auch Fragmente von Schriftrollen und die sie ursprünglich eventuell umhüllenden Materialien, oft nicht mehr genau rekonstruiert werden. Dies erschwert dann eine sinnvolle Rekonstruktion der Nut-

26. Yadin 1969; Stegemann 1994, S. 128 f.; Milik 1977, S. 78 f.
27. Golb 1999, S. 850.

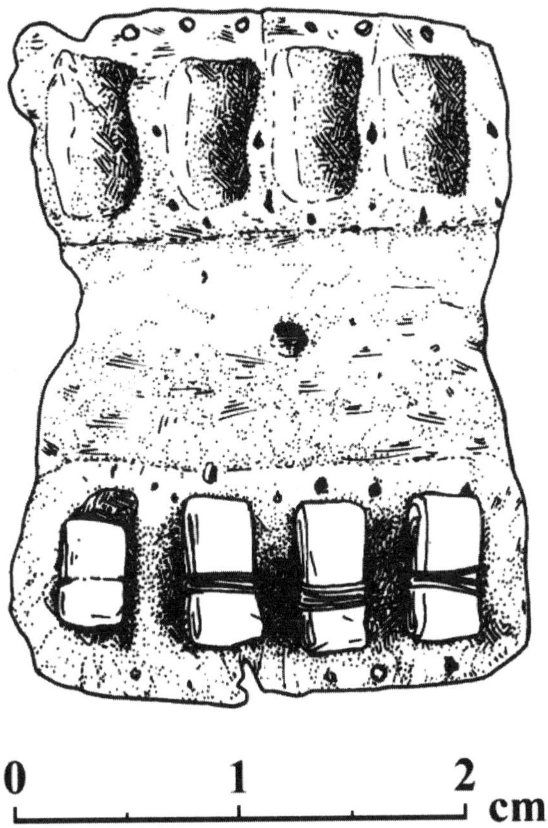

Abb. 13: Rekonstruktion eines in Qumran gefundenen Phylakteriums (nach Y. Yadin).

zungsgeschichte und der Funktion der einzelnen Höhlen ungemein, was wiederum Auswirkungen auf die Interpretation der Siedlung von Qumran insgesamt hat.

Die am besten dokumentierte Ausgrabung einer der Qumranhöhlen ist die von 1Q, die 1949 von Harding durchgeführt wurde.[28] Diese Höhle, in der Felswand etwa 2 km nördlich von Qumran gelegen, ist maximal 9 m lang, 2 m breit und 3 m hoch (Abb. 14). Laut Harding fanden sich in dem Schutt, den die Beduinen bei ihren heimlichen Ausgrabungen in der Höhle hinterließen, mehrere Hundert beschriebene Pergamentfragmente, einige Papyrusfragmente und mehrere Hüllen aus Leinen. Darüber lag eine dicke, etwa 50 cm hohe Schicht von Tierkot, der zu grauem Staub zerfallen war – ein Hinweis darauf, dass nach dem Verbergen der Rollen die Höhle lange Zeit von wildlebenden Tieren als Zuflucht genutzt wurde. Harding gibt zu, dass ein Sieben des Abraums wegen der vielen darin enthaltenen Steine unmöglich war.

Die graue Schicht in Höhle 1 enthielt auch Überreste, die auf den Aufenthalt von Menschen hindeuten, etwa Oliven- und Dattelkerne, Palmfasern und von Ratten angenagte Holzstücke. Objekte von besonderem Interesse waren zwei winzige Phylakterienbehälter aus Leder; der eine gehört zum Typ mit vier Fächern, den man am Kopf, der andere zum Typ mit einem Fach, den man am linken Arm trägt. Es fanden sich auch zwei Bruchstücke von hölzernen Kämmen. Die gefundene Keramik bestand aus sechs Tonkrügen mit ihren Deckeln, einem Kochtopf, mehreren Schüsseln, einem Kännchen und drei auf der Töpferscheibe hergestellten Lampen. De Vaux behauptete, die sowohl in der Anlage Qumran als auch in den Höhlen gefundene Keramik sei einzigartig und somit der beste Beweis dafür, dass zwischen ihnen ein Zusammenhang bestehe.[29] Neuere Untersuchungen haben jedoch gezeigt, dass die Keramik von Qumran keineswegs einzigartig, sondern in Wirklichkeit für die Region am Toten Meer in der Zeit des Zweiten Tempels typisch ist, und chemische Analysen der Herkunft der in Qumran gefundenen Töpferwaren, einschließlich der »Schriftrollen-Krüge«, weisen darauf hin, dass das Material mancher der in Qumran gefundenen Gegenstände mit Ton aus der Gegend von Jerusalem oder Jericho übereinstimmte.[30] Insofern gehört die Keramik aus den Höhlen *und* der Siedlung gemeinsam zu einen Typenschatz, der für die Region am Toten Meer im ersten Jahrhundert n.Chr. *insgesamt* nachweisbar ist. Die Brücke zwischen Höhlen und Siedlung besteht nicht in der gemeinsamen Nutzung durch Mitglieder einer einzigen Sekte, sondern darin, dass Höhlen und Siedlung in der-

28. Siehe oben Kapitel 1, Anm. 59.
29. De Vaux 1955, S. 11; 1959a, S. 91 f.; 1973, S. 55 f.
30. Die Herkunft von einer einzigen Sekte postulierten noch Yellin / Broshi / Eshel 2001, S. 75-77. Der physikalische Datenbefund hat sich mittlerweile aber drastisch erweitert, vgl. die vorsichtigere Argumentation in Gunneweg / Balla 2003a, bes. S. 26 f.; dies. 2003b und die typologischen Studien zur Qumrankeramik von Bar-Nathan 2003.

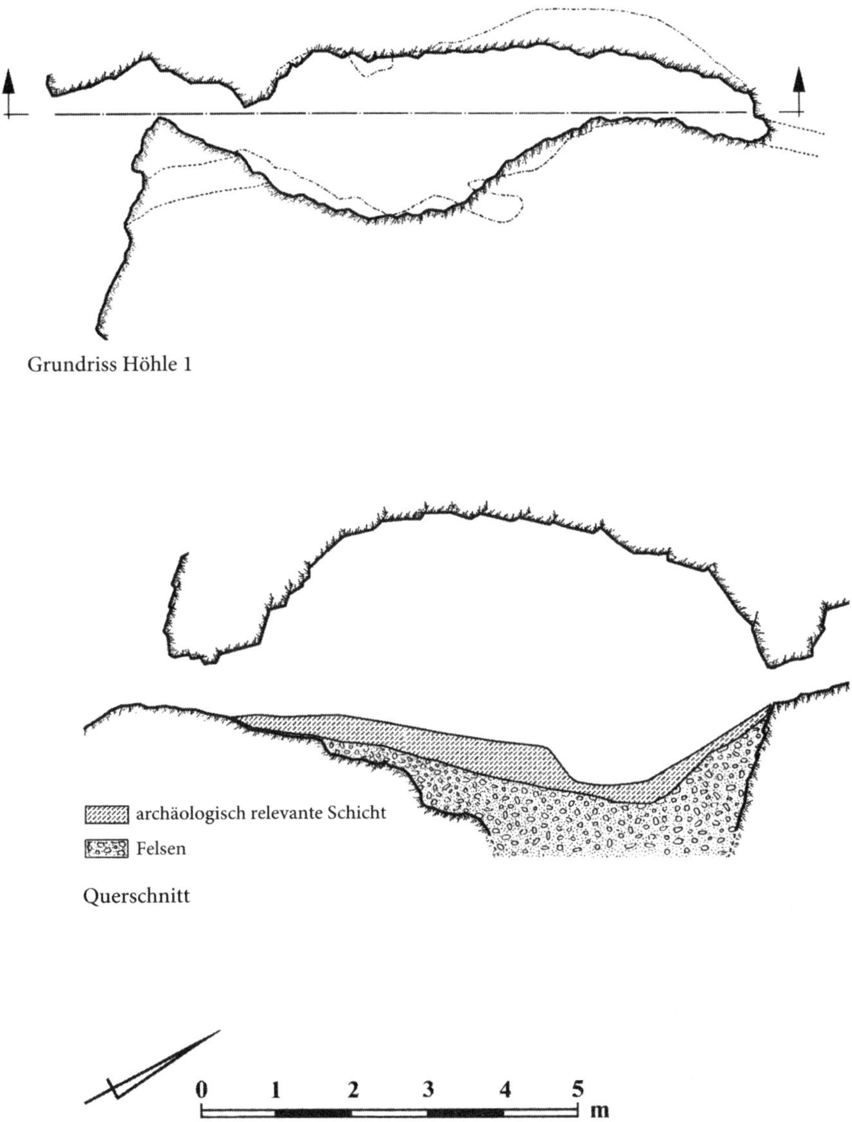

Abb. 14: Grundriss und Querschnitt von Höhle 1 Q (nach L. Harding).

selben Region liegen und zur etwa selben Zeit benutzt wurden. Ein isolierter Blick auf Höhlen und Siedlung allein ist irreführend.

Die interessanteste Entdeckung in 1Q war der Leinenstoff, mit dem die Schriftrollen umhüllt waren. Laut Harding fand man eine Rolle bzw. das Bruchstück einer Rolle noch in ihrer Leinenhülle vor, die am Hals eines Kruges klebte. Ein Leinenstück war gefaltet, und als die Ausgräber es öffneten, fanden sie eine schwarze Masse, die einst eine Schriftrolle war. Sie fanden mindestens 40 solcher Leinenstücke. Ihre Größe schwankte zwischen 60 × 157 cm und 23 × 27 cm. Mehr als die Hälfte bestand aus feinem, mit Indigostreifen verziertem Tuch. Nach G. M. Crowfoot erinnern diese Streifen an feine altägyptische Leinenstoffe – möglicherweise ein Hinweis auf die Herkunft des Tuches.[31]

Harding kam zu dem Ergebnis, die Schriftrollen und andere Gegenstände seien während des ersten Jüdischen Aufstandes in 1Q in Sicherheit gebracht und nie wieder herausgeholt worden, da die Menschen, die sie dort deponierten, wahrscheinlich umkamen.[32] Manches spricht jedoch dafür, dass die Depots der Schriftrollen bereits in der Antike gründlich durchsucht worden waren. Wie wir unten sehen werden, passt dies zu historischen Berichten über Menschen, die zwischen dem dritten und dem neunten Jahrhundert n. Chr. in die Höhlen eindrangen.

Höhle 4Q, die in der Mergelwand rund 150 m südwestlich von Qumran liegt und erst nach der gründlichen Plünderung durch Beduinen von de Vaux 1952 ausgegraben werden konnte,[33] besteht aus zwei Räumen. Höhle 4a ist mit maximal 8 m Länge, 3,25 m Breite und 3 m Höhe der größere Teil (Abb. 92, farbig). Er öffnet sich nach Westen; ein kleines Fenster nach Osten sorgt für Belüftung. Höhle 4b ist maximal 2 m lang, 2,5 m breit und 2 m hoch.

Die Ausgrabung von Höhle 4Q wurde in größter Eile und mit minimaler Dokumentation durchgeführt – vom archäologischen Standpunkt aus eine »tödliche Kombination«. Es gibt kein Foto der zahlreichen Rollen *in situ*, und die Beschreibungen ihrer Lage sind sehr knapp. Milik, der an der Ausgrabung teilnahm, beschreibt sie folgendermaßen:

> Die Höhle war durch eine Art Tunnel zugänglich. Sie war voll von Staub und trockenem Kot, der kleine Haufen bildete, wo er die Schriftrollen umschlossen hatte. Aus einem dieser Haufen zog ich das Buch Henoch heraus, wie man einen Kork mit einem Korkenzieher herauszieht. Ich begriff sofort, was wir hier vor uns hatten. Die mir vorliegende Stelle stammte ungefähr aus Kapitel 20. Die Höhle wurde bis zum Boden gesäubert … Nicht weit von dieser Höhle bemerkten wir eine weitere Unregelmäßigkeit im Hang des Wadi … Dort fanden wir einige Handschriftenfragmente, die sich bei der Berührung weich und warm anfühlten. An der Luft trockneten sie

31. Zu den Umhüllungen der Schriftrollen vgl. Crowfoot 1955, S. 26; Schick 1993, S. 118-123; Bélis 2003, S. 207-222.
32. Harding 1949, S. 114; ders. 1952, S. 105.
33. De Vaux, 1973, S. 100; ders. 1977, S. 9-21.

rasch aus und lösten sich in Staub auf. Da stand ich und beobachtete völlig verzweifelt diesen Vorgang. Ich benutzte, was zur Hand war (in diesem Fall flache Pappkartons für Filme und Toilettenpapier), und fing an, alles einzupacken.[34]

In Höhle 4Q fand man Tausende von meist winzigen Rollenfragmenten, die meisten unter einer dicken Schicht von Mergelgestein – wohl ein Produkt früherer Wühlarbeit spätestens durch die Beduinen. Außer den beschriebenen Pergament- und Papyrusfetzen entdeckten de Vaux und sein Team Holzreste möglicherweise von der Inneneinrichtung, Fragmente von etwa acht Krügen, mehrere Schüsseln und ein in einem Model hergestelltes Öllämpchen. Man fand auch über 100 jeweils 18 cm lange Lederriemen sowie Laschen, die die Rollen zusammengehalten hatten.[35] Die Riemen wurden durch die Laschen gezogen, um die Schriftrollen gewickelt und an deren Außenseite zusammengebunden (Abb. 15).

Wie in Höhle 1Q fand man auch in Höhle 4Q mehrere Phylakterien. Diesmal befanden sich die einzelnen Textstücke in Fächern der Phylakterien-»Kästchen«.[36] Man entdeckte auch eine winzige Mezuza, ein mit Bibelversen beschriebenes Pergamentröllchen, das an den Türpfosten jüdischer Häuser befestigt wird. Bei den Phylakterien handelt es sich wohl um persönliche Gegenstände, die wohl kaum Menschen gehörten, die ständig in den Höhlen wohnten, sondern denen, die die Rollen versteckten.

1956 grub de Vaux Höhle 11Q aus, die nördlich von Qumran liegt. Unmittelbar vor seiner Ausgrabung hatten Beduinen in dieser Höhle bereits mehrere Texte gefunden. De Vaux räumte die Höhle nun vollständig aus. Zu den Funden zählten einige Tongefäße, Leinenfetzen, Korbwaren, Stricke und eiserne Werkzeuge wie eine kleine Spitzhacke, ein Meißel und ein Messer.[37]

Bei späteren Surveys und Ausgrabungen in den letzten beiden Jahrzehnten des zwanzigsten Jahrhunderts machte man ähnliche Entdeckungen. Joseph Patrich und sein Team fanden archäologische Überreste in 17 Höhlen bei Qumran, darunter auch in Höhlen, in denen man früher Schriftrollen gefunden hatte.[38] Die Funde aus der frührömischen Periode umfassten eine reiche Ansammlung

34. Zu Miliks Erinnerungen an die Feldforschung vgl. Mébarki 2000, S. 132.
35. Carswell 1977 sowie Sussmann / Peled 1993, S. 114f.
36. Milik 1977.
37. De Vaux 1956, S. 573f.; ders. 1959c. Die Hacke hat in der Forschung später auf der Basis von Josephus, Bellum 2,147-159 als »Essenerhacke« Karriere gemacht (trotz der Vorsicht de Vaux'), so etwa bei Betz / Riesner 1993, S. 76 (klar essenischen Ursprungs); Roitman 1997, S. 44 (engl. Sektion) mit 40 (hebräische Sektion mit Abbildung). Zur Kritik vgl. Zangenberg 2000a, 140f. Außer den bei Roitman 1997; Lacoudre 2003 und Humbert 2003a in »Qumran II« abgebildeten Objekten sind noch keine Metallfunde aus Qumran veröffentlicht worden. Der große Bestand von Werkzeugen aus Qumran in der École Biblique wurde von Guy Stiebel für »Qumran III« bearbeitet und steht zur Publikation an.
38. Patrich 1994a, S. 75-93.

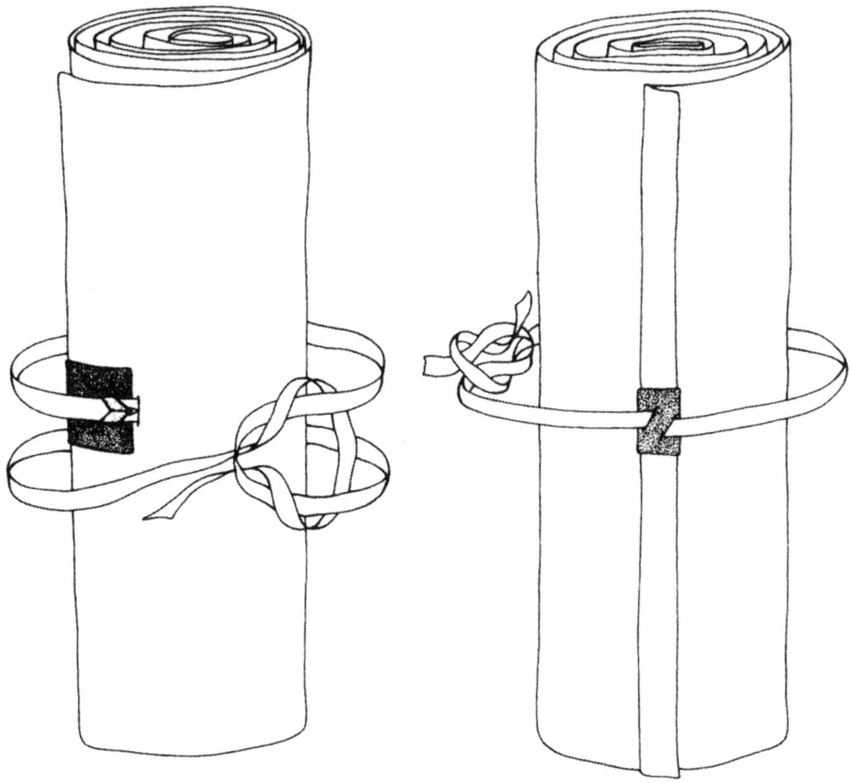

Abb. 15: Rekonstruktion der Verschlüsse einer Schriftrolle mit Lederband und Schlaufe.

von Keramik (zylinder- und sackförmige Krüge, in der Fachsprache als »cylindrical« und »bag-shaped jars« bezeichnet, Kochtöpfe, Schüsseln und Öllampen). Einige der Schüsseln zeigen farbiges Dekor, wie es für Jerusalem in der 1. Hälfte des 1. Jh. n. Chr. typisch ist (sog. »Pseudo-Nabatäische« Ware bzw. »Jerusalem Painted Pottery«). Man fand auch Steingefäße des in Jerusalem verbreiteten Typs. Aus diesen Belegen zog Patrich den Schluss, dass diese Mergelhöhlen zeitweilig Hirten oder Flüchtlingen als Wohnungen dienten.

Jüngst haben Magen Broshi und Hanan Eshel sechs eingestürzte künstliche Höhlen im Mergelplateau nördlich von Qumran untersucht.[39] Die zwei Höhlen, die sie ausgruben, ergaben dasselbe Fundspektrum: bewegliche Habe von zeitweiligen Bewohnern. Die von Broshi und Eshel gefundene Keramik umfasste Krüge, Kochtöpfe, Schüsseln sowie eine vollständige auf der Töpferscheibe hergestellte Öllampe aus dem ersten Jahrhundert n. Chr. Die Ausgräber behaupteten freilich, im Unterschied zu Patrich, die künstlichen Mergelhöhlen seien ständige Wohnstätten der »Gemeinschaft von Qumran« gewesen. Wir kommen auf diese Frage zurück.

Wie wir gesehen haben, waren zwar die meisten Schriftrollen in Tuch eingehüllt, doch einige fand man – nach dem Bericht der Beduinen – in zylindrischen Krügen eines Typs, der auch in Qumran zutage gefördert wurde und seither als entscheidendes Verbindungsglied zwischen den Schriftrollen in den Höhlen und den Bewohnern der Siedlung gilt. Da Gefäße dieses Typs sehr wahrscheinlich die ersten Schriftrollen enthielten, die man in Höhle 1 entdeckte, werden sie meist als »Schriftrollenkrüge« (»scroll jars«) bezeichnet.[40] Dieser Krugtyp ist zylindrisch, zwischen 35 bis 78 cm hoch, mit einem Durchmesser von nur 25 bis 28 cm. Er besitzt oben eine große Öffnung mit einem niedrigen, einfachen Hals und am Boden eine flache Basis. Manche der zylindrischen Krüge haben an der Schulter vier kleine horizontale Henkel. Diese Krüge konnten mit schüsselförmigen Deckeln verschlossen werden.

De Vaux glaubte, diese Gefäßform sei speziell hergestellt worden, um darin Schriftrollen aufzubewahren und zu verstecken. Doch ist dies eine verengende, allein von den Rollen her gewonnene Sicht. De Vaux' eigene Ausgrabungsfunde ergaben ein ganz anderes Bild, die helfen können, diesen Keramiktyp in seinem tatsächlichen funktionalen Kontext zu verstehen. In mehreren der in Qumran freigelegten Räume fand man Vorratskrüge (sog. Pithoi), darunter einige des zylindrischen Typs, die absichtlich bis zu ihrer Öffnung in Fußböden eingelassen waren. (Abb. 16)[41] Diese aus vielen anderen Fundorten bekannte Technik

39. Broshi / Eshel 1999b.
40. Magness 2002, S. 79 f.; Gunneweg / Balla 2003, S. 7 f. Zur neueren Diskussion um die Bezeichnung »scroll jars« vgl. Magness 2004a; dies. 2004b, S. 151-196; zum Typ und seiner Verbreitung vgl. Bar-Nathan 2003.
41. Harding 1952, S. 105, erwähnt einen zylindrischen Krug vom Typ der Schriftrollen-

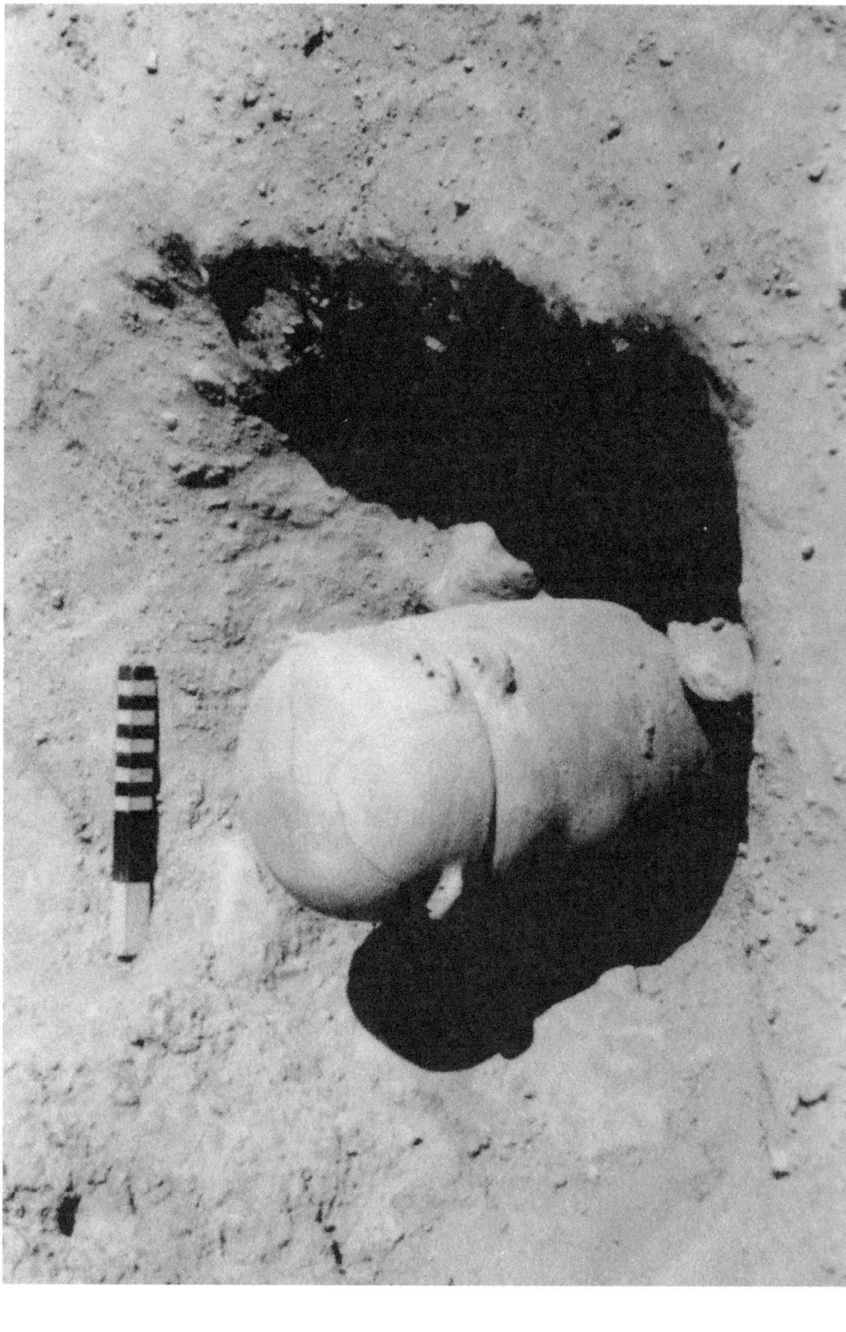

Abb. 16: Zylindrischer Vorratskrug, eingelassen unter dem Fußboden eines Raumes von Qumran (mit freundlicher Genehmigung der École Biblique).

ermöglicht es, Nahrung unter harten klimatischen Bedingungen zu lagern.[42] Daraus ergibt sich, dass man die sog. »Schriftrollenkrüge« nicht primär zum Aufbewahren und Verstecken von Schriftrollen herstellte, sondern sie ursprünglich – wie auch anderenorts – zur Lagerung von Gütern benutzte[43]. Man spricht daher auch besser neutral von »cylindrical jars« (»zylindrische Krüge«). Die Tatsache, dass man offensichtlich in 1Q einige Rollen in solchen Krügen fand, die wahrscheinlich in Qumran hergestellt wurden, besagt nur, dass diejenigen, die die Verbergung vornahmen, einen Gefäßtyp verwendeten, der vor Ort vorhanden war. Der Befund legt die Schlussfolgerung nahe, dass zwischen denen, die die Rollen deponierten, und den Einwohnern Qumrans – zumindest zu jenem Zeitpunkt – eine enge Verbindung bestand. Man kann vernünftigerweise annehmen, dass die Einwohner Qumrans, als Juden, ein Interesse daran hatten, dass die Rollen vor den anrückenden Römern versteckt wurden, und dass sie dabei behilflich waren. Die Identität der Nutzer und Verberger der Schriftrollen wird durch die »cylindrical jars« nicht erwiesen, zumal wir deren genaue Fundumstände in 1Q nur aus Berichten kennen und – bis auf sehr wenige Exemplare in der ebenfalls vor der Ausgrabung durchwühlten Höhle 4Q – sonst keine derartigen Krüge in direkter Verbindung mit Schriftrollen von Archäologen gefunden und dokumentiert wurden. Jede darüber hinausgehende Annahme beruht daher auf reinen Vermutungen.

Außer Schriftrollen fand man in rund 50 Höhlen bei Qumran ganz unterschiedliche Gegenstände wie Ton- und Steingefäße sowie verschiedene organische Objekte (Matten, Tuch und hölzerne Pfähle). Aufgrund solcher Funde vermutete de Vaux, dass die Höhlen den Bewohnern Qumrans als Wohnräume dienten und dass der Gebäudekomplex selbst ihr Gemeinschaftszentrum war.[44] Die in einer der Höhlen gefundenen hölzernen Pfähle veranlassten ihn zu der Annahme, dass sie nicht nur in Höhlen wohnten, sondern dass sie auch in der Nähe der Siedlung Zelte aufschlugen.

krüge, der im Fußboden des Qumran-Komplexes eingegraben war. Humbert / Chambon 1994 haben viele Beispiele von in Fußböden eingegrabenen Krügen veröffentlicht, z.B. im Turm (Locus 10: ibid., S. 23, Fotos 19f.), im Hauptbau (Locus 34: ibid., S. 43, Fotos 66-68; Locus 13: ibid., S. 57, Fotos 104-107; Locus 2: ibid., S. 68, Foto 142) und das beste Beispiel in Locus 80 südwestlich vom Hauptbau (ibid., S. 171, Foto 359).

42. Magness 2002, S. 48; Gunneweg / Balla 2003, S. 29. Bei den jüngst von mir durchgeführten Ausgrabungen in En-Gedi sind, eingegraben in den Fußböden von Wohntrakten der spätrömischen und der byzantinischen Periode, Krüge und Kochtöpfe gefunden worden, deren Öffnungen nach oben zeigten (in einigen Fällen waren die Öffnungen der Gefäße noch mit Deckeln verschlossen). Bei den Ausgrabungen des römischen Aqaba (Aila) fand man im Fußboden Krüge mit Überresten von Fischgräten, vgl. Parker 2000, S. 379f.
43. Magness 2004a; dies., 2004b, S. 151-196 sieht hingegen primär Verbindungen zu besonderen Reinheitspraktiken, dazu Zangenberg 2004b, S. 370.
44. De Vaux 1959a, S. 92-94; ders. 1973, S. 56f.

Um de Vaux' Behauptungen zu beweisen, führten Broshi und Eshel in mehreren künstlich geschaffenen Höhlen in den Mergelterrassen nördlich von Qumran Ausgrabungen durch (Abb. 17), aber ihre Bemühungen blieben erfolglos. Broshi und Eshel berichten, dass in den meisten von ihnen ausgegrabenen Höhlen kein ungestörter Laufhorizont festzustellen war, und dass nur zwei Höhlen Scherben enthielten, die möglicherweise darauf hinweisen, dass diese Höhlen am Ende der Zeit des Zweiten Tempels als Wohnquartiere dienten.[45] Scherben können aber nicht als Beweis für die ständige Bewohnung einer Höhle gelten. Broshi und Eshel versuchen uns zu überzeugen, dass die Höhlen in den Mergelterrassen bei Qumran angenehme Wohnungen waren: gut belüftet, gut beleuchtet und kühl. Dagegen ignorieren diese Forscher die Unannehmlichkeiten des Wohnens in einer Höhle, z. B. übermäßige Feuchtigkeit, den ständig von der Decke herabrieselnden Staub, den fehlenden Schutz gegen wilde Tiere usw. Höhlenwohnungen sind eine letzte Zufluchtstätte, und es besteht kein Grund zu der Annahme, dass die Menschen, die den Gebäudekomplex von Qumran errichteten oder von anderen erwarben, lieber in Höhlen wohnten als in den Wohnflügeln des Gebäudes.

Wie Patrich nachgewiesen hat, fand man in keiner Höhle bei Qumran (einschließlich derjenigen in den Mergelterrassen vermutlich abgesehen von 4Q) Überreste, die als Beleg dafür dienen könnten, dass sie ständig bewohnt waren, wie z. B. Kochstellen in Verbindung mit Vorratseinrichtungen, Schlafsofas, Türeingänge oder Fenster.[46] Ein aufschlussreiches Beispiel dafür, was solche permanent genützten Behausungen enthalten müssten, liefern einige Höhlen, die Mönchen in der byzantinischen Zeit tatsächlich als ständige Wohnquartiere dienten. Bei der Ausgrabungsstätte Ain Abu Mahmud, etwa 5 km nördlich von Qumran, entdeckte Patrich Höhlen einer Einsiedelei mit Kochstellen, Vorratsnischen, Bänken, einer Gebetsnische, Türeingängen, Fenstern sowie Kreuzen und Inschriften an den Wänden.[47] In den bei Qumran ausgegrabenen Höhlen machte man jedoch keine derartigen Funde.

Daraus ergibt sich die zwingende Schlussfolgerung, dass die Höhlen bei Qumran nur als zeitlich befristete Wohnquartiere dienten. Allein 4Q könnte aufgrund der Holzfragmente permanent bewohnt gewesen sein, doch ist eine Rekonstruktion der genauen Nutzung aufgrund der Zerstörungen durch beduinische Raubgräber und mangels einer aussagekräftigen Dokumentation der archäologisch noch gesicherten Befunde schwierig (Lagerraum, Werk-

45. 1978 sprach ich in dem Dorf Deir Samit in den Bergen von Hebron mit dem Oberhaupt einer Familie, die in einer Höhle wohnte; der Mann sagte, finanzielle Not zwinge sie, in einer Höhle zu leben (Hirschfeld 1995, S. 151).
46. Patrich 1994a, S. 93; ders. 2000, S. 725 f.
47. Patrich 1995, S. 128-132. Ähnliche Komplexe von Mönchshöhlen entdeckte man im Bereich des Gerasimus-Klosters (Deir Hajla) nördlich des Toten Meeres (Hirschfeld 1991).

Abb. 17: Eine der von Broshi und Eshel ausgegrabenen Höhlen.

statt?). Wie wir sehen werden, war Qumran ein Wirtschaftszentrum, das zahlreiche Menschen in seine Nähe gezogen haben muss, die hier als Arbeiter Beschäftigung fanden. Diese Menschen – Hirten, Einsiedler und bloße Passanten – könnten in den Höhlen zeitweilig Unterschlupf gefunden oder in Zelten gelebt haben, deren spärliche Überreste Broshi und Eshel nördlich von Qumran entdeckten.

Broshi und Eshel sprechen von einem System antiker Wege, die angeblich die Höhlen mit Qumran verbanden.[48] Eine sorgfältige Prüfung ergibt jedoch, dass es sich dabei nicht um befestigte Wege mit Stützmauern handelt, sondern um unbefestigte Pfade, die von Tieren und zufälligen Passanten (darunter nicht zuletzt von den Beduinen oder den Arbeitern, die bei den Ausgrabungen in den Höhlen beschäftigt waren) festgetreten wurden.

Auf dem nach Qumran führenden Hauptweg fanden Broshi und Eshel 60 Sandalennägel aus Bronze. Weil alle Belege dafür sprechen, dass die Hauptstraßen der Region, auch die Hauptstraße nach En-Gedi und Masada, über Qumran führten, ist die Entdeckung von Nägeln keineswegs überraschend. Wahrscheinlich stammen diese von Sandalen römischer Legionäre, denn Einwohner von Qumran trugen vermutlich einfache Ledersandalen ohne Nägel.[49] Zwei Sandalen dieses einfachen Typs fand man in Qumran. Auch diese Befunde können die exklusive Verbindung der Siedlung mit den Höhlen *auf Kosten* der allgemeinen Verankerung beider *in der gesamten Region*, nicht stützen.

Aus all dem kann sich nur die Konsequenz ergeben, dass sich alle Versuche, die Indentität der Bewohner Qumrans zu ermitteln, auf eine Analyse der Funde aus der Anlage selbst stützen müssen – und auf die Interpretation der Funde aus den benachbarten Höhlen –, während die Schriftrollen nicht per se als Indikatoren für die Identität der Gemeinschaft auf derselben Stufe mit den archäologischen Befunden stehen. Über ihre Bedeutung und Verbindung zu der Siedlung muss *nach* der archäologischen Analyse befunden werden.

2.3 Die Herkunft der Schriftrollen

Im Juni 2002 fand im Amtssitz des israelischen Staatspräsidenten in Jerusalem ein Empfang statt, um den Abschluss der Veröffentlichung der Schriftrollen vom Toten Meer zu feiern. Emanuel Tov von der Hebräischen Universität Jerusalem, der das Projekt der Veröffentlichung leitet, gab bekannt, die allermeisten in der Judäischen Wüste gefundenen Schriftrollenfragmente, besonders die von

48. Broshi / Eshel 1999b, S. 339 f.; zu einer anderen Deutung vgl. Patrich 2000, S. 726.
49. Sussmann / Peled 1993, S. 112 f.

Qumran, seien nun der Öffentlichkeit zugänglich gemacht worden.[50] Dabei sagte er, das breite Spektrum der in den Schriftrollen auftauchenden Themen beweise die Vielfalt der jüdischen Literatur in der Zeit des Zweiten Tempels. Computeranalysen haben nachgewiesen, dass die Schriftrollen etwa 500 verschiedene Manuskripte umfassen – was in der Tat auf eine literarische Aktivität von bemerkenswerter Weite hinweist.[51] Immer mehr Forscher sind davon überzeugt, dass eine kleine Sekte wie die Essener nicht allein verantwortlich sein kann für diese gewaltige literarische und theologische Weite der in den Höhlen bei Qumran entdeckten Schriftrollen und dass die Anlage selbst nicht der Ort gewesen sein kann, an dem so zahlreiche und so verschiedenartige Texte verfasst oder abgeschrieben wurden. Viele Forscher halten es daher für möglich, dass die Schriftrollen in Jerusalem entstanden und nach Qumran gebracht wurden, bevor die Römer 70 n. Chr. die Stadt belagerten.[52]

Diese Forscher weisen darauf hin, dass die Qumran-Essener-Hypothese eine Reihe von grundsätzlichen Schwierigkeiten aufwirft:

1. Unter den Tausenden von Fragmenten aus den Höhlen bei Qumran, die auf Hunderte von Manuskripten hinweisen, gibt es keinen einzigen Text, der mit Sicherheit in der Anlage Qumran geschrieben wurde; alle – mit Ausnahme der Kupferrolle – sind Abschriften von Texten, die viele Jahre vor der Deponierung der Schriftrollen entstanden sind.
2. Nirgends wird der Name der Anlage oder irgendein Detail ihrer Geschichte erwähnt.[53]
3. In keiner der Schriftrollen taucht das Wort »Essener« auf[54].
4. Höchst bedeutsam ist, dass man in Qumran selbst, obwohl die Anlage gründlich und umfassend ausgegraben wurde, kein einziges Pergament- oder Papyrusfragment fand[55].

50. Vgl. das Interview, das Hershel Shanks (2002) mit Emanuel Tov führte.
51. Cansdale 1997, S. 96; Golb 1999, S. 827.
52. Vgl. Golb 1999; Hutchesson 2000.
53. Die Identifizierung Qumrans mit dem antiken Secacah, die von Eshel 1995 vorgeschlagen und von Magness 2002, S. 24 f. begeistert übernommen wurde, ist eine bloße Vermutung.
54. Zu den verschiedenen Hypothesen des griechischen Worts »Essener« *(Essaioi* oder *Essenoi)* vgl. die Übersicht von Beall 2000, S. 262. Die Frage, ob es direkte Äquivalente dieses Begriffs zu bestimmten Begriffen aus den hebräischen oder aramäischen Texten vom Toten Meer gibt, wird meist negativ beantwortet, stattdessen verweist man auf inhaltliche Affinitäten zwischen den Praktiken, die in den für die Definition als »Gruppe« formativen Schriftrollen (1QS, CD o. ä.) beschrieben werden und solchen, wie sie von den Essenern in der griechischen Literatur belegt sind.
55. Wohl aber bezeugen nicht nur die berühmten Tintenfässer (dazu s. z. B. de Vaux 1973, S. 29 f.; Goranson 1992; ders. 1994), sondern auch zahlreiche Ostraka und Graffiti aus Qumran und Ain-Feshkha, dass die jeweiligen Bewohner schriftkundig waren. Die einschlägigen Zeugnisse aus den Grabungen de Vaux' sind nun veröffentlicht in Lemaire 2003, weiteres Material in Cross / Eshel 1997 bzw. Yardeni 1997; Magen / Peleg

Ein besonderer Fund machte im Jahre 1996 Furore und schien die Qumran-Essener-Hypothese wieder zu bestätigen: das sog. »Yakhad-Ostrakon«, von James Strange (University of South California) bei Arbeiten auf dem Mergelplateau südlich der Siedlung vermutlich in einer auf de Vaux zurückgehende Abraumhalde entdeckt und ein Jahr später veröffentlicht.[56] Das Ostrakon besteht aus zwei Tonscherben, die zusammen 6,3 × 17,2 cm messen, und bietet insgesamt rund 15 unvollständige Textzeilen. Besonderes Interesse erregte der Fund deshalb, weil man zwei noch lesbare Buchstaben am Rand des Fragments zum hebräischen Wort *yakhad* (»Gemeinschaft«) ergänzen zu können glaubte, das auch in mehreren Schriftrollen aus Qumran auftaucht (allen voran der wichtigen 1QS) und man darin gewöhnlich die Selbstbezeichnung der Sekte sah. Nach Frank Moore Cross und Esther Eshel kann der Text so gelesen werden: Eine Person namens Honi übergibt Eleazar und Hisdai ein Haus und bebaute Felder bzw. Feigen- und Olivenhaine, die der »Yakhad«, einer in mehreren Schriftrollen der nahen Höhlen erwähnten Gemeinschaft, gehören. Eine Überprüfung des Ostrakons durch Ada Yardeni hat jedoch ergeben, dass die Buchstabenreste allzu freimütig ergänzt wurden und das Schlüsselwort »Yakhad« in Wirklichkeit in dem Vertrag gar nicht vorkommt.[57] Das Ostrakon liefert somit keinen Beweis dafür, dass in Qumran ein Sektenzentrum existierte; es bestätigt allenfalls, dass in Qumran und in seiner Umgebung Landwirtschaft betrieben wurde.

Nicht nur aufgrund des schlechten Zustandes der Rollenfragmente dürfen wir annehmen, dass am Ende der Zeit des Zweiten Tempels noch weit mehr Rollen in den Höhlen deponiert wurden. Wir besitzen sogar historische Belege aus zwei unabhängigen Quellen, die darauf hinweisen, dass es in der Antike im Gebiet um das Tote Meer hebräische Schriftrollen gab.

Der erste Beleg stammt vom Kirchenvater Origenes, der im dritten Jahrhundert von der Entdeckung alter Handschriften »in einem Tonkrug bei Jericho« berichtet.[58] Der zweite Beleg ist ein Brief von Timotheus I., der von 779 bis 823 Patriarch von Seleukia im nördlichen Syrien war. Er berichtet über die Entdeckung alter hebräischer Handschriften in Höhlen bei Jericho:

2006, S. 72. Nur ein kurzer Blick auf das Material zeigt freilich, dass zwischen den Ostraka und den Texten aus den Höhlen gewaltige Unterschiede hinsichtlich der Form, des Inhalts und der Funktion bestehen.

56. Cross / Eshel 1997; Roitman 1997, S. 39 f.; vgl. den Bericht über die Fundumstände bei Strange 2006.
57. Yardeni 1997.
58. Driver 1951, S. 24. Am Anfang des vierten Jahrhunderts griff Eusebius (Hist. eccl. 6,16,1) den Bericht des Origenes auf und fügte hinzu, in der Regierungszeit des römischen Kaisers Antoninus (Caracalla, 211-217) seien in einem Krug bei Jericho eine griechische Übersetzung der Psalmen sowie andere griechische und hebräische Handschriften gefunden worden.

Von glaubwürdigen Juden, die gerade als Katechumenen im Christentum unterrichtet werden, haben wir erfahren, dass vor zehn Jahren in einer Felsbehausung bei Jericho Bücher gefunden wurden. Nach ihrer Darstellung drang der Hund eines jagenden Arabers, ein Wild verfolgend, in eine Höhle ein und kam nicht mehr zurück. Sein Besitzer folgte ihm und fand im Felsen eine Kammer mit vielen Büchern. Als der Jäger nach Jerusalem ging und diese Geschichte den Juden erzählte, kamen diese sehr zahlreich heraus und fanden Bücher des Alten Testaments und andere in hebräischer Schrift.[59]

Texte aus der Zeit des Zweiten Tempels, die man in den Felsen westlich von Jericho fand, bestätigen diese historischen Angaben.[60] Es ist daher möglich, dass die »Bibliothek von Qumran« in Wirklichkeit Bestandteil einer weit größeren Bibliothek war, die unmittelbar vor der Zerstörung Jerusalems in zahlreichen Felshöhlen westlich von Jericho und am Toten Meer versteckt wurde.

Yaacov Shavit von der Universität Tel Aviv hat kürzlich erneut betont, dass öffentliche Bibliotheken ein Moment der hellenistischen Kultur waren und dass sie sich in Großstädten befanden.[61] Die größte und berühmteste war in Alexandria; öffentliche Bibliotheken gab es aber auch in Rom, Athen, Pergamon, Ephesus, Antiochia, Caesarea und anderswo. In seinem Buch über Bibliotheken in der Antike weist Lionel Casson von der Universität New York auf zwei bauliche Merkmale hin, die für Bibliotheken im Altertum bezeichnend waren: hohe Nischen in den Wänden mit Bücherregalen (lateinisch *armaria*) und Leseräume bzw. Säulenhallen.[62] In Qumran entdeckte man keine Spur dieser beiden Elemente, und bei den Ausgrabungen wurden keinerlei Überreste von Schriftrollen zutage gefördert. Angesichts dieses Befundes ist es schwierig anzunehmen, dass die in den Höhlen bei Qumran gefundene Büchersammlung wirklich aus dieser ländlichen Anlage kam. Der einzige Ort, aus dem eine so umfangreiche Bibliothek kommen konnte, war offenkundig Jerusalem.

Sowohl in ihrem Umfang als auch in ihrem Inhalt spiegeln die Schriftrollen vom Toten Meer die intensive und vielfältige literarische Aktivität wider, die Jerusalem in der Zeit des Zweiten Tempels auszeichnete. Eines der Zentren dieser Aktivität war der königliche Palast in der Oberstadt. Wie die Paläste anderer hellenistischer Könige enthielt auch der des Herodes eine große Bibliothek. Sogar sein Palast im abgelegenen Masada verfügte über eine Bibliothek, die freilich völlig anders aussah als die Räume, die in Qumran oft als Bibliothek bezeichnet werden.[63]

Umfassende literarische Betätigung gehörte für die Priesterschaft in der Zeit

59. Dieser Brief von Timotheus an Sergius wird zitiert nach Driver 1951, S. 25 f. Vgl. auch Braun 1901.
60. Zu den Entdeckungen in den Höhlen von Ketef Jericho vgl. Eshel / Zissu 2000.
61. Shavit 1994, S. 302 f.
62. Casson 2001, S. 49-52 und 81-83, vgl. auch Hoepfner 2002.
63. Zu den angeblichen Bibliotheksräumen von Qumran vgl. etwa Stegemann 1994, S. 58-63. Zu den Überresten der Privatbibliothek Herodes' des Großen in Masada vgl.

des Zweiten Tempels zur täglichen Routine. Seit dem Wiederaufbau des Tempels in den Tagen Esras und Nehemias wurden Bücher der Bibel von Tempelpriestern verfasst und abgeschrieben. Diese Tätigkeit beschränkte sich nicht auf die kanonischen Schriften, sondern umfasste auch Gebete, Weisheitsliteratur und Bibelkommentare. Die Schriftrollen vom Toten Meer enthalten viele solche Texte, darunter das *Jubiläenbuch* und Sirach, die *Loblieder* und die *Sabbatopfer-Gesänge*. Da die Priester herkömmlicherweise zur Gruppe der Sadduzäer gehörten, ist es nicht überraschend, dass die in den Schriftrollen aus den Höhlen verkündeten religiösen Gebote im Allgemeinen diese Richtung des Judentums widerspiegeln.[64]

Die Hervorbringung von Literatur in der Hauptstadt beschränkte sich jedoch nicht auf den Königsplast und den Tempel. Am Ende der Zeit des Zweiten Tempels waren in Jerusalem viele verschiedene Gruppen und Sekten aktiv. Sie konzentrierten sich auf soziale und karitative Arbeit und praktizierten bis zu einem gewissen Grade Gütergemeinschaft.[65] Rabbi Eleazar ben Zadoq, der kurz vor der Zerstörung des Tempels in Jerusalem lebte, erwähnt »Verfasser von Büchern in Jerusalem«. Er sagt, es sei üblich, Schriftrollen halb geöffnet – das heißt als zwei gleich große Rollen – liegen zu lassen.[66] Jede dieser Gruppen in Jerusalem besaß wahrscheinlich ihre eigene Bibliothek.

Nach der idealisierenden Darstellung des Lukas zeigt die erste Christengemeinde in Jerusalem eine starke Ähnlichkeit mit dem Lebensstil der Yakhad-Gruppe, wie sie sich in den Schriftrollen widerspiegelt: zum Beispiel die Betonung der Gemeinschaft *(yakhad)*, die gemeinsamen Mahlzeiten und die Gütergemeinschaft (Apg 2-4)[67]. Manche Christengemeinden besaßen anscheinend auch eigene Bibliotheken. In einem Brief an den in Jerusalem lebenden Timotheus bittet der Verfasser des 2. Timotheusbriefs den Adressaten, ihm einen Mantel mitzubringen, den er zurückgelassen hatte, und »auch die Bücher, vor allem die Pergamente« (2 Tim 4,13).[68] Diese frühchristliche Schriftensammlung gehörte etwa derselben Zeit an wie diejenige, aus der die Schriftrollen vom Toten Meer stammen. Der Umstand, dass der Verfasser des 2. Timo-

Foerster 1995, S. 179; Hirschfeld 2004b. Zu den von Herodes gegründeten Bibliotheken vgl. Roller 1998, S. 55f.

64. Zur Hypothese Schiffmans, die die Übereinstimmungen zwischen gewissen gesetzlichen Vorschriften in den Rollen und der sadduzäischen Halacha stark betont, vgl. etwa Schiffman 1990.
65. Zur Sozialarbeit in Jerusalem gegen Ende der Zeit des Zweiten Tempels vgl. Oppenheimer 1980; Baumgarten 1998, S. 93f.
66. Babylonischer Talmud Baba Batra 14a. Zu Rabbi Eleazar ben Zadoq vgl. Oppenheimer 1980, S. 180.
67. Zu möglichen Bezügen zwischen jüdischen und frühchristlichen Gemeinden und deren Verhältnis zu Qumran vgl. z. B. Klinghardt 1994; Capper 1995.
68. Zu frühchristlichen Bibliotheken vgl. van Elderen 1998; Trobisch 1989; ders. 1996; allgemein s. Müller 2005b.

theusbriefs um Pergamentbücher bat, weist darauf hin, dass sie von einiger Bedeutung waren; vermutlich enthielten sie vor allem Texte aus dem Alten Testament, daneben vielleicht auch andere religiöse Schriften.

Vor diesem Hintergrund sollten wir den Bestand der Bibliothek noch einmal in den Blick nehmen, der in den Höhlen am Toten Meer deponiert wurde. Was uns heute noch erhalten ist, repräsentiert einen weiten Bereich literarischer Tätigkeit zu drei Hauptthemen: biblische Texte, Weisheitsliteratur und Sektentexte. Die Sektentexte stehen nicht unbedingt für eine einzige Sekte oder Gruppe. Im Gegenteil, der unterschiedliche Ton der Texte erweckt den Eindruck, dass wir es mit mehreren Gruppen zu tun haben. So zeigt sich im *Pescher Habakuk* die tiefe Abneigung des Verfassers gegen seine Widersacher, während im *Miqsat Ma'ase ha-Tora* der Ton viel gemäßigter und versöhnlicher ist. Die *Tempelrolle* zeichnet sich, wie bereits erwähnt, durch ihre vermittelnde Ausdrucksweise und ihre maßvolle Auslegung religiöser Gebote aus; ihr fehlt der aggressive Ansatz anderer, eventuell gruppenspezifischer Texte. Folglich spiegeln nicht einmal die Texte, die landläufig mit der Qumrangruppe in Verbindung gebracht werden, eine einheitliche Sichtweise wider. Bestimmend ist vielmehr die Verschiedenartigkeit, die Jerusalem am Ende der Zeit des Zweiten Tempels kennzeichnete. Obwohl die Schriftrollen vom Toten Meer bei Qumran gefunden wurden, gehören sie aufgrund ihrer Form und ihres Inhalts eigentlich nach Jerusalem. Ihre eingehende Untersuchung würde den Rahmen dieses Buches sprengen. Im nächsten Kapitel werden wir daher nach Qumran zurückkehren, um den Charakter der dort ausgegrabenen Überreste im Rahmen des allgemeinen Besiedlungsbildes am Toten Meer in der hier erörterten Periode zu untersuchen.

Kapitel 3
Die Archäologie Qumrans

3.1 Stratigraphie und Chronologie

Die Erstellung einer Stratigraphie, der Beschreibung der aufeinander folgenden Schichten einer Ortslage, ist für eine korrekte Ausgrabung unerlässlich – sie kennzeichnet den Unterschied zwischen fachmännischer Ausgrabung und den Raub von Altertümern. Die sachliche Voraussetzung für eine Stratigraphie ist die akribische Dokumentation aller Funde, damit dadurch die Rekonstruktion der Besiedlungsgeschichte des betreffenden Ortes möglich wird. Jodi Magness weist zu Recht auf die Bedeutung eines solchen Vorgehens hin:

> Im Verlauf von Ausgrabungen zerstören Archäologen die Daten, auf denen ihre Argumentation beruht. Denn sobald eine Schaufel Erde oder Steine vom Boden entfernt wird, können sie nie wieder in ihre ursprüngliche Lage zurückversetzt werden. Aus diesem Grund protokollieren Archäologen den Ausgrabungsprozess unter Einsatz aller denkbaren Mittel.[1]

Dic exakte Dokumentation der Lage und des Kontextes jedes ausgegrabenen Artefakts und Merkmals ist von höchster Bedeutung. Vor allem Münzen, Keramik und Glas, die auf oder unter einem Fußbodenniveau gefunden werden, ermöglichen es, das Alter der entsprechenden Schicht und der angrenzenden Architektur zu bestimmen. Auch lassen sich durch die darin gefundenen Gegenstände Aussagen über die Funktion eines bestimmten Raumes machen, wodurch sich wichtige Rückschlüsse auf Funktion und Geschichte des Gesamtgebäudes und letztendlich auch auf die Art der Bewohnerschaft möglich werden.

Gerade auf dem wichtigen Gebiet der Funddokumentation ist für Qumran jedoch leider noch vieles undeutlich. Erst 1994 veröffentlichten Jean-Baptiste Humbert und Alain Chambon von der École Biblique in Jerusalem den ersten Band einer geplanten Reihe von Berichten über die Ausgrabung Qumrans. Dieser Band enthält – wie oben bereits kurz angedeutet – die Rohdaten der Ausgrabung, darunter de Vaux' Kurzdarstellung jedes der in Qumran und in Ain-Feshkha ausgegrabenen Loci aus dem Nachlass des Ausgräbers. Eine sorgfältige Untersuchung der Arbeitsmethoden de Vaux' ergibt, dass er seine Ausgrabungen nicht nach den heute üblichen stratigraphischen Regeln durchführte. Auch blieb er hinter den damals deutlich moderneren Methoden zurück, die Dame

1. Magness 2002, S. 6f.

Kathleen Kenyon etwa zur gleichen Zeit in Jericho anwandte. So gab de Vaux nicht einzelnen Schichte oder Strukturen im Boden, sondern jedem architektonischen Raum (Zimmer, Halle, Hof oder Wasserinstallation) eine eigene Locus-Nummer, die in den meisten Fällen beibehalten wurde, selbst wenn man in demselben Raum zwei oder drei Schichten übereinander aufdeckte. Dadurch wird es schwer, Veränderungen in der Nutzung oder Geschichte eines Raumes nachzuzeichnen. So fand man beispielsweise in den beiden Räumen südlich des Turmes (Loci 1 und 2) zwei Schichten: die eine 50-60 cm über der anderen, und darüber – 130 cm höher – noch eine dritte Ebene. Trotzdem blieben die Locus-Nummern dieser Räume unverändert.[2] Weitere Räume, in denen man nacheinander entstandene Bodenschichten entdeckte, ohne ihre Nummern zu ändern und diese Abläufe so deutlich zu verzeichnen, sind Loci 4, 22, 33 und 35 (verschiedene Räume im Hauptbau), die Loci 28 und 29 (zwei Räume im Erdgeschoss des Turms) und die Loci 38, 39, 41 und 47 (Räume östlich des Turmes).[3] Selbst an einer Stelle wie Locus 27, wo man eine deutliche Ascheschicht fand, verwendete de Vaux oberhalb und unterhalb dieser Schicht dieselbe Locus-Nummer.[4] So ist Material, das stratigraphisch aus unterschiedlichen Phasen stammt, nicht mehr eindeutig seinem ursprünglichen Kontext zuzuordnen.

Robert Donceel und Pauline Donceel-Voûte, die in den 1990er Jahren mit der Aufarbeitung des de Vaux'schen Nachlasses betraut waren, nennen Locus 52 als Muster für de Vaux' unzulängliche Grabungsmethoden in Qumran.[5] Sie stellen fest, dass die Ausgrabung des Locus einfach fortgesetzt wurde, als man auf neue Lagen des Bodenbelags stieß. Wir erkennen das aus einer Schnittzeichnung des Locus (Abb. 18). Soviel ich weiß, ist dies die einzige Schnittzeichnung von den Qumran-Ausgrabungen, die bisher veröffentlicht worden ist. Insofern lässt sich de Vaux' Dokumentation momentan auch nicht anhand solcher Schnitte überprüfen.

In den wenigen Fällen, in denen de Vaux die Locus-Nummern tatsächlich änderte, geschah das offenbar nicht deshalb, weil sich dies durch objektiv beob-

2. Bei Loci 1 und 2 beschreibt de Vaux die Ebenen von unten nach oben (Humbert / Chambon 1994, S. 291 f.). Die beiden unteren Fußböden liegen dicht übereinander, der oberste befindet sich auf einer Besiedlungsebene oberhalb der Zerstörungsschicht von 70 n. Chr.
3. In Locus 4 beschreibt de Vaux zwei Mörtel-Fußböden im Abstand von 50 cm (Humbert / Chambon 1994, S. 293). Bei Loci 22 (ibid., S. 300) und 33 (ibid., S. 303) beschreibt er zwei übereinander liegende Fußböden mit einem Abstand von 20 cm. In zwei Räumen des Turmes (Loci 28 und 29) registriert de Vaux zwei Fußböden, die im Abstand von 40 cm übereinander liegen (ibid., S. 301 f.). Auch in den vier Räumen östlich des Turmes (Loci 38-41: ibid., S. 305 f.) fanden sich zwei Ebenen von Bodenbelägen.
4. Man kann vernünftigerweise annehmen, dass die Ascheschicht von Locus 27 auf einen Brand zurückzuführen ist, der bei der Zerstörung der Anlage 68 n. Chr. entstand (Humbert / Chambon 1994, S. 301).
5. Donceel / Donceel-Voûte 1994, S. 22 Anm. 10.

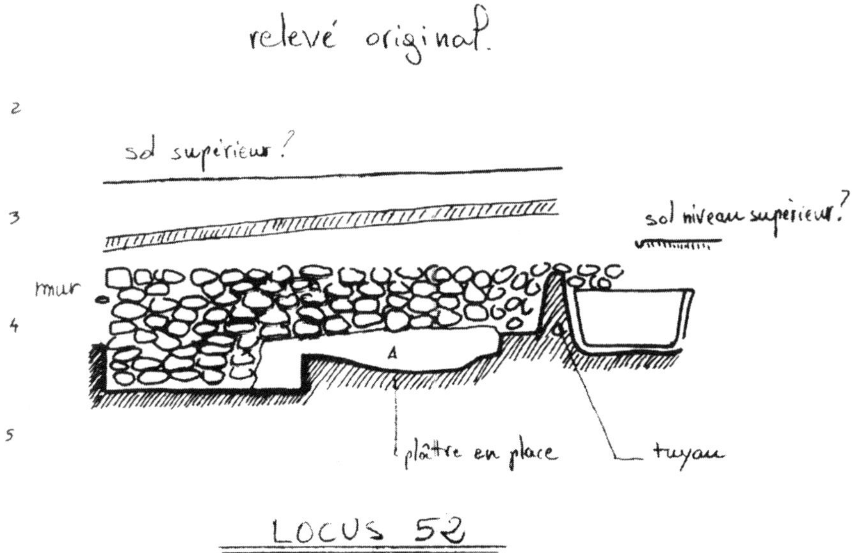

Abb. 18: Schnittzeichnung von Locus 52 von de Vaux
(mit freundlicher Genehmigung der École Biblique; Foto: R. Donceel).

achtete Veränderungen der Schichtenfolge nahelegte, sondern weil der Schutt, den er zu beseitigen suchte, in praktischer Hinsicht zu hoch lag. So beginnt die Beschreibung der Funde in Locus 30 (der Halle, die man gewöhnlich als »Scriptorium« bezeichnet) mit der Analyse des Schuttes, der schon den darüber liegenden Loci 15, 16 und 20 zugeschrieben wurde. Daraus ergibt sich, dass die Locus-Nummern irgendwann während der Beseitigung der Schuttschicht geändert wurden. Die Gründe dafür bleiben jedoch unklar. Bei der Fortsetzung der Ausgrabung von Locus 30 stieß de Vaux auf einen Mörtel-Fußboden, grub tiefer und entdeckte einen weiteren Fußboden mit verschiedenem Inventar – all dies wurde unter derselben Locus-Nummer registriert.[6] Selbst die Änderung der Loci bei den Turmräumen erfolgte nicht aufgrund einer wichtigen stratigraphischen Beobachtung, sondern weil sich die Stärke der Mauern wandelte; deshalb behielt de Vaux, als er den Boden der Turmräume erreichte, die Locus-Nummern 28 und 29 bei, obwohl er zwei nacheinander entstandene Fußböden entdeckte.[7]

Um eine Vorstellung vom Charakter der Ausgrabungen in Qumran zu bekommen, wollen wir noch einmal auf die Erinnerungen Miliks zurückgreifen, der an der Grabung von Anfang an teilnahm:

> Als wir mit unserer Arbeit in der Anlage Khirbet Qumran begannen, sahen wir kaum etwas von den Mauern, die unter verschiedenen Trümmern verborgen waren. Wir legten die Bauten mit Schaufeln frei, und das ausgegrabene Material wurde in Wagen auf Schienen weggeschafft. Ich hatte zu einer Schaufel gegriffen und stand an einem Hang neben einem italienischen Studenten, der drauflos schaufelte, ohne viel darauf zu achten, wo er sich befand; er warf die Dinge einfach nach hinten. Plötzlich erblickte ich auf seiner Schaufel ein ziemlich großes Keramikfragment, das er zusammen mit allem Übrigen wegwarf. Ich hob das Fragment auf. Es enthielt eine Inschrift!
> Später ließ de Vaux an dieser Stelle einen 5 Meter langen Graben ziehen. Aber man fand kein weiteres Ostrakon.[8]

Fotos von der Ausgrabung liefern weitere Belege für de Vaux' unprofessionelle Grabungsmethoden. Die Bilder zeigen deutlich, wie Arbeiter ungehindert auf Flächen graben, die nicht – wie bei den meisten archäologischen Grabungen üblich – in Quadrate eingeteilt sind.[9]

6. Humbert / Chambon 1994, S. 298 (Locus 16); ibid., S. 300 (Locus 22); ibid., S. 302 (Locus 30). Verputzte Objekte, die de Vaux als Tische deutete, fanden sich im Schutt von zwei Loci (16 und 30) – ein Hinweis darauf, dass die Änderung der Locus-Nummern in diesem Fall willkürlich war.
7. Die Locus-Nummern innerhalb des Turmes wurden von 8 in 8A und von 9 in 9A umbenannt, nach Aussage von de Vaux auf einer Ebene, bei der die Mauern stärker wurden (Humbert / Chambon 1994, S. 294 f.). Obwohl man in den beiden Räumen im Erdgeschoss des Turms (Loci 28 und 29) auf zwei Fußbodenebenen stieß, hielt man es nicht für nötig, die Locus-Nummern zu ändern (ibid., S. 302).
8. Milik, zitiert bei Mébarki 2000, S. 135.
9. Vgl. etwa das Foto, das von Roitman (1997, S. 17 hebräischer Teil) und auch von

Daraus ergibt sich: Die Ausgrabung in Qumran war stratigraphisch nicht exakt und bleibt terminologisch unzureichend, da de Vaux sich im Allgemeinen nicht konsequent genug an das Grundprinzip der chronologischen Unterscheidung zwischen archäologischen Schichten nach datierbaren Funden (Tongefäßen, Münzen usw.) oberhalb und unterhalb von Fußböden hielt. Leider erscheinen auf den wenigen veröffentlichten Plänen von Qumran weder Höhenmessungen, da man die Ebenen architektonischer Elemente oder verschiedener Schichten offenbar nicht ausreichend voneinander trennte, noch sind die Mauern der Gebäude nummeriert, da man keinen Versuch unternahm, ihr jeweiliges stratigraphisches Verhältnis zueinander zu bestimmen. So ergibt sich, dass de Vaux' Locus-Nummern nur begrenzten stratigraphischen Wert besitzen; allenfalls bieten sie eine Bestandsaufnahme der verschiedenen architektonischen Räume und Installationen, die in der Anlage freigelegt wurden. Dies erschwert die exakte Rekonstruktion der Baugeschichte beträchtlich.

Natürlich besteht heute Einigkeit darüber, dass de Vaux' Grabungsmethoden in Qumran trotz all seiner Verdienste viele Fragen offen lassen. Auch Jean-Baptiste Humbert, de Vaux' Nachfolger bei der Bearbeitung der Grabungsfunde, gelangt zu dem Ergebnis, dass man sich bei den Ausgrabungen in Qumran nicht an die stratigraphischen Gepflogenheiten hielt.[10] Donceel und Donceel-Voûte bezeichnen de Vaux' Tagebuch als »eine Verbindung von archäologischen Daten mit persönlichen Gedanken, die Pater de Vaux in wichtigen Augenblicken der Grabung niederschrieb – oft nach einer ihm bedeutsam erscheinenden Entdeckung«.[11] Selbst Jodi Magness, die den meisten Schlussfolgerungen de Vaux' – auch seinen archäologischen – zustimmt, räumt ein, dass de Vaux »die gleichen Locus-Nummern verwandte, um einen einzigen Raum vom Beginn bis zum Ende der Ausgrabung zu bezeichnen, anstatt eine andere Nummer zu verwenden, wenn er durch verschiedene Ebenen grub oder wenn er in den Räumen verschiedene Merkmale wahrnahm«.[12] Magness rechtfertigt de Vaux' Gepflogenheiten, indem sie darauf verweist, dass er nach den damals üblichen Methoden arbeitete. So stellt sie beispielsweise fest, dass Yigael Yadin, der zehn Jahre später Masada ausgrub, die gleiche Methode anwandte; auch er behielt für einen Raum während der gesamten Dauer der Ausgrabung eine einzige Locus-Nummer bei.

Hier hat Magness wahrscheinlich Recht. Zwischen de Vaux und Yadin gibt es viele Ähnlichkeiten. Beide kamen in die Judäische Wüste, um Anlagen der klas-

Mébarki (2000, S. 135) veröffentlicht wurde. Die Grabung in Quadraten hatte Sir Mortimer Wheeler populär gemacht und an Kathleen Kenyon weitergegeben, die dadurch einen so komplexen Ort wie Tell es-Sultan methodisch kontrolliert in Angriff nehmen konnte, dazu s. Wheeler 1954, S. 40-71; Kenyon 1952; dies. 1956.

10. Humbert 1994, S. 109.
11. Donceel / Donceel-Voûte 1994, S. 15.
12. Magness 2002, S. 7.

sischen Periode, also der späthellenistischen und frührömischen Zeit, auszugraben, nachdem sie biblische Stätten – Yadin in Hazor und de Vaux im alten Tirzah (Tell el-Farah, nordöstlich von Sichem) – ausgegraben hatten. Beide hatten eine recht klare historische Meinung über die Anlage, noch bevor sie an die Arbeit gingen. Stratigraphisches Arbeiten – sorgfältiges Vorgehen, das nicht nur zeitintensiv, sondern auch kostspielig ist – erschien daher keinem dieser beiden Archäologen notwendig.[13]

De Vaux schlug vor, die Besiedlung Qumrans in sechs chronologische Phasen einzuteilen, und zwar

1. Überreste aus der Königszeit: Die erste Besiedlung Qumrans während der späten Eisenzeit (achtes bis siebtes Jahrhundert v. Chr.).
2. Periode Ia: Die Wiederbesiedlung der eisenzeitlichen Anlage in der zweiten Hälfte des zweiten Jahrhunderts v. Chr., unter der Herrschaft von Johannes Hyrkanos I. (134-104).
3. Periode Ib: Die Erweiterung der Anlage bis zum Erdbeben im Frühjahr 31 v. Chr. Danach blieb sie fast während der ganzen Regierungszeit von Herodes dem Großen (37-4 v. Chr.) verlassen.
4. Periode II: Die Wiederbesiedlung der Analage zwischen 4 und 1 v. Chr. – ein Datum, das de Vaux aufgrund eines Schatzfundes von 561 Silbermünzen in Locus 120 festlegte.[14] Laut de Vaux ging nach einer rund dreißigjährigen Siedlungslücke das Leben in Qumran im gleichen Stil wie vor dem Erdbeben weiter, bis zum Ersten Jüdischen Aufstand.
5. Periode III: Im Juni 68 n. Chr., während des Ersten Aufstandes, wurde Qumran von einem römischen Truppenteil genommen, in Brand gesteckt und zerstört. Einige der Ruinen wurden von einer kleinen Garnison wieder aufgebaut, die dort möglicherweise fünf oder sechs Jahre lang stationiert war, bis Masada 73 n. Chr. fiel, was die Befriedung der gesamten Region bedeutete.
6. Der Zweite Aufstand: Spuren von Mauern und einige Münzen lassen darauf schließen, dass die Überreste des Komplexes während des Zweiten Jüdischen Aufstandes gegen Rom (132-135 n. Chr.) für kurze Zeit wiederbesiedelt waren.

Der Umstand, dass die Ausgrabungen in Qumran nicht nach den üblichen stratigraphischen Gepflogenheiten durchgeführt wurden, entzieht freilich den meisten chronologischen Schlussfolgerungen, die de Vaux in einer Reihe von

13. Aus dem von Ehud Netzer veröffentlichten Abschlussbericht zur Architektur von Masada geht ebenfalls hervor, dass Yadins Ausgrabungen nicht stratigraphisch waren, vgl. etwa Netzer 1991, S. IX. Als Ersatz für Stratigraphie kennzeichnete Yadin in Masada die Mauern der Bauten mit graphischen Symbolen, um zwischen den sechs verschiedenen Perioden dieses Ortes zu unterscheiden. Daraus ergibt sich, dass die Locus-Nummern in Masada, wie diejenigen in Qumran, *stratigraphisch* letztlich wertlos und höchstens zur Nomenklatur der Räume verwendbar sind.

14. De Vaux 1973, S. 36.

Publikationen darlegte, die Grundlage.[15] Von seinen chronologischen Vorschlägen sind nur zwei akzeptabel: Periode II und Periode III. Die Überreste aus Periode II, die von der Regierungszeit des Herodes bis zum Ersten Aufstand reicht, sind nahezu schlagartig konserviert worden. Die Zerstörung im Jahr 68 n. Chr. wirkte wie die vulkanische Asche in Pompeji, die Gebäude fast unversehrt unter sich begrub. Die Flügel an der westlichen und südöstlichen Seite des Hauptbaus wurden nicht mehr benutzt, und die römischen Soldaten, die in Periode III den Hauptbau besetzten, ebneten dessen Trümmer ein und begruben sie unter den neuen Fußböden. Die reichhaltige Ansammlung von Artefakten, die man in Qumran und in den nahen Höhlen entdeckte, einschließlich der Schriftrollen, spiegeln die Periode II wider; sie helfen uns, die Anlage in dieser Periode zu rekonstruieren und ihre verschiedenen Räume zu bestimmen. Die Siedlungsreste Qumrans aus der Zeit nach der Zerstörung (Periode III) wurden ebenfalls »eingefroren«. Diese Periode, die mehrere Jahrzehnte, fast bis zum Zweiten Aufstand, dauerte, stellt die letzte Besiedlung Qumrans dar; danach war die Anlage nie wieder bewohnt.[16] Somit lässt sich der Bauplan Qumrans während de Vaux' Perioden II und III mit ziemlicher Sicherheit ermitteln.

Dagegen ist de Vaux' Auffassung vom Aussehen Qumrans in der späten Eisenzeit und in den Perioden Ia und Ib fast reine Vermutung, da ihm die stratigraphische Grundlage fehlt. Der Umstand, dass de Vaux die Funde aus den verschiedenen Schichten vor der Periode II nicht trennte, macht seine chronologischen Schlussfolgerungen nahezu wertlos. De Vaux räumt ein, die Tatsache, dass die Bewohner der Periode II die meisten Räume ausräumten, habe »uns [die Archäologen] vieler Beweisstücke beraubt, die für die Periode Ib wichtig gewesen wären«.[17]

Wir müssen noch zwei weitere Annahmen de Vaux' aufgeben. Die erste ist die Vorstellung einer dreißigjährigen Besiedlungslücke in Qumran. Aufgrund der Münzfunde dort haben bereits mehrere Forscher nachgewiesen, dass die Lücke nicht länger als einige Jahre dauerte, wenn es sie überhaupt gegeben hat. Laut Broshi war die Periode II länger als de Vaux annahm und schloss den größten Teil der Regierungszeit von Herodes dem Großen ein.[18] Auch Jodi Magness lehnt de Vaux' dreißigjährige Besiedlungslücke mit guten Gründen

15. Zusammenfassungen der chronologischen Perioden de Vaux' findet man bei de Vaux 1993, S. 1236-1240; Donceel 1997, S. 393; vgl. nun aber auch Humbert 2003c; ders. 2006.
16. Laut Harding 1958, S. 15 blieben römische Soldaten bis zum Ende des ersten Jahrhunderts in Qumran, zu Periode III vgl. nun Taylor 2006.
17. De Vaux 1973, S. 25. Magness 2002, S. 48 äußert sich ähnlich: »Weil die späteste Hauptbesiedlungsphase (Periode II) am besten erhalten ist, sind die Grundrisse und Funktionen von Gebäuden während der früheren Phasen (Periode Ia und Ib) oft schwer festzustellen.«
18. Broshi 1992, S. 111. Schon Kenael 1958, S. 167, erkannte, dass es in Qumran während der Regierungszeit des Herodes keine »Besiedlungslücke« gab.

ab, glaubt jedoch, die hasmonäische Periode Ib sollte bis zum Ende der Regierungszeit des Herodes ausgedehnt werden.[19] Diese Auffassung ist jedoch unlogisch, denn sie ignoriert die Veränderungen, die während des Übergangs von der Herrschaft der Hasmonäer zu der des Herodes in Judäa stattfanden, und ihren eventuellen Einfluss auf Qumran. In Wirklichkeit gibt es unter den Überresten von Periode II keine Schicht, die auf eine gewaltsame Zerstörung hinweisen würde. Im Gegenteil, die Überreste aus der Periode der Hasmonäer und der des Herodes sind in Qumran miteinander verbunden; dies bezeugen die Fußböden, die einander ohne Unterbrechung überlagern. Es spricht viel für die Annahme, dass die Veränderung der Anlage irgendwann zu Beginn der Herrschaft des Herodes stattfand, die in Judäa allgemein und speziell in der Region um das Tote Meer einen deutlichen wirtschaftlichen Aufschwung mit sich brachte.

Die zweite Annahme betrifft die Auswirkung eines Erdbebens im Jahr 31 v. Chr. auf die Anlage. Obwohl Josephus ein Erdbeben erwähnt, das Judäa im Jahr 31 v. Chr. heimsuchte,[20] darf man vernünftigerweise annehmen, dass in einer Anlage wie Qumran, deren Besiedlung vor dem Erdbeben begann und danach weiterging, eine etwaige Beschädigung rasch repariert und der Bau wiederhergestellt wurde. De Vaux' Vorschlag, die geologische Verwerfungslinie, die nord-südlich quer durch die Anlage verläuft, auf das Erdbeben von 31 v. Chr. zurückzuführen, ist eine bloße Vermutung.[21] De Vaux nahm an, die in der Periode II nach Qumran Zurückgekehrten hätten einige wichtige, durch das Erdbeben beschädigte Bauteile nicht mehr repariert, z. B. das mit Stufen versehene Becken im Hauptbau (Locus 48/49) und die Geschirrkammer (»Pantry«) neben dem Speisesaal (Loci 86 und 89). Es ist unwahrscheinlich, dass man in einem so geschäftigen und aktiven Komplex, wie es Qumran in der Periode II war, Enklaven der Zerstörung bestehen ließ. Manche Forscher, etwa Magness, unterstützen de Vaux' Deutung, ohne dies plausibel zu begründen.[22] Wahrscheinlicher ist, dass die nord-südlich durch Qumran verlaufende Verwerfungslinie auf eine tektonische Bewegung – vielleicht das Erdbeben von 363 oder das von 749 n. Chr. – zurückgeführt werden sollte, die Qumran einige Zeit nach seiner endgültigen Aufgabe beschädigte. Immerhin ist die Mergelterrasse ohnehin alles andere als stabil. Yitzhak Magen und Yuval Peleg entdeckten bei ihren Ausgrabungen in Qumran zwei weitere nord-südliche Verwerfungslinien, die parallel zu der von de Vaux entdeckten verlaufen (Abb. 19). Abschnitte in diesen Spalten, die man freilegte, enthielten Artefakte aus der Periode III.[23] Dies ist ein

19. Magness 2002, S. 65-68; dies., 2004b, S. 49-61; vgl. auch Magness 1995; 2000, S. 713 f.
20. Josephus, Bellum 1,370 f.; Antiquitates 15,121 f.
21. De Vaux 1973, S. 20 f.
22. Laut Magness (2002, S. 57) »reparierte man einige der beschädigten Bauten in der Siedlung [Qumran], während man andere mit Trümmern gefüllt ließ und aufgab«. Diese Aussage, die dem gesunden Menschenverstand widerspricht, bleibt unerklärt.
23. Magen / Peleg 2006, z. B. S. 62-64 und 68-72.

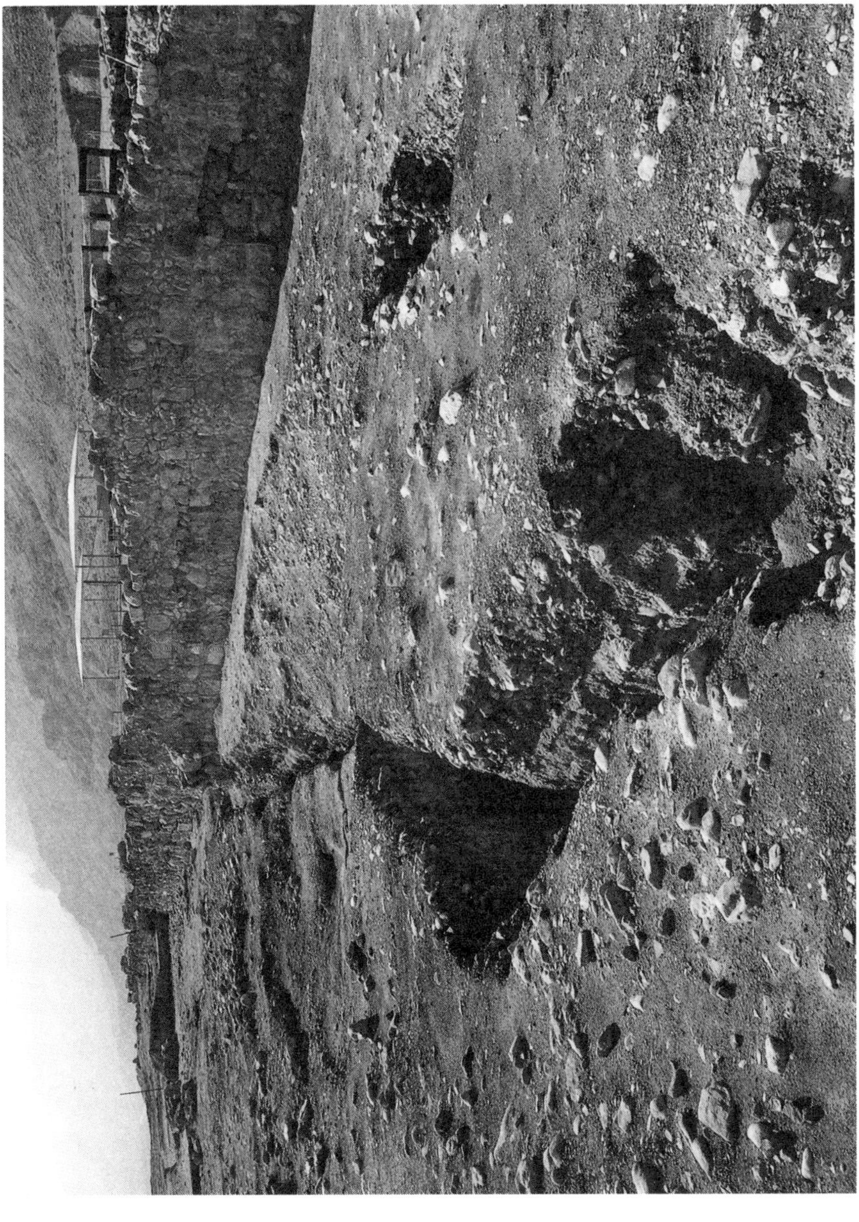

Abb. 19: Verwerfungslinie im Mergel östlich der Begrenzungsmauer der Hauptsiedlung von Qumran. Das Füllmaterial in der Bruchrinne enthält Funde aus der letzten Periode Qumrans; Blick nach Süden.

stratigraphischer Beleg für eine späte Datierung des Erdbebens in Qumran. Die Fülle des archäologischen Materials aus Qumran sollte man daher zuallererst dazu verwenden, um de Vaux' chronologischen Rahmen erneut zu prüfen.

Über die ganze Anlage verstreut fand man mehr als 1200 Münzen, darunter einige Hortfunde.[24] Die Münzen sprechen dafür, dass die meisten Bauten Qumrans über 200 Jahre lang, von der Regierungszeit des Johannes Hyrkanos I. (134-104 v. Chr.) bis zum Zweiten Jüdischen Aufstand (132-135 n. Chr.), ohne Unterbrechung genutzt wurden.

Für einige heutige Archäologen wie Magness existiert de Vaux' Periode Ia überhaupt nicht, und Periode Ib lassen sie erst um 100 v. Chr. oder vielleicht noch später beginnen. Die Behauptung von Magness, de Vaux habe keine Münzen aus der Periode Ia gefunden, ist jedoch irreführend.[25] In Wirklichkeit fand man an mehreren Stellen Qumrans insgesamt elf Münzen der Seleukiden, die vor und nach 130 v. Chr. die Region beherrschten.[26]

Weil jeder Herrscher eigene Münzen prägen ließ, repräsentieren die bei Ausgrabungen gefundenen Münzen gewöhnlich eine Besiedlungsschicht, die mit der Zeit jener Herrscher zusammenhängt, deren Bild auf der Münze erscheint. Münzen blieben zwar manchmal lang in Umlauf, aber wahrscheinlicher ist, dass die Bewohner Qumrans diese Seleukidenmünzen bald nach ihrer Prägung verloren. Dieses Argument spricht für die Annahme, dass das Qumran der Zeit des Zweiten Tempels unter Johannes Hyrkanus I. gegründet wurde.

1994 veröffentlichte Jean-Baptiste Humbert einen wichtigen Beitrag, in dem er die baulichen Elemente Qumrans und ihre chronologische Abfolge untersuchte. Er schlägt eine neue, vereinfachte Einteilung der verschiedenen in Qumran gefundenen Schichten vor.[27] Unsere Tabelle basiert, mit einigen geringfügigen Abänderungen, auf der Chronologie Humberts.

Ein neues Schema der Besiedlungsperioden Qumrans

Stratum	Historische Periode
I	Späte Eisenzeit, vom späten siebten bis zum frühen sechsten Jahrhundert (630-580 v. Chr.).
II	Hasmonäerzeit (130-37 v. Chr.)
III	Herodes, Archelaus und römische Statthalter (37 v. Chr. - 68 n. Chr.)
IV	Die römische Garnison (68-132 n. Chr.)

24. Nach Donceel / Donceel-Voûte 1994, S. 3 beträgt die Gesamtzahl der bei den Qumran Ausgrabungen registrierten Münzen 1.231, nach Murphy 2002, S. 305 aber 1.234. Dies ist eine imposante Zahl, wenn man sie mit anderen Anlagen vergleicht. So fand ich in En-Gedi bei meinen sieben Ausgrabungskampagnen (1996-2002) insgesamt nur 603 Münzen.
25. Magness 2002, S. 63.
26. Laperrousaz 1976, S. 150.
27. Humbert 1994, S. 209 f.; ders. 1999; ders. 2003b; ders. 2003c; ders. 2003d; ders. 2006.

Wenn diese Einteilung richtig ist, erlebte Qumran während der dreißiger Jahre des ersten Jahrhunderts v. Chr. – nach der Herrschaft des letzten Hasmonäerkönigs Mattathias Antigonus (40-37 v. Chr.) – eine Expansion und Veränderung. Dass es in Qumran zwei Phasen gab, geht aus einer Analyse seines Grundrisses hervor. Im Zentrum der Anlage steht ein quadratischer Bereich mit einem Eckturm. Dieser Bereich, den de Vaux als »Hauptbau« bezeichnete, gehört wahrscheinlich der ersten Bauphase aus der Hasmonäerzeit (Stratum II) an, während die Anbauten an diesen Bau und darum herum wohl der zweiten Bauphase aus der herodianischen Zeit (Stratum III) zuzuordnen sind.

Welche Merkmale kennzeichnen jede dieser vier Straten in Qumran? Die folgenden Darlegungen beschäftigen sich mit dieser Frage und ihren Auswirkungen für die Rekonstruktion der Funktion der Siedlung.

3.2 Die späte Eisenzeit (Stratum I)

Die Wiederverwertung von Baumaterialien war seit der Antike über Jahrhunderte hinweg in Palästina üblich. Selbst die Fellachen des neunzehnten und frühen zwanzigsten Jahrhunderts plünderten auf der Suche nach Bausteinen antike Anlagen.[28] Man darf annehmen, dass die Erbauer Qumrans in der Zeit des Zweiten Tempels von den eisenzeitlichen Überresten, die sie dort vorgefunden haben müssen, ausgiebig Gebrauch machten. Da de Vaux und sein Team große Mengen Keramik der späten Eisenzeit entdeckten, die sie auf das achte bis siebte Jahrhundert v. Chr. datierten, ist die Existenz einer Siedlung in dieser Periode sicher.[29] Die Ausgrabungen von Magen und Peleg östlich und südlich der Anlage weisen ferner darauf hin, dass das eisenzeitliche Qumran größer war als man bisher annahm.[30]

De Vaux' Rekonstruktion der eisenzeitlichen Anlage in Qumran als eines rechtwinkligen Baus mit einem offenen Hof, in dem sich eine runde Zisterne befand (Locus 110), ist jedoch höchst unsicher. Wir können lediglich sagen, dass Qumran damals besiedelt war und wahrscheinlich ein Wasserreservoir besaß. Die Wände der gut erhaltenen runden Zisterne sind mit wasserfestem Putz – einem hochwertigen Mörtel, den man für Zisternen und andere Flüssigkeitsbehälter verwendete – beschichtet, was für die späthellenistische und frührömische Zeit typisch ist. Es ist denkbar, dass die Siedler der Hasmonäerzeit eine aufgegebene eisenzeitliche Zisterne verwendeten und diese neu verputzten.

Interessanter ist die Mauer, die de Vaux »die lange Mauer« *(le long mur)*

28. Hirschfeld 1995, S. 221.
29. De Vaux 1973, S. 1-3.
30. Magen / Peleg 2006, S. 72-79.

nannte. Diese Mauer verlief südlich der Anlage zum Wadi Qumran. Sie wurde in der Eisenzeit errichtet und blieb bis zum Ende der Periode III, d. h. bis zum Ende der Zeit des Zweiten Tempels, in Gebrauch.[31] Unterhalb der Mergelterrasse in der Oase Ain-Feshkha jenseits des Wadi Qumran, fand de Vaux die südliche Fortsetzung dieser Mauer, die einige hundert Meter weit parallel zum Ufer des Toten Meeres verläuft. Spuren dieser Mauer sind noch heute zu erkennen (Abb. 93, farbig). Sie besteht aus Feldsteinen mittlerer Größe und ist etwa 60 cm stark. Etwa 300 m südlich des Wadi Qumran entdeckte de Vaux einen von Kasematten umgebenen Komplex (sein »vierseitiges Gebäude«), den er ebenfalls in die Eisenzeit datierte. Wenn wir diese Datierung akzeptieren, könnte diese Mauer durchaus, wie de Vaux vermutete, eine Grenzmarkierung der Plantage in der Oase Ain-Feshkha sein. Lawrence Stager von der Harvard Universität, der auf der Buqei'a-Ebene eine ähnliche Mauer freilegte, meint, die lange Mauer von Qumran habe als Barriere gedient, um die Dattelplantagen, die es im siebten Jahrhundert v. Chr. am Ufer des Toten Meeres gab, einzufrieden und zu schützen.[32]

Das lässt sich durch eine weitere Beobachtung ergänzen: Bei meinen Ausgrabungen in Ain-Feshkha im April 2001 entdeckte ich die Überreste eines Turmes aus der späten Eisenzeit.[33] Der Turm, mit einem quadratischen Grundriss von 4,7 × 4,7 m, steht etwa 50 m oberhalb der Quelle (Meereshöhe –336m) auf dem Abhang westlich davon (Abb. 94, farbig). Diese Position gewährte einen beherrschenden Ausblick auf die Oase und ermöglichte Sichtkontakt mit Qumran. Seine strategische Lage, sein einfacher Grundriss und seine 1-m-dicken Mauern weisen darauf hin, dass es ein Wachtturm war, von dem aus man die Pflanzungen der Oase, von denen bislang aber noch keine Überreste entdeckt worden sind, und die südwärts nach En-Gedi führende Straße überwachen konnte. Die Oase von Ain-Feshkha, die Anlage von Qumran, die Umfassungsmauer und der Turm scheinen also bereits in der Eisenzeit ein zusammenhängendes Ensemble gebildet zu haben. De Vaux datierte die eisenzeitliche Keramik aus Qumran im Allgemeinen in das achte bis siebte Jahrhundert v. Chr. Mariusz Burdajewicz vom Nationalmuseum Warschau hat 270 diagnostische, d. h. zur chronologischen und typologischen Bestimmung verwendbare Fragmente von Vorratsgefäßen, Krügen, Karaffen, Kochtöpfen, Mischkrügen, Schüsseln, Tellern und Lampen aus Qumran untersucht und dabei nachgewiesen, dass das eisenzeitliche Qumran später datiert werden sollte: in das ausgehende siebte und beginnende sechste Jahrhundert v. Chr.[34]

31. De Vaux 1973, S. 3 und 59 f.
32. Stager 1976, S. 157. Die Anlagen im Buqeia-Tal, die Cross und Milik (1956) zunächst in das achte und siebte Jahrhundert v. Chr. datierten, interpretierte Stager neu und verwies sie in das späte siebte und frühe sechste Jahrhundert.
33. Hirschfeld 2004a, S. 66-68.
34. Burdajewicz 2001.

Dies ist nicht ohne Belang, denn es liefert uns einen bedeutsamen historischen Kontext – die Regierungszeit des Königs Josia von Juda (639 bis 609 v. Chr.). Josia, hauptsächlich durch seine religiösen Reformen bekannt, vergrößerte das Land und beherrschte ein wirtschaftlich blühendes Königreich (2 Kön 22,3; 2 Chron 35,7). Nach talmudischer Tradition ersetzte Josia das zur Königssalbung verwendete Öl durch Balsamöl (hebr. *afarsemon*); insofern sind seine Aktivitäten mit der Region am Toten Meer und dem Anbau von Balsamsträuchern dort verbunden.[35]

Die Besiedlung Qumrans in der späten Eisenzeit passt daher in das allgemeine Siedlungsbild der Region am Toten Meer. Laut Ephraim Stern haben jüngste archäologische Forschungen eine Kette von Siedlungen an der Ostgrenze des Königreichs Judäa, zwischen Jericho im Norden und En-Gedi im Süden, entdeckt.[36] Fast alle diese Siedlungen, sowie diejenigen auf der Buqei'a-Hochebene weiter westlich, wurden zur gleichen Zeit – zwischen 630 und 580 v. Chr. – gegründet. Bei seinen Surveys und Ausgrabungen am Ufer des Toten Meeres fand Pessach Bar-Adon eisenzeitliche Keramik in Rujum el-Bahr und Khirbet Mazin.[37] Diese Funde deuten darauf hin, dass der Wasserstand des Toten Meeres damals verhältnismäßig niedrig (unter -395 m) lag und dass infolgedessen die Straße vorbei am Ras Feshkha nach En-Gedi offen war. Dass an dieser Straße heute mehrere Ausgrabungsorte liegen, unterstreicht deren Bedeutung als Verkehrsverbindung.[38]

Folgt man Efraim Stern, dann hatte die plötzliche Zunahme der Siedlungen in der Wüstenregion am Toten Meer zwei Ursachen: 1. die Befestigung der Ostgrenze Judäas gegen den Expansionsdrang der Edomiter, 2. den wirtschaftlichen Nutzen der Weihrauchproduktion durch die Bewohner En-Gedis und wahrscheinlich auch Jerichos. Das judäische Königreich versuchte unter Josia am lukrativen Weihrauchhandel mit Südarabien teilzuhaben und gleichzeitig am Toten Meer – dem einzigen Gebiet des Königreichs, in dem Weihrauchstauden gediehen – selbst Weihrauch zu produzieren.

Wir wissen nicht, wie das eisenzeitliche Qumran im einzelnen aussah; da es jedoch am strategisch wichtigsten Punkt zwischen Jericho und En-Gedi lag, muss es recht bedeutend gewesen sein. Man darf annehmen, dass es als Militärposten an der Hauptroute vom südlichen Teil des Toten Meeres nach Jericho und Jerusalem fungierte. Wie wir sehen werden, galt dies auch für Qumran in der Zeit des Zweiten Tempels.

35. Babylonischer Talmud Keritot 5b; Jerusalemer Talmud Sotah 8,22. Vgl. Mazar / Dothan / Dunayevsky 1966.
36. Stern 1994.
37. Bar-Adon 1989, S. 6f. (Rujum el-Bahr) und S. 24 (Khirbet Mazin). Überreste aus der Eisenzeit sind in mehreren anderen Anlagen am Toten Meer gefunden worden (Blake 1966).
38. Zu der Route, die in der späten Eisenzeit möglicherweise Qumran und En-Gedi miteinander verband, vgl. Dorsey 1991, S. 149.

Ehe wir zur nächsten Periode übergehen, sollten wir kurz über die Frage nachdenken, ob das eisenzeitliche Qumran auch in antiken Textquellen vorkommt. Moderne Forscher identifizieren Qumran hauptsächlich mit zwei Orten: der »Salzstadt« ('Ir Hamelach) und mit Secacah. Beide Namen erscheinen in Josua 15, 61 f. in einer Liste von sechs »Städten« der Judäischen Wüste: »Beth-Araba, Middin, Secacah, Nibshan, die Salzstadt und En-Gedi: sechs Städte mit den dazugehörenden Gehöften«. Obwohl der Name Secacah in der *Kupferrolle* vorkommt, ist seine Gleichsetzung mit Qumran mehr oder minder bloße Vermutung. Nach meinem Dafürhalten ist von den in der Liste genannten sechs »Städten« En-Gedi die einzige, die überzeugend identifiziert werden kann.[39]

3.3 Die hasmonäische Periode (Stratum II)

Mehrere Jahrhunderte nach dem Ende der eisenzeitlichen Nutzung wurde Qumran in größerem Umfang neu besiedelt. Wie wir sehen werden, erfolgte der Aufbau während der Hasmonäerzeit in großem Maßstab; wahrscheinlich verwendeten die Bauarbeiter alte eisenzeitliche Bausteine, die sie dort vorfanden. Aufgrund der Münzfunde datierte de Vaux die Errichtung des hasmonäischen Baus korrekt in die Regierungszeit von Johannes Hyrkanos I. (134-104 v. Chr.). In Qumran fand man sechs silberne und fünf bronzene Seleukidenmünzen aus den Jahren um 130 v. Chr.[40] Obwohl man nicht feststellen kann, wie lange diese Münzen im Umlauf waren, liefern sie einen *terminus post quem*, d. h. das früheste mögliche Datum für den Beginn der nacheisenzeitlichen Siedlung.

Keramik ist ein hervorragendes Datierungsmittel, weil sie zerbrechlich ist und deshalb eine kurze Lebensdauer hat. Da das Keramikrepertoire von Qumran mehrere Gefäßtypen enthält, die für die späthellenistische Zeit (nach 150 v. Chr.) typisch sind, bestätigt sie die aus den Münzen gewonnene Schlussfolgerung. Andrea Berlin von der University of Minnesota hat ein Verzeichnis der hellenistischen Keramik Palästinas veröffentlicht,[41] in dem sie feststellt, dass

39. Zur intensiven Diskussion über die Identifizierung Qumrans vgl. Cansdale 1997, S. 101-106. Zu dem Vorschlag, Qumran mit Secacah zu identifizieren, vgl. Eshel 1995, S. 38; Ofer 1998; Magness 2002, S. 24 f.; Fritz 1994, S. 168 (Fritz meint aber fälschlich, in Qumran hätte es keine eisenzeitlichen Reste gegeben).
40. De Vaux 1973, S. 18 f.; Laperrousaz 1976, S. 150; Cansdale 1995, S. 161 f. Nach Kanael 1958, S. 165 f. wurden in Qumran 15 von Johannes Hyrkanos I. geprägte Münzen gefunden, aber ihre Identifizierung ist unsicher.
41. Berlin 1997, S. 44-47. Dieser Beitrag liefert die bisher umfassendste archäologische Erörterung der hellenistischen Zeit Palästinas (hilfreich ist auch Kuhnen 1990, der jedoch wenig auf Keramik eingeht). Die von Berlin präsentierten Bildtafeln mögen

viele Vorratskrüge, Kochtöpfe, Schüsseln und Lampen aus späthellenistischer Zeit, die in Jerusalem, Beth Zur und Gezer gefunden wurden, formal und stilistisch Gefäßen gleichen, die man in Qumran fand. Man entdeckte dort an verschiedenen Stellen verzierte Lampen des sog. delphinförmigen Typs mit einem Strahlenmotiv; dieser Typ wird in die zweite Hälfte des zweiten Jahrhunderts und die erste Hälfte des ersten Jahrhunderts v. Chr. datiert. Man fand auch Lampen mit schlaufenförmigem Griff, die den Einfluss späthellenistischer Lampen des zweiten Jahrhunderts v. Chr. erkennen lassen.[42]

Johannes Hyrkanos I. errichtete in dem Gebiet noch weitere Anlagen: den Winterpalast bei Jericho und die nach ihm benannte Festung Hyrkania, an der Straße von Jerusalem nach Qumran und zum Toten Meer. Dass er diese Paläste errichtete, gibt uns – zusätzlich zu den Münz- und Keramikfunden, die ihn mit Qumran verbinden – allen Grund zu der Annahme, dass während seiner dreißigjährigen Regierungszeit auch Qumran erbaut wurde.

De Vaux schrieb dieser Periode Ia nur einige Räume um das runde Wasserreservoir und die Brennöfen (Locus 84) im südöstlichen Teil Qumrans zu.[43] Später behauptete er, die Siedlung habe die meisten ihrer Baubestandteile, einschließlich des Wasserversorgungssystems, in der Periode Ib erhalten. Diese Rekonstruktion entbehrt jedoch einer tatsächlichen stratigraphischen Grundlage. In Wirklichkeit lassen sich die beiden Phasen Qumrans in der Zeit des Zweiten Tempels (unsere Straten II und III) nur verstehen, wenn man ihre baulichen Überreste analysiert.

Betrachtet man den Plan der Anlage, dann fällt sofort der quadratische Komplex direkt in der Mitte auf, den de Vaux als »Hauptbau« bezeichnete (Abb. 20/21). Dieser Bau ist bemerkenswert wegen seiner geraden Mauern, die ein Quadrat um einen Innenhof bilden, und wegen seines Eckturmes, der mit einer massiven Vormauer versehen ist.

Die nördlichen und westlichen Außenmauern des Gebäudes beginnen jeweils an der Nordwestecke des Turmes. Die nördliche Mauer ist 37 m lang und bis zu einer Höhe von 2,1 m erhalten (Abb. 20). Nahe ihrem östlichen Ende bemerkt man eine »Fuge«, die sie von einem Anbau aus der späteren herodianischen Phase unterscheidet (Abb. 22). Die Nordostecke des Gebäudes ist bemerkenswert wegen ihrer relativ großen Bausteine, die als Läufer und Binder übereinander gelegt sind (Abb. 23). Von dieser Ecke aus verläuft die Ostmauer 37 m nach Süden. Aufgrund dieses Befundes kann man das Kerngebäude als einen quadratischen Bau mit einer Seitenlänge von 37 m rekonstruieren. Die Grund-

mit denjenigen verglichen werden, die de Vaux in verschiedenen Werken veröffentlichte, z. B. de Vaux 1961, Tafel XLII; vgl. auch Lapp 1961, S. 137-220.

42. Donceel 1998, S. 90-93, Abb. 1-2 (delphinförmiger Typ), Abb. 9-10 (schlaufenförmiger Typ). Zu weiteren Informationen über zeitgenössische Lampen vgl. Lapp 1961, S. 194-196; Smith 1964, S. 123 f.; Rosenthal / Sivan 1978, S. 13. Ähnliche Exemplare sind im Winterpalast bei Jericho gefunden worden, dazu s. Bar-Nathan 2002, S. 106 f.

43. De Vaux 1973, S. 3-24.

Abb. 20: Luftaufnahme des Haupttraktes von Qumran; Blick nach Süden.

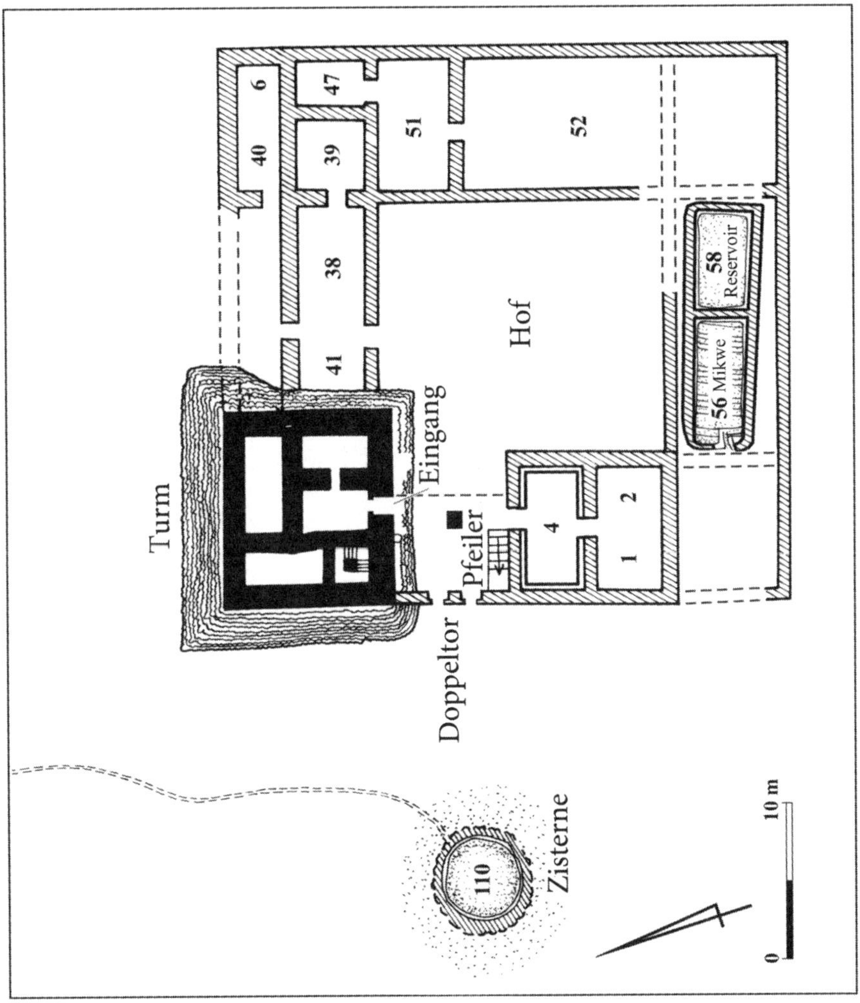

Abb. 21: Grundriss von Qumran in der hasmonäischen Periode (Stratum II).

Abb. 22: Die Baufuge, die die Nordmauer des Hauptgebäudes (rechts) von den späteren Anbauten (links) unterscheidet; Blick nach Osten.

Abb. 23: Nordostecke des ursprünglichen Baus; Blick nach Westen.
Beachte die Baufuge, die den Kernbau von späteren Anbauten absetzt.

fläche des Baus, einschließlich des Turmes (dessen Mauern leicht nach außen vorspringen), beträgt ungefähr 1.400 qm.

Aufgrund seines einfachen, annähernd quadratischen Planes, seiner Befestigung des Turmes und seiner strategischen Lage scheint das hasmonäische Qumran eine Befestigung gewesen zu sein. Humbert, der jüngst zu einer anderen Deutung gelangte, schlägt eine ähnliche, aber nicht identische Rekonstruktion vor.[44] Auch er isoliert den Hauptbau, datiert ihn in die Hasmonäerzeit (seine Schicht II) und vergleicht den Grundriss mit landwirtschaftlichen Gebäuden aus der Zeit des Zweiten Tempels, die man in der Nähe des Toten Meeres, z.B. in Ain-Feshkha und En-Boqeq, fand. Aufgrund dieser Daten meint Humbert, das hasmonäische Qumran sollte als Zentrum eines landwirtschaftlichen Gutes, als *villa rustica*, angesehen werden. Humbert ignoriert jedoch die Existenz des Turmes und die strategische Lage Qumrans – Elemente, die zwangsläufig zu der Schlussfolgerung führen, dass die Anlage damals zumindest auch eine militärische Funktion besaß.

Der Hauptbau ist der am besten erhaltene Teil der Anlage; die Mauern des Turmes erheben sich bis zu 4,5 m über den Erdboden, und die Mauern der Räume östlich und südlich davon erreichen eine Höhe von 2 bis 3,5 m (Abb. 24). Die Fassade des Hauptbaus zeigt nach Westen. Sie besitzt ein Doppeltor, dessen Rahmen aus Quadersteinen mit dekorierten Rändern besteht, während die übrigen Teile des Baus aus einfachen Feldsteinen errichtet sind (Abb. 25). Die Verbindung von Quadersteinen und Feldsteinen ist eine Bautechnik, die für späthellenistische und frührömische Anlagen am Toten Meer, einschließlich Masada und Jericho, bezeichnend ist. Die Quader bestehen aus Sandstein der Samra-Formation (arab. *hajar samra*), der aus den Steinbrüchen bei Khirbet Samra stammt.[45] Diese riesigen Brüche lieferten Material für Tore und Fenster sowie für architektonische Schmuckelemente wie Säulen und Kranzgesimse. Khirbet Samra liegt 5 km nördlich von Jericho und etwa 20 km nördlich von Qumran. Obwohl der Transport solcher Steine kostspielig war, machten die Bauherren von Qumran wie auch des Winterpalastes bei Jericho und anderer königlicher Bauten ausgiebig davon Gebrauch. Die meisten Teile des Baus errichteten sie jedoch aus nicht oder nur grob behauenen Steinen, die sie vor Ort vorfanden, durch Kalkmörtel miteinander verbanden und mit kleinen Füllsteinen zu einer geraden Linie ausrichteten.

Die Innenausstattung der Räume von Qumran, etwa Bänke und erhöhte Podien, wurde wie die oberen Teile der Mauern größtenteils aus an der Sonne getrockneten Lehmziegelsteinen hergestellt. Die Decken und die vermutlich fla-

44. Humbert 1994, S. 170-174; ders. 1999, S. 194-196; ders. 2003b; ders. 2003c; ders. 2003d.
45. Zur Bautechnik von Qumran und anderen Anlagen in der Region am Toten Meer vgl. Donceel 1997, S. 394; Bar-Adon 1981, S. 349f.; Magness 2002, S. 47f. Die Steinbrüche von Khirbet Samra sind schon beschrieben bei Conder / Kitchener 1883, S. 212f.

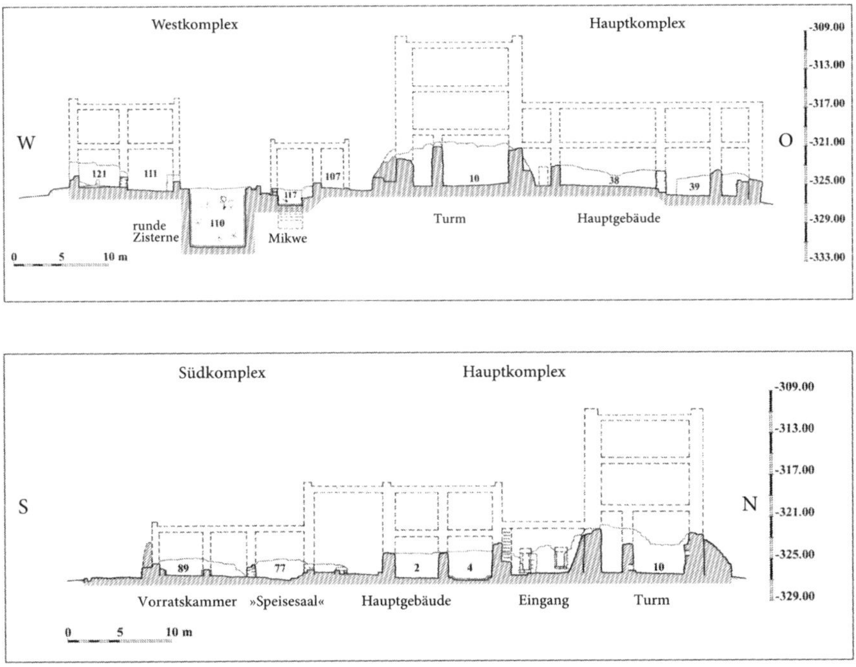

Abb. 24: Querschnitte des Gebäudekomplexes von Qumran; oben Blick von Süd nach Nord, unten Blick von Westen nach Osten.

Abb. 25: Eingänge an der Westfassade des Hauptgebäudes; Blick nach Südosten.
Beachte die glatt behauenen Blöcke an den Türrahmen.

Abb. 26: Die Vormauer an der Süd- und Ostseite des Turmes; Blick nach Südwesten.

chen Dächer (Dachziegel fand man nicht) errichtete man aus Tragbalken – wahrscheinlich aus dem Holz heimischer Bäume wie Dattelpalme und Akazie – deckte sie mit Schichten von Schilf, Palmzweigen und Lehm ab. Die Fußböden bestanden meist aus festgetretener Erde, manchmal auch aus Mörtel oder kleineren Steinen. Krüge, die man in den Boden eingrub, dienten zur Lagerung von Nahrungsmitteln.[46] All dies nährt den Eindruck, dass die Erbauer Qumrans mit den üblichen Bautechniken ihrer Zeit wohl vertraut waren.

Aufgrund der Grundfläche des Komplexes von ca. 1.400 qm kann man die Anzahl der Bewohner im hasmonäerzeitlichen Qumran gut schätzen. Bevölkerungsschätzungen für antike Siedlungen gehen normalerweise von einem Faktor von 15 bis 25 Menschen pro 1.000 qm (1 Dunam bzw. 10 a) aus.[47] Wenn wir den niedrigeren Wert von 15 Menschen pro Dunam annehmen, ergibt sich für Qumran in der Hasmonäerzeit eine Bevölkerung von lediglich etwas mehr als 20 Menschen. Sie bestand möglicherweise aus einer kleinen militärischen Einheit, ihren Helfern und vielleicht einigen nichtansässigen Durchreisenden.

Die beherrschende Komponente des Baus ist zweifellos der Turm in seiner Nordwestecke. Er ist mit einer Grundfläche von ca. 11 × 13 m groß und auf allen Seiten von einer schräg ansteigenden Vormauer umgeben (Abb. 26). Aus der beträchtlichen Stärke seiner Mauern (1,3 bis 1,4 m) kann geschlossen werden, dass der Turm ursprünglich wohl drei oder vier Stockwerke hoch war. Wenn man die Höhe eines Stockwerkes mit 3 m ansetzt, kann man die Höhe des Turmes auf 9 bis 12 m schätzen. Die Einbeziehung von Türmen ist für Festungen, aber auch für Paläste und sogar für Landgüter in der hellenistisch-römischen Welt charakteristisch.[48] Der befestigte Turm konnte verwendet werden, um Geräte zu lagern und Verteidiger unterzubringen. Dass der Turm von Qumran neben dem Eingang liegt, weist darauf hin, dass er auch als Wachtturm diente. Wie wir später sehen werden, war der Turm noch in herodianischer Zeit, als Qumran zum Zentrum eines Landguts wurde, Bestandteil des Komplexes.

Das Innere des Turmes war im Erdgeschoss in fünf Räume unterteilt, die etwa gleich groß sind, abgesehen von einem kleineren Eckraum, der, da in seiner Mitte ein Pfeiler steht, ein Treppenschacht gewesen sein muss.[49] In den Au-

46. Magness 2002, S. 48.
47. Zu Schätzungen der Bevölkerung in antiken Anlagen vgl. Finkelstein 1990, S. 49. Broshi 1980, S. 3-5 nimmt einen höheren Faktor von 20 bis 25 Menschen pro Dunam an, Sumner 1979, S. 165 einen niedrigeren Faktor von 15 Menschen pro Dunam. Zorn 1994, S. 340 nennt einen durchschnittlichen Faktor von 20 Menschen pro Dunam.
48. Zu Türmen in hellenistischen Befestigungsanlagen vgl. McNicholl 1997, S. 178-181. Zur Einbeziehung von Türmen in Wohnsitze der Antike vgl. Nowicka 1975. In meinem Bericht über die Ausgrabung in Ramat Hanadiv nenne ich Beispiele für Türme in verschiedenen Anlagen innerhalb und außerhalb von Judäa, die eine Höhe von rd. 20 m oder mehr erreichten (Hirschfeld 2000a, S. 692-697).
49. Zu Treppenschächten in der hellenistischen und frührömischen Architektur Judäas vgl. Kloner 1996, S. 484-489.

ßenmauern des Erdgeschosses wurde kein Eingang entdeckt; daraus ergibt sich, dass man diese Räume vom zweiten Stockwerk des Turmes aus mittels einer Treppe und von Süden her mittels einer hölzernen Galerie oder Laufbrücke (siehe unten) betrat. An den Wänden der Räume des zweiten Stockwerks haben sich Reste von Putz erhalten, aber dies mag auf die Verwendung des Turmes in der herodianischen Zeit zurückzuführen sein (Abb. 27). Wahrscheinlich umgab eine mit Zinnen versehene Brüstung das oberste Stockwerk des Turmes, wie es bei befestigten Gebäuden üblich war.

Ein wichtiger Bestandteil des Turmes ist die ihn auf allen Seiten umgebende Vormauer oder Schutzwehr. Sie besteht aus einer Masse von mittleren und großen Feldsteinen, die durch Kalkmörtel miteinander verbunden sind. An manchen Stellen ist die Vormauer bis zu einer Höhe von 4 m über dem Erdboden voll erhalten (Abb. 28). Unten ist sie an der Nord- und Westseite rd. 4 m stark – doppelt so stark wie auf den zum Hof gehenden Innenseiten. In verschiedenen Anlagen Judäas gibt es ähnliche Vormauern; eines der besten Beispiele ist die vor dem Nordpalast in Masada.[50]

In der griechischen Literatur heißt ein solches Bauelement *proteichisma* (Vormauer oder Schutzwehr) und wird stets mit Verteidigung assoziiert. Es sollte die Mauern des Turmes verstärken und verhindern, dass Feinde sie untergruben oder durch Sturmböcke zum Einsturz brachten. Lawrence beschreibt das *proteichisma*.[51] Manchmal hat es fast die Form eines Würfels, wie dasjenige, das ich in Horvat Eleq bei Ramat Hanadiv, nordöstlich von Caesarea, entdeckte; in anderen Fällen, wie in Qumran und Masada, gleicht es einer Pyramide mit schräg ansteigendem Profil. Auch bei Chersonnesos auf der Halbinsel Krim findet man Beispiele für schräg ansteigende Vormauern aus hellenistischer Zeit.[52]

De Vaux schlug für die Errichtung der Vormauer einen späteren Zeitpunkt vor, nämlich die dritte Besiedlungsphase Qumrans (seine Periode II). Nach seiner Auffassung wurde der Turm ursprünglich als selbständiger Bau errichtet, und die Vormauer wurde nach dem Erdbeben von 31 v. Chr. als Verstärkung hinzugefügt.[53] Wenn diese Theorie stimmen würde, wäre die Vorderseite des Turmes hinter der Vormauer senkrecht und sauber ausgeführt wie seine übrigen Mauern. Bei einer Untersuchung auf der Westseite des Turmes zeigte sich jedoch, dass dies nicht der Fall ist.[54] Man entfernte einen Teil der Vormauer, um die dahinter verborgene Außenmauer des Turmes freizulegen. Die Prüfung der

50. Netzer 1991, S. 106, Foto 174. Ähnliche Vormauern kennen wir aus anderen judäischen Anlagen aus der Zeit des Zweiten Tempels, z. B. Rujum el-Hamiri, Horvat Salit und Khirbet el-Muraq (Palast Hilkijas), vgl. dazu Hirschfeld 1998, S. 168-171; ders. 2000c, S. 681.
51. Lawrence 1979, S. 277-288.
52. Zu befestigten Türmen auf der Krim vgl. Nowicka 1975, S. 112-117.
53. De Vaux 1954, S. 210 f.; ders. 1973, S. 25.
54. Nach de Vaux wurden in Qumran zwei weitere Ausgrabungen durchgeführt, eine unter der Leitung von R. W. Dajjani, die andere von S. H. Steckoll. Die Untersuchung der

Abb. 27: Reste von Wandverputz im zweiten Stockwerk des Turms.

Abb. 28: Vormauer an der Westseite des Turms; Blick nach Norden.

Mauerfassade bewies, dass sie primitiv gebaut war und von der Senkrechten abwich (Abb. 29). Die Bauarbeiter wussten offenbar, dass noch eine Vormauer errichtet werden würde, und verschwendeten daher keine Mühe darauf, den unteren Teil des Turmes sauber auszuführen. Die Vormauer wurde somit eindeutig als integraler Bestandteil des Turmes geplant und erbaut. Und da die Funktion der Vormauer eindeutig defensiv war, beweist ihr Vorhandensein in Qumran, dass seine Bewohner keineswegs, wie die Essener, Pazifisten waren.

In Stratum II sicherte der Turm den Eingang der Festung. Wer durch das Doppeltor trat, ging ostwärts durch einen Verbindungsgang (Loci 12 und 13) am Fuß der Südseite des Turmes (Abb. 30). Durch diesen betrat man den Innenhof, der wahrscheinlich groß und geräumig war. Er war auf vier Seiten von Wohn- und Vorratsflügeln umgeben, von denen zwei – der westliche und der nördliche – etwa 10 m breit waren. Wenn die beiden anderen Flügel, was wir annehmen dürfen, ebenso breit waren, maß der Innenhof 17 × 17 m und hatte eine Gesamtfläche von rd. 290 qm.

Der am besten erhaltene Flügel ist der auf der Westseite des Hofes. Er enthielt drei Räume: eine Eingangshalle (Locus 4) und dahinter zwei kleinere Räume (Loci 1 und 2; Abb. 31). Diese betrat man vom südlich des Turmes verlaufenden Verbindungsgang aus. In der nächsten Periode (Stratum III) wurde die Eingangshalle als Lagerraum benutzt. Vor der Eingangshalle ist eine 1 m breite Treppe erhalten, die zum zweiten Stockwerk führte. Diese Treppe gewährte wahrscheinlich über eine hölzerne Laufbrücke,[55] die über dem zum Innenhof führenden Verbindungsgang verlief, Zugang zum Turm. Diese Laufbrücke hatte auch den Vorteil, dem auf ebener Erde verlaufenden Gang Schatten zu spenden. Obwohl keine Reste der Laufbrücke erhalten sind, wurde in der Mitte des Verbindungsgangs ein Pfeiler mit quadratischer Grundfläche (1 x 1 m) freigelegt, der die Laufbrücke möglicherweise abstützte. Abbildung 32 zeigt eine Rekonstruktion des Zugangs über die Treppe und die Laufbrücke zum Eingang des Turmes im zweiten Stockwerk.

Die Treppe vor der Eingangshalle gewährte nicht nur Zugang zum Turm, sondern führte auch zu den Räumen des zweiten Geschosses. Diese Räume um den Innenhof waren höchstwahrscheinlich Wohntrakte, während die Räume im Erdgeschoss für Dienstleistungen und zur Lagerung benutzt wurden.[56] Später, in herodianischer Zeit, wurden im Hof Räume angebaut und in der Südostecke eine weitere Treppe errichtet.

Vormauer fand vermutlich während einer dieser Grabungen statt. Zu weiteren Einzelheiten vgl. Donceel / Donceel-Voûte 1994, S. 20 f., Anm. 73.

55. Magness 2002, S. 50 f. spricht von einer »gangway«.

56. Zur funktionalen Trennung zwischen dem oberen Wohngeschoss und dem für Dienstleistungen benutzten Erdgeschoss vgl. Hirschfeld 1995, S. 264; Ellis 2000, S. 17.

Abb. 29: Turmmauer (links) hinter der Vormauer.
Die Steine blieben unbehauen, da sie nicht sichtbar waren.

Abb. 30: Verbindungsgang zum Hauptgebäude; Blick nach Westen.

Abb. 31: Die drei Räume (Loci 4, 1 und 2) südlich des Turms.
Beachte den Treppenaufgang rechts vom Eingang zu Raum 4 im Vordergrund.

Abb. 32: Rekonstruktionsvorschlag der hölzernen Galerie, die in das zweite Stockwerk des Turmes führte.

Die Wasserversorgung Qumrans während Stratum II beruhte wahrscheinlich auf zwei Reservoiren: einem rechteckigen (Loci 56 und 58) unter der Südseite des Hauptbaus und der runden, etwa 15 m westlich des Hauptbaus liegenden Zisterne (Locus 110).

Obwohl das rechteckige Reservoir Bestandteil der Wasserversorgung der herodianischen Periode war (siehe unten), können seine Ursprünge durchaus auf die hasmonäische Bauperiode zurückgehen, denn die Seitenwände des Reservoirs und die Mauern der darüber liegenden großen zweigeschossigen Halle verlaufen parallel zueinander (Abb. 33). Das Reservoir ist lang und schmal: 18 m lang und 4,5 m breit (Abb. 34). Die relativ geringe Breite des Reservoirs ist beabsichtigt; sie ermöglichte es, das Becken mit Tragbalken aus dem Holz heimischer Dattelpalmen zu überdachen. Sein Inneres war durch eine Quermauer abgeteilt, die wahrscheinlich gebaut wurde, um der auf ihr ruhenden Mauer des Erdgeschosses als Fundament zu dienen. Die Quermauer ist sauber gearbeitet und mit dem gleichen Mörtel verputzt wie die übrigen Teile des Reservoirs – ein Hinweis darauf, dass sie Bestandteil des ursprünglichen Baus war, keine spätere Hinzufügung, wie de Vaux meinte.[57] Westlich der Quermauer befindet sich ein Becken mit Stufen, östlich davon ein Becken ohne Stufen. Nach meiner Untersuchung fasst das westliche Becken 50 cbm, das östliche 123 cbm. Insgesamt hat dieses Reservoir somit ein Fassungsvermögen von 173 cbm.[58]

Beide Teile des Reservoirs wurden gespeist durch das Wasser, das von den Dächern des Hauptbaus und seines Innenhofes, wahrscheinlich über Dachrinnen und Röhren aus Ton, abfloss. Später, in herodianischer Zeit, erhielten sie Wasser über einen Aquädukt, der bei Hochwasser Wasser aus dem nahen Wadi Qumran heranführte. Dieses füllte beide Teile des Reservoirs mittels eines heute nicht mehr vorhandenen engen Durchlasses im oberen Teil der Trennmauer. In der westlichen Hälfte des Reservoirs führte eine breite Treppe bis zu dessen Boden und ermöglichte so leichten Zugang zum Wasser, selbst wenn der Wasserstand in der trockenen Jahreszeit absank (Abb. 35). Wahrscheinlich benutzten die Bewohner Qumrans diesen Teil des Reservoirs zeitweise auch als Mikwe. Stufenbecken waren in Judäa während der hasmonäischen und herodianischen Zeit weit verbreitet, als es üblich wurde, solche Becken in der Erde für die rituelle Reinigung anzulegen.[59] Zum Bad stieg man auf den Stufen ins Wasser hinab. Folglich musste die Decke über den Stufen hoch genug sein, um dies zu ermöglichen. Abbildung 36 zeigt eine Rekonstruktion der Mikwe in Locus 56.

57. De Vaux 1973, S. 27; vgl. auch Magness 2002, S. 61; Galor 2002, S. 42.
58. Die hier genannten Daten über Qumrans Wasserreservoire und Ritualbäder basieren auf Messungen, die wir 1999 vornahmen. Die Angaben in der Literatur variieren jedoch. So schreibt etwa Galor 2003, S. 171, Loci 56 und 58 könnten insgesamt 196 cbm Wasser aufnehmen – 23 cbm mehr als die von uns gemessene Kapazität. Wood 1984, S. 57 nennt ähnliche Zahlen wie Galor.
59. Zur Definition einer Mikwe vgl. Magness 2002, S. 142 f.

Abb. 33: Das Reservoir im Hauptgebäude von Qumran (Loci 56 und 58); Blick nach Westen.

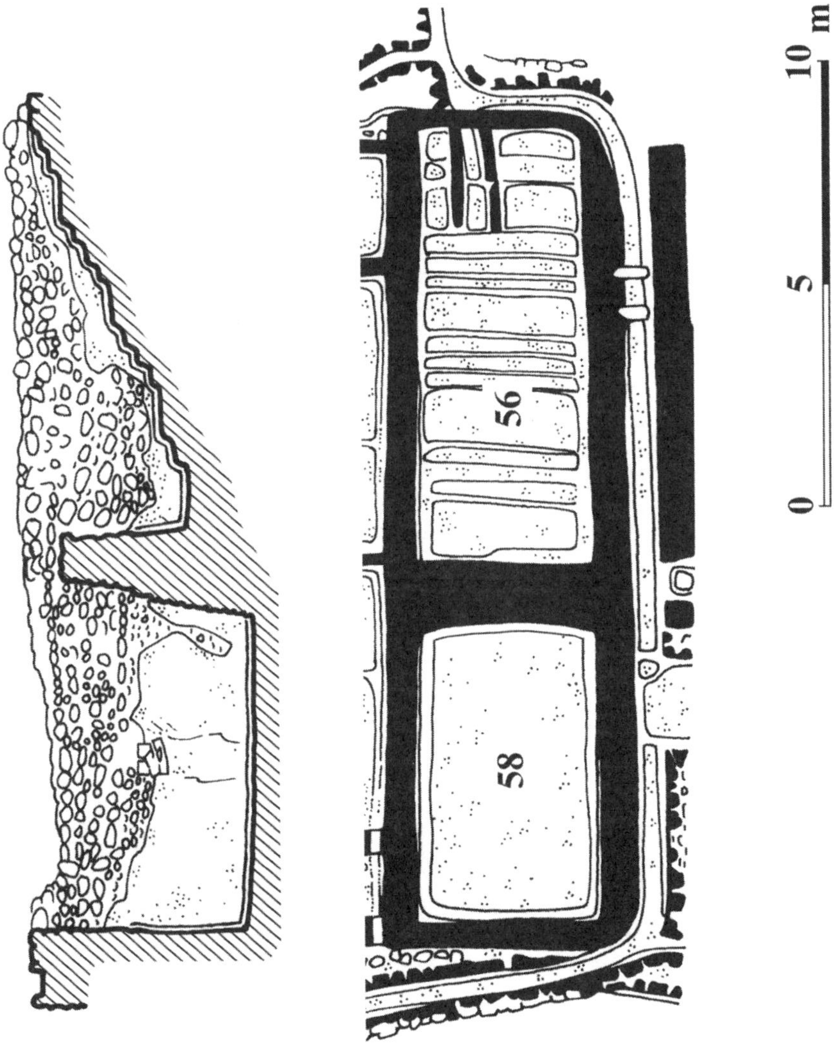

Abb. 34: Querschnitt und Grundriss von Reservoir und Mikwe südlich am Hauptbau.

Abb. 35: Das Stufenbecken (Mikwe) südlich am Hauptgebäude; Blick nach Osten.

Dagegen war die Decke im östlichen Teil des Reservoirs niedrig und vermutlich mit dem Fußboden des darüber liegenden Stockwerks identisch. Sein Wasser wurde wahrscheinlich mittels Eimer und Seil durch eine Öffnung im Fußboden des darüber liegenden Raumes geschöpft.

Die runde Zisterne (Locus 110) westlich des Hauptbaus ist gut erhalten; sie hat einen Durchmesser von 5,2 m und eine Tiefe von 6,3 m (Abb. 37 und 95, farbig). Ihr Fassungsvermögen kann auf ungefähr 120 cbm geschätzt werden.[60] Der Vorschlag, die runde Zisterne mit der hasmonäischen Phase Qumrans zu verbinden, basiert auf zwei Beobachtungen: 1. ihrer runden Form, die von derjenigen der Reservoire und Ritualbäder aus der herodianischen Phase abweicht, 2. ihrer Lage direkt gegenüber dem Eingangstor zum Hauptbau. De Vaux' Auffassung, die runde Zisterne stamme aus der Eisenzeit, ist unbegründet. Die Wände der Zisterne sind mit weißem, wasserdichtem Mörtel mit feinem Sand verputzt, was für die späthellenistische Zeit typisch ist. Ähnlichen Putz fand man in Anlagen wie Hyrkania und Khirbet Mazin, die in die hasmonäische Periode datiert werden.[61] Die runde Zisterne in Qumran hat keine Stufen; dies bedeutet, dass das Wasser mittels Eimer und Seil geschöpft wurde. Um die Verdunstung einzudämmen, war die Zisterne möglicherweise mit vergänglichem Material wie Matten oder Tüchern abgedeckt. Wahrscheinlich wurde die Zisterne durch einen oder mehrere Kanäle gespeist, die das Oberflächenwasser des umliegenden Areals einleiteten. Die Lage der Zisterne außerhalb des Baus weist darauf hin, dass der Komplex nicht nur – wie man aufgrund seiner Befestigungen vermuten könnte – für militärische Zwecke genutzt wurde, sondern auch Durchreisenden und dort anhaltenden Karawanen diente.

30 m östlich des Komplexes liegt ein Friedhof mit rund 1200 Gräbern (Abb. 38). Ich werde diesen Friedhof unten im Zusammenhang mit der herodianischen Periode Qumrans behandeln. Selbstverständlich begann seine Nutzung jedoch bereits in hasmonäischer Zeit. Die Gräber, in sauberen Reihen auf dem Plateau angeordnet, sind durch Steinhaufen gekennzeichnet (Abb. 39). Die meisten sind in Nord-Süd-Richtung orientiert. Weitere Gräber liegen an den Rändern des Friedhofes, auf niedriger gelegenen Flächen nördlich, südlich und östlich des Hauptplateaus. Offenkundig wurden die Gräber parallel zu und

60. Nach Galor 2003, S. 293 konnte das runde Reservoir Locus 110 etwa 110 cbm Wasser aufnehmen.

61. Obwohl Bar-Adon 1989, S. 18f. Khirbet Mazin in die Eisenzeit II datiert, wurde es anscheinend hauptsächlich unter Alexander Jannaeus (103-76 v. Chr.) erbaut. An einem Uferabschnitt gegenüber dieser Anlage fand ich jüngst über 2.000 Münzen des unter Jannaeus geprägten Anker-und-Stern-Typs (Hirschfeld 2002; Hirschfeld / Ariel 2005). Zum wasserdichten Mörtel in Qumran vgl. Shimron 2003, zu den Befunden aus Hyrkania vgl. Patrich 2002, S. 351. Diese Befunde zusammen mit anderen Erwägungen lassen de Vaux' Vorschlag, die runde Zisterne in die Eisenzeit zu datieren, zweifelhaft erscheinen.

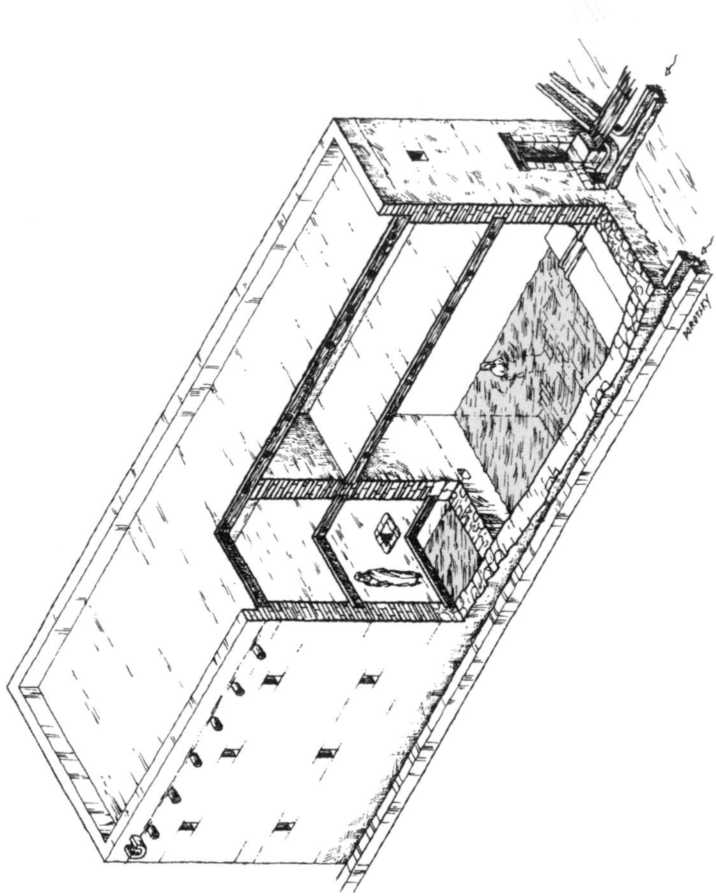

Abb. 36: Rekonstruktionsvorschlag der Mikwe und des Reservoirs Loci 56/58.

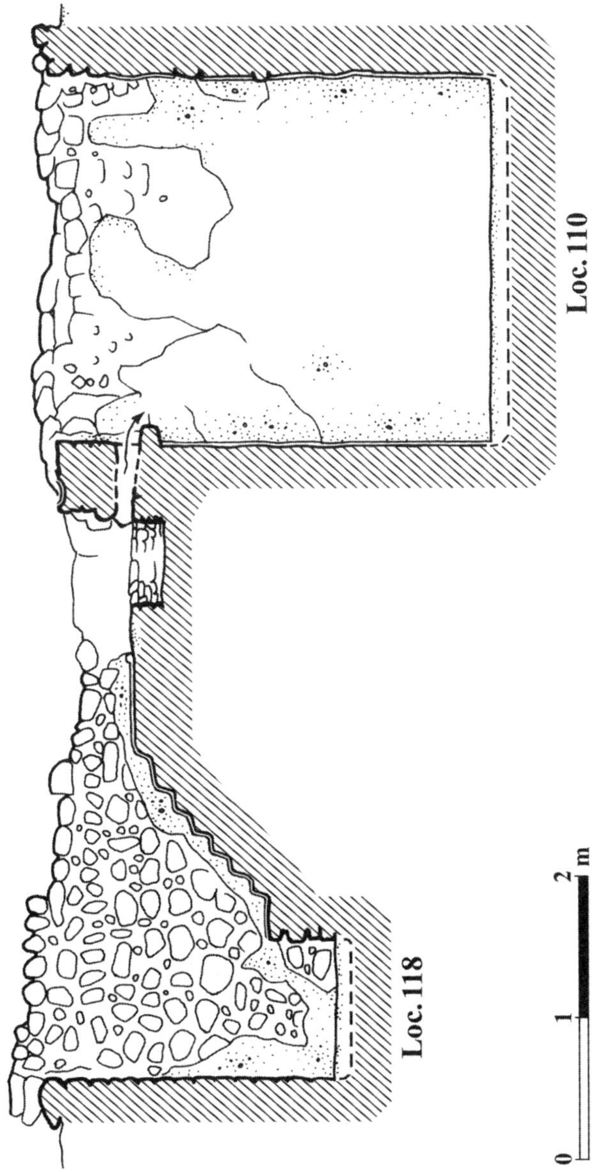

Abb. 37: Querschnitt der runden Zisterne (Locus 110) und der an sie anschließenden Mikwe.

Abb. 38: Luftaufnahme des Friedhofs von Qumran östlich der Siedlung auf der Mergelterrasse. Im Hintergrund liegt die Oase Ain-Feshkha; Blick nach Süden.

Abb. 39: Längliche Steinhaufen markieren die einzelnen Gräber; Blick nach Süden.

ziemlich nahe bei der langen Mauer angelegt, die Qumran vom Friedhof trennt. Es scheint, dass die Bewohner Qumrans bereits in der Hasmonäerzeit sorgfältig das religiöse Gebot hielten, ein Wohngebiet von einem den Toten vorbehaltenen Ort zu trennen (m. B. Bat. 2,9). Wenn man annimmt, dass das hasmonäische Qumran als Befestigung fungierte, darf man vermuten, dass auf dem Friedhof zuerst Soldaten bestattet wurden. Dies könnte den Umstand erklären, dass in den meisten freigelegten Gräbern auf dem Plateau die Skelette von männlichen Erwachsenen gefunden wurden, während sich in einigen Gräbern auf den Nebenfriedhöfen Skelette von Frauen und Kindern befanden.

Als Ergebnis dürfen wir festhalten: Die uns zur Verfügung stehenden architektonischen Daten ermöglichen es, Qumran während der Hasmonäerzeit als einen befestigten, rechtwinkligen, zweigeschossigen Komplex zu rekonstruieren, der mit einem großen, imposanten Eckturm ausgestattet war (Abb. 40). Eine Analyse der baulichen Überreste erlaubt die Annahme, dass der Bau als Befestigung, nicht als *villa rustica* (wie Humbert vermutet) oder als Niederlassung einer Sekte (wie de Vaux oder Magness behaupten) errichtet wurde.

Aufgrund der Grabungsfunde ist es üblich, die Errichtung des Hauptbaus in Qumran unter Johannes Hyrkanos I. (134-104 v. Chr.) anzusetzen. Zur Unterstützung dieser Annahme kann man darauf verweisen, dass Qumran in Stratum II architektonisch dem befestigten Palast gleicht, den Hyrkanos westlich von Jericho errichtete. Dieser Palast, mit einem quadratischen Grundriss, ist um einen von Räumen umgebenen Innenhof herum erbaut; auch er weist einen aus Quadersteinen bestehenden Eckturm auf.[62] Der Ausgräber Ehud Netzer meint, dass der Palast die Sicherheit des Königs und seines Gefolges gewährleisten sollte. Da der Erbauer und Besitzer des Palastes einen so hohen Rang innehatte, kann dieser Bau durchaus als Muster nicht nur für Qumran, sondern auch für zahlreiche andere befestigte Bauten anderswo in Judäa gedient haben.[63] So war zum Beispiel auch die Festung Hyrkania ein quadratischer befestigter Bau mit einem massiven Eckturm.[64] Man darf annehmen, dass Johannes Hyrkanos I. sowohl Qumran als auch Hyrkania erbaute, die an der kürzesten Verbindungslinie zwischen Jerusalem und dem Toten Meer liegen; sie sollten sich gegenseitig ergänzen.

62. Zu diesem Palast, dem so genannten »Sunken Palace« westlich von Jericho vgl. Netzer 1999, S. 5-14; ders. 2001, S. 2 f.; Nielsen 1994, S. 155 f. Zur zentralen Rolle, die Hyrkanos I. beim Beginn von Bauprojekten im Gebiet Jerichos und des Toten Meeres spielte, vgl. Bar-Adon 1981, S. 351 f.
63. In den Bergen um Hebron verzeichnet Barouch 1996 etwa zehn weitere Anlagen des Qumran-Typs; zu einem Überblick über andere Parallelen vgl. Hirschfeld 1998, S. 162-171; 2000a, S. 712-720. Besonders instruktiv ist das nur unweit südlich von Qumran am Ufer des Toten Meeres gelegene befestigte Gehöft von Ain-et-Turabeh.
64. Zu Hyrkania vgl. Patrich 1993; 2002, S. 345, Abb. 17 (Rekonstruktion).

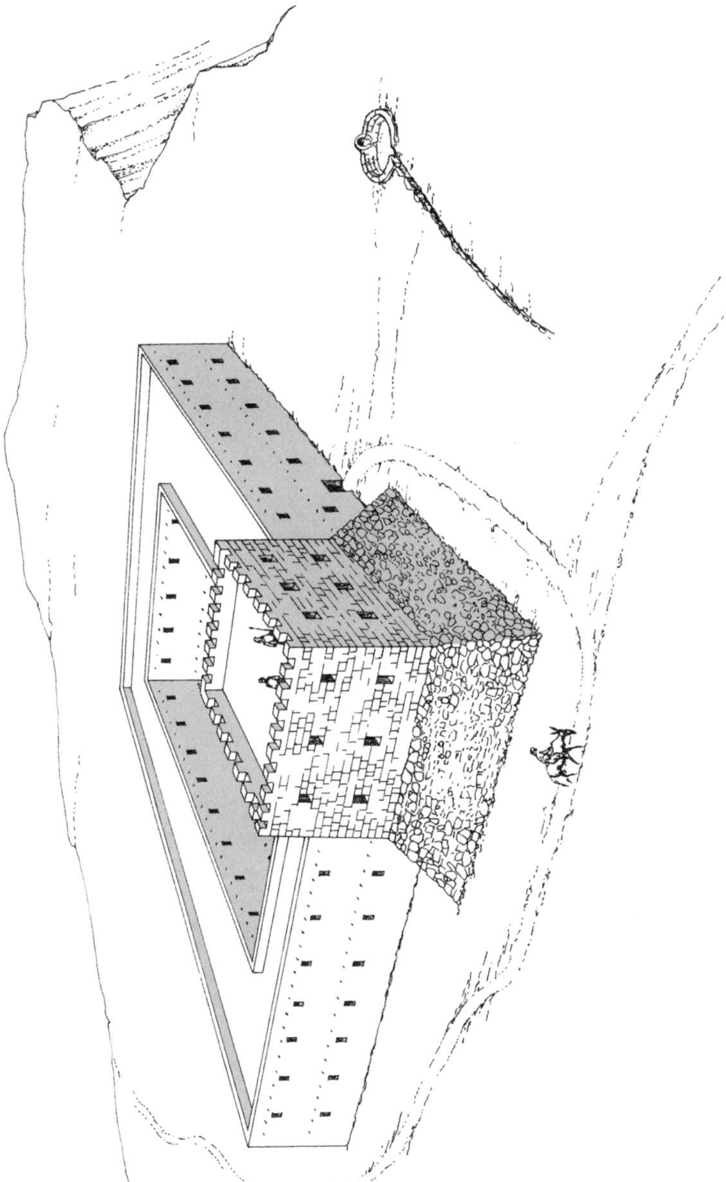

Abb. 40: Rekonstruktionsvorschlag der hasmonäischen Befestigung von Qumran (vgl. Abb. 57).

Da Qumran an einem strategischen Verkehrsknotenpunkt Judäas und nahe der Ostgrenze des Königreichs lag, scheint Lena Cansdale der Wirklichkeit am nächsten zu kommen, wenn sie das hasmonäische Qumran als Kombination aus einer militärischen Befestigung und einer Wegstation deutet.[65] Seine Lage auf einer Hügelkuppe sicherte die Kontrolle der Straße von Jerusalem zum südöstlichen Teil des Königreichs Judäa (Abb. 96, farbig). Seine feste Bauweise bot den Bewohnern die Möglichkeit, sich notfalls zu verteidigen. Alle hasmonäischen Herrscher verstärkten eifrig die Befestigungsanlagen Judäas und unterhielten dort Garnisonen. Josephus erwähnt 22 Festungen (griech. *ta choria*, »befestigte Plätze«), die von den hasmonäischen Herrschern errichtet und von ihren treuen Anhängern kontrolliert wurden.[66]

In seiner umfassenden Untersuchung über die Befestigungen im hasmonäischen und herodianischen Judäa unterscheidet Israel Shatzman[67] drei Typen von Anlagen:

- Stadtfestungen, in denen meist die Streitkräfte stationiert waren;
- befestigte Paläste, die Könige für ihre privaten Bedürfnisse errichteten;
- und Festungen in Grenznähe und an den Hauptverkehrswegen.

Zu den letzteren gehörte der Komplex von Qumran. Die langen Kriege, die Johannes Hyrkanos I. und sein Sohn Alexander Jannäus gegen die Nabatäer führten, erzwangen die befestigte, militärische Form des Komplexes.[68] Später, unter Herodes dem Großen, erreichte das Königreich Stabilität, und auch die Bewohner Qumrans profitierten von der darauf folgenden langen Periode wirtschaftlicher Blüte, die vor allem dem großen wirtschaftlichen Potential der Region geschuldet war.

3.4 Die herodianische Periode (Stratum III)

Die nach meiner Auffassung dritte und wichtigste Phase in der Geschichte Qumrans währte von der Regierung Herodes' des Großen (37-4 v. Chr.) bis zur vollständigen Zerstörung während des Ersten Jüdischen Aufstandes im Jahre 68 n. Chr., als die Überreste des Baus unter den Trümmern des Obergeschosses begraben wurden. Diesem Umstand, dem trockenen Wüstenklima und den umfassenden Ausgrabungen de Vaux' haben wir es zu verdanken, dass

65. Cansdale 1997, S. 123.
66. Josephus, Ant. Jud. 13,422, 427. Josephus erwähnt dies im Zusammenhang mit dem Versuch von Aristobulos II. (67-63 v. Chr.), seine Thronbesteigung zu sichern.
67. Shatzman 1991, S. 266 f.
68. Zu den Eroberungen von Johannes Hyrkanos I. im Transjordangebiet vgl. Foerster 1981; zu Alexander Jannaeus und seinen Kriegen gegen die Nabatäer vgl. Kasher 1993.

wir Qumran in seiner letzten Phase besser kennen als andere Anlagen dieses Typs.[69]

Wie Qumran in dieser Phase aussah, ist somit nahezu völlig klar. Die Fülle von Funden, einschließlich architektonischer Elemente, die während der Ausgrabung zutage gefördert wurden, kann dazu beitragen, die Funktion der Anlage zu verstehen und ihre Bewohner zu identifizieren. Die meisten Funde in den nahen Höhlen, auch die unmittelbar vor der Zerstörung Qumrans versteckten Schriftrollen, stammen aus dieser Periode.

Das herodianische Qumran ist gekennzeichnet durch Ausdehnung nach fast allen Seiten. Die wichtigsten Anbauten befinden sich westlich des Hauptbaus, aber auch südöstlich und nördlich sowie innerhalb des Hauptbaus sind weitere Anbauten zu erkennen (Abb. 41). Bezeichnend für die Bauten in dieser Schicht ist eine weniger strenge Planung als in der vorhergehenden. Dies zeigt sich sowohl in der Ausrichtung der Mauern, die nicht genau parallel oder rechtwinklig zueinander verlaufen, als auch in der Anpassung der Anbauten an die topographischen Bedingungen (z. B. an der Südwestseite, die von der steil zum Wadi Qumran abfallenden Kante der Mergelterrasse begrenzt wird). Die organische Entwicklung des herodianischen Komplexes lässt darauf schließen, dass Qumran während dieser Zeit keine militärische, sondern eher eine zivile Anlage war. Die zahlreichen landwirtschaftlichen Installationen und Werkstätten weisen darauf hin, dass die meisten Bewohner in dieser Periode mit der Produktion landwirtschaftlicher und industrieller Erzeugnisse (Nahrungsmittel, Parfüme usw.) beschäftigt waren. Qumran war damals keine Festung, sondern das Zentrum eines Landgutes.

Die Änderungen von Stratum III führt man oft auf die Zerstörung und den Wiederaufbau der Anlage entweder nach dem Parthereinfall in der Regierungszeit von Mattathias Antigonus (40-37 v. Chr.) zurück oder auf das Erdbeben, das laut Josephus 31 v. Chr. Judäa heimsuchte. Zwischen den Straten II und III findet sich jedoch kein Befund, der auf eine gewaltsame Zerstörung hinweisen würde, und die Unterschiede zwischen beiden Straten sprechen eher für organisches Wachstum und absichtliche Veränderung.

Die Erbauer von Stratum III erweiterten das Areal der Anlage gewaltig. Ihre größte Ausdehnung in ost-westlicher Richtung war rd. 80 m, in nord-südlicher Richtung rd. 60 m; das gesamte überbaute Areal umfasste 4.800 qm – über dreimal so viel wie in Stratum II.[70] De Vaux und viele andere Forscher nach ihm

69. Nach Donceel / Donceel-Voûte 1994, S. 21 »kann man Qumran als völlig ausgegraben bezeichnen«. Nach Wood 1984, S. 53 f. waren bei den großen Ausgrabungen de Vaux' jeweils ca. 50 Arbeiter beschäftigt.

70. De Vaux behauptet fälschlicherweise, die Dimensionen Qumrans betrügen 100 × 80 m, was eine Gesamtfläche von 8.000 qm ergibt (de Vaux 1973, S. 1). Broshi 1992, S. 104 hat diesen Fehler weiter verbreitet.

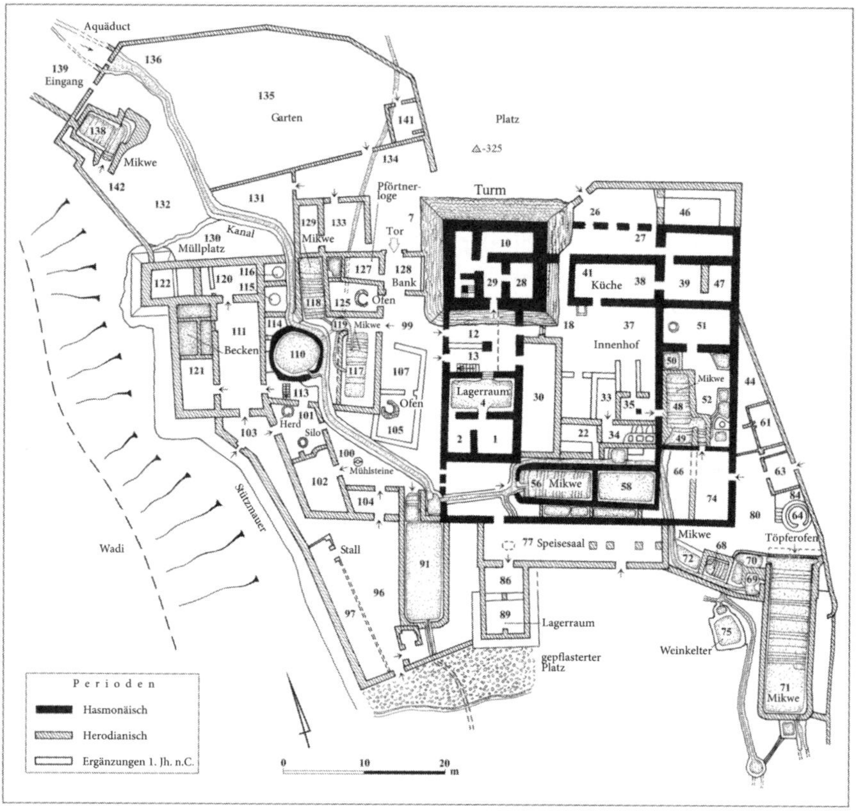

Abb. 41: Grundriss der Anlage von Qumran in der herodianischen Periode (Stratum III). Die schwarz eingezeichneten Mauern stammen aus der hasmonäischen Periode (Stratum II).

behaupteten, die Bauten in Qumran seien nicht als Wohnräume, sondern als Gemeinschaftszentrum benutzt worden. So erklärt er, dass die Überreste der Anlage »nur sehr wenige Räume aufweisen, die als Wohntrakte geeignet gewesen wären«.[71] Auch Magness behauptet: »Die Räume in der Siedlung [d. h. im Komplex Qumran] wurden offenbar größtenteils, wenn nicht gänzlich für Zwecke der Gemeinschaft verwendet.«[72] Dies sind jedoch Verallgemeinerungen, die aus den Funden nicht zu belegen sind. Sicher umfasst Qumran Dutzende von Räumen mit Einrichtungen und Gegenständen, die beweisen, dass dort Menschen wohnten. Nichts aber spricht für die Annahme, dass die Bewohner Qumrans dort kein normales Leben führten, d. h. schliefen, aßen und anderen profanen Tätigkeiten nachgingen, wie sie für Menschen dieser Zeit generell typisch sind. Drei Treppen – zwei im Hauptbau und eine im Westflügel – beweisen, dass es ein Obergeschoss gab, das vielleicht als Wohntrakt benutzt wurde. Magness selbst weist darauf hin, dass man in den Häusern des antiken Palästina die Wohn- und Schlafräume oft ins zweite Geschoss verlegte, um vom Schmutz und Lärm des Erdgeschosses verschont zu bleiben.[73]

Eine der vielen Diskussionen um das herodianische Qumran betrifft dessen Einwohnerzahl, die von den Forschern ganz verschieden angesetzt wird. So glaubt etwa Laperrousaz, in den Höhlen bei Qumran hätten 350-400 Menschen gewohnt, während Humbert die Gruppe, die in Qumran selbst fest ansässig war, auf nur 10-15 Menschen schätzt.[74] Patrich meinte, die ständige Bevölkerung habe 50-70 Menschen umfasst, reduzierte jedoch später seine Schätzung auf 30-50.[75] Broshi vermutet, Qumran habe nicht mehr als 150 Einwohner beherbergt, da im Speisesaal nur diese Zahl Platz finden konnte.[76] Aufgrund einer Berechnung des Wasserverbrauchs gelangt Bryant Wood schließlich zu einer Zahl von 312 Einwohnern in Periode II.[77] All dies ist reichlich verwirrend. Die einzige objektive Methode, die Bevölkerung antiker Anlagen zu schätzen, ist nach meinem Dafürhalten die oben erwähnte Formel für die Bevölkerungsdichte. Wenn wir einen Faktor von 15 Menschen pro Dunam (d. h. 1.000 qm) annehmen, kommen wir im herodianischen Qumran auf eine Bevölkerung von

71. De Vaux 1973, S. 56.
72. Magness 2002, S. 70. Broshi und Eshel 1999b, S. 330 erklären kategorisch, dass »in Qumran tatsächlich keine Wohntrakte gefunden wurden«.
73. Magness 2002, S. 221 f. Zur Hausarchitektur im hellenistisch-römischen Palästina vgl. Hirschfeld 1995, S. 264 f.
74. Laperrousaz 1976, S. 109; Humbert 1994, S. 175.
75. Patrich 1994a, S. 95 f.; ders. 2000, S. 726. Stegemann 1993, S. 74 schlägt eine ähnliche Zahl wie Patrich 2000 vor.
76. Broshi 1992, S. 114; vgl. auch Broshi / Eshel 1999b, S. 330, wo eine Zahl von 115-200 genannt wird.
77. Wood 1984, S. 58. Golb 1995, S. 9 schätzt, dass bei einer Belagerung über 750 Menschen mit dem in den Reservoiren Qumrans gespeicherten Wasser auskommen konnten.

ca. 72 ständigen Bewohnern (15 Menschen × 4,8 Dunam). Die Zahl von nicht sesshaften Bewohnern der Höhlen bei Qumran lässt sich hingegen nicht schätzen und muss offen bleiben.

Die neue Anlage in Qumran, besonders der Anbau des Westflügels, veränderte den Gesamtbauplan. Das Haupttor führte nun direkt auf einen Platz (Locus 7) nordwestlich des Turmes. Denn die meisten Menschen, die sich Qumran in der Antike näherten, kamen – ebenso wie heute – offenbar von Norden: aus Jerusalem oder Jericho. Dieser Platz wurde vom Turm beherrscht, und die Wachen konnten ihn von oben überblicken (Abb. 42). Von hier aus betrat der Besucher den Komplex. Das 1,8 m breite Tor war eine solide Konstruktion aus Sandsteinquadern. Es führte durch eine Eingangshalle (Locus 128) auf einen geräumigen offenen Platz (Locus 99), der den Westflügel vom Hauptbau trennte. Die Eingangshalle hat einen fast quadratischen Grundriss (4,3 × 5 m). An ihrer Ostwand, entlang dem unteren Rand der Vormauer des Turmes, ist eine 5 m lange Bank erhalten. Die schattige Eingangshalle muss ein angenehmer Ort gewesen sein, denn die an einer Nord-Süd-Achse angeordneten Tore ermöglichten es der vorherrschenden lokalen Brise, frische Luft zuzuführen. Ein kleiner Raum (Locus 127; 2,5 × 4 m) mag als Art »Pförtnerloge« gedient haben.

Der offene Platz (Locus 99), der den Westflügel vom Hauptbau trennt, misst 8 × 27 m (Abb. 43) . In Landhäusern der römischen Periode wie dem in Qumran waren die Wohntrakte (lat. *pars urbana*) und die landwirtschaftlichen Nebengebäude *(pars rustica)* gewöhnlich eng miteinander verbunden.[78] Eine andere Bezeichnung für diesen Bereich war *pars fructuaria*, was auf einen Garten hinweist, in dem auch Gartenbau betrieben wurde. Ein auffallend ähnliches Beispiel aus der Neuzeit bietet George Washingtons Landgut Mount Vernon (Virginia), das aufgeteilt ist in die Wohngebäude für den Besitzer, seine Familie und seine Gäste und in die beiden Flügel mit Nebengebäuden – der eine enthielt Werkstätten, der andere diente als Wohntrakt für den Aufseher und Dutzende von Sklaven.

In den meisten antiken Anlagen waren die Werkstätten, wie in Qumran, räumlich vom übrigen Haus getrennt, nicht nur um lästige Gerüche von den Wohntrakten fernzuhalten, sondern auch wegen der Brandgefahr, denn die flachen Dächer in Qumran bestanden aus leicht entzündlichen hölzernen Tragbalken, Zweigen und Schilf. Zu einem späteren Zeitpunkt, wahrscheinlich während des ersten Jahrhunderts n. Chr., errichtete man zwei Räume auf diesem offenen Platz, der dadurch den engen, gewundenen Charakter einer Dorfgasse erhielt. In einem dieser Räume stand ein Ofen.

Die Errichtung des neuen Tores machte den Zugang zum Hauptbau länger und etwas schwieriger. Der Kernbau mit dem Turm, wo der Besitzer bzw. Ver-

78. Zu Landhäusern in der römischen Periode vgl. Percival 1996, S. 66 f.; Ellis 2000, S. 13-17.

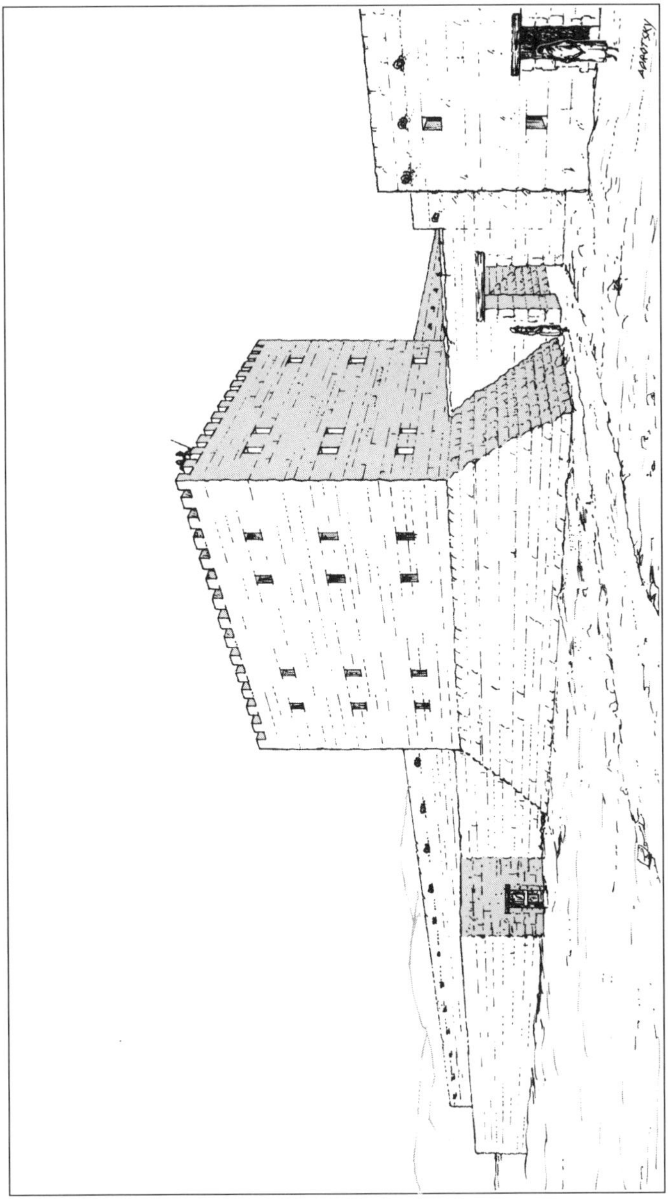

Abb. 42: Rekonstruktionsvorschlag des Haupttores zum Herodianischen Baukomplex; Blick nach Norden.

Abb. 43: Der offene Platz zwischen dem Hauptgebäude (links) und dem Westflügel (rechts); Blick nach Süden (mit freundlicher Genehmigung des Palestine Archaelogical Museum, Jerusalem).

walter des Komplexes wohnte, war jetzt eher abgeschlossen als zuvor. Ein ähnliches Phänomen ist in Horvat Eleq bei Ramat Hanadiv zu erkennen, wo ich eine Palastanlage mit einem Turm als Mittelpunkt freilegte.[79] Eine weitere Anlage dieser Art ist der Winterpalast bei Jericho, der unter Herodes zu einem gewaltigen, von Gärten umgebenen Komplex mit mehreren Flügeln erweitert wurde.[80] Diese Entwicklung ist der architektonische Ausdruck einer gesellschaftlichen Tendenz zu größerer Absonderung der Herrscher unter Herodes und seinen Nachfolgern.

Der Hauptbau in Qumran diente wahrscheinlich als *pars urbana*, d.h. als Wohnbereich der Anlage. Die architektonischen Details und Kleinfunde aus dem Hauptbau weisen auf einen gewissen Luxus hin. Mehrere Säulenbasen und Kapitelle aus hochwertigem lokalem Sandstein, die heute noch zu sehen sind, stammen wahrscheinlich aus dem Hauptbau (Abb. 44). De Vaux meinte, einige dieser Bauelemente kämen von einem Säulengang, der im Innenhof des Hauptbaus, zwischen den Loci 35 und 49, stand.[81] Neben der lokalen Gebrauchskeramik und Glasgefäßen fand man zahlreiche Beispiele erstklassiger Ware, etwa schöne Steingefäße – ein Hinweis auf den vergleichsweise hohen wirtschaftlichen Status der Besitzer Qumrans.[82]

Der Innenhof war umgeben von Hallen und Räumen; zu ihnen gehörte die lange, schmale Halle (Locus 30), die de Vaux als »Scriptorium« (Schreibsaal) deutete (Abb. 45).[83] Aus den Trümmern und Funden geht eindeutig hervor, dass es sich hierbei um einen hochwertigen, gut ausgestatteten zweigeschossigen Bau handelte. Ins zweite Geschoss gelangte man über zwei Treppen: die alte, in hasmonäischer Zeit in der Nähe des Hauptgangs (in Locus 13) errichtete, und eine neue (Locus 35), die wahrscheinlich in herodianischer Zeit in der Südostecke des Innenhofes erbaut wurde.[84] Die neue Treppe, mit einem zentralen quadratischen Pfeiler, bot einen bequemen Zugang zu den Wohntrakten im zweiten Stockwerk auf der Süd- und Ostseite des Innenhofes.

Locus 30, das sog. »Scriptorium«, war angefüllt mit dem Schutt des eingestürzten zweiten Stockwerks, der »verputzte Elemente«, wie de Vaux sie in seinen Grabungstagebüchern nannte, enthielt.[85] Später bezeichnete er diese langen, schmalen Objekte aus Lehmziegeln als »Tische«. Ein Exemplar ist etwa 5 m lang und 50 cm hoch: seine Vorderseite ist nach innen gewölbt und gut

79. Hirschfeld 2000a, S. 687-696.
80. Netzer 1999, S. 32-55; ders. 2001; ders. 2004.
81. Vgl. Magness 2002, S. 69. Zu neueren Informationen über die in Qumran entdeckten architektonischen Details vgl. Humbert 2003, S. 445.
82. Donceel / Donceel-Voûte 1994, S. 7-14. Zur Erörterung der Keramik vgl. Bar-Nathan 2006 und unten.
83. De Vaux 1954, S. 212; ders. 1973, S. 29-33; Magness 2002, S. 60f.
84. Zum Bau dieser Treppe vgl. Magness 2002, S. 122f.
85. »Les éléments plâtrés« nach Humbert / Chambon 1994, S. 302. Ein Foto findet sich bei Roitman 1997, S. 15.

Abb. 44: Zwei Säulenbasen, gefunden im Westflügel von Qumran; Blick nach Osten.

Abb. 45: Das so genannte »Scriptorium« (Locus 30) im Hauptgebäude; Blick nach Süden.

verputzt, während die Rückseite gerade ist und einen unfertigen Eindruck macht. Wahrscheinlich handelt es sich bei diesen Elementen eher um Wandbänke als um Tische. Die Bänke waren möglicherweise Bestandteil der Einrichtung eines *triclinium*, eines privaten Speisezimmers, das der Gutsbesitzer bzw. der Verwalter, seine Familie und seine Gäste benutzten.[86]

Auf der Ebene des Erdgeschosses der Halle Locus 30, unter dem Schutt des Obergeschosses, fand man zwei Tintenfässer, das eine aus Ton, das andere aus Bronze. Im benachbarten Raum Locus 31 wurde ein weiteres Tintenfass aus Ton gefunden (Abb. 46). Insgesamt sind heute neun unterschiedliche Exemplare bekannt, eines davon wurde in Ain-Feshkha gefunden, bei mindestens drei anderen ist unsicher, ob sie tatsächlich aus Qumran stammen.[87] De Vaux betrachtete diese Tintenfässer als Beleg für literarische Tätigkeit; aber sie können ebenso gut vom Besitzer oder seinen Mitarbeitern bei Handelsgeschäften benutzt worden sein. Der Umstand, dass sie unter dem Schutt gefunden wurden, weist darauf hin, dass sie mit der wirtschaftlichen Tätigkeit zusammenhängen, die sich im Erdgeschoss abspielte. Solche Tintenfässer sind kein ungewöhnlicher Fund; zwei Tintenfässer, ähnlich denen aus Qumran, fand man zum Beispiel im »Verbrannten Haus« in Jerusalem, das ein ziemlich gewöhnliches Wohnhaus der Oberschicht war.[88]

Außer dem »Scriptorium« waren noch verschiedene Räume und Installationen, die mit dem täglichen Leben und profanen Tätigkeiten der Bewohner Qumrans zusammenhängen, um den Innenhof des Hauptbaus gruppiert. Auf der Nordseite des Hofes wurde ein großer Raum mit 4,4 × 10 m Grundfläche (Loci 38 und 41) freigelegt. Dieser Raum weist einen gepflasterten Fußboden und mehrere Herde auf; was dafür spricht, dass er zumindest in der herodianischen Periode als Küche diente.[89] Die fertigen Gerichte konnten von Sklaven zum Speisezimmer des Besitzers oder zum außerhalb des Hauptbaus liegenden Speisesaal der Arbeiter (Locus 77) getragen werden.

Die drei Räume südlich des Turmes – die Eingangshalle (Locus 4) und die beiden hinter ihr liegenden Räume (Loci 1 und 2) – sind, wie das »Scriptorium«, oft überinterpretiert worden. Entlang der Wände der Eingangshalle fand man niedrige (etwa 20 cm hohe), verputzte bankartige Flächen (Abb. 47). De Vaux meinte, diese Gebilde seien Bänke und der Raum habe den Leitern der

86. Donceel-Voûte 1992; Donceel / Donceeel-Voûte 1994, S. 27-30. De Vaux' Deutung dieses Raumes als »Scriptorium« und der Putzfragmente als Schreibbänke wurde bereits von Metzger 1959 angefochten. Reich (1995) hat nachgewiesen, dass die Bänke zu schmal waren, um darauf zu liegen. Zum Thema vgl. auch Gunneweg / Balla 2003, S. 29-32 (halten an traditioneller Sicht weitgehend fest: »Scribe Unit«).

87. Gunnweg / Balla 2003, S. 32; Donceel / Donceel-Voûte 1994, S. 31; Cansdale 1997, S. 148; Goranson 1992; ders. 1994. Zu Tintenfässern aus Stein vgl. Magen 2002, S. 175.

88. Avigad 1983, S. 127. Eine andere Auffassung vertritt vgl. Magness 2002, S. 61. Zu Tintenfässern, aus Jordanien vgl. Khairy 1980.

89. De Vaux 1973, S. 7. Ein Foto der Küche findet sich bei Laperrousaz 1976, Tafel V, 14.

Abb. 46: Drei Tintenfässer aus Qumran (mit freundlicher Genehmigung des Palestine Archaelogical Museum, Jerusalem).

Abb. 47: Eingangshalle (Locus 4). Beachte die bankartigen verputzten Flächen entlang der Wände; Blick nach Westen.

religiösen Gemeinschaft als Versammlungsraum gedient.[90] Er vertrat auch die Auffassung, eine kleine in die Westwand eingebaute Nische (Abb. 48) sei eine Nische gewesen, durch die man die Mitglieder der Gemeinschaft, die in diesem Versammlungsraum hinter verschlossener Tür berieten, mit Nahrung oder Wasser habe versorgen können, ohne sie zu stören. Dagegen legte Hartmut Stegemann eine ganz andere Deutung vor. Nach seiner Auffassung gehörten die Loci 1, 2 und 4 zu einer Bibliothek: die Eingangshalle (Locus 4) war ein Leseraum, die beiden anderen Räume (Loci 1 und 2) dienten der Aufbewahrung von Schriftrollen.[91] Stegemann übersieht jedoch, dass zwei wesentliche Elemente antiker Bibliotheken fehlen: große Wandnischen für die Aufbewahrung von Schriftrollen und ein heller, von Säulen umgebener Innenhof bzw. eine Säulenhalle, wo die Schriftrollen gelesen werden konnten.[92] Nach meinem Dafürhalten waren die verputzten »Bänke« in Locus 4, mit einer Höhe von nur 20 cm, zu niedrig, um bequeme Sitze abzugeben; sie dienten eher als Ständer für Gefäße, deren Inhalt zur Lagerung oder zum Verkauf vorgesehen war (Abb. 49).[93] Die »Bänke« und der Fußboden des Raumes waren mit einer dicken Schicht von undurchlässigem Mörtel verputzt; dies spricht dafür, dass der Raum, wenigstens in seiner herodianischen Phase, dazu benutzt wurde, wertvolle Flüssigkeiten wie wohlriechende Öle und Parfüme zu lagern, die möglicherweise in Qumran hergestellt wurden. Die beiden anderen Räume waren vermutlich ebenfalls Vorratsräume.

Im Innenhof und im Hauptbau wurden verschiedene Räume und Installationen hinzugefügt, die mit dem täglichen Leben der Bewohner Qumrans zusammenhingen, z.B. in Locus 34 in der Südostecke des Innenhofes zwei wannen-

90. De Vaux 1973, S. 10 f.; Magness 2002, S. 51. Neuerdings hat Rapuano (2001) gemeint, Loci 1, 2 und 4 seien mit ähnlichen Räumen in der Synagoge des herodianischen Winterpalastes bei Jericho zu vergleichen. Dieser Vorschlag hält einer kritischen Überprüfung nicht stand, denn erstens ist die Identifizierung der Anlage bei Jericho als Synagoge nicht sicher und zweitens sind in der Anlage bei Jericho die entsprechenden Räume weit vom Eingang entfernt, während die in Qumran direkt neben dem Eingang liegen. Die Ähnlichkeit zwischen den Gebäuden ist möglicherweise darauf zurückzuführen, dass bei beiden Dattelpalmbalken mit einer Standardlänge verwendet wurden.
91. Stegemann 1994, S. 59 f. Stegemanns Rekonstruktion des Gebäudes enthält zahlreiche Annahmen, die aus archäologischer Sicht nicht haltbar sind.
92. Zu öffentlichen und privaten Bibliotheken in der Antike vgl. Casson 2001, S. 74 f., 80-82. Ein schönes Beispiel für eine Bücherei mit fünf großen Nischen und einer Säulenhalle ist im Nordpalast von Masada erhalten (Foerster 1995, S. 179). Gideon Foerster hat mich dankenswerter Weise auf diesen wichtigen Fund aufmerksam gemacht. In Qumran ist nichts dergleichen entdeckt worden.
93. Zum Abstellen von Gefäßen auf Ständern entlang den Wänden antiker Behausungen vgl. Hirschfeld 1995, S. 139.

Abb. 48: Nische in der Westmauer der Eingangshalle (Locus 4).

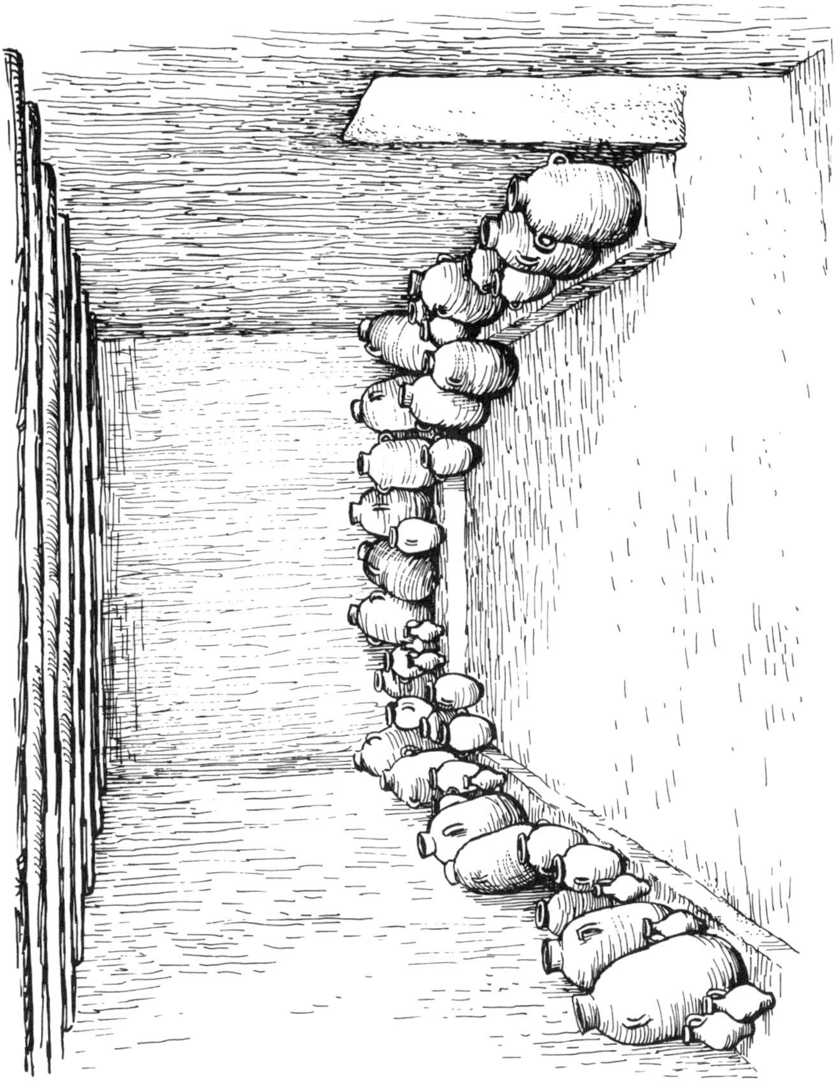

Abb. 49: Rekonstruktionsvorschlag von Locus 4 als Lagerraum für Vorratskrüge.

artige Gebilde bzw. kleine Becken, die als Badewannen dienten.[94] Auf der Ostseite des Hofes wurde eine neue Mikwe (Locus 48/49) eingebaut. Locus 52 diente nach de Vaux als Wäscherei.[95] Eine Grube mit einem Tonrohr im Ostflügel des Hauptbaus (Locus 51) deutete er als Toilette. Magness schreibt dieser »Toilette« eine große Bedeutung zu.[96] Allerdings ist diese Deutung unwahrscheinlich, da die Vorrichtung eine feste Installation ist ohne die zum Spülen notwendigen Wasserkanäle. Die Bewohner des Hauptbaus hätten wohl kaum die Belästigung hingenommen, die eine solche Toilette in unmittelbarer Nähe mit sich gebracht hätte. Wahrscheinlicher ist, dass sie Nachttöpfe benutzten, wie es in der Antike üblich war.[97] Bislang gibt es noch keine überzeugende Erklärung für die Funktion dieser Grube. Alle diese Einrichtungen beweisen jedoch, dass der Hauptbau in Qumran weiterhin als Wohntrakt diente.

Wenn der Hauptbau in Qumran die *pars urbana* war, dann dienten die umgebenden Flügel als *pars rustica*, d. h. als landwirtschaftlich-industrieller Bereich. Diese Folgerung stützt sich auf die Überreste zahlreicher industrieller Installationen und Werkstätten, die man in diesen Flügeln fand. So wurde im Ostflügel des Hauptbaus ein großer Brennofen (Locus 84) entdeckt; er diente wahrscheinlich der Herstellung lokaler Keramikwaren, die man hier fand. Südlich des Hauptbaus fand man die Überreste eines Vorratsraumes (Locus 86/87/89) und einer Weinpresse (Locus 75).[98] Der Vorratsraum, der eine große Zahl von Gefäßen enthielt, war mit einer Halle verbunden, die ein Speisesaal gewesen sein könnte (Locus 77). Diese Halle war groß, lang und schmal; sie maß innen 4,5 × 22 m und hatte eine Fläche von rd. 100 qm (Abb. 50). Sie besaß drei Eingänge. Der erste ist in die lange Nordmauer eingelassen und verbindet die Halle mit dem Hauptbau; die beiden anderen befinden sich in der langen Südmauer; der eine führt zum Plateau im Süden, der andere zum Vorratsraum (Loci 86 und 89, Abb. 51). Die über tausend Keramikgefäße, die man hier fand, weisen auf den Zweck dieses Raumes hin. Sie lagen unter der Trümmerschicht, die auf die Zerstörung Qumrans beim Ersten Jüdischen Aufstand zurückzuführen ist. Dies widerlegt de Vaux' Behauptung, dass die Gefäße aus der Zeit vor dem Erdbeben des Jahres 31 v. Chr. stammen.[99] Die meisten Gefäße sind typisches Tafelgeschirr (Teller, Tassen und Schüsseln); dies deutet darauf hin, dass die große, an den Vorratsraum angrenzende Halle während dieser Periode als

94. Galor 2003, S. 304. De Vaux' Meinung, dies sei eine Installation zum Färben gewesen, ist unbegründet.
95. De Vaux 1973, S. 7.
96. Magness 2002, S. 52 und 105-107; dies. 2004b, S. 63-72; vgl. auch Zias 2004.
97. Die Verwendung von Nachttöpfen ist z. B. für die Wüstenklöster im byzantinischen Palästina bezeugt; Hirschfeld 1992, S. 96 f.
98. Dies vermutet Pfann 1994.
99. Eine Radiokarbon-Analyse der im Schutt gefundenen Deckenbalken von Locus 86 bewies, dass der Aufbewahrungsraum für Gefäße um die Mitte des ersten Jahrhunderts n. Chr. zerstört wurde (Taylor / Higham 1998).

Abb. 50: Speisesaal (Locus 77) im Südflügel; Blick nach Osten.

Abb. 51: Lagerraum (Loci 86/89) südlich des Speisesaals; Blick nach Nordosten.

Hauptspeisesaal diente. Angesichts der großen Zahl der vorgefundenen Gefäße könnten zumindest manche von ihnen dort zu kommerziellen Zwecken aufbewahrt worden sein[100].

Der Vorratsraum ist verhältnismäßig groß (5 × 8,4 m). In der Mitte des Raumes befand sich ein etwa 80 cm hohes pfeilerähnliches Gebilde, und an die Südmauer grenzte eine Art Stützpfeiler. Diese Elemente wurden möglicherweise während des ersten Jahrhunderts n. Chr. eingefügt, um die Decke zu stützen. Eine Reihe ähnlicher Pfeiler fand man im östlichen Teil des Speisesaales. Man hat vermutet, dass diese nicht nur die Decke, sondern auch ein darüber liegendes Stockwerk trugen.[101] Man fand jedoch keine Spur einer Treppe, die das Vorhandensein eines Obergeschosses bezeugen würde. Wahrscheinlich trugen diese Pfeiler, wie die im Vorratsraum, nur die Decke des Erdgeschosses.

Der Speisesaal (Locus 77) diente vermutlich den am Ort lebenden Arbeitern und Sklaven. Die Speisen hätten aus der Küche im Hauptbau geholt werden können. Ähnliche Hallen fand man in mehreren judäischen Anlagen aus späthellenistischer und frührömischer Zeit, z. B. Beth Zur, Khirbet el-Muraq, Horvat Salit, Kalandiya und auf dem Berg Gerizim.[102] Der Umstand, dass Qumran an der wichtigen Straße vom südlichen Toten Meer nach Jerusalem lag, spricht dafür, dass der Speisesaal auch von Pilgern und anderen Reisenden benutzt wurde.

Der bedeutendste Anbau war der Westflügel, der das Areal Qumrans fast um das Doppelte vergrößerte (Abb. 52).[103] Dieser etwa 2.400 qm umfassende Flügel enthält einen Stall im Süden, industrielle Einrichtungen, Werkstätten und Vorratsräume um die runde Zisterne in der Mitte, ein rituelles Reinigungsbecken (Locus 138) sowie nördlich davon einen offenen Platz (Loci 132 und 135), der wahrscheinlich als Garten zu deuten ist. Das Becken und der Garten waren von einer Umfassungsmauer umgeben.

Der Westflügel lag an den Ufern eines steil abfallenden, von Norden nach Süden fließenden kleinen Kanals. Um die äußere Westmauer zu verstärken, errichtete man entlang ihrem Fundament eine 1,5 – 2 m breite Stützmauer. Die schmale Oberfläche der Stützmauer gewährte Zugang zu einem offenen Platz (Locus 103), von dem aus man die verschiedenen Gebäude des Westflügels betreten konnte. Ein nördlicher Eingang führte zu Locus 111, ein zweiter Eingang östlich davon zu Locus 101, und eine Öffnung im Süden führte zum Hof (Locus

100. Zur neueren Debatte um die Funktion des Raums Loc. 86 bzw. 89 vgl. Pfann 2006, S. 162-164 und Humbert 2006, S. 30-39.
101. Magness 2002, S. 122 f. schreibt, die Treppe im Hauptbau (Locus 35) müsse »Zugang zu einem zweiten darüber liegenden Stockwerk … L 77 gewährt haben«. Der Speisesaal Locus 77 liegt jedoch außerhalb des Hauptbaus und ist von der Treppe im Hauptbau rd. 15 m entfernt.
102. Zu diesen Anlagen vgl. Berlin 1997; Hirschfeld 1995.
103. Magness (2002, S. 53) bezeichnet diesen Bereich als »westlichen Sektor«.

Abb. 52: Luftaufnahme des Westflügels von Qumran; Blick nach Osten.

96) vor dem Stall (Locus 97). Ein weiterer Eingang ermöglichte vom südlichen Plateau aus einen getrennten Zugang zum Hof.

Als Stall diente ein langer, schmaler Bau (etwa 3 × 18 m) mit einer Tür an seiner Nordostecke (Locus 97). Seine Mauern sind schwach; es war vermutlich nur eine leichte Konstruktion, die etwa einem Dutzend Lasttieren (Mauleseln und Eseln) und vielleicht einer oder zwei Kühen Obdach bot. Vom Hof vor dem Stall gelangte man durch eine Tür in einen kleinen Raum (Locus 104), der zu dem offenen Platz zwischen dem Westflügel und dem Hauptbau führte (Locus 99). Die große Zahl von Zugängen und offenen Bereichen weist darauf hin, dass Qumran in der herodianischen Periode keine Festung mehr war, sondern eine zivile Anlage.

Auch die Räume des Westflügels um die runde Zisterne (Locus 110) dienten als Wohntrakte, Vorratsräume, industrielle Installationen und Werkstätten. Die Zisterne selbst lag im Mittelpunkt eines offenen Hofes (9 × 10 m). Nordwestlich davon fand man einen kleinen Vorratsraum mit Keramikgefäßen (Locus 114). In Locus 113, südlich der runden Zisterne, führte eine gut erhaltene Treppe (Abb. 53) zu den Wohntrakten im Obergeschoss des Westflügels.[104]

Den westlichen Teil des Westflügels nahm ein großer, stabiler Bau mit den Außenmaßen 12 × 20 m ein. Dieser Bau enthielt vier Räume, zwei in Nord-Süd-Ausrichtung und zwei in Ost-West-Ausrichtung. Einen der nord-südlich ausgerichteten Räume hielt de Vaux für einen Hof, ohne dafür allerdings einen triftigen Grund zu haben.[105] Von diesem großen Raum (5 × 13,5 m) aus hatte man Zugang zu zwei weiteren Räumen, nördlich zum Locus 120 und westlich zum Locus 121. Unter dem Fußboden von Locus 120 entdeckte man einen Hort von tyrischen Silberdrachmen (siehe unten), und in Locus 121 fand man drei flache Becken. Der Raum in der Nordwestecke hat keine Tür und wurde vermutlich vom Obergeschoss aus über eine Leiter betreten. Jodi Magness nimmt an, im Obergeschoss über Locus 111 habe es einen zweiten Speisesaal gegeben, doch ist diese Annahme unbegründet. Sie behauptet, die Keramikansammlung in Locus 114 müsse »mit einem in der Nähe liegenden gemeinschaftlichen Speisesaal zusammenhängen«.[106] Die große Zahl der in Locus 114 gefundenen Keramikgefäße könnte aber ebenso gut auf einen Vorratsraum hinweisen. Die Treppe in Locus 113 beweist, dass der vierräumige Bau zweigeschossig war. Das Obergeschoss diente vielleicht Wohnzwecken; wegen der langen, schmalen Form des Raumes könnte dies der Schlafsaal der Sklaven gewesen sein.

104. Obwohl heute von dieser Treppe nichts mehr vorhanden ist, ist sie auf den Ausgrabungsfotos deutlich zu sehen (Humbert / Chambon 1994, Fotos 227, 231 und 236). Aufgrund ihrer Entdeckung vermutete de Vaux (1973, S. 28) richtig, dass es im Westflügel ein Obergeschoss mit Wohnräumen gegeben haben musste. In seiner Darstellung der Wohntrakte in Qumran erwähnt Broshi 2001, S. 168 diese Tatsachen mit keinem Wort.
105. De Vaux 1973, S. 8. Magness (2002, S. 53) schließt sich de Vaux an.
106. Magness 2002, S. 125.

Abb. 53: Treppenaufgang zum zweiten Stock im Westflügel (mit freundlicher Genehmigung der École Biblique).

Das offene Areal nördlich des Westflügels umfasste den Garten (Loci 130, 132 und 135), ein rituelles Reinigungsbecken (Locus 138) und weitere Räume wie Loci 133, 129, 140 und 141. Dieses mindestens 1.000 qm große Areal war von einer Umfassungsmauer umgeben. Dass es einen Garten gab, wissen wir von de Vaux. Nach seiner Auffassung wurde dieser Bereich Qumrans während des Erdbebens 31 v. Chr. überschwemmt, und weil das Wassersystem während der vermeintlichen 30jährigen Besiedlungslücke vernachlässigt wurde, sammelte sich eine bis zu 75 cm hohe Schlammschicht an.[107] Dieser Schlamm breitete sich angeblich bis in die Nordwestecke Qumrans aus und legte sich über eine Ascheablagerung, die de Vaux auf eine durch das Erdbeben von 31 v. Chr. verursachte Feuersbrunst zurückführte. Wie wir bereits festgestellt haben, gibt es jedoch keinen Beleg für einen Erdbebenschaden oder für eine Besiedlungslücke.

Andererseits passt de Vaux' Beschreibung seiner Funde hier sehr gut zu dem, was wir über antike Gärten wissen. Wiederverwertung bzw. Recycling war für die Menschen der Antike eine gern geübte Praxis. Die Asche, die man zusammen mit anderem organischem Material fand, ist Abfall aus dem Alltag der Bewohner Qumrans, und der Schlamm hatte sich in den Ablagerungsbehältern der Wasserreservoirs angesammelt. Die vielen Terrassen, die ich in En-Gedi ausgrub, enthielten ebenfalls Schichten von Asche und anderem organischem Material, die von Schlamm überlagert waren. Beide Stoffe wurden bewusst als Dünger verwendet. Deshalb ist es wahrscheinlich, dass die Umfassungsmauer einen Garten umschloss, den die Bewohner Qumrans bebauten.

Im südlichen Teil des Gartens, in den Loci 130 und 132, nördlich des vier Räume umfassenden Baus, fand de Vaux Mengen von Keramik, darunter einige intakte Gefäße, und Tierknochen, alles miteinander vermischt und zusammen mit Asche im Boden vergraben (Abb. 54).[108] Die Tierknochen stammten hauptsächlich von Schafen und Ziegen, aber auch von Rindern oder Ochsen.[109] De Vaux und andere Vertreter der Qumran-Essener-Hypothese messen den Tierknochen, die man im Garten und in verschiedenen anderen Teilen der Anlage fand, große Bedeutung bei. Laut de Vaux wurden diese Knochen in »Depositorien« gefunden – für ihn ein Beweis dafür, dass die Mahlzeiten »eine religiöse Bedeutung hatten«.[110] Auch Magness behauptet, die Tierknochen seien die Überreste ritueller Mahlzeiten, die »den Opfern im Tempel entsprachen«.[111] Aber dies trifft nicht unbedingt zu. Ein Ausgrabungsfoto erweckt eher den Eindruck einer Müllhalde. Manche Töpfe hatten sogar noch einen Deckel. Tierknochen fand man in über 30 Keramikkrügen, die die Bewohner Qumrans im

107. De Vaux 1973, S. 23; vgl. auch Magness 2002, S. 56 f.; Rohrhirsch / Röhrer-Ertl 2001, S. 169.
108. De Vaux 1973, S. 12-14; vgl. nun auch die Studie von Donceel 2005.
109. Zu den in Qumran gefundenen Tierknochen vgl. schon Zeuner 1960, S. 28-30.
110. De Vaux 1973, S. 27; Laperrousaz 1976, S. 218 f. und die von Randall Price vorveröffentlichten Befunde.
111. Magness 2002, S. 119.

Abb. 54: Keramikgefäße, Asche und Tierknochen in Fundlage im Gartenbereich (mit freundlicher Genehmigung der École Biblique).

weichen Boden ihres Gartens vergraben hatten (Abb. 55). Ein weiterer, kleinerer Behälter mit Tierknochen und Keramik wurde im östlichen Teil Qumrans – in dem dreieckigen Bereich zwischen dem Hauptbau und der langen Mauer – gefunden (Loci 44 und 80). Bei ihrer Ausgrabung der langen Mauer fanden Magen und Peleg neuerdings etwa acht weitere intakte Krüge aus dem ersten Jahrhundert n. Chr., die man absichtlich in rd. 1 m Tiefe vergraben hatte.[112] Auch Broshi und Eshel fanden bei ihren Ausgrabungen intakte Keramikgefäße, die bei den Höhlen nördlich von Qumran vergraben waren.[113]

Was bedeutet dieses Phänomen? Nach meinem Dafürhalten hängt es mit der Sorge des jüdischen Volkes um rituelle Reinheit in der Zeit des späten Zweiten Tempels zusammen. Die Weisen des Talmud spotteten ein bisschen über diese Manie, wenn sie sagten, in Israel sei »die Reinheit ausgebrochen«.[114] Die Diskussion über das Problem der Reinheit und der Übertragung von Unreinheit auf Gefäße und Materialien beginnt schon in der Bibel (Lev 11,32 f.; Num 31,22 f.). Weil man glaubte, Keramik könne Unreinheit annehmen (etwa durch Berührung mit Totem oder anderen unreinen Dingen), musste man eine Lösung finden, um die große Zahl unreiner Gefäße zu beseitigen. Steingefäße hingegen galten als immun gegen Unreinheit; deshalb findet man solche Gefäße in den meisten Anlagen aus der Zeit des Zweiten Tempels, auch in Qumran. Mit Fragen der Reinheit befassten sich damals jedoch keinesfalls nur sektiererische Gruppen, sondern weite Teile der Bevölkerung insgesamt.

Und wie steht es mit den Knochen? Magness meint, die Tierknochen seien übrig geblieben nach gemeinschaftlichem Fleischverzehr, der den Opfern im Tempel gleichen sollte: »Sie setzten die Überreste der Tiere *sorgfältig* [Hervorhebung von mir] in oder unter Topfscherben bzw. Töpfen bei.«[115] Kann dies richtig sein, wenn die Haufen von Knochen in Qumran auf Fotos wie ein Müllplatz aussehen? Wahrscheinlicher ist, dass die Bewohner die Überreste ihres Fleischverzehrs vergruben, damit nicht wilde Tiere durch den Geruch angelockt wurden. Die Untersuchung der Gärten im Winterpalast bei Jericho und der bebauten Terrassen bei En-Gedi hat auch ergeben, dass Tierknochen häufig zur Verbesserung des Bodens verwendet wurden.[116] Auch in Pompeji beobachtete man, dass die Überreste gewöhnlicher Mahlzeiten in den Gärten von Privathäusern vergraben wurden.[117] Ein weiterer wichtiger Punkt ist, dass die Tier-

112. Diese Krüge wurden veröffentlicht bei Magen 2002, S. 139; Magen / Peleg 2006, S. 94-96.
113. Broshi und Eshel 1999b, S. 336 fanden die vollständig erhaltenen Gefäße mit einem Metalldetektor unmittelbar unter dem Oberfläche. Vermutlich waren die Gefäße absichtlich vergraben worden, weil man sie für unrein hielt.
114. Tosefta Schabb. 1,14; Jerusalemer Talmud Schabb. 1,3b. Vgl. die umfassende Untersuchung bei Magen 2002, S. 138-147.
115. Magness 2002, S. 121.
116. Gleason 1993, S. 159-167 für Jericho; Hadas 2002, S. 23 für En-Gedi.
117. Jashemski 1979, S. 95 f. und 211-218; dies. 1987, S. 70.

Abb. 55: Tierknochendepot aus Locus 130 zur Zeit der Grabungen de Vaux' (mit freundlicher Genehmigung der École Biblique).

knochen in einer Siedlung gefunden wurden, die angeblich von Essenern bewohnt wurde. Nach Josephus (Antiquitates 15,371) befolgten die Essener eine »pythagoreische Lebensweise«, die asketisch und hauptsächlich durch Vegetarismus gekennzeichnet war. Es ist daher absurd anzunehmen, dass die Bewohner Qumrans, die offensichtlich Fleisch aßen, gleichzeitig Essener waren. Es bleibt nur die Schlussfolgerung: Wenn Tierknochen beigesetzt wurden, hatte dies einen praktischen Grund – den Boden, den die Bewohner bebauten, zu düngen.

Das Ritualbad (Locus 138) am westlichen Ende des Gartens bildete eine isolierte Anlage (Abb. 56). In seiner Nähe fand man ein kleines Tor (Locus 139), das wahrscheinlich ein Dienstbotengang für die Gärtner war. Die Mikwe ermöglichte es ihnen, sich vor und nach ihrer Arbeit zu reinigen, und gewährleistete dadurch die rituelle Reinheit ihrer Erzeugnisse. Dass Mikwen in der Nähe landwirtschaftlicher Installationen liegen, ist ein Phänomen, das wir auch aus anderen jüdischen Anlagen dieser Zeit kennen. Eine Mikwe in der Nähe des Zugangs zu Qumran hätte es auch Besuchern ermöglicht, sich vor dem Betreten der Anlage notfalls zu reinigen.

Abbildung 57 zeigt eine Rekonstruktion des vermutlichen Aussehens der Anlage während der herodianischen Periode. In ihrem Zentrum stand der Hauptbau, dessen Turm sich drei oder vier Stockwerke hoch erhob; er war umgeben von verschiedenen Flügeln, die als Wohnungen und Werkstätten dienten. Eine Analyse der Überreste ergibt, dass Qumran einen zivilen Charakter hatte und höchstwahrscheinlich – wie ähnliche Anlagen der herodianischen Zeit in Judäa– als Mittelpunkt eines Landgutes diente.[118]

Das Wasserversorgungssystem

Im Zuge der Vergrößerung Qumrans wurde auch das Wasserversorgungssystem beträchtlich erweitert. Dieses System besteht aus einer Reihe von Mikwen und Reservoirs. Sie sind durch einen zentralen Kanal (Abb. 58) miteinander verbunden, der die winterlichen Hochwasser mittels eines im nahen Wadi Qumran beginnenden Aquädukts ableitete.[119] Eine Berechnung des Fassungsvermögens aller Mikwen und Reservoire einschließlich der runden Zisterne ergibt, dass in Qumran die beträchtliche Menge von rd. 1.200 cbm Wasser gespei-

118. Hirschfeld 1998, S. 161-164.
119. Zu Darstellungen des Aquädukts von Qumran vgl. Strobel 1973; Humbert / Chambon 1994, S. 342; Ilan / Amit 2002. Obwohl Ilan und Amit (ibid., S. 385) die Anfänge des Aquädukts in die Eisenzeit und die hasmonäische Periode datieren, ist Humberts Datierung des Aquädukts in die herodianische Periode (Schicht III, Humbert 1994, S. 182 f.) nach meinem Dafürhalten vorzuziehen. Zu einer ausführlichen Darstellung des Wassersystems von Qumran vgl. Galor 2002; dies. 2003.

Abb. 56: Die Mikwe (Locus 138) am westlichen Ende des Gartens; Blick nach Südosten.

Abb. 57: Rekonstruktionsvorschlag der Anlage während der herodianischen Periode (Stratum III).

Abb. 58: Die Hauptwasserzuleitung von Qumran; Blick nach Nordwesten.

chert werden konnte. Diese Menge war nicht außergewöhnlich, wenn man sie mit der Speicherkapazität anderer Anlagen in der Judäischen Wüste vergleicht.[120] So betrug in den relativ kleinen befestigten Palästen von Dok und Kypros (westlich von Jericho) die Kapazität 2.100 cbm bzw. 6.000 cbm, und größere Anlagen wie Hyrkania und Masada verfügten über eine Kapazität von 16.000 cbm bzw. 46.500 cbm.[121]

Das Wasserversorgungssystem Qumrans beruht wie das von Hyrkania und Masada auf den seltenen und plötzlichen Hochwassern, die in der Wüste fast jeden Winter auftreten. Ein Wasserversorgungssystem muss darum imstande sein, in sehr kurzer Zeit große Wassermengen aufzunehmen. Besondere Vorrichtungen waren nötig, um das Wasser der Wadis aufzufangen; jedes Reservoir und Becken brauchte einen Setzbecken, in dem sich der im Wasser enthaltene Schmutz absetzen konnte, und eine Überlaufvorrichtung. Die Konstruktion eines solchen Systems erforderte nicht nur umfassende hydrologische Kenntnisse, sondern auch große finanzielle Mittel. Wegen der starken Überflutungen musste das System zudem fortlaufend gewartet und repariert werden. All dies deutet darauf hin, dass der Besitzer Qumrans wohlhabend war.[122]

Heute ist das Wassersystem Qumrans freigelegt und erregt sofort die Aufmerksamkeit der Besucher. In der Antike war es jedoch weitgehend unter den Fußböden und Mauern der Gebäude verborgen, und das Wasser war unsichtbar, wenn man von den wenigen Stunden im Jahr absieht, in denen es durch den Kanal hereinströmte.

Wo der Kanal die Nordwestecke des Westflügels (Locus 136) erreichte, befand sich ein Schleusentor.[123] Diese Vorrichtung – drei Steine im Abstand von je 20 cm – sollte den Abfall, den die Flutwasser mit sich führten, abfangen (Abb. 59). Der Wasserkanal führt an der ersten Mikwe (Locus 138) vorbei durch den Garten (Loci 130, 132, 135) bis zum Nordende der runden Zisterne (Locus 110). Der Kanal war mit dem gleichen wasserdichten Mörtel verputzt wie die Becken und Reservoire. Einige Steinplatten, die den Kanal abdeckten, sind noch heute in situ zu sehen.

Während der Kanal die Osthälfte der runden Zisterne umfließt, füllt er zwei weitere Mikwen (Loci 117 und 118). Diese Mikwen wurden wahrscheinlich von den Bewohnern des Westflügels benutzt. Südlich der runden Zisterne fließt der Kanal weiter in südöstlicher Richtung bis zum großen Reservoir (Locus 91) im

120. Hidiroglou 2000a, S. 139; dies. 2000b. Nach Wood 1984, S. 57, Tabelle 1 betrug die Speicherkapazität in Qumran 1.127 cbm (dabei sind kleine Becken und Ablagerungsbehälter, die nur 3-5 cbm fassten, inbegriffen). Meine Messungen in Qumran ergeben, dass das Fassungsvermögen insgesamt rd. 1.200 cbm betrug.

121. Zu den Wassersystemen der Festungen in der judäischen Wüste vgl. Garbrecht / Peleg 1994, bes. die Tabelle auf S. 169.

122. Zu den hydrologischen Kenntnissen der Erbauer Qumrans vgl. etwa Humbert 1994, S. 182 f.

123. Hier folge ich der Darstellung von Galor 2003.

Abb. 59: Schleusentor der Hauptwasserzuleitung beim Eintritt in die Anlage.

Süden Qumrans. Bevor das Wasser das Reservoir füllte, wurde es in einem kleinen Setzbecken (Locus 83) gereinigt.

Der Hauptkanal fließt dann ostwärts weiter in das große rechteckige Bassinr (Loci 56 und 58). Diese Verbindung einer Mikwe mit einem Reservoir wurde, wie wir gesehen haben, in der hasmonäischen Periode im Untergeschoss des Gebäudes eingerichtet. Kurz bevor der Kanal die Mikwe von Locus 56 erreicht, gabelt er sich, und ein Seitenarm führt zu drei Becken (Loci 55, 57 und 59) an der Südmauer der Mikwe.

Der Hauptkanal führt um die Nordostecke von Locus 58 herum und fließt dann südwärts weiter, um nacheinander vier kleine Becken (Loci 68, 69, 70 und 72) sowie die größte Mikwe Qumrans, Locus 71, am Südostende der Anlage zu füllen. Von der Nordostecke des Locus 58 zweigt ein Nebenkanal nordwärts ab, um die Mikwe (Locus 48/49) unter dem Ostflügel des Hauptbaus zu versorgen. Der Umstand, dass der Hauptkanal alle Teile des Baus miteinander verbindet, spricht dafür, dass das Wasserversorgungssystem in seiner größten Ausdehnung aus in herodianischer Zeit stammt.[124]

Man muss unterscheiden zwischen Reservoiren, die die Versorgung mit Trinkwasser sicherten, und Mikwen, die der rituellen Reinigung dienten. Verschiedene Forscher haben alle Reservoire und Stufenbecken in Qumran als Mikwen gedeutet.[125] Angesichts der Wüstenlage Qumrans und seiner Größe, die auf eine starke sesshafte Bevölkerung hinweist, ist es jedoch schwierig, diese Deutung zu übernehmen. Die etwa 120 cbm fassende runde Zisterne hätte nicht ausgereicht, um wenigstens 70 Menschen ein ganzes Jahr lang mit Trinkwasser zu versorgen.

Das herodianische Qumran hatte wahrscheinlich zwei große Reservoire, die – zusammen mit der runden Zisterne – der Speicherung von Trinkwasser für Menschen und Tiere, vielleicht auch der Bewässerung, dienten. Eines davon (Locus 58) ist das Reservoir, das während der Hasmonäerzeit unter dem Südflügel des Hauptbaus errichtet wurde.[126] Sein Fassungsvermögen betrug 123 cbm. Das

124. Dass de Vaux die Wasserinstallationen verschiedenen Besiedlungsschichten zuweist, ist unakzeptabel, weil stratigraphische Unterlagen fehlen; vgl. Galor 2003, S. 307 f.

125. Reich 2000 zählt in Qumran 10 Mikwen zur rituellen Reinigung (6 für Menschen und 4 für Gefäße), so dass nur die runde Zisterne als Trinkwasserreservoir übrig bleibt, vgl. auch Reich 1990, S. 306-318; Galor 2002, S. 43 f. Die Schlussfolgerung Galors, »auf klare Unterscheidungen zwischen den Becken, die als Zisternen dienten, und denen, die zur rituellen Reinigung benutzt wurden, zu verzichten«, ist kaum zu akzeptieren. Gutes Trinkwasser war für Menschen in der Antike ebenso wichtig wie für heutige Menschen. Bei starker Trockenheit konnten die Bewohner Qumrans Wasser aus den Quellen von Ain-Feshkha holen.

126. Wood 1984, S. 52 meinte, der Komplex Locus 56/58 sei ursprünglich als Mikwe gebaut worden; erst später habe man sich dafür entschieden, beide Teile durch eine Quermauer abzuteilen. Die Trennmauer zwischen Locus 56 und Locus 58 wurde jedoch, wie es scheint, bereits in der ursprünglichen Bauphase eingezogen.

zweite Wasserreservoir (Locus 91) ist mit einem Fassungsvermögen von 345 cbm das größte in Qumran (Abb. 60). Das Fassungsvermögen dieser beiden Reservoire, zusammen mit dem der runden Zisterne, betrug rd. 588 cbm, d. h. 49 Prozent der gesamten Wassermenge, die in Qumran gespeichert werden konnte. Das große Reservoir (Locus 91) im südlichen Teil der Anlage hat wie das Reservoir unter dem Hauptbau einen langen, schmalen, rechteckigen Grundriss (Abb. 61). Obwohl die beiden Reservoire verschieden lang sind, ist ihre Breite ähnlich: 4-5 m. Die doch recht geringe Breite lässt darauf schließen, dass die Reservoire mit hölzernen Balken vermutlich aus Stämmen von Dattelpalmen überdacht waren. Als Locus 91 freigelegt wurde, stellte man fest, dass er vollständig mit Trümmern angefüllt war, die noch heute zu sehen sind; sie gehen auf die Zerstörung des darüber liegenden Gebäudes während des Ersten Jüdischen Aufstands zurück. Wir wissen dies, weil die römischen Soldaten, die nach dem Aufstand in Qumran lebten, ihren Wasserversorgungskanal an diesen Trümmern vorbei bauten. Auch dieser Kanal ist heute noch zu sehen. Aufgrund der Trümmermenge kann man annehmen, dass über dem Reservoir eine große Halle mit dem gleichen Grundriss lag. Diese Baumethode brachte einen doppelten Vorteil: sie schirmte das Wasser gegen die Sonne und die Hitze der Wüste ab, und sie vergrößerte den für Wohnzwecke verfügbaren Platz erheblich. Wie effektiv diese Methode ist, zeigt sich bis heute in den Wüstenklöstern, wo die Wohntrakte des Erdgeschosses über großen Reservoiren liegen. Ein gutes Beispiel für diese praktische architektonische Lösung ist das Reservoir des Antoniusklosters (Deir Mar Antonius) in der östlichen Wüste Ägyptens (Abb. 97, farbig). Über dem mit hölzernen Balken überdachten Reservoir liegen Räume und Hallen, die zur Klosteranlage gehören.

Die Verdunstungsrate im Gebiet um das Tote Meer ist die höchste in Israel; sie erreicht bis zu 3 m pro Jahr.[127] An einem Ort wie Qumran, der keine permanente Wasserquelle besitzt, war es daher unerlässlich, die Wasseranlagen mit einer soliden Überdachung zu versehen, um sie zu isolieren. Eine Überdachung der Reservoire mit leichtem, unbeständigem Material, was manche angenommen haben, wäre jedoch unwirksam gewesen.[128] Die Stufenbecken und Reservoire in Qumran waren von Mauern umschlossen, und – wie die übrigen Bauten der Anlage – überdacht mit Balken, die mit Schichten von Schilf, Stroh und Schlammmörtel bedeckt waren. Die Reservoire und Mikwen in Anlagen aus derselben Zeit (etwa die in den Untergeschossen der Häuser in Jerusalem) waren in überdachte Bauten einbezogen.[129]

Neben den Reservoiren, die Qumran mit Trinkwasser versorgten, gab es mindestens zehn mit Stufen versehene Becken. Vier davon (Loci 48/49, 56, 117

127. Gat / Karni 1998, S. 261.
128. Vgl. etwa die Rekonstruktionen Qumrans bei Humbert 2000, S. 141 oder Ilan / Amit 2002, S. 386.
129. Magness 2002, S. 152 f.

Abb. 60: Das größte Wasserreservoir Qumrans (Locus 92).
Beachte die Säulentrommel am Fuß der Schuttverfüllung; Blick nach Norden.

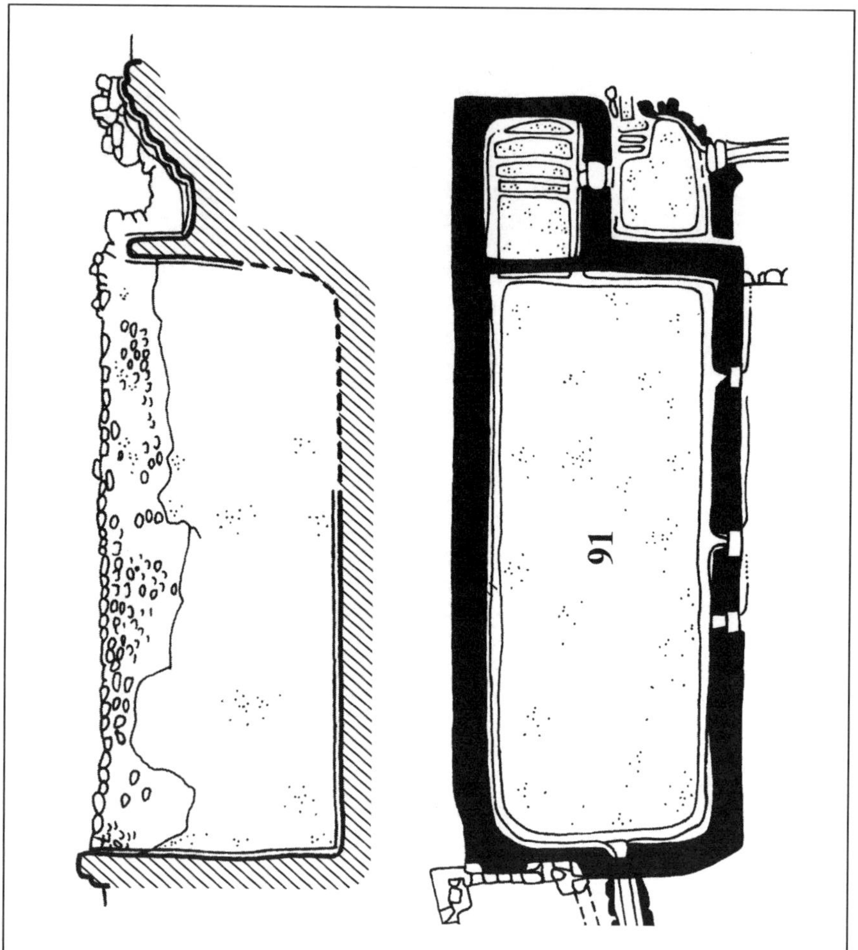

Abb. 61: Querschnitt und Grundriss des Reservoirs (Locus 91).

und 118) gleichen in ihrem Grundriss, ihren architektonischen Details und ihrer technischen Ausführung stark Mikwen mit Stufen, wie man sie in Jerusalem und anderen jüdischen Orten in Judäa und Galiläa – z.B. Sepphoris und Gamla – fand. Einige Unterschiede zwischen den Mikwen Qumrans und denen anderer Anlagen sind auf lokale geographische Bedingungen zurückzuführen. So wurden in Jerusalem die Mikwen aus dem harten Kalkstein-Untergrund der Häuser herausgehauen. Diese Anlagen waren in der Regel kleiner und schmaler als die von Qumran, die in die weiche Mergelschicht des Plateaus hinein gegraben wurden. Die meisten Mikwen in Qumran haben ein Fassungsvermögen von rd. 50 cbm – doppelt so viel wie die größeren Mikwen in Jerusalem. Dies ist darauf zurückzuführen, dass die Wasserinstallationen Qumrans in der Wüste lagen und sich rasch mit schmutzigem Überschwemmungswasser füllten. Der Schlamm lagerte sich auf dem Boden der Mikwe ab, ohne die Benutzer zu stören: Diese brauchten, wenn die Mikwe voll gefüllt war, nur zwei oder drei Stufen hinab zu steigen und konnten trotzdem völlig untertauchen.[130]

Obwohl die Mikwen Qumrans in Stratum III über die ganze Anlage verstreut sind, scheint ihre Verteilung nicht willkürlich zu sein, sondern vielmehr mit den Wohntrakten des Hauptbaus und des Westflügels und mit den Werkstätten zusammenzuhängen. So diente die größte Mikwe (Locus 71) am südöstlichen Ende des Komplexes wahrscheinlich der Töpferwerkstatt und wurde auch von Leuten benutzt, die Qumran von Osten – über den Friedhof – betraten.[131] Die Mikwe im Nordwesten (Locus 138) wurde wahrscheinlich von den Gärtnern und von Leuten benutzt, die den Komplex durch den Nordwestgang betraten.

Die Mikwen Qumrans gleichen dem Jerusalemer Typ, bei dem die Treppe die gesamte Breite des Beckens einnimmt, nicht dem im nahen Jericho üblichen Typ, bei dem an eine oder zwei Seiten des Beckens eine schmale Treppe angebaut ist.[132] Mehrere andere technische Details, wie Bauweise und handwerkliche Ausführung, verbinden die Anlagen Qumrans eher mit der Bautradition Jerusalems als mit der Jerichos.

Bei einigen Mikwen Qumrans ist in der Mitte der Treppe eine einfache, doppelte oder dreifache Scheidewand eingebaut, die den Eingang vom Ausgang trennt. Wahrscheinlich wollte man dadurch den Kontakt vermeiden zwischen unreinen Personen, die die Mikwe betraten, und reinen Personen, die sie verließen.[133] Mikwen mit Scheidewänden finden sich hauptsächlich im Gebiet von Jerusalem. Man hat vermutet, dass Mikwen mit Scheidewänden (und manchmal auch mit doppeltem Eingang) für Priester vorgesehen waren, die einen hö-

130. Reich 2000, S. 728-730.
131. Magness 2002, S. 127.
132. Reich 2000, S. 729. Zu den Mikwen Qumrans vgl. auch Murphy 2002, S. 297-299. Nach Wood 1984, S. 49-51 sollten die breiten Treppen in Qumran das Einsteigen und Aussteigen erleichtern, woraus sich ergibt, dass sie zum Untertauchen benutzt wurden.
133. Magness 2002, S. 145.

heren Reinheitsgrad einhalten mussten.[134] *Falls* dies zutrifft, könnte man die zahlreichen Mikwen mit Scheidewänden in Qumran unter dem Gesichtspunkt betrachten, dass die Besitzer möglicherweise priesterlich orientiert waren.

Vier Mikwen in Qumran liegen in den Wohnbereichen des Komplexes, zwei (Loci 56 und 48/49) im Hauptbau und zwei (Loci 117 und 118) im Westflügel (Abb. 62). Das Bad in der Mikwe war ein intimer Vorgang; deshalb wurde sie in einem geschlossenen Raum, wahrscheinlich ohne Fenster, errichtet (Abb. 63). Die Decke musste so hoch sein, dass man die Mikwe aufrecht betreten konnte.

Die in der Hasmonäerzeit erbaute Mikwe auf der Südseite des Hauptbaus (Locus 56) wurde unverändert weiter benutzt. Man betrat diese Mikwe, die ein Fassungsvermögen von rd. 50 cbm hat, von Westen. Die Mikwe auf der Ostseite des Hauptbaus (Locus 48/49) fasst 47 cbm (Abb. 64).[135] Ihre breite Treppe, die man von Süden betrat, wurde einige Zeit nach der Aufgabe der Anlage durch ein Erdbeben, nicht jedoch durch das Erdbeben des Jahres 31 v. Chr., wie de Vaux meinte, beschädigt. In der Südostecke, neben dem Eingang, befindet sich eine Badewanne (Locus 34), in der Benutzer der Mikwe sich vor der rituellen Reinigung waschen konnten. Die enge Verbindung einer Badewanne mit einer Mikwe kennen wir auch aus anderen jüdischen Anlagen in Judäa.[136]

Die beiden Mikwen im Westflügel (Loci 117 und 118) sind gut erhalten. Sie liegen dicht beieinander, und ihre Ähnlichkeit beweist, dass sie zur gleichen Zeit erbaut wurden (Abb. 65). Ihr Fassungsvermögen beträgt 56 bzw. 50 cbm.[137] Locus 117 liegt östlich der runden Zisterne, und Locus 118 schließt sich nördlich davon unmittelbar an. Locus 118 konnte nur von Locus 117 aus betreten werden.[138] Doppel-Mikwen sind in Jerusalem allgemein üblich. Man hat vermutet, sie seien von verschiedenen Gruppen benutzt worden: die eine Mikwe von Männern, die andere von Frauen, oder die eine von der Familie, die andere von der Dienerschaft. Magness vermutet, Doppel-Mikwen seien nicht gleichzeitig benutzt worden.[139] Während des langen, trockenen Sommers in Qumran öffnete man vielleicht die zweite Mikwe, wenn die erste kaum noch Wasser enthielt oder wenn deren Wasser zu stark verschmutzt war.

Zwei oder drei Mikwen wurden im industriellen Bereich am Südostende der Anlage freigelegt. Eine davon ist Locus 68. Mit einem Fassungsvermögen von 8,4 cbm ist sie ziemlich klein und besitzt zwei einander gegenüber liegende

134. Regev 1996b; Reich 2000, S. 731.
135. Galor 2003, S. 293, Tabelle 1 macht Angaben zum Fassungsvermögen aller Becken in Qumran.
136. Reich 1990, S. 129 f. Diese Verbindung findet sich z. B. in Ramat Hanadiv; Hirschfeld 2000a, S. 22-24.
137. Nach Galor 2003, S. 293, Tabelle 1 fasst Locus 117 nur 39 cbm und Locus 118 nur 45,6 cbm.
138. Hier vertrete ich eine andere Auffassung als Magness (2002, S. 148), die annimmt, man habe Locus 118 durch den von de Vaux so bezeichneten Locus 119 *bis* betreten.
139. Magness 2002, S. 149. Netzer 2002b hat kürzlich die gleiche Auffassung vertreten.

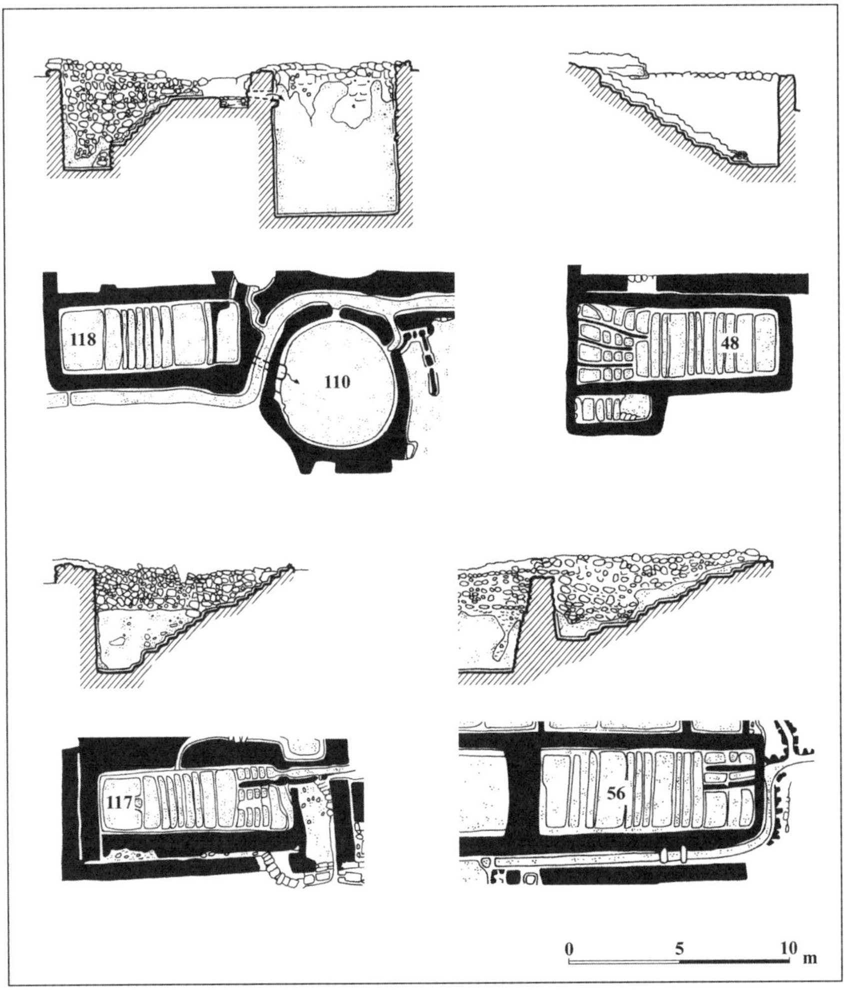

Abb. 62: Die vier Mikwen in den Wohnbereichen von Qumran im Vergleich.

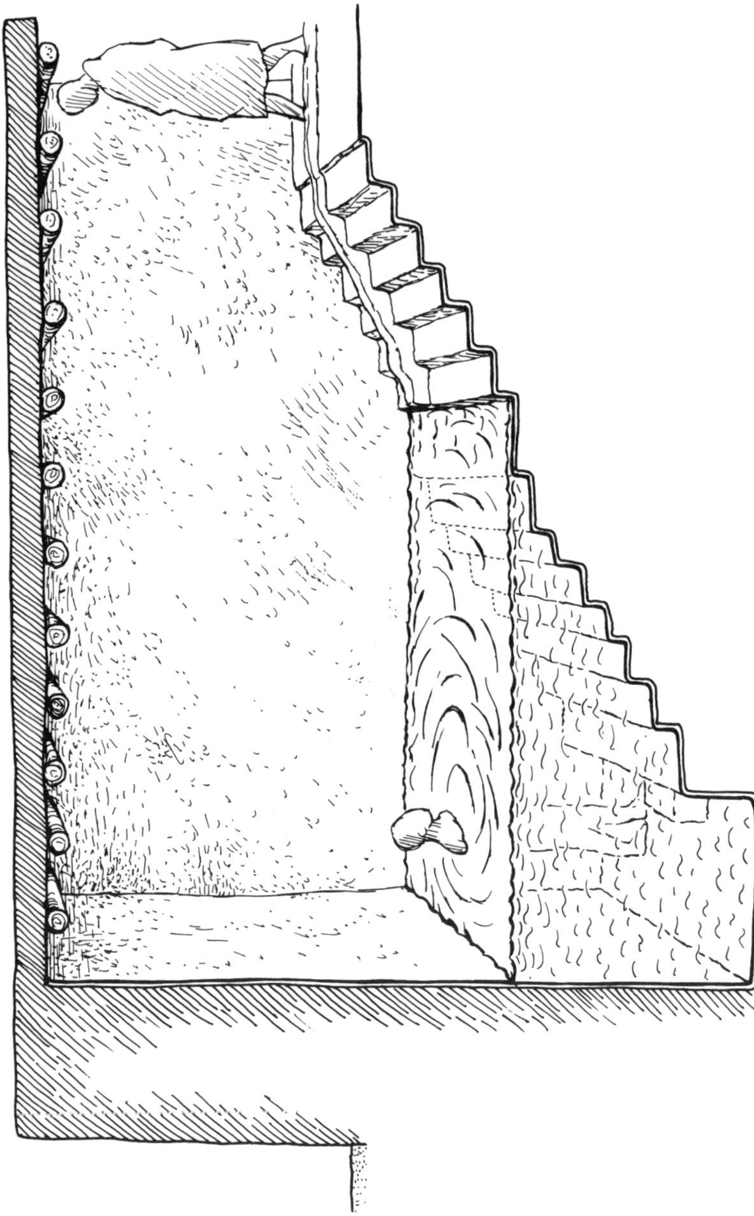

Abb. 63: Rekonstruktionsvorschlag einer Mikwe von Qumran.

Abb. 64: Die Mikwe auf der Ostseite des Hauptgebäudes (Locus 48/49). Beachte die geologische Verwerfungslinie (links unten), die aus der Zeit nach Aufgabe der Anlage datiert; Blick nach Süden.

Abb. 65: Die beiden Mikwen im Westflügel (Locus 117 links; Locus 118 rechts).

Treppen (Abb. 66). Sie liegt in der Nähe des Bereichs, in dem landwirtschaftliche Produkte verarbeitet wurden, und neben einer Weinpresse (Locus 75). Dass die Mikwe neben der Weinpresse liegt, lässt darauf schließen, dass in ihr Menschen sich reinigen konnten, bevor sie mit ihrer Arbeit begannen.[140] Daneben liegt die größte Mikwe Qumrans, Locus 71 (Abb. 67). Ihre Dimensionen, sie fasst 283 cbm, macht es wahrscheinlich, dass sie unter anderem zur rituellen Reinigung großer Keramikgefäße benutzt wurde,[141] ein Brauch der in Markus 7,4 erwähnt wird: »Noch viele andere überlieferte Vorschriften halten sie [die Pharisäer und die Juden überhaupt], wie das Abspülen von Bechern, Krügen und Kesseln.« Die außergewöhnliche Größe dieser Mikwe und ihre Lage außerhalb des Hauptbaus deuten vielleicht darauf hin, dass sie Reisenden und Pilgern dienen sollte, die auf dem Weg nach oder von Jerusalem hier vorbeikamen. Auch an den Pilgerrouten vom Hebron-Gebirge nach Jerusalem sind kürzlich außerordentlich große Mikwen entdeckt worden.[142]

Vertreter der Qumran-Essener-Hypothese betonen häufig, dass die Vielzahl von Mikwen in Qumran auf die außergewöhnliche Frömmigkeit seiner Bewohner hinweise. So erklärt etwa Broshi, die Mikwen in Qumran seien »das stärkste Argument, Qumran als eine religiöse Anlage zu definieren. Nirgendwo sonst in Palästina … haben wir eine solche Dichte dieser religiösen Installationen.«[143] Magness behauptet wie de Vaux, die Stufenbecken seien »das auffallendste Merkmal Qumrans« und sie seien »in dem Kontext zu verstehen, dass die Reinheit für diese Gemeinschaft sehr wichtig war«.[144] In der Zeit von de Vaux' Ausgrabungen hielt man die Zahl der Mikwen in Qumran in der Tat für außergewöhnlich. Aufgrund zahlreicher Ausgrabungen und Forschungen, die seither in verschiedenen Anlagen aus der Zeit des Zweiten Tempels im Land durchgeführt worden sind, darf man jedoch die Schlussfolgerung ziehen, dass die Zahl der Mikwen in Qumran zwar groß, aber nicht außergewöhnlich ist. So wurde bei Shoham in der Mittelmeerküste eine Anlage der frührömischen Zeit freigelegt. Mit einem Areal von 2.800 qm ist die Anlage zwar kleiner als der Komplex in Qumran, enthält aber vier Mikwen unterschiedlicher Größe.[145] Bei seinen Un-

140. Zur Beziehung zwischen Mikwen und Installationen landwirtschaftlicher Industrien (Wein- und Ölpressen usw.) vgl. Reich 1990, S. 52; ders. 1988.
141. Nach Galor 2003, S. 171, Tabelle 1 beträgt das Fassungsvermögen von Locus 71 nur 204 cbm.
142. Amit 1993.
143. Broshi 1998, S. 24.
144. Merkwürdig ist, dass Magness 2002, S. 156f. Qumran mit nabatäischen Anlagen wie Petra und Mampsis vergleicht, denn sie gibt zu, dass die qumranischen Stufenbecken »in Mampsis keine Parallele haben«.
145. Dahari / Ad 1998, S. 80. Eine weitere Niederlassung aus der Zeit des Zweiten Tempels mit einer Fläche von 4.000 qm und vier in den Fels gehauenen Mikwen wurde in Nahal Yarmuth in der südlichen Küstenebene entdeckt (Eisenberg 2001, S. 92). In Khirbet Kakul nordöstlich von Jerusalem fand man ein Bauernhaus aus der Zeit des Zwei-

Abb. 66: Die kleine Mikwe mit den beiden Treppen im industriellen Bereich (Locus 68); Blick nach Südwesten.

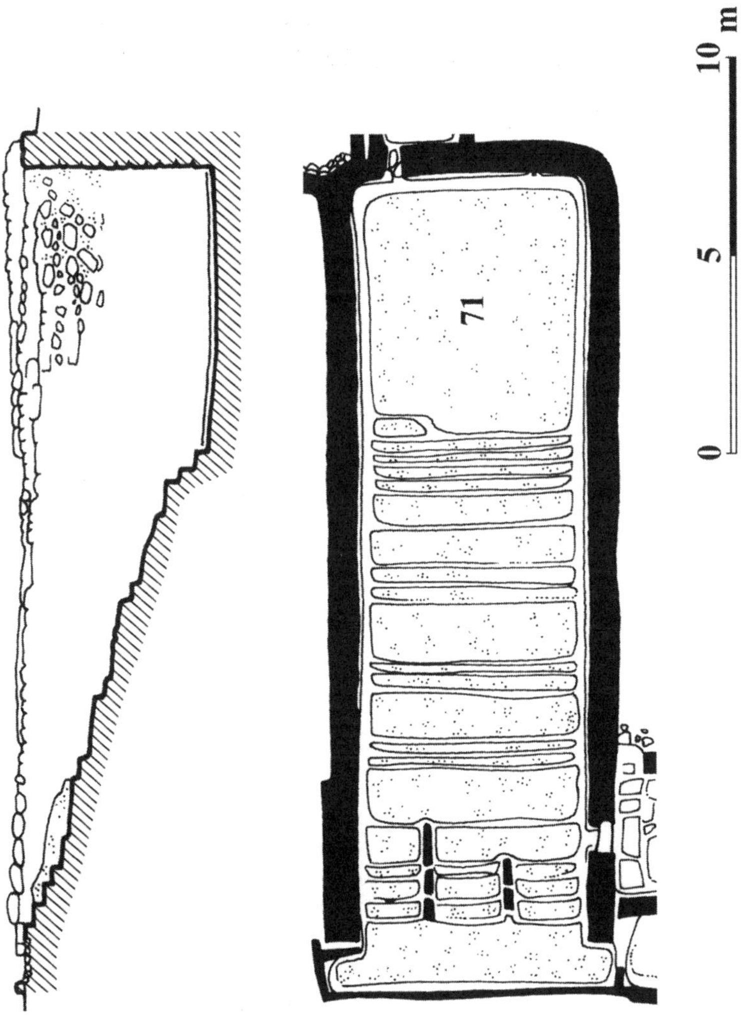

Abb. 67: Querschnitt und Grundriss der größten Mikwe von Qumran (Locus 71).

tersuchungen im Hebron-Gebirge entdeckte David Amit mehrere Anlagen mit zwei oder drei Mikwen sowie große öffentliche Ritualbäder, die nach seiner Auffassung für Jerusalem-Pilger gedacht waren.[146] Während der späthellenistischen und frührömischen Zeit besaß Hyrkania 3 Mikwen, Masada mindestens 15 und die Palastanlage bei Jericho über 30.[147] Damit ist klar, dass die Zahl der Mikwen in Qumran nicht außergewöhnlich ist, sondern der Norm in Häusern nahe kommt, die wohlhabende Juden in Judäa damals besaßen.[148]

Industrielle Einrichtungen

Das auffallendste Merkmal des herodianischen Qumran sind nach meinem Dafürhalten die zahlreichen industriellen Einrichtungen, die in verschiedenen Teilen der Anlage gefunden wurden.[149] Die große Zahl solcher Einrichtungen im Westflügel ist besonders bemerkenswert. Unweit des Eingangstores wurde in Locus 125 ein Ofen entdeckt, der mit einer verputzten Plattform verbunden ist (Abb. 68). Man betrat ihn von dem Verbindungsgang aus, der zwischen dem Hauptbau und dem Westflügel verläuft (vgl. Abb. 43). Zur Zeit der Ausgrabungen war auf dem verputzten Rand des Ofens noch der Abdruck eines großen Kessels (vermutlich aus Bronze) zu sehen, der sich einst hier befand (Abb. 69).

In der Mitte des Verbindungsgangs, der die Anlage teilte, wurden zwei Räume (Loci 105 und 107) angebaut. Der eine (Locus 105) enthielt einen Ofen, in

ten Tempels mit drei Mikwen (Seligman 1995, S. 69). Dies sind nur einige Beispiele von Anlagen aus der Zeit des Zweiten Tempels, die zahlreiche Mikwen aufweisen.

146. Amit 1993, S. 185.
147. In Hyrkania untersuchte Patrich 2002 drei mit Stufen versehene Wasserinstallationen, die er als Mikwen deutet – und zwar zusätzlich zu rd. 15 Zisternen und zwei großen Becken auf dem Bergsattel westlich der Anlage. Im Abschlussbericht über Masada (Netzer 1991) werden die Überreste von mindestens 15 verschiedenen Mikwen beschrieben. Dazu zählen eine in Gebäude 7 (Netzer 1991, S. 13 f.), die beiden in der großen Badeanlage (S. 81-86), die drei beim Eingang zum Nordpalast und im eigentlichen Palast (S. 127-129 und 158-167), eine südlich des Baus mit den Vorratsräumen (S. 183), die beiden in Gebäude 9 (S. 221-227), die drei im Westpalast (S. 259) und in den kleinen Palästen daneben (S. 320), die große Mikwe (die vielleicht als öffentliches Bad diente) westlich der kleinen Paläste (S. 329-331) und drei weitere im südlichen Teil der Anlage (S. 499, 507-510, 513). Zu den Mikwen in Jericho vgl. Netzer 1978; Reich 1990, S. 270-275.
148. Reich 2000, S. 730 hat festgestellt, dass die Zahl der Mikwen in Qumran der Norm in zeitgenössischen Wohnsitzen in Jerusalem nahe kommt.
149. Zu den industriellen Einrichtungen in Qumran vgl. Donceel / Donceel-Voûte 1994, S. 25-27.

Abb. 68: Der industrielle Ofen Locus 125; Blick nach Westen.

Abb. 69: Rekonstruktionsvorschlag des industriellen Ofens Locus 125.

dem sich noch Metallschlacke fand (Abb. 70) – ein Hinweis darauf, dass er zum Schmieden benutzt wurde.[150]

Der kleine Hof südlich der runden Zisterne (Locus 100) enthielt einen gut erhaltenen Backofen aus Lehmziegeln (Abb. 71). Noch etwas weiter südlich entdeckte man eine Getreidemühle. Sie enthielt eine runde Plattform, auf der eine *mola asinaria* stand, d.h. eine Getreidemühle des pompejanischen Typs, deren beweglicher Teil von einem Esel angetrieben wurde (Abb. 72). Dieser Typ wurde während der frührömischen Periode in Judäa eingeführt.[151] Zwei Silos zum Speichern von Getreide wurden in den Loci 115 und 116 nördlich der runden Zisterne entdeckt (Abb. 73).[152]

Abgesehen von den Öfen wurden in einem Raum westlich der runden Zisterne (Locus 121) drei aneinander grenzende Becken freigelegt. Sie sind gut erhalten (Abb. 74) und haben eine einheitliche Größe (etwa 2 × 4 m). Ihre relativ dünnen, nur 20 cm starken Wände weisen vielleicht darauf hin, dass sie als Einweichbecken bei der Balsamherstellung benutzt wurden. Das Einweichen der abgeschnittenen Zweige des Balsamstrauches war eine wichtige Phase bei der Herstellung von Balsamparfüm. Die Einweichbecken legte man wohl deshalb in einem festen und überdachten Gebäude an, um die Verdunstung kontrollieren zu können.[153] In dem östlich angrenzenden Raum (Locus 111) fand man zwei im Fußboden eingegrabene Krüge. In solchen Krügen wurden meist Nahrungsmittel aufbewahrt.[154] Bei meinen Ausgrabungen in En-Gedi fand ich ebenfalls in Fußböden eingegrabene Krüge in Verbindung mit Einrichtungen, die auf dem Hintergrund historischer Berichte über En-Gedi als Zentrum der Balsamproduktion wohl mit der Balsamherstellung zusammenhängen.

Im industriellen Bereich am Südostende Qumrans wurden eine Töpferwerkstatt (Loci 64 und 84) und eine Weinpresse (Locus 75) freigelegt. Die Töpferei enthält zwei runde Brennöfen (Locus 64) und nördlich davon den kleineren Locus 84 (Abb. 75).[155] Die Entdeckung der Töpferwerkstatt ist ungewöhnlich, aber nicht einzigartig. In einer spätrömischen Anlage nordöstlich von Askalon, die ihr Ausgräber als »Third Mile Estate« bezeichnete, wurden zwei große, gut

150. Humbert / Chambon 1994, S. 325, Foto 274 beschreiben und illustrieren den Ofen in Locus 105. Nach Magness 2002, S. 59 war es ein Backofen.
151. Näheres bei Frankel 2003, S. 19f.
152. Magness 2002, S. 53 meint, die Loci 115 und 116 seien für einen Industriezweig verwendet worden, der Wasser benötigte. An anderer Stelle lässt sie jedoch durchblicken, es handle sich um Silos.
153. Zur Balsamindustrie in der Region am Toten Meer vgl. Donceel-Voûte 1998; Patrich 2006. Eine sehr interessante und präzise Beschreibung eines Einweichbeckens findet sich in Babylonischer Talmud Keritot 5a.
154. Magness 2002, S. 48.
155. Für eine Beschreibung der Töpferwerkstatt vgl. Magness 2002, S. 52f.

Abb. 70: Großer industriell genutzter Ofen (Locus 105). Beachte den Basaltmörser im Vordergrund; Blick nach Norden.

Abb. 71: Backofen im Westflügel (Locus 100); Blick nach Norden.

Abb. 72: Von Eseln angetriebene Getreidemühle in Fundlage und Rekonstruktionsvorschlag (Foto mit freundlicher Genehmigung der École Biblique).

Abb. 73: Zwei Vorratssilos in Fundsituation (Locus 115; Locus 116); Blick nach Süden (mit freundlicher Genehmigung der École Biblique).

Abb. 74: Flache Becken im Westflügel; Blick nach Norden.

Abb. 75: Töpferofen im südöstlichen Gewerbebereich; Blick nach Süden (mit freundlicher Genehmigung der École Biblique).

erhaltene Brennöfen entdeckt.[156] Dies scheint darauf hinzuweisen, dass die Besitzer solcher Gutshöfe manchmal Keramik nicht nur für den lokalen Bedarf, sondern auch für den Handel produzierten. Jüngst von Magen und Peleg publizierte Befunde aus Qumran unterstützen diese Sicht. So wurde im Becken Locus 71 die ungeheure Menge von 3 Tonnen natürlichem Ton gefunden, der aus der Umgebung Qumrans stammt und offensichtlich zur Aufbereitung und späteren Weiterverarbeitung vor Ort vorgesehen war. Ein großer Teil der Wasserinstallationen sind im Kontext der Keramikproduktion zu sehen, die sehr viel Wasser benötigte. Nach Magen und Peleg war die Keramikherstellung eine der vornehmlichsten Tätigkeiten in Qumran[157].

Die Weinpresse (Locus 75) ist ziemlich klein; sie besteht nur aus einer Fläche zum Zerstampfen der Trauben und einem Fass zum Sammeln des Mostes (Abb. 76).[158] Weinstöcke werden im Gebiet des Toten Meeres bis zum heutigen Tag angebaut, wenn auch nicht in großen Mengen,[159] und die Leute von Qumran verfügten – wenn überhaupt – dann nur über einen kleinen Wingert in Ain-Feshkha. Die bescheidenen Dimensionen der Weinpresse sprechen dafür, dass man damit Wein für den privaten Gebrauch der Bewohner vor Ort produzierte.

Zu den industriellen Einrichtungen sollte man auch eine neue Entdeckung in Qumran zählen: einen gepflasterten Platz südlich von Qumran mit einer Fläche von rd. 200 qm (Abb. 77). In der Nähe fanden Magen und Peleg bei ihren Ausgrabungen Hunderte von Dattelkernen, woraus sie den Schluss zogen, der Platz sei möglicherweise zum Trocknen von Datteln und zum Entfernen ihrer Kerne verwendet worden.[160]

Die zahlreichen industriellen Einrichtungen in Qumran zeigen deutlich, dass seine Bewohner in seiner letzten Phase hauptsächlich von der Landwirtschaft lebten. Weitere Belege für diese Annahme sind die landwirtschaftlichen Geräte, auf die man bei den Ausgrabungen stieß: Hacken, Scheren für die Schafschur,

156. Israel 1993.

157. Magen / Peleg 2006, S. 66-70 und 99-101; Intensiven Austausch von Keramik zwischen Qumran, Jericho und dem Raum Jerusalem legen auch die Untersuchungen von Gunneweg / Balla 2003 und Michniewicz / Krzysko 2003 nahe, vgl. auch Zangenberg 2003, S. 281-288.

158. Zur Weinpresse in Locus 75 vgl. Pfann 1994. Magness 2002, S. 52 schließt sich de Vaux an, der die Einrichtung in Locus 75 als ein Becken deutet, in dem Ton für die Töpferwerkstatt gewässert wurde. Dies ist eine merkwürdige Deutung für eine Installation, die wie jede andere Weinpresse im ganzen Land aussieht. Zum Wässern und Schlämmen von Ton benutzten Töpfer eine einfache Grube im Boden.

159. Conder / Kitchener 1883, S. 189 beschreiben Jericho als ein Dorf, umgeben von Weinstöcken, die an niedrigen Spalieren hochgezogen würden. Bei den Ausgrabungen in En-Gedi fand man eine kleine Weinpresse (Hadas 2002, S. 144). Diese Befunde widerlegen die Behauptung Netzers (2002a, S. 69), wonach in der Region um das Tote Meer in der Antike keine Weinstöcke angepflanzt worden seien.

160. Magen / Peleg 2006, vgl. auch Murphy 2002, S. 301.

Abb. 76: Weinpresse Locus 75 im industriellen Bereich; Blick nach Süden (mit freundlicher Genehmigung der École Biblique).

Abb. 77: Der gepflasterte Platz zur Verarbeitung von Agrarprodukten südlich der Anlage; Blick nach Osten.

Messer und Sicheln (Abb. 78).[161] Auf dem Plateau, auf dem Qumran liegt, und in der Oase Ain-Feshkha südlich des Wadi Qumran fand man Spuren von Bewässerungsanlagen und bebauten Grundstücken.[162] Die Bewohner Qumrans bauten nicht nur Feldfrüchte an, sondern hielten wahrscheinlich auch Vieh; ein Hinweis darauf sind Funde von Tierknochen, hauptsächlich von Schafen, in verschiedenen Teilen der Anlage und der Stall Locus 97.[163] Tiere für den lokalen Verzehr konnten auf den benachbarten Hängen oder in der Oase Ain-Feshkha weiden.

Höchstwahrscheinlich hingen viele der Einrichtungen in Qumran mit der Verarbeitung der einzigartigen Ressourcen der Region zusammen; aus Balsam wurden Parfüme und Salben hergestellt. Das in einer der Höhlen bei Qumran gefundene herodianische Kännchen, das noch Reste von Öl – möglicherweise Balsamöl – enthielt, weist auf eine Parfümindustrie hin.[164] Rotes Material und Asche, die man in einer anderen Höhle fand, sind als Reinigungsmittel interpretiert worden, das von den Bewohnern Qumrans hergestellt wurde.[165] Kurz, der Komplex Qumran war ein Produktionszentrum von kommerziell wertvollen Gütern, und die Besitzer profitierten von ihrem Verkauf.

Hinweise auf Wohlstand: Die Ausgrabungsfunde

Die Theorie, Qumran sei das Zentrum eines Landgutes, eine lokale Version der römischen *villa rustica*, gewesen, wurde zuerst von dem Ehepaar Pauline Donceel-Voûte und Robert Donceel vorgetragen. Eine genauere Untersuchung der kleinen Artefakte aus den Grabungen ergab zahlreiche Lampen, Kännchen, auf der Drehbank hergestelltes Steinzeug sowie Glasgefäße.[166] Dieses Material, das de Vaux in seinen Publikationen fast völlig ignorierte, zeigt, dass die Bewohner Qumrans wohlhabend waren und sich in der regionalen Wirtschaft betätigten.

Die Entdeckung von verzierten Architekturelementen, von geometrischen Fliesen und Stuck spricht ebenfalls für die Deutung Qumrans als Villa oder Herrenhaus. Magness führt weitere architektonischen Elemente auf, die man an verschiedenen Stellen der Anlage Qumran fand. Darunter sind eine Reihe von Säulentrommeln und -basen, mehrere Gewölbesteine, eine Konsole, also der vorspringende Tragstein eines Bogens, das südlich von Locus 34 im Haupt-

161. Murphy 2002, S. 329 f.; Magness 2002, S. 184; Zangenberg 2000a, S. 140 f. Fotos dieser Geräte findet man bei Roitman 1997, S. 33 (hebräischer Teil); S. 34 (englischer Teil).
162. Zu den landwirtschaftlichen Spuren auf dem Plateau vgl. Rohrhirsch / Röhrer-Ertl 2001, S. 169; zu denen südlich des Wadi Qumran vgl. Porath 1998.
163. Zeuner 1960, S. 28.
164. Patrich / Arubas 1989.
165. Amar 1998b.
166. Donceel-Voûte 1994, S. 34; Donceel / Donceel-Voûte 1994; Wouters / Fontaine-Hodiamont / Donceel / Aerts / Janssens 1999-2000.

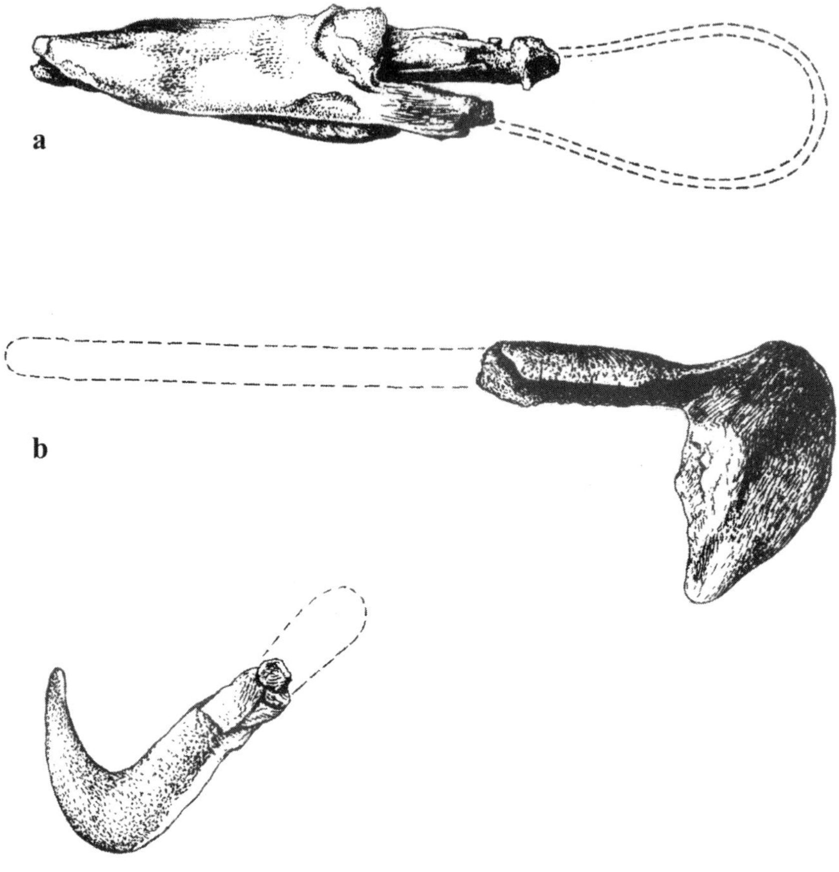

Abb. 78: Schafschere (a), Hacke (b) und Sichel (c) aus Qumran
(mit freundlicher Genehmigung der École Biblique).

bau aufgefundene Fragment eines Frieses, ein Sims sowie Fliesen bzw. Fußbodenbeläge in *opus-sectile*-Technik, d. h. große, glatte, dreieckige, bunte Steinfliesen, die sorgfältig zugeschnitten und in geometrischen Mustern angeordnet sind.[167] Ähnliche Fußböden fand man in Ain-Feshkha (siehe Kap. 4), in den Wohnsitzen der Jerusalemer Oberschicht sowie in herodianischen Palästen wie Herodium und Jericho. Außerdem fand man in Locus 42 im Südflügel des Hauptbaus ein schönes, mit klassischem Eierstabmotiv verziertes Simsfragment.[168] Noch heute kann man in Qumran fünf Säulentrommeln, drei Abschnitte eingelassener, also mit einer Wand verbundener Halbsäulen, drei Säulenbasen und ein dorisches Kapitell sehen (Abb. 44). Alle diese architektonischen Details bestehen aus Sandstein, der aus den Steinbrüchen bei Khirbet Samra herbeigeschafft wurde. Ähnliche Details fand man in verschiedenen Anlagen im herodianischen Judäa, z. B. in den Palästen von Jericho und Masada, in Jerusalem und im sog. »Statthalterhaus« in Tel Goded nordöstlich von Bet Guvrin.[169]

Die meisten dieser architektonischen Details in Qumran stammen aus der herodianischen Periode.[170] Diese Elemente waren vermutlich Bestandteile der Fassade des Komplexes oder des Innenhofes im Hauptbau. Alle diese Funde sind von großer Bedeutung, denn sie sind ein weiterer Beweis dafür, dass der Besitzer des Komplexes über beträchtliche finanzielle Mittel verfügte und bestrebt war, dem modischen Zeitgeschmack zu folgen.[171]

Andererseits fehlen in Qumran manche Anzeichen für Wohlstand, etwa Fresken, Mosaikfußböden oder eine Badeanlage. Diese Elemente erscheinen häufig in Wohnsitzen der Oberschicht in Jerusalem oder in königlichen Palästen wie denen von Jericho und Masada. Der von Magness angestellte Vergleich zwischen Qumran und solchen herrschaftlichen Häusern ist jedoch unzulässig: Qumran war zweifellos kein städtischer Wohnsitz, und es ist nie behauptet worden, dass es ein Palast war.[172] Nach meinem Dafürhalten war Qumran der Landsitz eines wohlhabenden Stadtbewohners, dessen ständiger Wohnsitz wahrscheinlich Jerusalem war. Nur Teile des Komplexes waren ausgeschmückt;

167. Magness 2002, S. 69 und 99f. Diese Liste beruht auf Humbert 1994, S. 193f.; ders. 1999, S. 194; vgl. nun den umfassenden Katalog von Chambon 2003.
168. Humbert 1999, S. 194, Chambon 2003.
169. Hier fand man Säulenbasen und Kapitelle in situ als Bestandteil des unter Herodes d. Gr. angebauten Peristyls (Gibson 1994, S. 214-216, Abb. 13 und 14). Zu Jericho und Masada vgl. Netzer 1999.
170. So Orit Peleg von der Hebräischen Universität Jerusalem aufgrund der von ihr durchgeführten Untersuchungen (mündliche Mitteilung an den Verfasser).
171. Es ist schwer verständlich, wie Magness eine Fülle von Belegen für Dekoration in Qumran aufführen und dennoch schreiben kann: »Das stärkste Argument gegen die Bezeichnung Qumrans als Villa oder Herrenhaus ist das fast völlige Fehlen von Verzierungen bei der Innenarchitektur« (2002, S. 99).
172. Magness 2002, S. 93 gibt zu, dass ein Vergleich zwischen Qumran und Anlagen wie Jericho und Masada unzulässig ist, »da diese Anlagen königliche Paläste waren.«

das Übrige behielt den schlichten Charakter eines Bauernhofes. Was die fehlende Badeanlage betrifft, so boten wohl die Quellen im nahen Ain-Feshkha, wo die Wassertemperaturen höher sind, einen annehmbaren Ersatz.

Zahlreiche weitere Funde bezeugen den Wohlstand des Gutsbesitzers von Qumran. Da ist zum Beispiel der bereits erwähnte Hortfund von 561 Silbermünzen, meist tyrischer Tetradrachmen, der in drei Töpfen in Locus 120 vergraben wurde (Abb. 79). Wahrscheinlich wurde dieser Hort während der Unruhen versteckt, die nach dem Tod Herodes' des Großen in Judäa ausbrachen. Tyrische Tetradrachmen verwendeten die Juden für die jährliche Steuer von einem halben Schekel, die sie in der Zeit des Zweiten Tempels an den Jerusalemer Tempel zahlten; dies wird in vielen antiken Quellen – so auch Matthäus 17,27 – erwähnt. Man hat in diesen Münzen das gesammelte Vermögen einer in Qumran lebenden Gemeinschaft gesehen, den diese für die Zahlung der Tempelsteuer aufbewahrte.[173] Es ist jedoch auch möglich, dass der Hort nichts mit der Tempelsteuer zu tun hat; er könnte auch das Privatvermögen des Gutsbesitzers oder seines Verwalters darstellen, da er aus Silbermünzen besteht, die damals allgemein zirkulierten. Baruch Kanael meint, der Schatz sei ein Geldgeschenk gewesen, das Herodes, laut Josephus, seinen Günstlingen und Familienmitgliedern machte, als er in Jericho auf dem Krankenbett lag.[174] Wenn diese Annahme zutrifft, war der Besitzer von Qumran eng mit Herodes verbunden. Jedenfalls steht fest, dass die Person, die den Schatz versteckte, sich darauf verließ, eines Tages zurückkehren und ihn wieder herausholen zu können, aus irgendeinem Grund aber dazu nicht imstande war.

Außer diesem Hort fand man bei den Ausgrabungen 673 Bronze- und Silbermünzen,[175] meist in der Nähe des Tores (in Loci 7, 130 und 134) und im Hauptbau.[176] Dies ist, verglichen mit anderen Anlagen, eine durchaus große Zahl beweist eine lebhafte Handelstätigkeit und umfangreiche Kontakte nach außen, ist andererseits aber nur schwer zu vereinbaren mit der Aussage des Plinius, dass die Essener »ohne Geld« lebten und allein mit Palmen Umgang pflegten (Naturalis Historia 5,73).

Tatsächlich stellen Münzen, hier wie bei anderen Grabungen, einen wichtigen Indikator für wirtschaftliche Aktivitäten und Kontakte dar. Münzen fehlen allein dort, wo man auf solche Kontakte verzichtet hat. So fand man in dem

173. Magness 2002, S. 188-191.

174. Kanael 1958, S. 167 f.; Josephus, Bellum 1,658; Antiquitates 17,173-175.

175. Die Münzen aus Qumran sind noch nicht zusammenfassend publiziert und interpretiert, vgl. daher einstweilen Wirgin 1959; Sharabani 1980 (zu den 153 Stücken im Besitz der Israel Antiquities Authority); Arif 1986 (zum Hauptteil der 408 in Amman aufbewahrten Stücke); Ariel 1993; Leonard 1997; Ciecielag 1998 (sehr wichtig); Murphy 2002, S. 305 f., Tabelle 12. Zur Frage des Verbleibs einiger Fundstücke vgl. die Diskussion in Wise / Golb / Collins / Pardee 1994, S. 32-38. Aufschlussreich ist auch die grafische Verteilungstabelle in Rohrhirsch / Hofmeir 1996, S. 119-131 und 159-181.

176. Murphy 2002, S. 309.

Abb. 79: Silbermünzhort, gefunden unter dem Fußboden von Locus 120 im Westflügel (mit freundlicher Genehmigung des Palestine Archaelogical Museum, Jerusalem; Foto: Israel Antiquities Authority).

großen Kloster, das bei Khirbet ed-Deir in der Judäischen Wüste ausgegraben wurde, nur zwei Münzen (in der Herberge), da die Mönche sich nicht wirtschaftlich betätigten. Wir sollten bedenken, dass Menschen in der Antike häufig Münzen verloren. Diese fielen einfach aus schlecht genähten Taschen und rollten in unzugängliche Ecken und Ritzen. Das neutestamentliche Gleichnis von der Frau, die eine Drachme verliert und so lange sucht, bis sie diese wieder findet, ist ein Beispiel für ein solches Missgeschick (Lukas 15,8 f.). Solch verlorenen Münzen sind diejenigen, die später als Einzelstücke von Archäologen entdeckt werden. In Qumran aber haben wir eine große Anzahl von Fundmünzen, die Annahme einer asketischen Abschottung der Bewohner ist neben den übrigen schon besprochenen Gründen nicht zuletzt auch aufgrund des Münzbefundes unwahrscheinlich.

Bei den Ausgrabungen in Qumran fand man etwa 200 Fragmente von Steingefäßen, die aus Jerusalem stammen – eine reichhaltige Sammlung.[177] Gefäße aus weichem Kalkstein sind in jüdischen Anlagen in ganz Judäa vom ersten Jahrhundert v. Chr. bis zum zweiten Jahrhundert n. Chr. verbreitet. Sie reichen in Bezug auf Größe und Gestalt von großen, auf der Drehscheibe hergestellten Vasen bis zu kleinen, primitiv gearbeiteten »Messbechern« (Abb. 98, farbig). Wie erwähnt, konnten nach den jüdischen Reinheitsvorstellungen Steingefäße – im Gegensatz zu Keramik und Glas – durch Kontakt mit unreinen Objekten nicht befleckt werden. Sie waren daher beliebt bei streng gläubigen Juden, die sich solche leisten konnten, denn Steingefäße waren teurer als Keramik. Außer einfachen Steingefäßen fand man in Qumran auch große, herrliche Standgefäße des *Kallal*-Typs. Solche Gefäße haben einen hohen Sockel und sind aus einem einzigen Kalksteinblock gemeißelt.[178] Gefäße dieses Typs hat man in Jerusalem in Wohnsitzen der Oberschicht gefunden. Die in Johannes 2,6 erwähnten »steinernen Wasserkrüge« gehörten wahrscheinlich ebenfalls zu diesem Typ.

Zu den bemerkenswertesten Entdeckungen in Qumran zählt das reiche Repertoire von Glasgefäßen und Schmuck.[179] Manche dieser Gefäße wurden von der Küste Phöniziens importiert; andere gleichen dagegen Glaswaren, die in Italien hergestellt wurden. Außerdem gibt es Hinweise auf eine heimische Glasherstellung in Qumran, wo man Rohstoff für hellgrünes Glas fand.[180] Das Vorhanden-

177. Zu den Steingefäßen von Qumran vgl. Donceel /Donceel-Voûte 1994, S. 10 f.; Murphy 2002, S. 328. Steinbrüche, in denen solche Gefäße an Ort und Stelle gefertigt wurden, sind in Jerusalem entdeckt worden: Gibson 1983, S. 177-181; Amit / Zeligman / Zilberbrod 2001; Magen 2002. Zu Steingefäßen insgesamt vgl. Deines 1993 und die Diskussion bei Reed 2003; Miller 2003.

178. Donceel / Donceel-Voûte 1994, S. 31-33 veröffentlichten Fragmente solcher Steingefäße.

179. Zu den Glasfunden vgl. Donceel / Donceel-Voûte 1994, S. 7 f.; Murphy 2002, S. 329; Donceel 2002. Zum Schmuck aus einigen Gräbern von Qumran vgl. Clamer 2003.

180. Donceel / Donceel-Voûte 1994, S. 8 f.; Magen / Peleg 2006, 71.

sein einer großen, und dennoch von den Ausgräbern nie erwähnten Ansammlung von Glaswaren in Qumran spricht weniger für eine religiöse, sondern vielmehr für eine industrielle und kommerzielle Aktivität.

Donceel schreibt in seinem Bericht, dass in Qumran 150 Fragmente von Glasgefäßen gefunden wurden; 89 davon wurden identifiziert als nach einem Muster geblasene Becher, Kelche, Kolben und Ampullen,[181] außerdem fünf Glasperlen. Fast alle Glasfragmente fand man im Hauptbau, der den Besitzern als Wohntrakt *(pars urbana)* diente. Fragmente von Kelchen kommen in Qumran am häufigsten vor, und man konnte 15 bis 17 vollständige Kelche identifizieren; sie haben ihre engsten Parallelen in Pompeji und Herculaneum. Fragmente von rund 30 Bechern sind die zweithäufigste Gruppe; sie stammen überwiegend aus verschiedenen Stellen im Turm. Die drittwichtigste Gruppe sind jene Glasgefäße, die de Vaux als »Salbölflaschen« bezeichnet.[182] Im Hauptbau, besonders im Hof und im Turm, entdeckte man 13 bis 15 Exemplare. Außerdem fand man einige Fragmente von Glaskolben und Flaschen. Manche, aber keinesfalls alle Glasfunde gehören jedoch Stratum IV (de Vaux' Periode III) an und repräsentieren die Besetzung der Anlage durch römische Truppen nach 68 n. Chr.

Die Keramikfunde in Qumran bieten ein ähnliches Bild. Neben heimischer Keramik von schlichtem und alltäglichem Charakter gibt es, freilich wenige, importierte Gefäße, z. B. östliche Terra sigillata, edles Tafelgeschirr, das gewöhnlich aus großen küstennahen Städten wie Antiochia importiert wurde und aufgrund seiner leuchtenden Farbe unschwer zu erkennen ist, und in Formen hergestellte Öllampen.[183] Bei neueren Ausgrabungen wurden in Qumran schöne östliche Terra Sigillata sowie einige bemalte »pseudo-nabatäische« Gefäße entdeckt.[184]

Die Keramik ist nicht außergewöhnlich, sondern entspricht dem, was wir auch sonst aus der Region kennen. Nach Mariusz Burdajewicz, der dieses Material untersucht hat, umfasst das Repertoire nicht nur Hunderte von intakten Gefäßen, sondern auch fast 4.000 diagnostische Scherben, die zur Identifizierung der Keramiktypen und der Chronologie verwendet werden.[185] Der größte

181. Donceel 2002, S. 13-18.
182. Donceel 2002, S. 17.
183. Zu den Keramikfunden in Qumran vgl. Donceel / Donceel-Voûte 1994, S. 9 f. Das Typenspektrum und die Herkunft der Keramik Qumrans diskutieren Sussmann / Peled 1993, S. 90-105; Donceel-Voûte 1994, S. 32 f.; Gunneweg / Balla 2003; Michniewicz / Krzysko 2003; Zangenberg 2003, S. 281-288; Magen / Peleg 2006, S. 68-70; Bar-Nathan 2006. Magness 2002, S. 76 f. erwähnt Scherben von östlicher Terra Sigillata sowie einen »pseudo-nabatäischen« Krug (Jerusalem Painted Ware) sowie ein Salbgefäß, die wahrscheinlich in Jerusalem hergestellt wurden. Dies widerspricht ihrer Behauptung (ibid., S. 75), dass Importwaren in Qumran völlig fehlen.
184. Magen / Peleg 2006, S. 68.
185. Burdajewicz 2001.

Teil der Keramik (rd. 60 Prozent) besteht aus Tischgeschirr (Teller, Platten, Schüsseln und Kelchen). Zu dieser Gruppe zählen auch die 1.020 Gefäße, die im Vorratsraum (Locus 89) neben dem Speisesaal gefunden wurden. Eine weitere Gruppe (rd. 22 Prozent) besteht aus Gebrauchsgefäßen für die Küche, die man zum Kochen oder Servieren der Speisen verwendete. Dazu gehören Kochtöpfe, Vorratskrüge, Kannen, große Schüsseln, Pfannen und Mischkrüge. Bei den Vorratskrügen gibt es zwei Haupttypen: ovale bauchige Krüge (Abb. 99, farbig) und zylindrische Krüge, die als »Schriftrollenkrüge« bekannt sind (Abb. 80). An verschiedenen Stellen innerhalb der Anlage, vor allem jedoch im Hauptbau, fand man Krüge beider Typen in den Fußboden eingegraben. Dies war – wie schon festgestellt – in der Antike eine weit verbreitete Methode, um besonders in trockenen Gegenden Nahrungsmittel aufzubewahren.

Eine kleine, aber bedeutsame Gruppe der Keramik (3,7 Prozent) umfasst persönliche Gegenstände wie *unguentaria*, d.h. Flaschen für Salböl oder Parfüm. Man fand auch Miniaturgefäße und Kännchen. Der beliebteste Typ in dieser Gruppe (77 Prozent) ist das kugelförmige Kännchen, wahrscheinlich ein Behälter für Balsam. Auf einem von Donceel-Voûte veröffentlichten Foto sind etwa 30 Kännchen dieses Typs aus Qumran zu sehen (Abb. 100, farbig).[186] Ein in einer Höhle bei Qumran gefundenes Kännchen, das möglicherweise noch Spuren von Balsamöl enthält, hat eine ähnliche Form. Viele dieser kugelförmigen herodianischen Kännchen fand man in verschiedenen Anlagen der Region am Toten Meer, z.B. in Ain-Feshkha, En-Boqeq und im Winterpalast bei Jericho. Da diese Kännchen einen engen Hals und eine enge Öffnung hatten, konnte man den Inhalt tropfenweise ausgießen, und sie waren leicht zu versiegeln; dies lässt darauf schließen, dass sie kostbare Flüssigkeiten enthielten. Die Form stimmt mit der talmudischen Beschreibung des *tslokhit ha-bosem* (Parfümflasche) überein. So könnte auch das »Alabastergefäß voll wohlriechendem Öl« von Lukas 7,38 ausgesehen haben.

Die lokale Gebrauchskeramik Qumrans besteht meist aus rosafarbenem, hellrotem oder grauem Ton, der oft mit einem weißlichen Schlicker versehen ist.[187] Das Vorhandensein einer Töpferwerkstatt in Qumran (Locus 84) bedeutet, dass zumindest einige der Gefäße vor Ort hergestellt wurden; anderes stammt aus Jericho oder der Gegend um Jerusalem. Die Keramik aus den Höhlen ist mit der aus der Anlage identisch, nur das Repertoire ist beschränkter.

Zur Feststellung der Herkunft des Tons, aus dem Gebrauchskeramik in Qumran hergestellt wurden, hat man einige Prüfstücke einer Neutronenaktivierungsanalyse (NAA) unterzogen, mit interessanten Ergebnissen.[188] Die Hälfte der Gefäße – darunter das Keramik-Tintenfass aus Locus 30 (dem sog.

186. Donceel-Voûte 1994, S. 33.
187. Zur Keramik in Qumran vgl. Magness 2002, S. 74.
188. Gunneweg / Balla 2003; Michniewicz / Krzysko 2003 in Korrektur von Yellin / Broshi / Eshel 2001.

Abb. 80: Zylindrischer Vorratskrug mit Deckel (»Schriftrollenkrug«) und andere Gefäße aus Qumran (mit freundlicher Genehmigung des Palestine Archaelogical Museum, Jerusalem).

»Scriptorium«) und vier zylindrische Krüge vom Typ der sog. »Schriftrollenkrüge« – bestanden aus Jerusalem-Ton, die übrigen aus einem anderen Ton, der vermutlich aus dem Gebiet von Qumran stammt sowie aus Jericho (Abb. 80). Diese Ergebnisse spiegeln ein Muster von Handelsbeziehungen, das besonders für Orte wie Qumran und Jerusalem, die nahe beieinander liegen, nicht ungewöhnlich war. Für Magness sind die Resultate der NAA jedoch »überraschend«[189], denn die Vertreter der Qumran-Essener-Hypothese betrachten den »Schriftrollenkrug« als das bezeichnendste Objekt, das die Siedlung von Qumran mit den Schriftrollen verbindet und für die Einzigartigkeit des Keramikensembles steht. Diese Krüge, betont de Vaux, »findet man außerhalb des Areals von Qumran nicht«.[190] Nun ist aber klar, das das Material von cylindrical jars aus Qumran enge physische Verwandtschaft mit anderer Gebrauchsware aus der Gegend um Jericho und Jerusalem aufweist und keinesfalls allein in Jerusalem hergestellt worden sein kann. Um mit diesem Widerspruch fertig zu werden, erklärt Magness, der Ton sei aus Jerusalem geholt und von den Töpfern Qumrans verwendet worden, um die Gefäße in ihrer Anlage herzustellen.[191] Zur Unterstützung dieser Behauptung führt Magness zwei Argumente an: erstens das völlige Fehlen zylindrischer Krüge in Jerusalem, zweitens die hohen Transportkosten für fertige Gefäße. Das Fehlen eines bestimmten Gefäßtyps ist ein Argument *ex silentio*. Tatsächlich wurden zylindrische Krüge auch in Herodium, unweit von Jerusalem, gefunden, wenn auch bisher in geringer Anzahl.[192] Die hohen Transportkosten in der Antike sind gerade der Grund dafür, dass Töpferwerkstätten für ihre Produktion heimischen Ton benutzten und sich dort ansiedelten, wo der Ton und der Absatzmarkt vorhanden war. Ton wurde nie aus der Ferne geholt; dagegen war der Handel mit Keramikgefäßen, besonders Krügen und Amphoren, als Behälter für Bedarfsgüter allgemein verbreitet. Denn verhandelt wurden ja nicht leere Gefäße, sondern die Waren, die sich darin befanden.

Die jüngeren Veröffentlichungen über Keramik aus zeitgenössischen Anlagen am Toten Meer lassen das Qumran-Korpus in einem anderen Licht erscheinen und sind das stärkste Argument für die Interpretation Qumrans in einem regionalen, nicht isolierend-textbezogenen Kontext.[193] Auch die Keramik von Kallirhoe und En-Boqeq besteht großenteils aus lokalen Typen. Die einzigen Exemplare von Feinkeramik, die man in der Villa von Kallirhoe aus dem ersten Jahrhundert n. Chr. fand, waren einige Scherben von bemalten nabatäischen

189. Magness 2002, S. 74; Yellin / Broshi / Eshel 2001.
190. De Vaux 1973, S. 54 f. Magness 2002, S. 81 behauptet, die zylindrischen Krüge seien »in anderen Anlagen der Region selten oder nicht bezeugt«. Dagegen mit neuem Material Bar-Nathan 2006, S. 275-277.
191. Magness 2002, S. 74.
192. Zu »Schriftrollenkrügen« in Herodium vgl. Bar-Nathan 1981, S. 56 f.; vgl. auch Magen 2004, S. 84-86.
193. Magness 2002, S. 77.

Schüsseln und östlicher Terra sigillata. Auch in dem zeitgenössischen Bauernhof von En-Boqeq bestanden die edlen Produkte hauptsächlich aus bemalten nabatäischen Erzeugnissen und ein paar wenigen Scherben östlicher Terra sigillata.[194] Ich stimme Magness zu, dass dies ein regionales Phänomen ist. Im Gebiet um das Tote Meer scheinen östliche Terra sigillata und importierte Amphoren fast völlig auf königliche Palastanlagen wie Jericho und Masada beschränkt zu sein.[195] Wegen der hohen Kosten des Überlandtransports konnten es sich offensichtlich nur Angehörige der Oberschicht leisten, edles, rot geschlämmtes Tafelgeschirr (Terra sigillata) oder teure Weine und Nahrungsmittel der Luxusklasse zu kaufen. Herodes und seine Freunde konsumierten solche Produkte, und die Jerusalemer Oberschicht, einschließlich der Priesterfamilien, übernahmen diese Praxis wohl vom Hof. Obwohl die Bewohner der *villa rustica* in Qumran, wie diejenigen von Kallirhoe und En-Boqeq, diesen Lebensstil nachzuahmen suchten, wie der Bauplan und die Ausschmückung der Villa zeigen, überstieg der Erwerb importierter Weine und edlerer Keramik offenbar ihre finanziellen Möglichkeiten, ebenso die geheizten Badeanlagen, Fresken und Mosaikfußböden, die wir in den königlichen Palästen der Region finden. So weist auch die Zusammenstellung des Keramikrepertoirs von Qumran auf den rustikalen Charakter der Anlage hin und verstärkt den Eindruck, dass der Besitzer seinen ständigen Wohnsitz anderswo hatte.

Auch Öllampen zeigen die regionale Eigenart der Keramiktypen.[196] Während der herodianischen Periode verwendeten die Bewohner Qumrans einen auf der Töpferscheibe hergestellten Keramiktyp, die »herodianische Lampe«, die einen gerundeten Körper und einen kurzen, auswärts gebogenen Schnabel aufweist. Dieser Lampentyp ist für Judäa im ersten Jahrhundert n. Chr. bezeichnend. Man fand auch in Modeln geformte Lampen, die aus Jerusalem stammen. Diese verzierten Lampen wurden hauptsächlich von Angehörigen der Oberschicht verwendet.

Unter den in Qumran gefundenen Metallgegenständen befanden sich, neben Werkzeugen, auch Bronzefibeln, die man zur Befestigung von Togen und ähnlichen Kleidungsstücken benutzte. Die Toga war ein Kleidungsstück mit Prestigewert, und die Entdeckung von Fibeln in Qumran könnte darauf hinweisen, dass die Anlage von Menschen mit einem hohen gesellschaftlichen Ansehen besucht wurde.[197] Andererseits ist es nicht ausgeschlossen, dass einige der Fibeln erst in de Vaux' Perode III, d. h. nach dem Jahr 68 n. Chr., nach Qumran gelang-

194. Zur Keramik von En-Boqeq vgl. Fischer / Tal 2000, S. 23-44.
195. Magness 2002, S. 78 ff.
196. Zu den Öllampen von Qumran vgl. Smith 1966, S. 3 f.; Donceel / Donceel-Voûte 1994, S. 6 f.; Donceel 1998; Magness 2002, S. 79; Gunneweg / Balla 2003, S. 16 f.; Bar-Nathan 2006.
197. Magen und Peleg haben jüngst frührömische Fibeln in Qumran gefunden (Magen / Peleg 2006, S. 71 f. und Fig. 3.19); vgl. auch Donceel / Donceel-Voûte 1994, S. 13. Ähnliche Fibeln wurden auch in der herodianischen Palastanlage von Ramat Hanadiv

ten, als dort Römer lebten. Da stratigraphische Daten fehlen, ist es schwierig, die Herkunft und die Zeit dieser wichtigen Objekte zu bestimmen. De Vaux' Ausgrabungsnotizen führen fünf Nadeln aus Bronze auf.[198] In Höhle 24 wurde eine weitere Nadel gefunden. Diese Nadeln beweisen, dass Kleidung hergestellt bzw. geflickt oder anderes Material wie Leder zusammengenäht wurde.

Spinnen und Nähen bringt man normalerweise mit Frauen in Verbindung. Auch andere Funde wie Kosmetikartikel, Spinnwirtel und Kämme weisen auf die Anwesenheit von Frauen in Qumran hin (Abb. 101, farbig). Für eine geschlechtsspezifische Archäologie ist der Spinnwirtel laut Joan Taylor eines der bemerkenswertesten Objekte, die in Qumran zu finden sind.[199] Die Spindel war ein horizontal gelagerter Stab, in dessen Mitte sich der Wirtel befand – ein kegelförmiges Objekt aus Stein, Knochen oder Holz, das durchbohrt war und an der Spindel befestigt wurde, um ihr Stabilität zu verleihen. In Qumran wurden mindestens sechs Spinnwirtel gefunden (Abb. 81).[200] Diese Entdeckung ergänzt die Ausgrabungen auf dem benachbarten Friedhof, bei denen Frauenskelette gefunden wurden (siehe unten). Zugegeben, jeder dieser Funde ist für sich allein nicht aussagekräftig: Kämme zum Beispiel sind ja nicht ausschließlich von Frauen benutzte Gegenstände. Die Quellen deuten jedoch darauf hin, dass das Spinnen von Wolle Sache der Frauen war, und die Gesamtheit solcher Funde ist ein überzeugender Beweis dafür, dass es in Qumran Frauen gab.

Ein weiteres Fundstück hat in letzter Zeit die Gemüter erregt. In Qumran entdeckte man 1954 eine Kalksteinscheibe mit einem Durchmesser von 14,5 cm; ihre Oberfläche ist leicht konkav, sie weist im Mittelpunkt eine kleine Vertiefung auf und ist mit konzentrischen Kreisen und Markierungen verziert (Abb. 82). Erst im Jahr 1996 ist das Objekt wiederentdeckt und von Matthias Albani und Uwe Glessmer im Gefolge von Stephen J. Pfann als »astronomisches Instrument« oder »eine Art Sonnenuhr« interpretiert worden.[201] Ich glaube jedoch, dass auch dieses Objekt überinterpretiert wurde. Eine Scheibe von ähnlicher Größe und gleicher Gestalt aus dem antiken Kreta, die sich im Britischen Museum in London befindet, wird als Töpferscheibe bezeichnet. Eine solche Klassifizierung ist im Kontext Qumrans vernünftig, da es hier eine Töpferwerkstatt gab.[202]

(Kol-Yaakov 2000, S. 497-499) entdeckt. Zur Toga als dem offiziellen Gewand eines römischen Bürgers vgl. Adkins / Adkins 1994, S. 344 f.

198. Magness 2002, S. 200; Murphy 2002, S. 330.
199. Zu Funden, die auf die Anwesenheit von Frauen in Qumran hinweisen, vgl. Taylor 1999, S. 318-323; Peskowitz 2004; Hachlili 2005, S. 324 f.; kritisch dazu Magness 2002, 163-187; dies. 2004b, S. 113-149, vgl. dazu meine Rezension Zangenberg 2004b.
200. Donceel / Donceel-Voûte 1994, S. 14; Magness 2002, S. 176 f.
201. Albani / Glessmer / Grasshoff 1997; Glessmer / Albani 1999, S. 408; Glessmer 1998. Zu anderen Deutungen vgl. Hollenback 2003; Levy 1998.
202. Das Objekt aus Kreta ist in der Abteilung »Greek and Roman Antiquities« zu sehen,

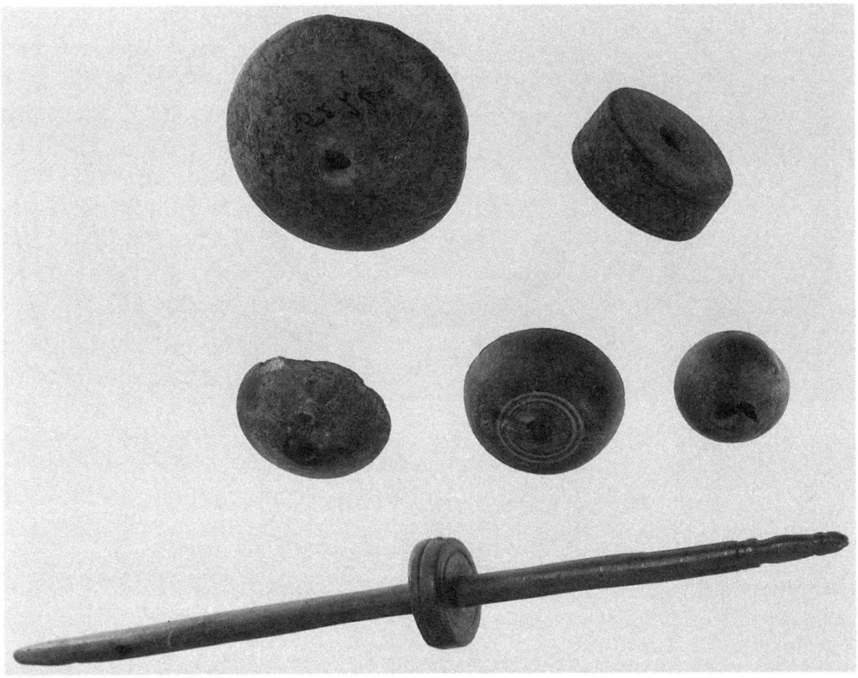

Abb. 81: Spinnwirtel mit Stiel und fünf Gewichte weiterer Spinnwirtel aus Qumran (mit freundlicher Genehmigung des Palestine Archaelogical Museum, Jerusalem).

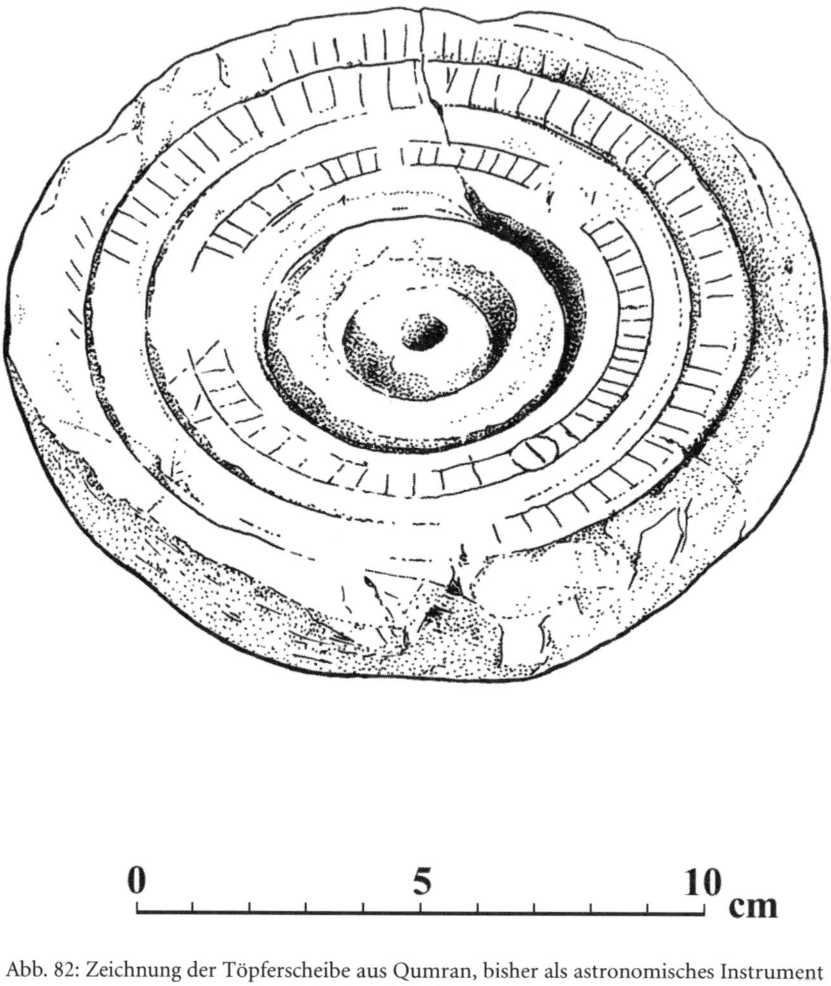

Abb. 82: Zeichnung der Töpferscheibe aus Qumran, bisher als astronomisches Instrument oder Spinnwirtel interpretiert.

In der Anlage Qumran wurde kein einziges Fragment einer Schriftrolle zutage gefördert, obwohl viel organisches Material aller Art entdeckt wurde: Tragbalken und Fasern von Dattelpalmen, Matten, Korbwaren, Dattelkerne und Tierknochen.[203] Das einzige beschriebene Material, das in Qumran selbst entdeckt wurde, sind Ostraka mit zumeist jüdischen Namen wie Yohanan, Eleasar, Pinhas und Shimon; sie beweisen, dass die Anlage tatsächlich von Juden bewohnt wurde.[204] Das bemerkenswerte Fehlen von Schriftrollen in der Anlage Qumran – besonders bemerkenswert angesichts der Entdeckung von Schriftrollen und anderen schriftlichen Dokumenten in benachbarten Anlagen wie Masada und Hyrkania[205] – ist vielleicht das überzeugendste Argument gegen die vorherrschende Hypothese, wonach die Schriftrollen vom Toten Meer in Qumran selbst entstanden.

Der Friedhof von Qumran

Gewöhnlich begruben Juden ihre Toten in Höhlengräbern, die in den Fels gehauen wurden: sie bestanden zumeist aus einem Raum und wurden von einer Großfamilie mehrere Generationen hindurch benutzt. Solche sog. »Kammergräber« finden sich z. B. sowohl bei Jericho als auch bei En-Gedi. Im ersten Jahrhundert n. Chr. besaßen Höhlengräber in Jerusalem und Jericho *loculi* (»Schiebestollen«), die man zumeist im rechten Winkel zur Kammerwand in die Wände schlug. Jeder Schiebestollen nahm in der Regel einen Toten in Primärbestattung auf, der in ein Leichentuch gehüllt oder manchmal zusätzlich in einen hölzernen Sarg gelegt wurde. Nachdem der Leichnam im *loculus* beigesetzt war, versiegelte man die Öffnung mit einer Steinplatte, doch kamen auch Nach- und Mehrfachbestattungen vor. Die Eingänge zu den Grabhöhlen verschloss man mit einem meist quadratischen Stein, bei wenigen aufwendigen Gräbern wurden auch runde Wälzsteine beobachtet. Nach dem Neuen Testa-

und zwar im Rahmen der Dauerausstellung »Life in Ancient Greece and Rome« in Raum 69. Taylors Vorschlag (1999, S. 318, Anm. 117), das Objekt als Spinnwirtel zu bezeichnen, ist problematisch, da die kleine Vertiefung im Mittelpunkt die Scheibe nicht völlig durchbohrt. Die Bezeichnung der Scheibe als einzigartige Sonnenuhr ist völlig unbegründet. Soweit ich weiß, gibt es dazu keine Parallele.

203. Zu den organischen Funden in Qumran vgl. Zeuner 1960, S. 30-37. Zu Fotos des organischen Materials – Seile, ein Korb, eine Matte aus Weidengeflecht, Dattelkerne und hölzerne Kämme – vgl. Roitman 1997. Zu den hölzernen Artefakten und Lederartikeln aus Qumran vgl. Sussmann / Peled 1993, S. 110-113.

204. Zu den Ostraka von Qumran vgl. de Vaux 1973, S. 103; ders. 1956, S. 564 f.; Lemaire 2003, S. 344-357.

205. Zu den Dokumenten aus Masada vgl. Cotton / Geiger 1989; Talmon / Yadin 1999. 1952 fand man bei den Ausgrabungen in Hyrkania Papyri aus dem siebten bis achten Jahrhundert n. Chr., s. Milik 1959, S. 15 f.

ment wurde Jesus in solch einem Höhlengrab beigesetzt, das dem reichen Josef von Arimathäa gehört haben soll (Mk 15,46 und Parallelen).[206]

Die Senk- oder Schachtgräber von Qumran repräsentieren die zweite Bestattungsform, die in der Zeit des Zweiten Tempels in Judäa praktiziert wurde.[207] Zuerst grub man einen 1,2 – 2 m tiefen rechteckigen Schacht aus, dann auf der Sohle, bzw. leicht nach links oder rechts versetzt, eine Höhlung, um einen schmalen *loculus* für den Leichnam zu schaffen. Den Leichnam legte man normalerweise auf den Rücken, mit dem Kopf nach Süden und den Füßen nach Norden, obwohl sich auch Ost-West-Ausrichtungen finden. Über den Leichnam legte man Lehmziegel oder Steinplatten, um den *loculus* zu verschließen; dann füllte man den Schacht mit Erde ein (Abb. 83). Die freigelegten Gräber sind meist Einzelgräber, obwohl gelegentlich auch zwei Tote zusammen bestattet wurden. Reste von Holz oder braunem Staub weisen auf die Verwendung von Särgen hin, was damals nicht unüblich war. Das Vorhandensein von Särgen lässt daher nicht unbedingt darauf schließen, dass Tote zur Bestattung oder Umbettung nach Qumran transportiert wurden.

Das Schachtgrab ist eine bescheidene Bestattungsform, weit einfacher als die aus dem Fels gehauenen Familiengräber. Weil aber Beisetzungen in Höhlengräbern gewöhnlich besser erhalten sind als Erdbestattungen, haben wir von den Begräbnisformen in Judäa sicher eine etwas verzerrte Vorstellung. Taylor hat gemeint, der Friedhof in Qumran zeige die Bestattungsbräuche der Armen, doch ist dies nicht zwingend der Fall.[208]

Der Friedhof von Qumran erstreckt sich über ein Areal von mindestens 20.000 qm (Abb. 84); die Gräber sind durch Steinhaufen gekennzeichnet. Weil das Gelände nach der römischen Periode völlig aufgegeben wurde und weil es für landwirtschaftliche Nutzung wenig geeignet war, wurden diese Steinhaufen weder weiterverwendet noch beseitigt. Infolgedessen sind die meisten Gräber vollständig erhalten und an der Oberfläche sofort zu erkennen (Abb. 85).

Das Einmalige am Friedhof von Qumran ist nach meinem Dafürhalten, dass er überhaupt existiert, denn bei den meisten Anlagen aus der Zeit des Zweiten Tempels, die in den dichter besiedelten Teilen Judäas liegen, hat man keine Friedhöfe dieses Typs gefunden. So entdeckte ich bei meinen jüngsten Ausgrabungen in Ramat Hanadiv zwar herodianische Anlagen, die sogar größer waren

206. Magness 2002, S. 174f.; zu den Höhlengräbern von Jericho vgl. Hachlili / Killebrew 1999; zu En-Gedi vgl. Hadas 1994; insgesamt zum Thema s. Zangenberg / Triebel 2003; Hachlili 2005.

207. Zum Friedhof von Qumran gibt es eine umfangreiche Literatur. Die jüngsten Publikationen sind Kapera 1994; ders. 1995; Hachlili 1993; dies. 2000; dies. 2005, S. 13-23 und 467-479; Taylor 1999; Zangenberg 2000b; Donceel 2002; Magness 2002, S. 168-175; Murphy 2002, S. 333-343; Norton 2003; Eshel / Broshi / Freund / Schultz 2002; Broshi / Eshel 2003; dies. 2004.

208. Taylor 1999, S. 312f. Vgl. auch Norton 2003, S. 123f.; Zangenberg 2000b.

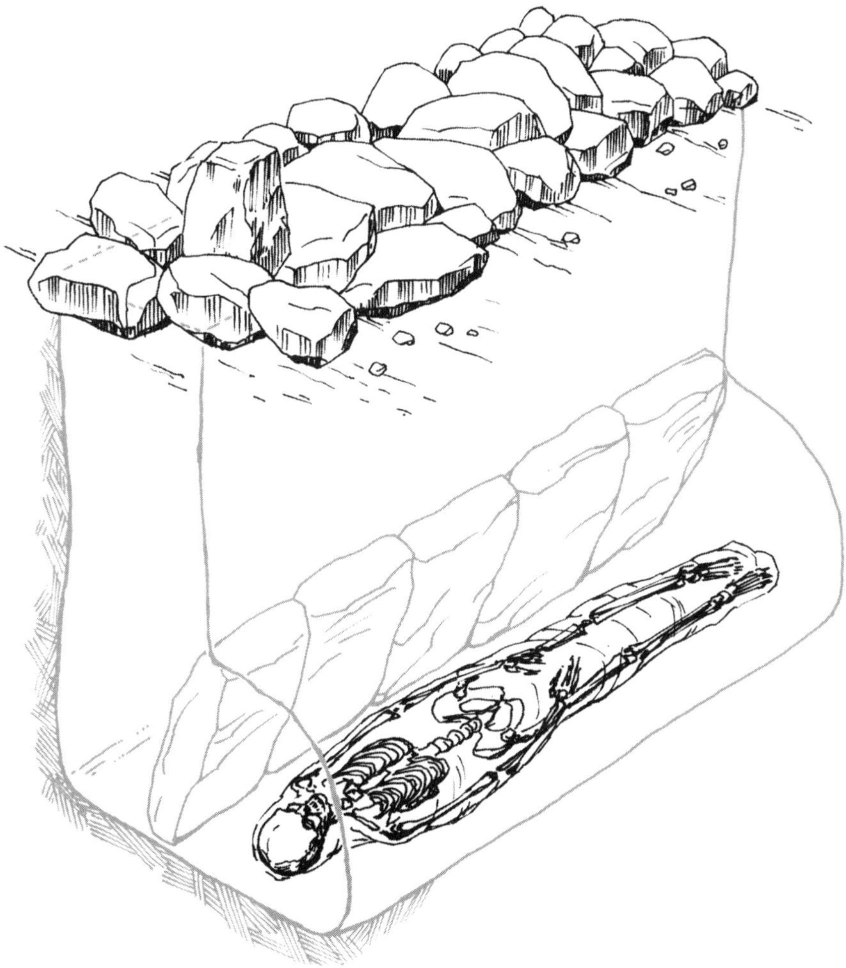

Abb. 83: Rekonstruktionsvorschlag eines für Qumran typischen Schachtgrabes.

Abb. 84: Plan des Friedhofs östlich von Qumran.

Abb. 85: Auf dem Friedhof erhaltene Steinhaufen; Blick nach Süden.

als die von Qumran, aber keinerlei Gräberfeld in der Nähe.[209] Nimmt man an, dass die dort lebenden Menschen in nächster Nähe bestattet wurden, dann darf man vermuten, dass ihre Gräber, wie die in Qumran, in die Erde gegraben waren, und dass die Steinhaufen, mit denen sie einst gekennzeichnet waren, im Laufe der Zeit entfernt wurden. Es ist kein Zufall, dass die meisten uns bekannten Gräber aus der Zeit des Zweiten Tempels entweder bei Anlagen wie Beit Safafa bei Jerusalem zufällig entdeckt oder in el-Ghuweir oder Hiam es-Sagha südlich von Qumran ausgegraben wurden.[210]

Die Gräber von Qumran haben ihre engste Parallele in einem 3.500 Gräber umfassenden nabatäischen Friedhof, der im Jahre 1996 bei Khirbet Qazone auf der Halbinsel Lisan im Osten des Toten Meeres entdeckt wurde.[211] In beiden Anlagen haben die Gräber die gleiche Form, sind überwiegend nord-südlich ausgerichtet und bergen jeweils nur ein Skelett, dessen Kopf nach Süden weist.

Weil der Friedhof von Qumran so ungewöhnlich gut erhalten ist, können wir seine Entwicklung verfolgen. Es leuchtet ein, dass die ersten Gräber, bereits aus der hasmonäischen Periode, parallel zu und ziemlich dicht bei der Mauer angelegt wurden, die Qumran vom Friedhof trennt. Von dort begann der Friedhof sich ostwärts auszudehnen, anfänglich auf dem erhöhten, flachen Areal und später in drei Erweiterungen, die sich östlich davon erstrecken. Eine kleine, isolierte Gruppe von Gräbern ist etwa 60 m nordöstlich vom Hauptfriedhof erhalten. Die Gräber sind entsprechend der Topographie des Geländes verteilt. Aus diesem Grund ist die von de Vaux vorgeschlagene Unterscheidung zwischen dem zentralen Teil des Friedhofs und den Erweiterungen zweifelhaft.[212]

Die nord-südliche Ausrichtung der meisten Gräber wurde nicht, wie Émile Puech behauptete, von religiösen Vorschriften diktiert,[213] sondern vielmehr vom Bauplan der Anlage Qumran. Die nabatäischen Gräber bei Khirbet Qazone weisen eine ähnliche Ausrichtung auf; was vielleicht darauf hinweist, dass dies ein regionales, möglicherweise durch die geographische Ausrichtung des Toten Meeres inspiriertes Phänomen war (Abb. 86).

Die Zahl der bei Qumran erhaltenen Gräber war lange umstritten. Clermont-Ganneau, der Qumran 1874 besuchte, schätzte die Zahl der Gräber auf rund 1.000.[214] Dagegen schätzten Conder und Kitchener, die ein Jahr früher nach Qumran gekommen waren, ihre Zahl auf nur 700 bis 750.[215] Aufgrund der Schätzung von Clermont-Ganneau vertrat de Vaux die Auffassung, es gebe

209. Zum Abschlussbericht über die Ausgrabungen von Ramat Hanadiv vgl. Hirschfeld 2000a.
210. Zum Friedhof von Beit Safafa vgl. Zissu 1998; zu En el-Ghuweir vgl. Bar-Adon 1977, S. 16f.; zu Hiam es-Sagha s. Eshel / Greenhut 1993.
211. Zu Khirbet Qazone vgl. Politis 1998a; ders. 1999; ders. 2006.
212. De Vaux 1973, S. 45-47.
213. Puech 1998. Zur Orientierung der Qumran-Gräber vgl. Donceel 2002, S. 20-22.
214. Clermont-Ganneau 1899, S. 15f.
215. Conder / Kitchener 1883, S. 183.

Abb. 86: Der nabatäische Friedhof bei Khirbet Qazone auf der Halbinsel Lisan; Blick nach Süden.

auf dem Friedhof 1.000 bis 1200 Gräber.[216] Nach einer von Zdzislaw Kapera mittels Luftaufnahmen durchgeführten Zählung beträgt die Zahl der Gräber bei Qumran nur 711.[217] Aufgrund ihres jüngsten Surveys schätzen Eshel und Broshi die Zahl der Gräber auf ungefähr 1.200.[218]

Um die Frage der Gräberzahl zu klären, führte ich auf dem Friedhof selbst einen Survey durch, bei dem jeder Steinhaufen, der ein Grab bezeichnet, auf einer Karte eingetragen wurde (Abb. 87). Die Gesamtzahl der aufgenommenen Gräber betrug 823, von denen 596 in dem erhöhten Hauptareal und 227 in den Erweiterungen liegen.[219] In der südlichen Erweiterung zählten wir 69, in der mittleren Erweiterung 88 und in der nördlichen Erweiterung 33 Gräber. In dem kleinen Friedhof nordöstlich des Hauptfriedhofs zählten wir 37 Gräber. Durch den Hauptfriedhof im flachen, erhöhten Areal verlaufen zwei Wege. Im südlichen Teil liegen 126 Gräber, im mittleren 352 und im nördlichen 117. Ein einzelnes ost-westlich ausgerichtetes Grab wurde überraschend mitten auf dem nördlichen Weg entdeckt; seine Existenz lässt sich nicht erklären.

Am östlichen Ende der mittleren Erweiterung, auf einem kleinen Hügel, fand bereits de Vaux im Jahre 1951 Überreste eines rechteckigen Baus mit den Außenmaßen 5 × 6,5 m (»Point B«)[220] (Abb. 88). Magen Broshi und Hanan Eshel, die ihn vor kurzem erneut untersuchten, datieren ihn in die späte Zeit des Zweiten Tempels (erstes Jahrhundert v. Chr. bis erstes Jahrhundert nach Chr.). Etwa 1,2 m unter dem Fußboden dieses Baus fand man im Jahre 2001 zunächst einen Stapel menschlicher Knochen in Zweitbestattung. Gemäß der naturwissenschaftlichen Analyse können die Reste in die Zeit des späten Zweiten Tempels datiert werden. Sie gehören einem weiblichen Individuum im Alter zwischen 25 und 35 Jahren und einem anderen im Alter von 50 Jahren. Im Juli 2002 wurden die Untersuchungen fortgesetzt. Dabei stellte sich heraus, dass die rechteckige

216. De Vaux 1973, S. 43 schätzte die Zahl der Gräber zunächst auf 1.100; doch später, in derselben Publikation, erhöhte er sie auf 1.200 (S. 128). Viele Forscher, etwa Broshi (1992, S. 11) und Hachlili (1993, S. 247; dies. 2000, S. 661), haben de Vaux' Schätzung einfach übernommen. Hachlili 2000 gibt de Vaux' höhere Zahl von 1.200 wieder, Hachlili 1993 seine niedrigere Zahl von 1.100 Gräbern.

217. Kapera 2000, S. 143.

218. Broshi / Eshel 2003, S. 31.

219. Der Survey wurde durchgeführt von einem Expertenteam unter der Leitung von Israel Vatkin von der Israelischen Antikenbehörde. Die Diskrepanz zwischen den Ergebnissen der beiden Surveys (über 1.200 gegenüber 823) lässt sich nur dadurch erklären, dass eines der beiden Teams einen Fehler machte. Wünschenswert wäre daher ein neuer, von einem objektiven Team durchgeführter Survey. Der kleine Friedhof südlich des Wadi Qumran wurde in meinem Survey nicht berücksichtigt. Aufgrund der natürlichen Erosion an der Ostkante des Friedhofs ist jedoch klar, dass der ursprüngliche Bestand an Gräbern sehr wahrscheinlich größer war als die heute noch feststellbaren Bestattungen nahelegen, sei es nun ca. 1200 oder die von mir gezählten 823.

220. Vgl. den Eintrag de Vaux' ins Grabungstagebuch vom 29. 11. 1951 bei Humbert / Chambon 1994, S. 352.

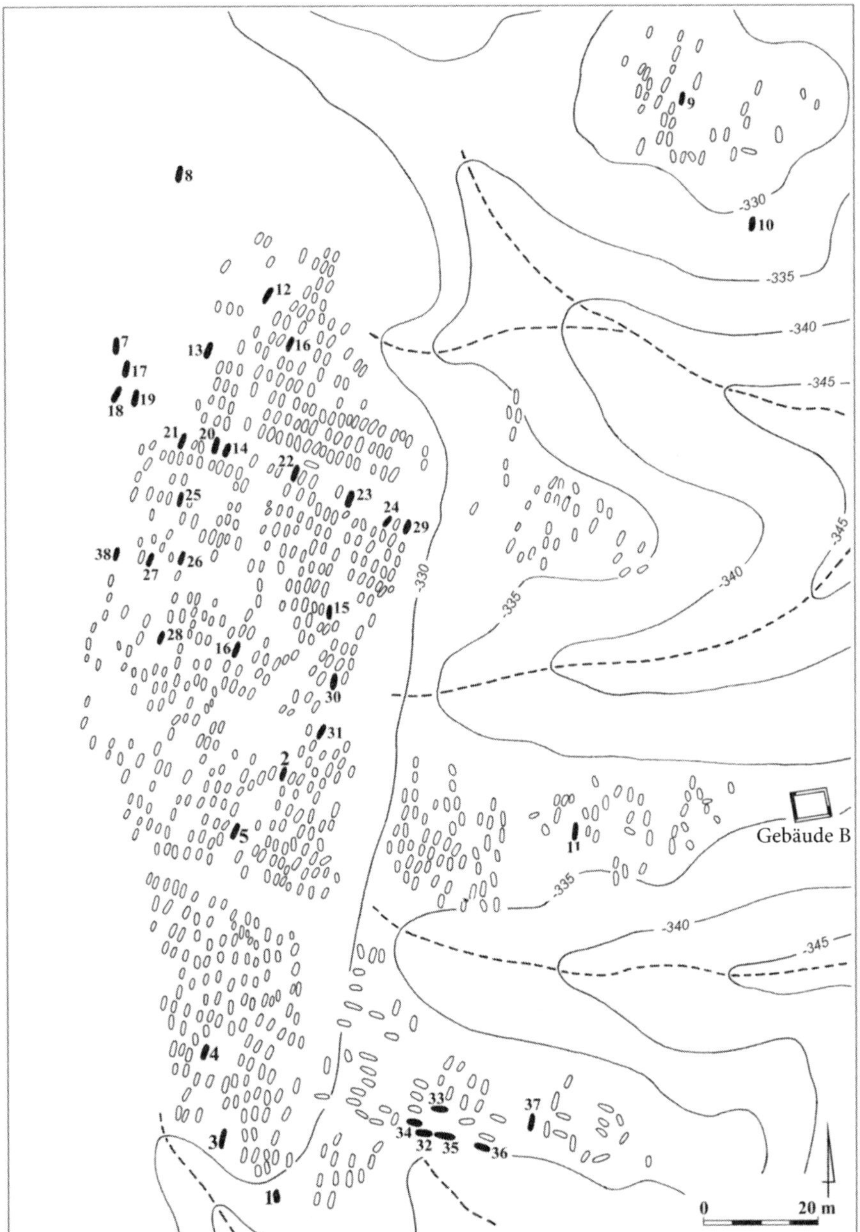

Abb. 87: Detaillierter Plan des Friedhofs von Qumran mit Eintrag der lokalisierten Gräber der Untersuchungen de Vaux' (Vermessung durch I. Vatkin).

Abb. 88: Der mittlere Teil der Erweiterung des Friedhofs von Qumran; Blick nach Osten.

Struktur »Point B« über einem Senkgrab errichtet ist, das in einer Tiefe von ca. 1,10m in Ost-West-Richtung angelegt war. Diese Ausrichtung ist nicht ungewöhnlich; über 50 Gräber des Friedhofs folgen dieser Richtung. Die Knochen gehörten einem männlichen Individuum von ca. 35-45 Jahren und waren in Primärbestattung nach der für Qumran üblichen Weise beigesetzt. Dem Mann war ein Kochtopf ins Grab mitgegeben worden.[221]

Der Bau über den Bestattungen ist sehr bescheiden und wurde ohne Mörtel errichtet. Er gleicht daher eher einer Einfriedung als einem Gebäude. Andererseits weist seine Lage darauf hin, dass die in seinem Inneren bestattete Person bedeutend war. Die Ausgräber behaupten, der Bau sei ein Trauerbezirk (hebr. *beth misped*). Als Anhänger der Qumran-Essener-Hypothese vermuten Magen und Broshi, das Skelett stamme vielleicht von einem Nachkommen des Lehrers der Gerechtigkeit.[222] Doch ist diese genaue Identifizierung reine Spekulation. Nach meiner Auffassung könnte der Bau jedoch durchaus ein *nefesh* (Denkmal) sein, das an einen bedeutenden Menschen erinnert, der in Qumran lebte. Dies ist jedoch wahrscheinlich nicht der Gutsbesitzer, denn er hätte sich ein imposanteres Grab leisten können.

Der innere Aufbau des Friedhofs zeigt einige auffallende Merkmale. Im flachen Teil gibt es zwei 1,5 – 3 m breite Wege, die vermutlich das Begehen des Friedhofs erleichtern sollten. Fast alle Gräber in diesem Areal sind nord-südlich ausgerichtet. Dagegen sind die Gräber in den Erweiterungen freier angeordnet. So sind etwa in der südlichen Erweiterung von 69 Gräbern nur 33 nord-südlich ausgerichtet, die übrigen 36 ost-westlich.[223]

Die Schachtgräber Qumrans werden aufgrund ihrer wenigen Grabbeigaben, die man hauptsächlich in den Gräbern von Frauen und Kindern fand, in das Ende der frührömischen Periode (erstes Jahrhundert v. Chr. bis erstes Jahrhun-

221. Es ist durchaus bezeichnend, dass das Individuum nun als Sektenmitglied angesprochen wird, obwohl Eshel / Broshi / Freund / Schultz 2002 die Ost-West-Orientierung sonst als Kriterium für *nicht*-essenische Herkunft nennen. Der Kochtopf jedenfalls ist in keinster Weise exklusiv essenisch (gegen Broshi / Eshel 2004, S. 325).

222. Das Grab unter dem Bau wurde von den Ausgräbern mit der recht prätentiösen Nummer »1.000« versehen, worin sich doch eine bei manchen Qumran-Forschern verbreitete Neigung zeigt, bestimmte Daten überzuinterpretieren. Zum Befund vgl. Eshel / Broshi / Freund / Schultz 2002, S. 147-153; Broshi / Eshel 2003; dies. 2004, S. 323-330.

223. Aufgrund seiner allzu flüchtigen Prüfung der Gebeine in München behauptet Zias 2000, die ost-westlich ausgerichteten Gräber in der südlichen Erweiterung seien jüngere Beduinengräber. Aber Röhrer-Ertl / Rohrhirsch / Hahn 2000; Zangenberg 2000b und Norton 2003, S. 118 haben seine Behauptung systematisch widerlegt. Zu den Hals- und Armketten, die in Grab 32 und 33 in der Süderweiterung und in Grab 1 des Südfriedhofs gefunden wurden, s. Clamer 2003. Clamer schließt zwar nicht aus, dass die Perlen der Armbänder auch aus beduinischen Gräbern stammen können, entscheidend ist aber der anthropologische Befund, da Perlen aus sich heraus kaum datierbar sind (Zangenberg 2000b).

dert n. Chr.) datiert.[224] Ein Beispiel für solche Beigaben ist eine schöne Kette mit verschiedenartigen Perlen, die man in einem der Frauengräber fand (Abb. 102, farbig).

Bislang wurden von den Hunderten von Gräbern bei Qumran seit den ersten Forschungen im Jahre 1855 erst 60 freigelegt (1 durch Henry Poole 1855, 2 durch Charles Clermont-Ganneau, 43 durch de Vaux, 11 durch Steckoll and 3 Individuen während der Merrill-Expedition durch Broshi und Eshel). Das Material der Grabungen Pooles, Clermont-Ganneaus und Steckolls ist für die Forschung verloren, doch dasjenige aus den Grabungen de Vaux konnte jüngst mit modernen Methoden vor allem hinsichtlich der Frage nach Geschlecht und Alter der bestatteten Individuen erneut untersucht werden. Im einzelnen ergab sich daraus folgendes Bild: In der *Collectio Kurth* (»German Collection«) konnte Olav Röhrer-Ertl die Inventare von 14 Gräbern mit 16 Individuen aus dem Hauptfriedhof sowie von vier Gräbern mit fünf Individuen aus dem Südfriedhof untersuchen. Röhrer-Ertl identifizierte neun männliche (T. 20, T. 21, T. 23, T. 24-I, T. 26, T. 28, T. 29, T. 30 und T. 31), sieben weibliche Erwachsene (T. 22, T. 24-II, T. 32, T. 33, T. 34, T. 35-I, T. 35-II) sowie ein ungefähr sieben Jahre altes Mädchen (T. 36) aus dem Hauptfriedhof. Aus dem Südfriedhof stammte ein weibliches Individuum (TS. 1), drei Jungen (TS. 2, TS. 3-I und TS. 4) und ein unbestimmbares Kind (TS. 3-II). Die *French Collection,* untersucht von Susan Guise Sheridan, umfasst 18 Personen aus 15 Gräbern. Sheridan identifizierte 13 männliche (T. 3, T. 4, T. 5-II, T. 6, T. 8, T. 11, T. 12, T. 13, T. 15, T. 16-I, T. 16-II, T. 18, T. 19) und drei wahrscheinlich männliche Erwachsene (T. 5-I, T. 7, T. 10) aus dem Hauptfriedhof sowie eine Frau (T. A) und einen Mann (T. B) aus dem verlorenen Nordfriedhof. Abgesehen von einem 15-16 Jahre alten Jugendlichen in T. 15 wurden keine Nicht-Erwachsenen festgestellt[225]. Hinzu kommen die Reste zweier Frauen und eines Mannes, die während der Merrill-Expedition in den Jahren 2000 und 2001 im Umfeld des sog. »Grab 1000« entdeckt wurden.[226]. Das Vorhandensein von Männern, Frauen und Kindern verbietet es, die Bewohner Qumrans als Essener zu bezeichnen, denn nach Plinius dem Älteren mieden diese den Umgang mit Frauen.[227] Ein ähnliches Verhältnis von Männern zu Frauen fanden Bar-Adon bei der Ausgrabung des

224. Nach Kapera 1994; ders. 1995. Die Tatsache, dass die Toten in Qumran einzeln in Schachtgräbern beigesetzt wurden, stimmt mit der damaligen Verwendung von Ossuarien für Einzelbestattungen überein, s. Regev 2001.

225. Angaben nach Röhrer-Ertl / Rohrhirsch / Hahn 2000; Zangenberg 2000b; Norton 2003; Sheridan 2002; Sheridan / Ullinger 2006; Sheridan / Ullinger / Ramp 2003.

226. Broshi / Eshel 2003; dies. 2004. Zur Geschlechtsbestimmung vgl. die heftige Kritik von Zias 2003, S. 92-95.

227. Zum Verhältnis von Männer- zu Frauengräbern vgl. Norton 2003, S. 123, sowie Elder 1994, S. 224. Aus den Daten der Ausgrabungen auf dem Friedhof von Qumran geht eindeutig hervor, dass Frauengräber nicht nur in den Erweiterungen, sondern auch im flachen, erhöhten Hauptareal gefunden wurden; vgl. Taylor 1999, S. 303; Kapera 2000,

Friedhofs von el-Ghuweir und Zissu bei der Ausgrabung des Friedhofs von Beit Safafa südwestlich von Jerusalem.[228] Der Friedhof von Qumran ist daher keineswegs einzigartig, wie manche Forscher behaupten.

Die Einfachheit der Gräber von Qumran legt nahe, dass die darin Bestatteten einfache Menschen waren. Dass keinerlei Überreste von Grabmalen gefunden wurden, ist ein weiterer Hinweis darauf, dass der Besitzer des Landgutes, der aufgrund der Grabungsfunde ein wohlhabender Mann gewesen sein muss, dort nicht ständig wohnte, sondern in einer der judäischen Städte wie Jericho oder Jerusalem residierte. Die große Zahl der Gräber zeigt uns, dass der Friedhof von Qumran einer weit größeren Zahl von Menschen diente als denen, die dort ihren festen Wohnsitz hatten. Auf diesem Friedhof müssen auch Menschen bestattet worden sein, die nur vorübergehend in Qumran wohnten oder zufällig dort hinkamen. Es ist auch möglich, dass der Friedhof von Qumran, wie Bar-Adon gemeint hat, als zentraler Bestattungsort für ähnliche Anlagen in der Region diente.[229] Wir dürfen ihn mit dem riesigen nabatäischen Friedhof von Khirbet Qazone vergleichen, der nach Auffassung des Ausgräbers Dino Politis von drei nabatäischen Siedlungen auf der Halbinsel Lisan – al-Mazra'a, al-Haditha und Khirbet Sekine – benutzt wurde.[230] So diente der Friedhof von Qumran vielleicht ebenso den Bewohnern von Anlagen in der Nähe Qumrans, z. B. Ain-Feshkha, Khirbet Mazin und Rujum el-Bahr.

Zusammenfassend lässt sich sagen: Die in Qumran freigelegte herodianische Anlage ist groß, solide gebaut und erstreckt sich über ein Areal von 4.800 qm. Sie scheint kein Zentrum für Menschen gewesen zu sein, die in den nahen Höhlen wohnten. Die systematische Untersuchung der Höhlen hat gezeigt, dass diese nicht als ständige Wohnsitze, sondern vielmehr als zeitweilige Unterkünfte und als Versteck für Gegenstände benutzt wurden. Andererseits war die Anlage offenbar keine Festung. Der mit einer Vormauer umgebene Turm ermöglichte es, die Anlage zu verteidigen; aber die Wohntrakte, die mehrere Eingänge und eine unregelmäßige Konstruktion aufweisen, sind typisch für eine zivile Anlage. Die industriellen Einrichtungen und das bebaute Land in der Nähe beweisen, dass die Bewohner vorwiegend in der Landwirtschaft und in der Verarbeitung

S. 144-147; Zangenberg 2000b, S. 74 f.; Rohrhirsch/Röhrer-Ertl 2001, S. 166; vgl. auch Magen / Peleg 2006, 96-98.

228. Kapera 1995, S. 130. Nach Bar-Adon (1977, S. 16) ist das Verhältnis von Männern zu Frauen auf dem Friedhof von En el-Ghuweir 2:1. Auf dem Friedhof von Beit Safafa ist das Verhältnis 3:2 (Zissu 1998, S. 160). Aus diesen Daten sowie aus der Untersuchung von Zeev Weiss über jüdische Bestattungsbräuche in Galiläa in der Zeit der Mischna und des Talmud scheint hervorzugehen, dass die Erdbestattungen in Qumran die allgemein übliche Bestattungsmethode für einfache Menschen darstellten (Weiss 1989, S. 64-66; vgl. auch Patrich 1994b, S. 191 f.).

229. Bar-Adon 1981, S. 351.

230. Politis 1998a, S. 612; ders. 1999; dazu Zangenberg 1999c.

landwirtschaftlicher Produkte tätig waren. Die Einbeziehung des Turmes, der Wohntrakte und der Einrichtungen weist darauf hin, dass Qumran, wie ähnliche Anlagen in Judäa, ein befestigtes Herrenhaus war. Man darf annehmen, dass die Wüstenoasen südlich von Qumran – Ain-Feshkha und vielleicht auch Ain el-Ghuweir und Ain et-Turabeh – zum landwirtschaftlichen Großbetrieb Qumran gehörten.

Grundherren wie die Familie, die das Landgut Qumran besaß, verloren durch die Eingliederung Judäas in das Römische Reich im Jahr 6 n. Chr. ihren Status nicht. In den Überresten der Anlage sind keine Anzeichen für eine Veränderung oder gar das Ende der normalen Tätigkeit ihrer Bewohner festzustellen. Tatsächlich erwähnt Josephus verschiedene Landgüter mit Türmen, die im ersten Jahrhundert n. Chr. im Besitz der jüdischen Oberschicht waren.[231]

Erst der Erste Jüdische Aufstand (66-70 n. Chr.) brachte für Qumran das Ende. Die Römer zerstörten die jüdischen Widerstandsnester, darunter befestigte Herrenhäuser, systematisch. Die Niederwerfung des Aufstandes führte zur vollständigen Beseitigung des Siedlungsmusters, das für das herodianische Judäa bezeichnend gewesen war: erstklassige Ländereien im Besitz aristokratischer, mit dem König eng verbundener Familien, die von Pächtern und Lohnarbeitern bewirtschaftet wurden.[232] Die Sozialstruktur der jüdischen Bevölkerung änderte sich nach dem Aufstand unwiderruflich.

3.5 Qumran nach 68 n. Chr. (Stratum IV)

Qumran Stratum III wurde gewaltsam zerstört durch einen Brand, den de Vaux auf einen Angriff durch das römische Heer zur Zeit des Ersten Jüdischen Aufstandes zurückführte. Die Zerstörung ließ sich in der ganzen Anlage erkennen. Das Areal südlich des Turmes (Loci 12, 13 und 17) und andere Räume im Hauptbau waren 1,2 bis 1,5 m hoch mit Trümmern der eingestürzten Mauern und Dächer angefüllt. Eiserne Pfeilspitzen, die man im Schutt fand, weisen darauf hin, dass die Bewohner Widerstand leisteten und dass die Zerstörung durch eine militärische Auseinandersetzung verursacht wurde. Die mit drei Wi-

231. Ein bekanntes Beispiel dafür ist der »Turm« (griech. *pyrgos*) in Malatha im südlichen Judäa, der Herodes Agrippa I. (37-44 n. Chr.) gehörte. Nach Josephus, Antiquitates 18,147 f. kam Agrippa mit seiner Frau und seinen Kindern dort an; dies spricht dafür, dass der Ort im Besitz seiner Familie war. Anderswo erwähnt Josephus (Vita 33) ein Landgut in Ostjordangebiet, das Crispus gehörte, der unter Herodes Agrippa I. die Stadt Tiberias verwaltete. Zur Kontinuität des Grundbesitzes in Judäa nach 6 n. Chr. vgl. Goodman 1987, S. 59 f.

232. Zu den Veränderungen in Judäa nach dem Ersten Jüdischen Aufstand vgl. Hirschfeld 1995.

derhaken versehenen Pfeilspitzen sind typisch römisch und datieren aus dem ersten Jahrhundert n. Chr.[233]

De Vaux verwendete den numismatischen Befund und die Schilderung des Josephus, um die Zerstörung Qumrans in das Jahr 68 n. Chr. zu datieren. Laut Josephus nahm das römische Heer unter Vespasian Jericho im Juni 68 ein.[234] Römische Einheiten verfolgten die jüdischen Rebellen und die einheimische Bevölkerung am Jordan und auf dem Toten Meer in Booten und besiegten sie. Man darf annehmen, dass Qumran, Ain-Feshkha und die ganze Region nordwestlich des Toten Meeres damals von den Römern besetzt wurde.

Bei seinen Ausgrabungen fand de Vaux 78 jüdische Münzen aus der Zeit des Ersten Aufstandes. Die spätesten stammen aus dem dritten Jahr der Erhebung, d. h. aus dem Jahr 68/69.[235] Dieses Jahr bezeichnet das Ende der jüdischen Herrschaft über Qumran. Das literarische und archäologische Beweismaterial für die Zerstörung durch die Römer bestätigt insgesamt die Datierung de Vaux'. Aber seine Vermutung, die anschließende Besetzung Qumrans durch die Römer habe nur sechs Jahre – bis zum Fall von Masada 73 n. Chr. – gedauert, ist weniger sicher.

Joan Taylor vom University College London wirft neues Licht auf die Bedeutung Qumrans in der Periode zwischen dem Ersten und dem Zweiten Jüdischen Aufstand, d. h. zwischen ungefähr 68 und 130 n. Chr.[236] Der numismatische Befund von Qumran und Ain-Feshkha spricht für Taylors Theorie. Die Fundspektrum Qumrans aus dieser Periode umfasst 29 Münzen. Darunter sind drei Silbermünzen Trajans (98-117) und vier nabatäische Münzen des ersten Jahrhunderts n. Chr.[237] Magness meint übrigens, dass die wenigen Tonscherben, die de Vaux als »islamisch« beschrieb, in Wirklichkeit einem Typ angehören, der als nabatäische cremefarbene Keramik bezeichnet wird und aus dieser Periode stammt.[238] Ein Hortfund mit zehn Münzen des Zweiten oder Bar Kochba-Aufstandes (132-135) markiert das vermutliche Ende der Besiedlung Qumrans.[239]

Der numismatische Befund von Ain-Feshkha zeigt ein ähnliches Bild. Unter den dort von de Vaux gefundenen Münzen stammen 17 aus der Regierungszeit des jüdischen Königs Agrippa II. (78-95 n. Chr.), eine ist eine römische Münze Domitians (81-96), und drei sind jüdische Münzen aus der Zeit des Zweiten

233. Magness 2002, S. 61 f.
234. Josephus, Bellum 4,446-451, dazu vgl. nun Taylor 2006.
235. Kanael 1958, S. 168; Murphy 2002, S. 305-309.
236. Taylor 2002b.
237. Die Darstellung des numismatischen Befundes stützt sich auf die Liste bei Laperrousaz 1976, S. 151-154.
238. Magness 2002, S. 63, sog. »nabatean cream ware«. Ihr Vorhandensein bezeugt Handelskontakte zwischen Qumran und nabatäischen Bewohnern des Ostufers des Toten Meeres im 1. Jh.
239. De Vaux 1973, S. 45.

Aufstands.[240] Dadurch wird bestätigt, was Taylor feststellt: Das Material in und um [Qumran] und Ain-Feshkha weist darauf hin, dass dort weiterhin eine kleine Zahl von Menschen bis in die ersten Jahrzehnte des zweiten Jahrhunderts und möglicherweise bis zum Jahr 135, ohne Unterbrechung in der Mitte von Periode III, lebte.[241]

Qumran und Ain-Feshkha wurden offensichtlich durch eine Kriegshandlung zerstört. Anzeichen für eine gewaltsame Zerstörung finden sich im ganzen Land in allen Anlagen, die als jüdische Herrenhäuser identifiziert worden sind. Die Römer waren entschlossen, die jüdischen Rebellen zu vernichten, und da Qumran – wie de Vaux bemerkte – einen guten Beobachtungsposten bot, besetzten und zerstörten die Römer diese Anlage. Sie spürten auch jüdische Rebellen und Flüchtlinge auf, die sich in den benachbarten Höhlen versteckten. Dies beweisen nicht nur Entdeckungen in den Höhlen, sondern auch die oben bereits erwähnten rund 60 Nägel von römischen Soldatenstiefeln *(caligae)* an der antiken Straße, die von Norden nach Qumran führte.[242]

Der Westflügel der herodianischen Anlage wurde 68 n. Chr. zerstört und völlig aufgegeben. Dagegen ergibt eine Analyse von de Vaux' Grabungsbefunden, dass der Hauptbau als römische Festung wieder aufgebaut wurde. Der Umfang der Anlage in dieser Periode glich dem der hasmonäischen Periode (rd. 1.400 qm). Daraus kann man erschließen, dass die römische Militäreinheit, die zwischen den beiden Aufständen in Qumran stationiert war, etwa 20 Soldaten umfasste.

Nach de Vaux bewohnten die römischen Soldaten nur einen Teil des Hauptbaus (Abb. 89): den Turm und mehrere Räume im Nord- und Westflügel des ursprünglichen Baus. Die Mauer an der Nordseite der Anlage bis zum Westen des Turms wurde auf das Doppelte verstärkt.[243] Im Innenhof wurde in nordsüdlicher Richtung eine feste Mauer, 1 m stark, eingezogen. Durch eine 1,4 m breite Öffnung in dieser Mauer konnte man vom einen Teil des Hofes in den anderen gelangen. Im Areal südlich des Turmes schafften die Römer den Schutt aus den Räumen fort und bewohnten sie wieder – mit kleineren Veränderungen, wobei sie vor allem die Räume in kleinere aufteilten.

Nach de Vaux benutzten die Soldaten auch den Speisesaal der herodianischen Periode (Locus 77). Dies wird bestätigt durch die Erneuerung des Wasserversorgungssystems, das in der römischen Periode auf der großen Mikwe (Locus 71) im südöstlichen Teil der Anlage beruhte. Dieses Becken wurde gefüllt durch einen neuen Kanal, der im Bereich des nunmehr zerstörten West-

240. Laperrousaz 1976, S. 153 f.
241. Taylor 2006.
242. Broshi / Eshel 1999b, S. 339 f. Die einheimische Bevölkerung trug einfache Sandalen vom *solea*-Typ, d. h. ohne Nägel. Einige davon wurden in Qumran gefunden, vgl. Sussmann / Peled 1993, S. 112 f. Zu den Schuhen vgl. auch Taylor 2006, S. 140 f.
243. Magness 2002, 62.

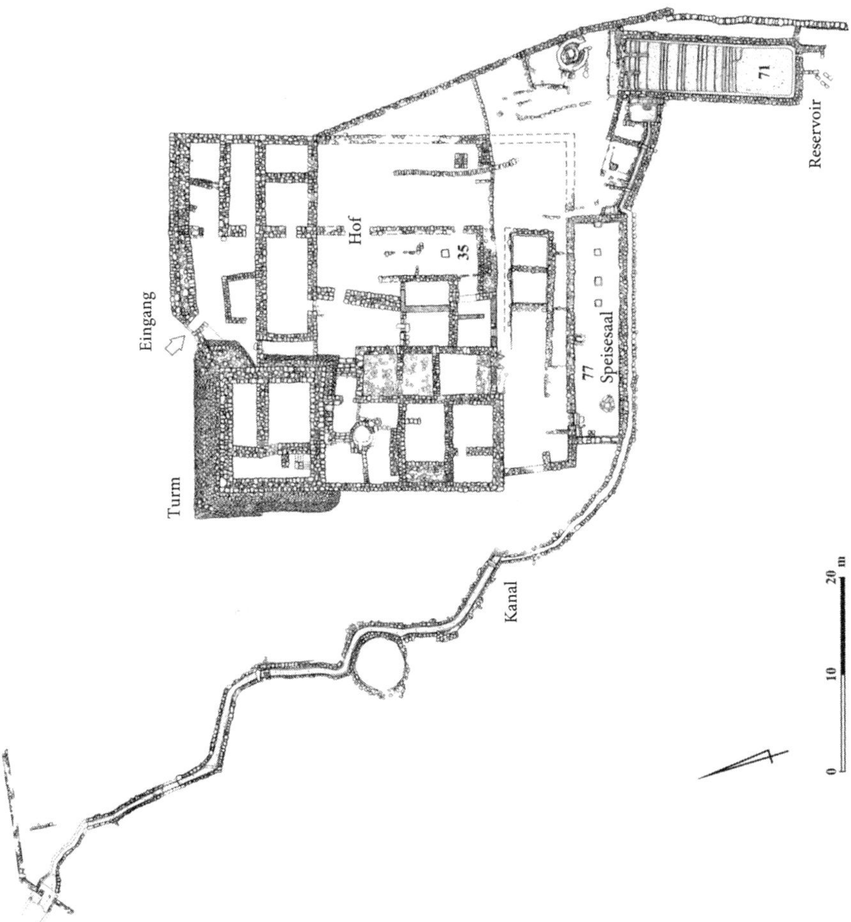

Abb. 89: Qumran nach 68 n. Chr.

flügels mit dem alten Kanal verbunden war. Der neue Kanal wurde gespeist durch den alten, im Wadi Qumran beginnenden Aquädukt. Er verlief über das große Reservoir (Locus 91), das man deshalb mit Trümmern aufgefüllt hatte, und dann entlang der Südmauer des Speisesaales.

Unsere Rekonstruktion des Grundrisses der römischen Festung in Qumran beruht auf de Vaux' Beschreibung der Überreste. Der Plan von Periode III wurde von de Vaux während der Ausgrabungen angefertigt und präsentiert die Überreste einer ziemlich gut erhaltenen Mauer, die den Hauptbau auf der Ostseite umschließt.[244] Der zentrale Pfeiler im Treppenhaus der herodianischen Anlage (Locus 35) ist in der Südostecke des Innenhofes noch sichtbar. Aus diesen Überresten lässt sich die römische Befestigung von Qumran rekonstruieren als ein rechtwinkliger Bau, der in der Nordwestecke durch einen Turm geschützt war und in der Südostecke ein großes Reservoir besaß. Es ist denkbar, dass das alte Reservoir und die alten Mikwen im Untergeschoss des Südflügels (Loci 56/58) und des Ostflügels (Loci 48/49) des Hauptbaus von Trümmern befreit und auch noch mit Wasser gefüllt wurden

Die Römer hielten Qumran bis ca. 130 n. Chr. besetzt. Dies stimmt mit dem allgemeinen Siedlungsbild der Region am Toten Meer überein. Im Winterpalast von Jericho fanden Ausgräber die Überreste eines römischen Privathauses, das wahrscheinlich das Zentrum des zum Palast gehörenden Landgutes war. Sein Ausgräber, Ehud Netzer von der Hebräischen Universität, meint, es sei nach dem Ersten Aufstand gebaut und beim Zweiten Aufstand durch Feuer zerstört worden.[245] Die im Haus entdeckten Kleinfunde, z. B. Öllampen, lassen den Wohlstand seines Besitzers erkennen.

Ähnliches Beweismaterial wurde in En-Gedi entdeckt. Benjamin Mazar legte dort bei seinen Ausgrabungen in der Nähe des Ufers eine römische Badeanlage frei.[246] Diese Anlage, die für römische Militärbäder im ganzen Römischen Reich typisch ist, wurde zwischen den beiden jüdischen Aufständen benutzt. Aus Dokumenten, die Yigael Yadin in einer Höhle bei Nahal Hever fand, wissen wir, dass nach dem Ersten Jüdischen Aufstand in En-Gedi eine römische Einheit stationiert war. In den Dokumenten wird das Dorf En-Gedi als »Dorf unseres Herrn Kaisers« bezeichnet.[247]

In seiner Beschreibung des vom römischen Fiskus angepflanzten Balsams sagt Plinius der Ältere um das Jahr 75 n. Chr., es habe noch nie eine solche Menge gegeben.[248] Plinius spricht hier von Veränderungen im Anbau und in der Nutzung des Balsamstrauches, die damals eingeführt wurden, vielleicht weil

244. Vgl. etwa de Vaux 1961, Tafel XXII und die Überlegungen zum Aussehen des Militärpostens von Taylor 2006.
245. Netzer 1993, S. 691.
246. Mazar 1993, S. 404 f.
247. Cotton 2001, S. 139.
248. Plinius, Naturalis Historia 12, 54 (113), vgl. Cotton / Eck 1997.

jüdische Rebellen während des Ersten Aufstandes die Balsamhaine beschädigt hatten. Der Bericht des Plinius beweist eindeutig, dass die Römer die reichen Balsamplantagen beschlagnahmt hatten. Wenn an den nordwestlichen Rändern des Toten Meeres Balsamsträucher angepflanzt wurden, wäre das für die Römer ein starkes wirtschaftliches Motiv gewesen, die gesamte Region von Jericho bis En-Gedi zu übernehmen. Dies würde die Anwesenheit einer römischen Besatzung in Qumran und Ain-Feshkha nach dem Jahr 68 erklären.

Beim Zweiten Jüdischen Aufstand (132-135) könnte die Siedlung den Anhängern Bar Kochbas noch einmal für kurze Zeit in die Hände gefallen sein. Der wichtigste Beleg für den Zweiten Aufstand ist ein Hort von zehn zeitgenössischen Münzen, die man unter dem Fußboden eines ebenerdigen Raumes (Locus 29) im Turm fand.[249] Einige spätrömische und byzantinische Münzen, die man bei den Ausgrabungen entdeckte, wurden wahrscheinlich in den folgenden Jahrhunderten von Passanten verloren und bezeugen keine längerfristige Bewohnung.[250]

In allen Phasen der Existenz Qumrans – von der späten Eisenzeit bis zur hasmonäischen, herodianischen und römischen Periode – beeinflussten seine Lage und das wirtschaftliche Potenzial der benachbarten Oase Ain-Feshkha die Archäologie der Anlage. Dies ist der faszinierende, bisher kaum erforschte Gegenstand des nächsten Kapitels.

249. De Vaux 1973, S. 45.
250. Magness 2002, S. 63.

Abb. 90: Sturzwasser im Nahal Angot bei En-Gedi während des Winters 2001.

Abb. 91: Die Oase Ain-Feshkha mit Blick nach Süden. Im Hintergrund der Abschluss der Oase durch die Klippe von Ras Feshkha.

Abb. 92: Innenraum der Höhle 4 Q; Blick nach Süden.

Abb. 93: Rest der »langen Mauer« zwischen Qumran und Ain-Feshkha; Blick nach Süden.

Abb. 94: Reste eines späteisenzeitlichen Turmes oberhalb der Oase Ain-Feshkha; Blick nach Nordosten.

Abb. 95: Die runde Zisterne (Locus 110); Blick nach Westen.

Abb. 96: Blick von Qumran nach Osten über Friedhof und Totes Meer auf das moabitische Bergland.

Abb. 97: Wasserreservoir unter den Fundamenten des Antoniusklosters in Ägypten. Beachte die Deckenbalken.

Abb. 98: Handgeschnittene Steingefäße (»Messbecher«) aus Qumran (mit freundlicher Genehmigung der École Biblique; Foto: R. Donceel).

Abb. 99: Ovale »sackförmige« Vorratsgefäße in Fundlage in Qumran (mit freundlicher Genehmigung der École Biblique).

Abb. 100: Parfümfläschchen aus Qumran (mit freundlicher Genehmigung der École Biblique; Foto: R. Donceel).

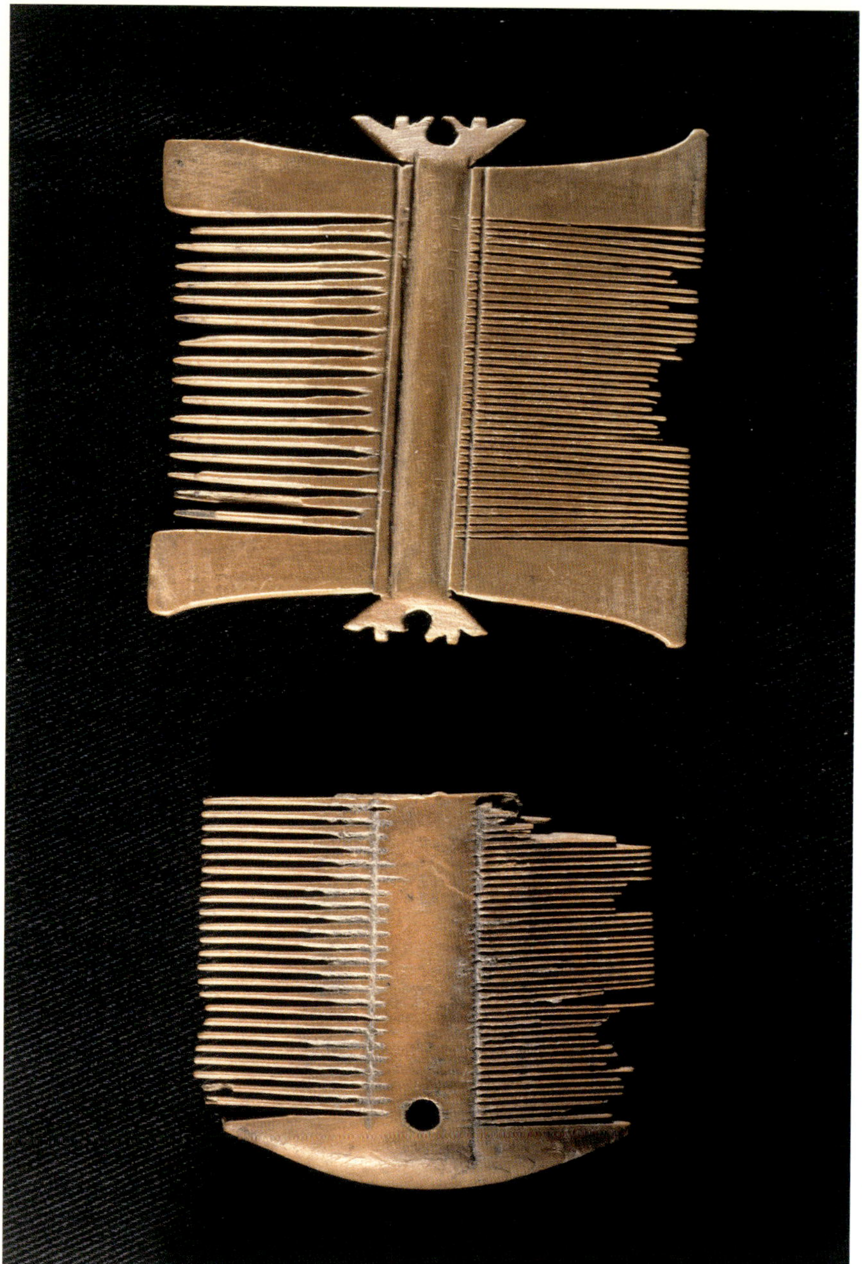

Abb. 101: Hölzerne Kämme aus Qumran (mit freundlicher Genehmigung des Palestine Archaelogical Museum, Jerusalem; Foto: Israel Antiquities Authority).

Abb. 102: Steinperlen aus einem Frauengrab von Qumran
(mit freundlicher Genehmigung des Palestine Archaelogical Museum, Jerusalem;
Foto: Israel Antiquities Authority).

Abb. 103: Hort mit acht Münzen des Mattathias Antigonus, gefunden in Ain-Feshkha.

Abb. 104: Teil des Bewässerungssystems von Ain-Feshkha; Blick nach Süden.

Abb. 105: Gideon Hadas auf einem Brocken natürlichen Asphalts, der auf dem Toten Meer treibt (mit freundlicher Genehmigung von Gideon Hadas).

Abb. 106: Blick nach Süden über die Essener-Anlage in En-Gedi.

Kapitel 4
Das Landgut von Ain-Feshkha: Eine Dependance von Qumran

4.1 Die Oase

Nur etwa 3 km südöstlich des Hauptkomplexes besaß das herodianische Qumran eine wenig bekannte Nebensiedlung: die Oase Ain-Feshkha. Ohne die Berücksichtigung ihrer Überreste wäre jede Rekonstruktion der herodianischen Periode Qumrans einfach unvollständig. Die beiden Anlagen existierten gleichzeitig und waren durch die lange Umfassungsmauer, die de Vaux als »die lange Mauer« bezeichnete, miteinander verbunden.[1] Ihr Zweck war, ein landwirtschaftliches Gut mit Plantagen aus Dattelpalmen und Balsamstauden einzufrieden.

Ain-Feshkha (Enot Tsuqim) ist die größte und wasserreichste Oase am Westufer des Toten Meeres.[2] Ihr arabischer Name, der »die zerbrochene Quelle« bedeutet, ist abgeleitet von den großen Mengen zerbrochener Felsblöcke, die am Fuße der Kalksteinklippen an der westlichen Grenze der Oase liegen.[3] Die Oase selbst ist etwa 2,5 km lang und zwischen 300 und 600 m breit; sie liegt 390 m unter dem Meeresspiegel, 65 m tiefer als Qumran. In ihr gibt es drei Hauptquellen: Ain-Ghazal (Enot Qumran), Ain et-Tannur (Enot Tanur) und Ain-Feshkha (Abb. 107). Diese drei Quellen liegen östlich der antiken Straße (der modernen Route 90), die südwärts nach En-Gedi führt. Die herodianische Hauptanlage von Ain-Feshkha liegt etwa 100 m nördlich des heutigen Quellgebiets und nur wenige Meter von dem steilen Abhang entfernt, der die Oase im Westen begrenzt. Die Wasserversorgung beruhte nicht auf dem heutigen Wasseraustritt, der 3-5 m tiefer liegt als die antike Anlage, sondern offenbar auf einer Quelle, die auf einer Anhöhe weiter nördlich entsprang, heute jedoch versiegt ist. Weil diese Quelle auf einem höheren Niveau lag als die heutige, lieferte sie vermutlich eher Süßwasser als Brackwasser.[4]

1. De Vaux 1959b, S. 237; ders. 1973, S. 59f.; Branham 2006; Humbert 2006, S. 20-29, vgl. Clamer 1997, S. 5-11 zur ummauerten Oase von Kallirhoe. Magness 2002, S. 210-220 übergeht in ihrer Erörterung der Überreste von Ain-Feshkha die Existenz der Umfassungsmauer und gelangt deshalb zu der irrigen Schlussfolgerung, dass zwischen Qumran und Ain-Feshkha keine Verbindung bestanden habe.
2. Zum landwirtschaftlichen Potenzial dieser Oase vgl. Farmer 1955; Zeuner 1960, S. 33-36; Har-El 2000, S. 15.
3. Palmer 1881, S. 349.
4. Magness 2002, S. 214. Auf Seite 21 desselben Werkes widerspricht Magness sich selbst,

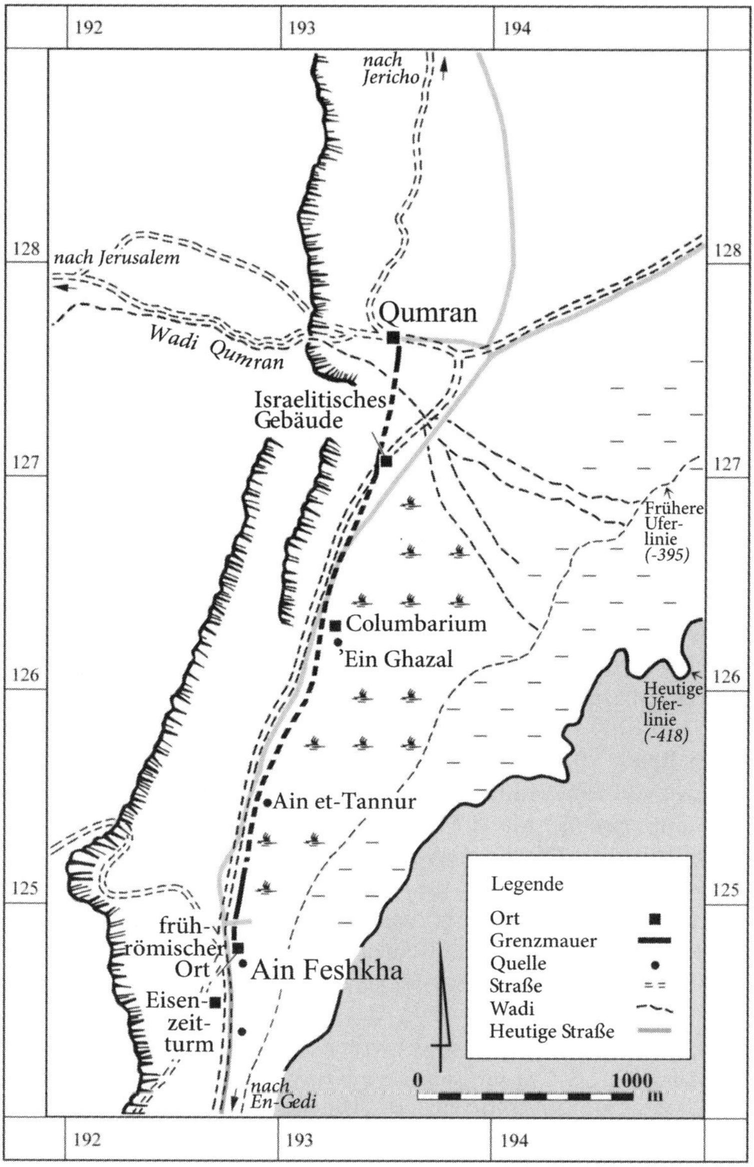

Abb. 107: Die Oase von Ain-Feshkha.

Die Verbindung von frischem Wasser mit reichlich Sonnenlicht machte die Oase Ain-Feshkha, wie auch andere Orte mit genügend Süßwasser am Toten Meer, fruchtbar und für Landwirtschaft geeignet (Abb. 104, farbig). De Vaux stellt treffend fest, dass »auf dem von den Quellen bewässerten Terrain mit minimalem Aufwand ein Palmenhain angelegt werden konnte«.[5] Er erwähnt auch Herden von Schafen, Ziegen und Kamelen, die vorbeizogen und ihren Durst an den Quellen der Oase löschten. Ain-Feshkha beherbergte zudem industrielle Einrichtungen, die vielleicht mit der Herstellung von Parfüm zusammenhängen. Asphaltbrocken, die man auf dem Fußboden des hier entdeckten herodianischen Baus fand, weisen darauf hin, dass die Bewohner die natürlichen Ressourcen des Toten Meeres, darunter Asphalt, ausbeuteten. Vielleicht erzeugten sie auch Salz, das zum Konservieren und Würzen von Nahrungsmitteln diente.

In dem langen, schmalen, von der »langen Mauer« umschlossenen Areal, das heißt zwischen der Mauer und dem Toten Meer, hinterließen die antiken Bewohner Spuren ihrer landwirtschaftlichen Tätigkeit. Nördlich von Ain-Ghazal hat Joseph Porath von der israelischen Antikenbehörde Überreste von Wasserkanälen und Einfriedungsmauern landwirtschaftlicher Parzellen untersucht.[6] Bei Probegrabungen wurden Scherben aus dem ersten Jahrhundert v. Chr. und dem ersten Jahrhundert n. Chr. entdeckt.

Näher bei der Quelle Ain-Ghazal entdeckte de Vaux Überreste eines Baus, den er »das isolierte Gebäude« nannte (Abb. 108).[7] Heute ist kaum noch etwas davon erhalten, aber nach dem Bericht de Vaux' besaß es einen quadratischen Grundriss (12 × 12 m) mit einem Eingang im Osten (Abb. 109). Die 1,1 m dicken Mauern sind geradlinig und rechtwinklig zueinander gebaut. Eine Trennwand teilte den Innenraum in zwei Bereiche. In der nordöstlichen und der südöstlichen Ecke befanden sich pfeilerähnliche Konstruktionen, die das Gebäude verstärkten.

Ein Vergleich des Grundrisses mit ähnlichen Bauten in anderen Anlagen spricht dafür, dass es sich um ein Taubenhaus (lat. *columbarium*) handeln könnte. Obwohl Taubenhäuser gewöhnlich rund sind, gibt es auch quadratische Exemplare. Ein solches wurde etwa in der Palastanlage bei Jericho freigelegt (Abb. 110).[8] Auch in Masada fand man zwei quadratische Kolumbarien. Meist gehören diese Gebäude zu Anlagen der frührömischen Periode, die auch mit Gärten und Feldern ausgestattet waren.[9] Dies ist logisch, denn die Hauptfunktion eines Taubenhauses bestand darin, Dünger für die Landwirtschaft zu

wenn sie die Quellen von Ain-Feshkha in der Vergangenheit wie auch heute als brackig bezeichnet. Zur Qualität des Wassers in der Oase Ain-Feshkha vgl. Mazor / Molcho 1972; Raz 1993, S. 156; Mazor 1997.

5. De Vaux 1973, S. 84 f.
6. Porath 1998.
7. De Vaux 1959b, S. 237; ders. 1973, S. 59 f.
8. Netzer 1999, S. 5 f.
9. Tepper 1986; Zissu 1995, S. 56-69.

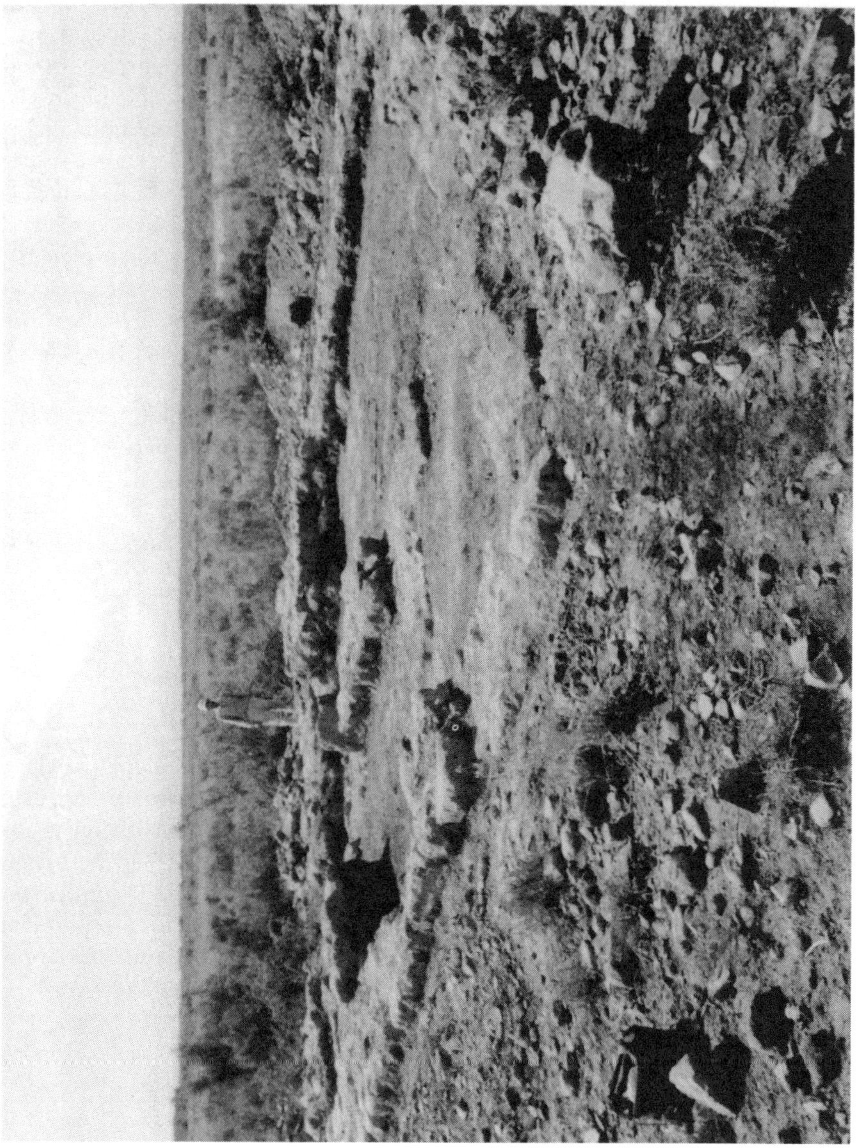

Abb. 108: Reste des isolierten Gebäudes von Ain-Feshkha wie von de Vaux gefunden (mit freundlicher Genehmigung der École Biblique).

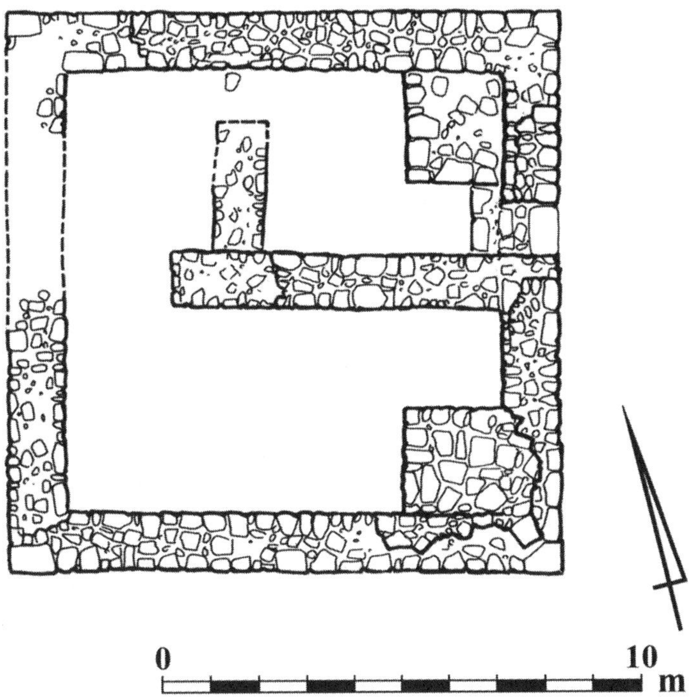

Abb. 109: Das Columbarium von Ain-Feshkha
(mit freundlicher Genehmigung der École Biblique).

Abb. 110: Ein quadratisches Columbarium beim Winterpalast von Jericho (nach Ehud Netzer).

liefern. Die Entdeckung eines Taubenhauses im Bereich zwischen Ain-Feshkha und Qumran bestätigt die Annahme, dass dieses Areal in der frührömischen Periode ein Landgut war, in dem Balsamstauden und Dattelpalmen – damals die beiden wichtigsten Nutzpflanzen im Bereich des Toten Meeres – angebaut wurden.

4.2 Die herodianische »*villa rustica*«

Erst 1956, während der letzten Ausgrabungskampagne in Qumran, wandte sich de Vaux Ain-Feshkha zu und legte zunächst einen Raum der Anlage frei. Als er dabei Keramik und Münzen fand, die denen seiner Periode II von Qumran glichen, führte er 1958 umfangreiche Ausgrabungen durch.[10] Im April 2001 leitete ich in der Oase Ain-Feshkha eine kurze Kampagne mit Surveys und Grabungen.[11] Meine Untersuchungen konzentrierten sich auf den Bau der frührömischen Periode, den de Vaux 1958 freigelegt hatte. Zu den Überresten zählen ein Hauptgebäude, ein industrieller Bereich nördlich davon und eine Einfriedung mit einem Stall südwestlich des Hauptgebäudes (Abb. 111). Da mitten durch diese Einfriedung die moderne Straße (Route 90) gebaut wurde, sind deren Spuren heute fast völlig verschwunden. Das Hauptgebäude und die industriellen Einrichtungen sind jedoch gut erhalten und der Öffentlichkeit zugänglich.

Aus dem stratigraphischen Befund geht hervor, dass die Anlage nur während einer vergleichsweise kurzen Periode genutzt wurde. Bei Probegrabungen, die ich unter den Fußböden des Hauptgebäudes durchführte, wurden keine Hinweise auf frühere Besiedlungsphasen entdeckt. Die frühesten Objekte waren acht Münzen (Abb. 103, farbig) des letzten hasmonäischen Herrschers, Mattathias Antigonus (40-37 v. Chr.). Die Münzen lagen zusammen unter der Schwelle eines der Eingänge zum Hauptgebäude. Offenbar war dies ein Hort, der beim Regierungsantritt des Herodes 37 v. Chr. vergraben wurde, oder ein »Bauopfer«. Folglich wurden das Gebäude und die damit verbundene Anlage nicht in Etappen erbaut, sondern vielmehr in einem Zug als ein zusammenhängender Komplex nach einem einheitlichen Plan. De Vaux brachte die beiden Phasen, die er in Ain-Feshkha unterschied, mit seinen Perioden I und II von Qumran in Verbindung; dadurch gibt er zu verstehen, dass es seiner Meinung nach auch in Ain-Feshkha eine dreißigjährige Besiedlungslücke zwischen den beiden Phasen gab. Aber die geringfügigen baulichen Veränderungen, die in Ain-Feshkha zu erkennen sind (einige Mauern im Innenhof und ein zugemauerter Eingang), lassen sich in die Periode datieren, in der die Anlage benutzt wurde, das heißt

10. De Vaux 1959b, S. 246-255; ders. 1973, S. 60-83.
11. Hirschfeld 2004a.

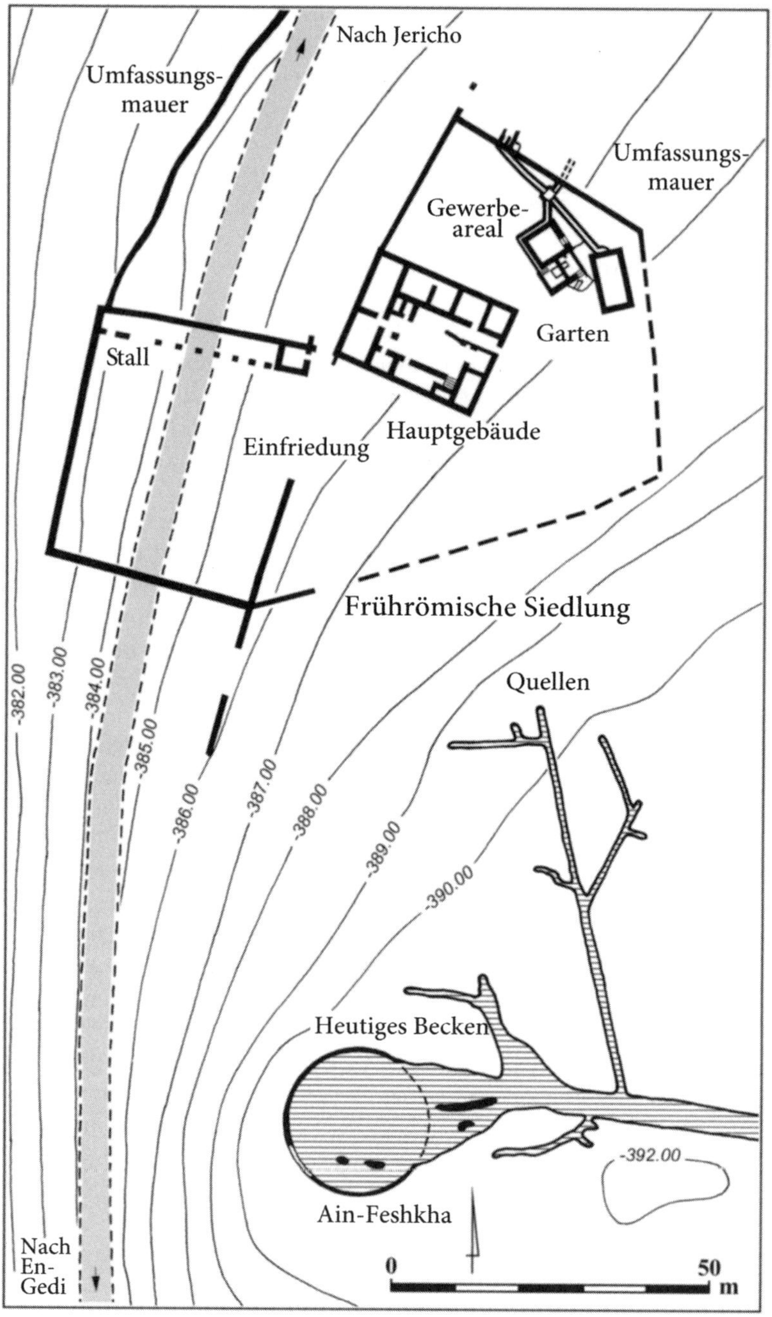

Abb. 111: Übersichtskarte der herodianischen Überreste von Ain-Feshkha.

ins erste Jahrhundert n. Chr.[12] In En-Boqeq wurde in dieser Periode ein Bau mit fast dem gleichem Grundriss und den gleichen Dimensionen errichtet.[13] Beide Anlagen waren Zentren für lokale Plantagen von Dattelpalmen und Balsamstauden.

Im Hauptbau von Ain-Feshkha fanden sich Belege dafür, dass er in der zweiten Hälfte des ersten Jahrhunderts – fast mit Sicherheit im Ersten Aufstand – durch einen heftigen Brand zerstört wurde. Der numismatische Befund spricht dafür, dass die Anlage danach jedoch noch einmal besiedelt wurde. Außer rund 20 Münzen des späten ersten und frühen zweiten Jahrhunderts n. Chr. wurde ein gestempelter Ziegel vermutlich der 10. römischen Legion in Ain-Feshkha gefunden.[14] Ähnliche numismatische Belege aus Qumran weisen – wie oben ausgeführt – darauf hin, dass auch diese Anlage damals besiedelt war. Erst während des Zweiten Aufstands (132-135) wurden beide Ortslagen endgültig aufgegeben.

De Vaux berichtete, er habe bei den Ausgrabungen von Ain-Feshkha eine Lampe und einen Vorratskrug der byzantinischen Periode gefunden.[15] Aufgrund dieser Funde meinte er, dass die byzantinischen Überreste in Ain-Feshkha mit dem Garten des Klosters Marda zusammenhängen, der in den Werken des Mönchs Johannes Moschus erwähnt wird. Dieser lebte im frühen siebten Jahrhundert in der Judäischen Wüste und schrieb ein Buch mit dem Titel *Pratum spirituale (Die geistliche Weide)*, eine Sammlung verschiedener Anekdoten über das Leben der Mönche in der Wüste. In einer dieser Anekdoten berichtet Johannes von Marda, einem Kloster von Einsiedlern, die einen Garten außerhalb des Klosters unterhielten. De Vaux identifizierte Marda mit dem Kloster, das in byzantinischer Zeit bei Hyrkania (Hirbet el-Mird) errichtet wurde, und setzte den Garten mit den byzantinischen Überresten in Ain-Feshkha

12. Keine der beiden Annahmen wird durch die archäologischen Befunde gestützt. Im Abschlussbericht über Ain-Feshkha werden die beiden angeblichen Phasen des Hauptbaus dargestellt; vgl. Humbert / Chambon 1994, S. 238, Tafel LXIV. Wenn man jedoch die Pläne der beiden Phasen genau vergleicht, lässt sich praktisch kein Unterschied feststellen, denn nach meiner Auffassung wurde der Bau in einer einzigen, nämlich der herodianischen Periode errichtet und genutzt. Die Münzfunde de Vaux' bestätigen diese Schlussfolgerung. Nach de Vaux 1959b, S. 245-248 ergaben seine Ausgrabungen in Ain-Feshkha 143 Münzen, von denen 59 bestimmt werden konnten. Unter diesen fiel eine einzige Münze von Ptolemäus II. aus der Mitte des dritten Jahrhunderts v. Chr. aus dem Rahmen; alle übrigen reichten von der Regierungszeit des Mattathias Antigonus bis zum Zweiten Jüdischen Aufstand, wobei die meisten aus dem ersten Jahrhundert n. Chr. stammen.
13. Fischer / Gichon / Tal 2000.
14. Laperrousaz 1976, S. 153 f. Zu den Kleinfunden aus Ain-Feshkha vgl. Murphy 2002, S. 345 f.; der Ziegel ist veröffentlicht in Lemaire 2003, S. 378 (Fesh. 114 [latin]): erhalten sind nur zwei Buchstaben »FR« am Ende des Stempels, der bekannte Schriftzug »LE(G) X« lässt sich jedoch problemlos davor ergänzen.
15. De Vaux 1959b, S. 253 f.

gleich. Verschiedene Gründe sprechen jedoch gegen diese Vermutung. Zunächst war das damalige Kloster bei Hyrkania keine Einsiedelei *(laura)*, sondern beherbergte eine Mönchsgemeinschaft *(coenobium)*.[16] Außerdem haben wir Hinweise darauf, dass der Wasserstand des Toten Meeres in byzantinischer Zeit viel höher lag als zur Zeit des Zweiten Tempels, da es damals mehr Niederschläge gab und das Tote Meer den größten Teil der Oase Ain-Feshkha bedeckte. Deshalb wäre Landwirtschaft fast unmöglich gewesen. Die von de Vaux identifizierten byzantinischen Überreste, falls es überhaupt solche sind, könnten von einer kleinen, namentlich unbekannten Einsiedelei stammen. Die Beschreibung der Einsiedler von Marda passt jedoch viel besser zu den Klosterruinen, die Yadin bei Masada fand.[17] Selbst der von Johannes Moschus erwähnte Garten ist möglicherweise in der Nähe zu identifizieren – in der Nähe der Quelle En-Anevah in Nahal Zeelim nördlich von Masada.

Ich beschreibe nun zunächst die Überreste des Hauptbaus von Ain-Feshkha und gehe dann auf den industriellen Komplex sowie die wenigen erhaltenen Überreste der quadratischen Einfriedung ein.

Der Hauptbau

Der Hauptbau stellt ein solides, um einen Innenhof herum gebautes Haus mit geraden Mauern und einem rechteckigen Grundriss dar (Abb. 112). Er war mit Außenmaßen von 18 × 24 m ziemlich groß, und seine Gesamtfläche zusammen mit dem Innenhof betrug 432 qm (Abb. 113). Die Mauern sind gut erhalten und erreichen zum Teil noch eine Höhe von 2 m oder mehr. Die Bautechniken gleichen denen von Qumran: die Eingänge bestehen aus Quadersteinen, die Mauern aus Feldsteinen. Die Außenmauern, 1 m stark, sind aus mittleren und großen Feldsteinen erbaut und durch kleine, mit Mörtel verbundene Steine begradigt. Die Tore bestehen aus bearbeiteten Quadersteinen der Samra-Formation. Auf manchen erkennt man die für die frührömische Periode typische Steinbearbeitung: hervorstehende Bossen innerhalb von zwischen 8-10 cm breiten glattgeschlagenen Rändern. Die Räume waren vermutlich überdacht mit Palmstämmen, die in der Region reichlich vorhanden sind. Türstürze aus Stein fand man überhaupt nicht, denn die Stürze von Türen und Fenstern waren höchstwahrscheinlich aus Palmbalken, die nicht erhalten sind. Der Boden des Innenhofes (Locus 4 und 8; Meereshöhe -386 m) bestand aus festgestampftem Lehm. Dagegen bestanden die Fußböden der meisten Räume aus einer 20-30 cm dicken Schicht festgestampfter Steine, die mit einer dünnen Erdschicht bedeckt waren.

Den Bau betrat man durch zwei nebeneinander liegende Eingänge auf der

16. Zum Kloster bei Hyrkania vgl. Patrich 1995, S. 137-144.
17. Hirschfeld 1992, S. 262; ders. 2001-2002.

Ostseite (Locus 9 und 11A). Eine ähnliche Anordnung von zwei Toren nebeneinander findet sich in Qumran (Loci 19 und 134). Offenbar wollte man hier wie dort den Haupteingang vom Nebeneingang für Waren und Tiere trennen.[18]

Der Flügel an der Nordseite des Innenhofes enthält drei Räume, deren Türen sich zum Hof öffnen (Loci 14, 15 und 16 bzw. 21, 36 und 22). In der Südmauer des größten Raumes (Locus 16), der offenbar ein Stall war (Abb. 114), ist eine außergewöhnliche Öffnung erhalten. Sie blickt zum Innenhof und ist mit etwa 80 cm sehr breit. Die Unterkante der Öffnung liegt recht niedrig, nur 70 cm über einer gepflasterten Rampe im Innenhof. Hier stand einst ein Futtertrog, den ein Tier entweder von innen oder von außen erreichen konnte. In den Pfosten der Öffnung sind Löcher zum Anbinden von Tieren angebracht. Ostwärts vom Stall liegen zwei Räume mit einem gemeinsamen Eingang. Unter der Schwelle dieses Eingangs fanden wir den bereits erwähnten Hort aus 8 Münzen des Mattathias Antigonus (40-37 v.Chr.) (vgl. Abb. 103, farbig).[19] De Vaux meinte, diese Räume und die auf der Südseite des Hofes (Locus 7 und 10) seien als Vorratsräume genutzt worden.

Loci 3, 7, 9 und 10 sowie 12 und 13 waren mit kleinen Steinen gepflastert. Auf dem Fußboden des westlichen Raumes (Locus 7) fand man Asphaltbrocken sowie eine große Zahl Scherben und einige Fragmente von Steingefäßen. Im östlichen Raum (Locus 10) fand man ein zylindrisches Gewicht, dessen flache Seite die Buchstaben bzw. Zeichen »LEB« aufwies.[20]

Über eine Treppe im südöstlichen Teil des Baus gelangte man zu einer Dachterrasse über den Räumen nördlich und südlich des Hofes. Sechs Steinstufen dieser Treppe sind erhalten (Abb. 115). Unsere Rekonstruktion (Abb. 116) zeigt ein zweites Geschoss über den Räumen des Westflügels, dessen Mauern stärker sind als die der übrigen Flügel.

Der Westflügel besteht aus zwei ziemlich großen Räumen (Locus 3 und 5). Vom Innenhof führte eine Tür zum südlichen Raum, in dem man große Mengen Keramik, darunter ein Tintenfass, fand. Durch eine Tür in der Nordwand dieses Bereiches gelangte man in den nördlichen Raum. Dort fand man auf dem Fußboden einen rechteckigen Reibstein aus Basalt (Abb. 117), was vielleicht darauf hinweist, dass dieser Raum als Küche diente.

Der Innenhof war mit 92 qm ziemlich geräumig; er nahm ein Fünftel der Fläche des Baus ein. Ein quadratischer Pfeiler im Westteil des Hofes stützte einen Balkon des zweiten Geschosses. Das zweite Geschoss muss Türen gehabt haben, die sich auf diesen Balkon öffneten; dieser diente als Durchgang, der die

18. De Vaux 1973, S. 61; Magness 2002, S. 211.
19. Zur Bedeutung dieses Hortfundes für die Chronologie vgl. Bijovski 2004.
20. De Vaux 1959, Tafel XIIb; ders. 1973, S. 67 meinte, das erste Zeichen sei ein Symbol für »Jahr«, Epsilon stehe für die Zahl 5 und Beta stehe entweder für die Zahl 2 oder eine Abkürzung für *basileus* (König). Das Objekt ist nun veröffentlicht und kommentiert in Lemaire 2003, S. 377f. (Fesh. 71 [gr.]).

Abb. 112: Hauptgebäude von Ain-Feshkha; Blick nach Osten.

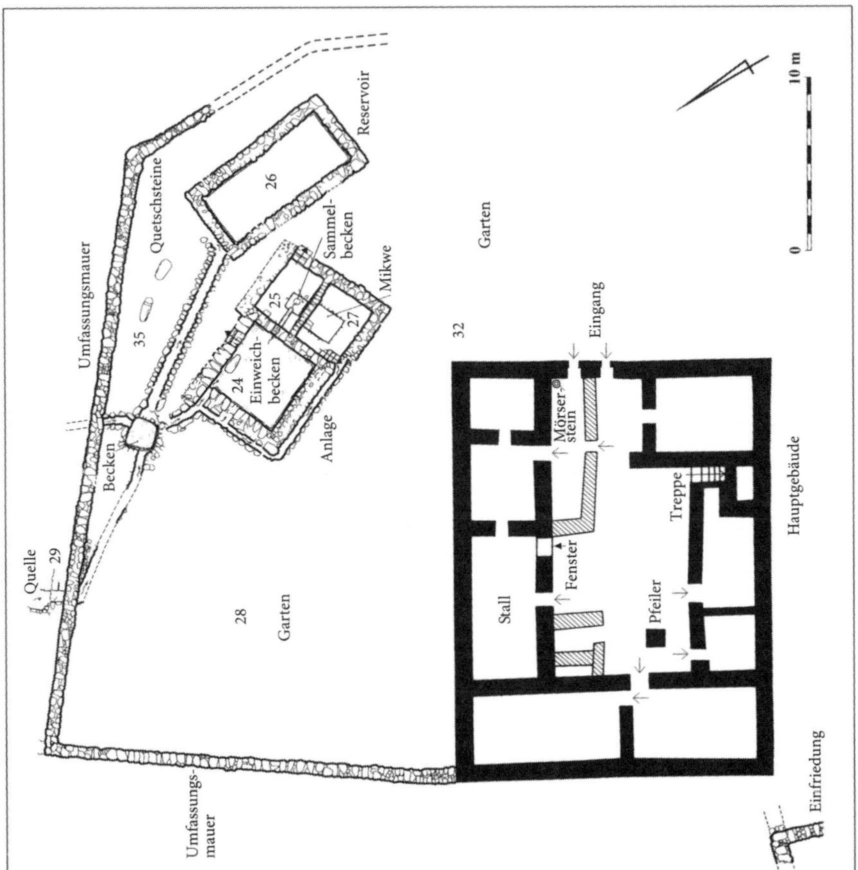

Abb. 113: Grundriss des Hauptgebäudes und des Gewerbeareals von Ain-Feshkha (mit freundlicher Genehmigung der École Biblique).

Abb. 114: Fenster im Nordflügel des Hauptgebäudes; Blick nach Osten.

Abb. 115: Treppenhaus im Südflügel; Blick nach Süden.

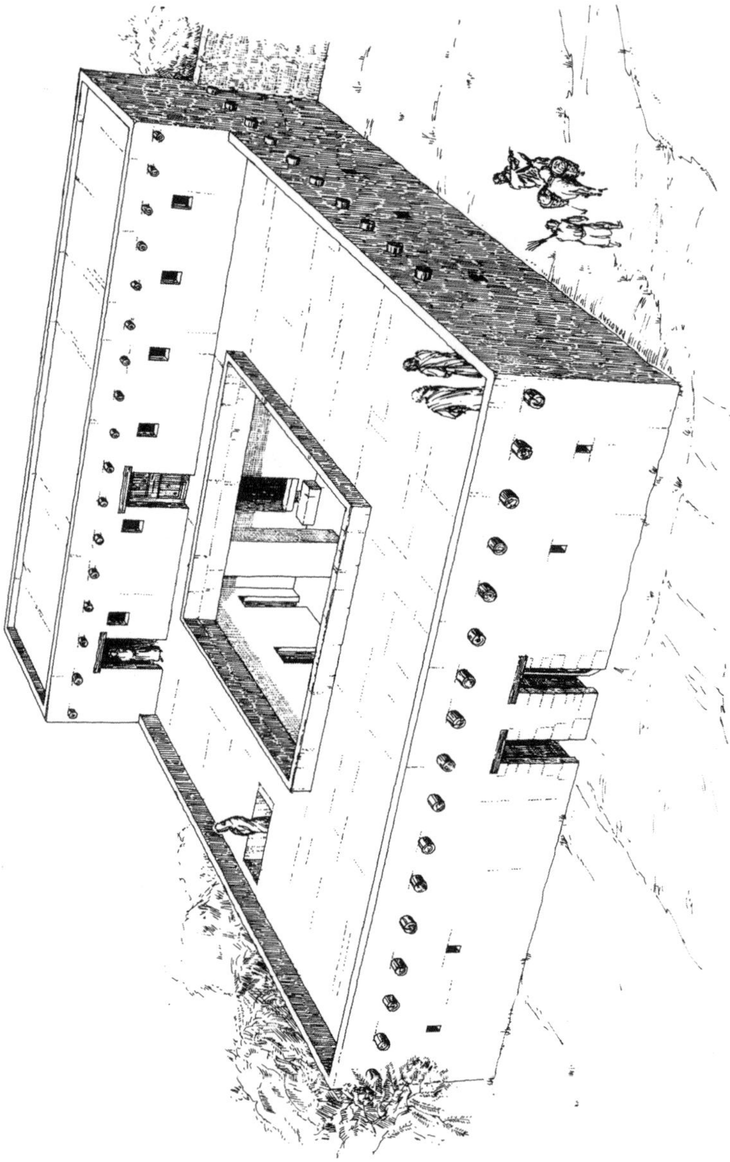

Abb. 116: Rekonstruktionsvorschlag des Hauptgebäudes von Ain-Feshkha.

Abb. 117: Reibstein aus der herodianischen Villa von Ain-Feshkha.

Dachterrassen über den Räumen des Nord- und des Südflügels miteinander verband.[21] In der gegenüberliegenden Ecke des Innenhofes fand man eine steinerne Reibschale in situ. In den Innenhöfen spätrömischer Häuser, die ich jüngst in En-Gedi ausgrub, fand ich ähnliche Reibschalen. Nach Auskunft von Ethnoarchäologen wurde die Reibschale wahrscheinlich verwendet, um Gewürze oder Burghul (getrockneten Weizen) zu mahlen.

In mehreren Räumen wurden Fragmente von Steingefäßen gefunden. Darunter ist ein großer, 71 cm hoher Krater mit Standfuß, der anscheinend vom zweiten Stockwerk herabgefallen war (Abb. 118). Eine ähnlicher, wenn auch weniger gut erhaltener Krater wurde in Qumran gefunden. In verschiedenen Räumen fand man sorgfältig geschnittene Steinfliesen.[22] Die quadratischen und dreieckigen Platten aus lokalem grauem, bituminösem Kalkstein beweisen die Existenz eines Fußbodens mit *opus sectile* (Abb. 119) , wahrscheinlich in den Räumen des Obergeschosses. Solche Fußböden fand man auch in hasmonäischen und herodianischen Palästen; sie sind unverkennbare Anzeichen eines gehobenen Lebensstils.[23] Die Tatsache, dass in Qumran zehn ähnliche Fliesen gefunden wurden, stützt vielleicht die Annahme, dass Qumran und Ain-Feshkha derselben Person gehörten. In jedem Fall aber weisen die *opus sectile*-Fliesen im Hauptbau von Ain-Feshkha darauf hin, dass dieser Bau nicht nur häuslichen Belangen, sondern auch der Erholung und Muße diente. Aufgrund dieses Fundes sowie anderer Funde, z. B. edlen Steingefäßen, Gewichten und Siegeln, vertreten Donceel und Donceel-Voûte die Auffassung, dass der Komplex in Ain-Feshkha, wie der Hauptbau in Qumran, als eine Art *villa rustica* anzusehen sei, die ein Wohngebäude und industrielle Einrichtungen mit Elementen des Luxus verband.[24]

Im Gegensatz dazu hatte de Vaux noch geschrieben: »Dieses Gebäude war offensichtlich kein privater Wohnsitz; es war auf die Bedürfnisse einer religiösen Gemeinschaft ausgerichtet.«[25] Diese Behauptung wirft eine Reihe von Fragen auf. Warum kann das Gebäude kein privater Wohnsitz gewesen sein, und inwiefern war es mehr auf die Bedürfnisse einer religiösen Gemeinschaft ausgerichtet als auf die normaler Landwirtschaft? Mit der »religiösen Gemeinschaft« meint de Vaux zweifellos die Essener, die nach seiner Auffassung in Qumran lebten. Inzwischen sollte jedoch klar sein, dass dies lediglich eine Vermutung ist, die immer unwahrscheinlicher wird. Außerdem glaubte de Vaux,

21. Magness 2002, S. 211.
22. Zu diesem Krater vgl Magness, S. 212; Foto bei Roitman 1997, 41. Zu den Steinfliesen vgl. Humbert / Chambon 1994, S. 246, Foto 458; vgl. auch Chambon 2003, S. 460-463.
23. Netzer 1999, S. 46 f. mit Vergleichsbeispielen. Ich danke Ehud Netzer, der aufgrund seiner Untersuchung der Fliesen von Ain-Feshkha bestätigte, dass sie den Exemplaren aus Jericho, Kypros und Herodion ähnlich sind.
24. Donceel / Donceel-Voûte 1994, S. 27 f.
25. De Vaux 1993, S. 1240.

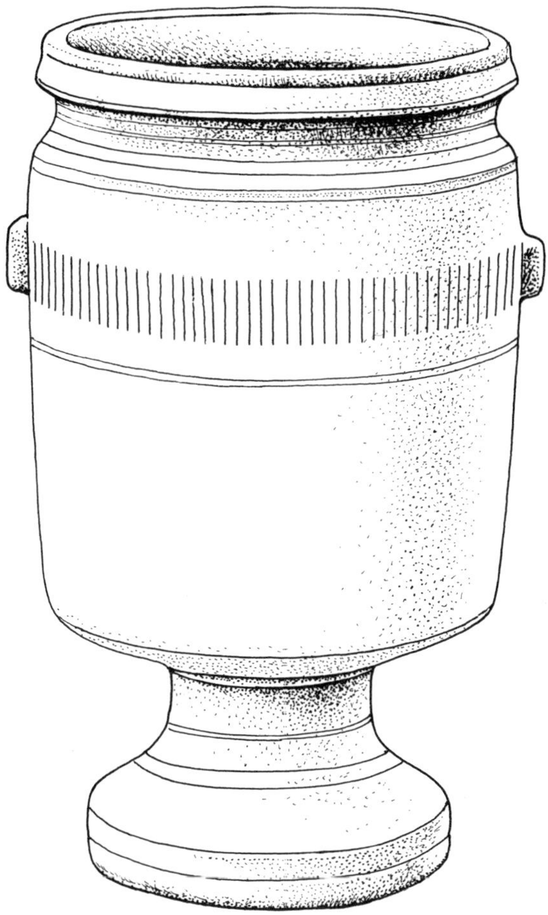

Abb. 118: Zeichnung eines Steingefäßes (»Krater«), gefunden in Ain-Feshkha (nach de Vaux).

Abb. 119: *Opus sectile*-Platten aus Ain-Feshkha.

der Hauptbau habe nicht Wohnzwecken, sondern der Verwaltung und Lagerung gedient. Bei unserer Arbeit fanden wir jedoch nichts, was die Hypothesen de Vaux' stützen würde. Im Gegenteil, die baulichen Überreste und die Kleinfunde bezeugen, dass der Bau ein Wohnhaus war, in dem gewöhnliche Menschen lebten, aßen, ihre Habseligkeiten aufbewahrten und ihren täglichen Beschäftigungen nachgingen.

Der industrielle Komplex

Der industrielle Komplex liegt nordöstlich des Hauptbaus (Abb. 120). Zwei Umfassungsmauern, bis zu einer Höhe von 1 m erhalten, umschließen das Areal; da sie 70 cm stark sind, könnten sie ursprünglich etwa 2 m hoch gewesen sein. Das von den Mauern umschlossene Areal, etwa 2.000 qm, war vielleicht ein Außenhof oder ein landwirtschaftlich genutztes Grundstück. Bei einer Probegrabung östlich des Hauptbaus stießen wir auf eine dicke Schicht von homogenem organischem Material (Tierkot mit seiner bezeichnenden dunklen Farbe), die mit verstreuten Steinen vermischt war. Unter dieser Schicht von fruchtbarem organischem Material war eine Steinfläche, und darunter eine Bodenschicht mit zahlreichen Kieselsteinen. Wegen der bescheidenen Ausmaße der Probegrabung (2 × 4 m) konnte der Charakter der Steinfläche nicht geklärt werden.

Der industrielle Komplex enthält ein System von Kanälen, die Wasser aus einer Quelle (oder mehreren) zuführten, die in der Vergangenheit nördlich der Anlage existierte. Die Kanäle sind aus Feldsteinen gebaut und mit weißlichem wasserdichtem Mörtel verputzt. Zwei Kanäle, die die nördliche Grenzmauer durchschneiden, führen zu einem kleinen, gut erhaltenen Becken (Locus 23). Das Becken ist quadratisch (1,7 × 1,7 m) und etwa 1 m tief. Aus diesem Becken laufen wiederum zwei Kanäle, der längere (10 m) zu einem Reservoir (Locus 26), der kürzere (2,5 m) zu einer industriellen Einrichtung (Locus 24, 25 und 27), deren Funktion den Forschern seit fünfzig Jahren Rätsel aufgibt.

Das Reservoir Locus 26 ist 10 m lang und 3,2 m breit. Es ist mindestens 3 m tief (wir konnten es nicht vollständig ausgraben); folglich betrug sein Fassungsvermögen mindestens 80 cbm. Da wir keine Stufen fanden, meinen wir, dass es eher ein Wasserspeicher als ein Bad war.

Die industrielle Einrichtung Locus 24, 25 und 27 ist hervorragend erhalten und besteht aus einem großen Becken mit zwei angrenzenden Zellen, von denen jede ein zusätzliches kleines Becken enthält. Das große Becken Locus 24 ist fast quadratisch (4,4 × 4,5 m) und 1,3 m tief; seine Wände sind rund 1 m dick. Auf dem Boden und an den Wänden des Beckens ist stellenweise weißlicher Wassermörtel erhalten. Über zwei Stufen in der Nordwand konnte man das Becken betreten. Auf dem Boden fand man eine große Steinwalze mit einer Länge von 1,48 m und einem Durchmesser von 60 cm. Wahrscheinlich wurde

Abb. 120: Der industrielle Komplex von Ain-Feshkha; Blick nach Norden.

sie zum Zerquetschen benutzt. Zwei weitere steinerne Quetschwalzen fand man auf dem Steinpflaster nördlich des zum Reservoir führenden Kanals. Steinerne Quetschwalzen sind auch aus ähnlichen industriellen Einrichtungen bekannt, die auf dem Landgut des Winterpalastes bei Jericho freigelegt wurden.[26]

Der Boden des großen Beckens neigte sich leicht in Richtung auf eine Abflussöffnung im unteren Teil seiner östlichen Wand. Die runde Öffnung mit einem Durchmesser von 10 cm konnte notfalls geschlossen werden. Das Wasser wurde über eine Rinne zum Sammelbehälter auf der anderen Seite der Wand abgeleitet (Locus 25). Die nördliche Zelle ist ziemlich klein (2,3 × 3,5 m) und kann von außen direkt betreten werden. Der Behälter ist fast quadratisch (0,9 × 1 m), 1,4 m tief und hat ein Fassungsvermögen von 1,26 cbm. Am Ende der Rinne befindet sich ein vorstehender Stein, der als Abfluss diente und die Flüssigkeit direkt in einen Krug leitete (Abb. 121). Auf dem Boden des Behälters fand man eine Säulentrommel mit einem Durchmesser von 30 cm und einer Höhe von 35 cm noch in situ; sie diente vielleicht als Standplatz für Gefäße, in denen die Flüssigkeit aufgefangen wurde (Abb. 122).

Die südliche Zelle Locus 27 ist größer als die nördliche; ihre Innenmaße betragen 2,8 × 3,7 m, ihr Rauminhalt ist 10,3 cbm. Sie ist über vier 60 cm breite Stufen zugänglich, die von ihrer Südwestecke hinunterführen. Im Fußboden der Zelle – direkt an der Wand, die die beiden Zellen trennt – befindet sich ein kleines Becken; zwischen ihm und dem Behälter auf der anderen Seite der Wand besteht keine Verbindung. Das Becken misst 1,5 × 1,8 m und ist 90 cm tief; sein Fassungsvermögen beträgt 2,4 cbm (Abb. 123). Das Becken wurde gespeist von einer Wasserleitung, die von der oben erwähnten kurzen Rinne abzweigte. Im Becken befindet sich eine schmale, 40 cm breite Treppe, über die man zum Boden des Beckens hinabsteigen konnte. Diese Treppe macht es wahrscheinlich, dass dieses Becken als Mikwe diente. Die Einbeziehung eines Ritualbades in eine landwirtschaftliche Einrichtung ist nichts Ungewöhnliches und ermöglichte es dem Bedienungspersonal, sich vor oder während der Arbeit zu reinigen.[27] Eine ähnliche Anordnung wurde in Qumran gefunden (vgl. Locus 68, 69, 70 mit 75).

Dass in der Einrichtung eine Ware von beträchtlichem kommerziellem Wert hergestellt wurde, geht aus der hohen Qualität ihrer Bauweise und aus ihrer Lage innerhalb der Einfriedung hervor. Obwohl die Einrichtung an eine Weinpresse erinnert, ist ihre Verbindung mit einem Wasserversorgungssystem einzigartig. Ihre Verwendung als Weinpresse ist nicht auszuschließen, man sollte aber auch andere Möglichkeiten erwägen. Jeder Vorschlag muss zwei Gegebenheiten berücksichtigen: 1. Die Verbindung der Einrichtung mit fließendem Wasser lässt darauf schließen, dass der Arbeitsvorgang große Wassermengen erforderte. 2. Das Vorhandensein von drei Quetschwalzen – eine innerhalb der

26. Netzer 1999, S. 6f. mit Abb. 4; ders. 2002a.
27. Reich 1990, S. 122f.

Abb. 121: Das Sammelbecken von Ain-Feshkha. Der vorstehende Stein an der Mauer (Bildmitte) leitete Flüssigkeiten in ein Gefäß, das in der kleinen Grube darunter plaziert war; Blick nach Westen.

Abb. 122: Rekonstruktionsvorschlag der Installation von Ain-Feshkha im Schnitt.

Abb. 123: Becken in der südlichen Zelle (Locus 27) von Ain-Feshkha; Blick nach Westen.

Einrichtung und zwei außerhalb – bezeugt, dass das Zerquetschen eines Stoffes in irgendeiner Form zum Arbeitsvorgang gehörte.

Bislang sind zur Funktion der Einrichtung nicht weniger als fünf Vorschläge präsentiert worden. Der erste stammt von de Vaux, der die Einrichtung für eine Gerberei hielt, in der Häute für die Pergamentrollen verarbeitet wurden, die man in den Höhlen bei Qumran fand.[28] Dieser Vorschlag stützt sich auf kein Quellenmaterial; außerdem ist er schon an sich unwahrscheinlich, denn das Gebiet von Ain-Feshkha wurde nie in großem Umfang als Weide für Schafe, Ziegen oder Rinder benutzt, aus deren Häuten Pergament hergestellt wurde.[29] Den zweiten Vorschlag legte F. E. Zeuner vor: die Becken in Ain-Feshkha seien zur Fischzucht verwendet worden; aber auch dieser Vorschlag kann sich weder auf literarische Quellen noch auf archäologische Funde stützen.[30] Der dritte Vorschlag, von Mireille Bélis, besagt, die Einrichtung sei verwendet worden, um aus dem in der Nähe wachsenden Indigostrauch blauen Farbstoff herzustellen.[31] Es gibt zwar historische Belege für den Anbau dieses Strauches, aber sie stammen alle aus der muslimischen Periode, also aus dem zehnten bis elften Jahrhundert,[32] nicht aus dem von uns behandelten Zeitraum. Ein vierter Vorschlag, den in jüngster Zeit Netzer vorlegte, behauptet, ähnliche in den Palästen bei Jericho gefundene Einrichtungen seien zur Herstellung von Dattelwein benutzt worden.[33] Nach seiner Darstellung bestehen diese Einrichtungen aus einem Quetschstein, einem Becken und einem Sammelbehälter. Man entfernte zunächst die Kerne der Datteln, warf dann die Datteln in das Becken und fügte eine große Menge Wasser hinzu. Die Mischung wurde mit steinernen Walzen, die man in jeder dieser Einrichtungen fand, zerquetscht. So erhielt man eine Flüssigkeit, die man dann im Becken vergären ließ. Nach der Gärung öffnete man den Verschluss am Ende der Rinne, und die Flüssigkeit (d. h. der Dattelwein) floss in den Sammelbehälter. Der fünfte Vorschlag, den jüngst Gideon Hadas vorlegte,[34] unterscheidet sich von dem Netzers dadurch, dass nach seiner Meinung diese Einrichtungen nicht zur Herstellung von Dattelwein, sondern

28. De Vaux 1959b, S. 233-237. Poole / Reed 1961 lehnten de Vaux' Interpretation ab; zu Stegemanns Anahme, in Ain-Feshkha sei Rohleder zur Weiterverarbeitung in Qumran hergestellt worden (1994, S. 55-58) siehe die Kritik bei Rohrhirsch 1999.
29. Eine Inschrift an einem Felsen, die David Amit bei Hebron entdeckte, erwähnt Zonenos, einen in dieser Region lebenden Gerber aus Askalon (Amit 1989 / 1990). Der Ort dieser Inschrift passt zum Charakter der Gegend um Hebron, die bis zum heutigen Tag über ausgedehntes Weideland für Schafe, Ziegen und Rinder verfügt. In den Felsen unweit der Inschrift entdeckte man industrielle Einrichtungen, die vielleicht zu einem Gerbereibetrieb gehörten.
30. Zeuner 1960, S. 34-36.
31. Bélis 2006.
32. Amar 1997, S. 311 f.
33. Netzer 2002a; ders 2005.
34. Hadas 2002, S. 170 f.

zur Herstellung von Honigwein verwendet wurden, den Josephus (Bell. Jud. 4,468 f.) erwähnt.

Ich möchte einen sechsten Vorschlag machen, der die Modelle von Netzer und Hadas gewissermaßen ergänzt: Die Einrichtungen in Jericho und Ain-Feshkha konnten nicht nur die von Netzer und Hadas erwähnten Funktionen haben, sondern auch in der Parfümherstellung eine Rolle spielen, für die das Gebiet am Toten Meer in der frührömischen Periode berühmt war. Dieser Vorschlag berücksichtigt den Umstand, dass landwirtschaftliche Vorrichtungen in der Antike nicht nur für einen einzigen Zweck benutzt wurden. So wurden im antiken Palästina die Ölpressen auch verwendet, um Weizen zu zerquetschen.[35] Die historischen Quellen erwähnen wiederholt, dass im Gebiet um Jericho und das Tote Meer Balsamstauden gepflanzt und dass aus ihnen die kostbarsten Parfüme hergestellt wurden.[36] Die ausführlichste Beschreibung stammt von Plinius dem Älteren (Nat. hist. 12, 54). Er beschreibt den Balsam als einen kleinen Baum, aus dem Parfüm in zwei verschiedenen Qualitäten gewonnen wurde: *opobalsamon* und das weniger kostbare *xylobalsamon*. Das erste wurde als Saft gewonnen, indem man die Stämme anschnitt, und in seinem natürlichen Zustand verkaufte. Das zweite wurde aus den abgeschnittenen Zweigen des Baumes hergestellt und entstand durch einen Prozess der Vermischung mit Ölen, so wie heute noch die meisten Parfüme hergestellt werden. In ihrem Beitrag über die Parfümherstellung am Toten Meer beschreibt Pauline Donceel-Voûte die Vorgänge des Zerquetschens und Einweichens der Zweige, durch die man die Parfümessenz gewann.[37] Die Einrichtungen, in denen die diversen Parfümessenzen hergestellt wurden, waren nach ihrer Darstellung verschieden, aber alle wiesen vier Bestandteile auf: 1. eine Vorrichtung zum Zerquetschen, 2. flache Behälter, um den Rohstoff kurze Zeit in Wasser einzuweichen, 3. tiefere Behälter, um die Essenzen aufzunehmen und zu speichern, und 4. Öfen und Herde, um den Absud zusammen mit Öl zu erhitzen und so das Endprodukt herzustellen.[38]

Die ersten drei der von Donceel-Voûte genannten Bestandteile sind in der Einrichtung von Ain-Feshkha vorhanden: die steinernen Quetschwalzen, das große Becken, das wir als Einweichbecken deuten, und der Sammelbehälter. Abbildung 122 zeigt eine Rekonstruktion der Einrichtung in Betrieb. Der Prozess begann mit dem Stutzen der Balsamsträucher und dem Sammeln der abgeschnittenen Zweige in der Nähe der Einrichtung. Der nächste Schritt war das Zerquetschen, zuerst außerhalb der Einrichtung mit den beiden Quetschwal-

35. Zur Herstellung von Getreideschrot im antiken Palästina vgl. Eitam 1996.
36. Zu einer eingehenden Erörterung der Herstellung von Balsamparfüm am Toten Meer, besonders in En-Boqeq, vgl. Dayagi-Mendels 1993, S. 107-112; Gichon 2000, S. 94 f.; zur Balsamproduktion insgesamt Patrich 2006.
37. Donceel-Voûte 1998, S. 96-100.
38. Donceel-Voûte 1998, S. 106.

zen, die auf der oberen Steinfläche gefunden wurden, und dann im Einweichbecken, in dem sich die dritte Quetschwalze befand. Wahrscheinlich war dieses Becken der Sonne ausgesetzt, um den Konzentrationsprozess der Essenz zu beschleunigen. Die beiden Zellen neben dem Einweichbecken waren vermutlich überdacht – die nördliche Zelle, um die in dem Behälter gesammelte kostbare Essenz zu schützen; die südliche Zelle, damit man ungestört im Ritualbad untertauchen konnte.

Der vierte Bestandteil fehlt im industriellen Komplex von Ain-Feshkha: Öfen. Wir versuchten, sie im Außenhof östlich des Hauptbaus aufzuspüren, jedoch ohne Erfolg. Eine denkbare Erklärung dafür ist vielleicht die geringe Entfernung zwischen Ain-Feshkha und Qumran. De Vaux behauptete mit Recht, dass die Anlage Ain-Feshkha mit der von Qumran zusammenhing, wo eine bemerkenswerte Fülle von Öfen gefunden wurde.[39] Deshalb darf man die Hypothese wagen, dass die Parfümessenz als Grundstoff in der Einrichtung von Ain-Feshkha produziert, dass jedoch das Endprodukt in Qumran hergestellt und von dort zu den Märkten in Judäa und anderswohin transportiert wurde.

Die quadratische Einfriedung

Von der quadratischen Einfriedung, die de Vaux freilegte, sind nur wenige Spuren erhalten.[40] Meist ist ihre Mauer mit Erde bedeckt, die von den Abhängen ausgewaschen wurde, und außerdem hat man, wie bereits erwähnt, mitten durch die ehemalige Einfriedung die moderne Straße nach En-Gedi gebaut. Die Einfriedung bestand aus einem quadratischen Hof (Locus 33 mit 34 × 34 m Umfang und ca. 1.156 qm Grundfläche), der von einer 70 cm dicken Mauer umgeben war. Der Eingang lag offenbar in der Ostmauer, gegenüber dem Hauptbau. Auf der Nordseite der Einfriedung legte de Vaux eine Reihe von etwa 10 Pfeilern frei, die einen Abstand von rund 2 m voneinander haben. Der lange, schmale Raum zwischen den Pfeilern und der Außenmauer der Einfriedung (3,5 × 27 m) diente wahrscheinlich als Stall für Schafe, Ziegen, Rinder und Esel (Locus 17, 18, 19). Das erinnert uns daran, dass Knochen aller dieser Tierarten in der ganzen Anlage Qumran und in den sog. »Depositorien« gefunden wurden (vgl. auch Locus 97 in Qumran). Am östlichen Ende dieses Stalls befindet sich ein kleiner Raum mit den Innenmaßen 3 × 3,5 m, der als Unterkunft oder als Vorratsraum benutzt wurde (Locus 20). Auch sein Eingang liegt an der Ostseite. In diesem Raum fand de Vaux die byzantinische Keramik.

Von zwei Ecken der Einfriedung geht eine Umfassungsmauer aus. Die eine, die auf einer Länge von 12 m freigelegt wurde, verläuft von der Südostecke der

39. De Vaux 1973, S. 84. Zu den Öfen in Qumran vgl. Donceel / Donceel-Voûte 1998, S. 24-26.
40. De Vaux 1959b, S. 228-230; Humbert / Chambon 1994, S. 260-262 und 358-361.

Einfriedung in nordöstlicher Richtung zur Mauer im Osten des industriellen Komplexes. Wahrscheinlich vereinigten sich diese beiden Mauern und umschlossen den Außenhof östlich des Hauptbaus. Die zweite Umfassungsmauer – de Vaux' »lange Mauer« – beginnt an der Nordwestecke der quadratischen Einfriedung und verläuft etwa 200 m nordwärts in Richtung Qumran.

Abschließend kann man festhalten: Die Umfassungsmauer des Landguts, die Qumran mit Ain-Feshkha verbindet, beweist, dass die beiden Anlagen zusammengehörten, eventuell sogar im Besitz ein und derselben Person waren. Weder in Qumran noch in Ain-Feshkha hat man Belege für die Anwesenheit von Mitgliedern einer besonderen religiösen Gemeinschaft gefunden, die über das hinausgingen, was man von Juden in der Zeit des späten Zweiten Tempels erwarten würde. Die reichhaltigen Funde in beiden Anlagen sprechen dafür, dass der Besitzer des Gutes ein wohlhabender Jude der Oberschicht war, der wahrscheinlich in Jerusalem lebte. Die Bewohner des Landgutes waren der Gutsverwalter, Diener und Sklaven, die die Aufgabe hatten, das Gut zu bewirtschaften und möglichst hohe Gewinne zu erzielen. Die Anlage von Ain-Feshkha ist kleiner als die von Qumran; sie diente hauptsächlich landwirtschaftlichen Zwecken. Die in Ain-Feshkha gefundene industrielle Einrichtung wurde nach meinem Dafürhalten nicht nur zur Herstellung von Dattelwein und Dattelhonig, sondern auch zur Gewinnung von von Balsamparfümessenz verwendet. Funde, die auf Wohlstand und Luxus hinweisen, wurden in dem benachbarten Wohnbau entdeckt – ein Beweis dafür, dass dieser auch der Erholung diente, nach dem regional abgewandelten Muster der *villa rustica* in Westeuropa. Der Komplex Qumran ist größer und mit Einrichtungen wie Öfen ausgestattet, die man in Ain-Feshkha nicht fand. Wahrscheinlich bildete Qumran das Zentrum der Parfümherstellung in der Region und war der Ort, von dem aus die Handelsgüter auf die Märkte in Judäa und anderenorts verteilt wurden.

Kapitel 5
Qumran im Kontext: Die Region am Toten Meer in der Zeit des Zweiten Tempels

5.1 Das Siedlungsbild

Nach all dem, was bisher gesagt wurde, steht fest: Qumran und seine Bewohner können sachgemäß nur im Kontext des allgemeinen Siedlungsbildes der Region am Toten Meer interpretiert werden. Während der Zeit des Zweiten Tempels war diese Region ein Sammelpunkt für Menschen von entgegengesetzten Polen des gesellschaftlichen Spektrums. Könige und einflussreiche Männer hatten ein wirtschaftliches Interesse an den natürlichen Rohstoffen der Region. Die Könige von Judäa, zuerst die Hasmonäer und später die Mitglieder der herodianischen Dynastie, gründeten am Toten Meer Paläste und Festungen und betrieben große Landgüter als Wirtschaftsunternehmen. Es gab auch wohlhabende Gutsbesitzer, viele aus Priesterfamilien und aus der Jerusalemer Oberschicht, die das milde Winterklima am Toten Meer genießen wollten und dort Paläste bauten, vor allem in Jericho. Ihre Landgüter wurden von lokalen Bauern bearbeitet, die Pächter wurden und am Wohlstand der Region teilhatten.

Neben den Gutsbesitzern und den Pächtern gab es Dutzende, vielleicht Hunderte von Asketen, die aus der Gesellschaft ausgestiegen waren und sich in die Wüste zurückgezogen hatten, um religiöse Erlösung zu suchen. Die Quellen berichten zum Beispiel von Johannes dem Täufer und den Essenern, die am Jordan oder an den Abhängen über dem Toten Meer von der Welt abgeschieden und asketisch lebten. Sie bezeugen auch, dass diese Leute, die sich freiwillig für ein Leben in Armut entschieden hatten, manchmal verehrt wurden. Anders als die Könige und Gutsbesitzer haben sie in der Landschaft kaum Spuren hinterlassen. Aber infolge historischer Ereignisse lebt ihr religiöses Erbe bis heute fort. Eine Erörterung dieser vier so verschiedenen gesellschaftlichen Schichten wird das Bild abrunden, in dem auch Qumran betrachtet werden muss, nämlich als fester Bestandteil des allgemeinen Siedlungsbildes der Region am Toten Meer.

Während der Zeit des Zweiten Tempels war die Region am Toten Meer zwischen zwei Königreichen aufgeteilt: ihr östlicher Teil gehörte zum Königreich der Nabatäer, der westliche zum Königreich Judäa. Die regionale Hauptstadt war Jericho, nordwestlich des Toten Meeres, wo die Hasmonäerherrscher Paläste errichteten, die Herodes später erbte. Zoar, die wichtigste Siedlung im Süden des Toten Meeres, lag auf nabatäischem Territorium.[1] Die übrigen Siedlungen

1. Netzer grub die Palastanlage bei Jericho aus (dazu 1999, S. 5-59; ders. 2001; ders.

rund um das Tote Meer waren von unterschiedlicher Größe und Bedeutung. Die drei Hauptsiedlungen am Ostufer lagen auf der Halbinsel Lisan: al-Mazra'a, al-Haditha und Khirbet Sekine; sie werden von den Quellen als nabatäisch bezeichnet. Der zentrale Friedhof für die Siedlungen auf der Halbinsel, mit Tausenden von Gräbern, ist vor einigen Jahren bei Khirbet Qazone ausgegraben worden.[2] Eine weitere wichtige Siedlung am Ostufer war Kallirhoe, nördlich der Halbinsel. Kallirhoe war der Hafen für die Festung Machaerus und war – beziehungsweise ist bis heute – dank seiner Thermalquellen ein Badekurort (sein griechischer Name bedeutet »vortreffliches Wasser«).[3] Ausgrabungen in Kallirhoe haben einen Palast aus der Zeit Herodes' des Großen sowie einen landwirtschaftlichen Großbetrieb freigelegt.[4]

Die wichtigsten Oasen am Westufer waren En-Gedi, Ain-Feshkha mit Qumran im Norden sowie En-Boqeq im Süden. In En-Gedi befanden sich ein ziemlich großes Dorf und königliche Landgüter.[5] In Qumran, Ain-Feshkha und En-Boqeq haben Ausgrabungen die Überreste von Bauernhöfen und Einrichtungen freigelegt, die intensiven Anbau und die Verarbeitung landwirtschaftlicher Produkte bezeugen.[6] Daneben gab es eine Anzahl kleinerer Anlagen, die alle in der Nähe von Quellen liegen. Die nördlichste davon ist Rujum el-Bahr dicht bei der Quelle Ein ej-Jahir. Eine andere, südlich von Ain-Feshkha, ist Khirbet Mazin. 15 km weiter südlich liegt ein Bau aus der Zeit des Zweiten Tempels bei Ain el-Ghuweir (Enot Qaneh), und noch etwas weiter südlich ein größerer Bau, Qasr et-Turabeh, bei der Quelle Ain et-Turabeh (Enot Samar). Pesach Bar-Adon erforschte diese vier Anlagen in den 70er Jahren des zwanzigsten Jahrhunderts.[7]

2004). Zoar, das moderne Ghor as-Safi am Südende des Toten Meeres wird derzeit unter der Leitung von Konstantinos Politis im Auftrag des Palestine Exploration Fund untersucht, vgl. www.pef.org.uk und z. B. Politis 1998b.

2. Zu Khirbet Qazone als Zentralfriedhof für die Siedlungen in der Region vgl. Politis 1998a; ders. 1999.
3. Josephus, Bellum 1, 657; Antiquitates 17, 171 berichtet, König Herodes habe vor seinem Tod die Thermalbäder von Kallirhoe aufgesucht. Eine Darstellung der Stadt findet sich auf der berühmten Mosaikkarte von Madaba; Avi-Jonah 1954, S. 40.
4. Die Palastanlage von Kallirhoe beschreibt Clamer 1997; Strobel / Wimmer 2003. Zu den Überresten des Hafens vgl. Schult 1966, S. 142-148; Strobel / Clamer 1986; Clamer 1997, S. 33-37.
5. Mazar (1993) grub die Überreste von Tel Goren bei En-Gedi aus der Zeit des Zweiten Tempels aus. Zu historischen Surveys des damaligen En-Gedi vgl. Mazar / Dothan / Dunayevsky 1996, S. 4-7; Cotton 2001.
6. Die Überreste von En-Boqeq aus der Zeit des Zweiten Tempels sind veröffentlicht bei Fischer / Gichon / Tal 2000.
7. Bar-Adon 1989. Schult 1966, S. 139-142 untersuchte die Überreste von Rujum el-Bahr. Zu weiteren Informationen über Khirbet Mazin vgl. Netzer 1999, 68-70. Ain el-Ghuweir wird besprochen bei Bar-Adon 1977. Bar-Adon 1989, S. 41-43 datierte die Anlage von Qasr et-Turabeh in die späte Eisenzeit, doch enthielt das unter dem

Während meines Surveys von Khirbet Mazin im April 2001 wurden nicht nur neue Grundrisse und Querschnitte der Gebäudeanlage angefertigt. Wir stießen bei Begehungen des Ufersaums in der Nähe der Anlage auch auf eine Ansammlung von 2.500 Bronzemünzen,[8] und das ist offenbar nur die Spitze des Eisbergs! Jedes Mal, wenn wir zurückkehren, finden wir mehr davon – das Tote Meer legt durch seine Wellen die Münzen am Ufer frei und nimmt uns so das Ausgraben ab. In den letzten Jahrzehnten erschienen auf den Märkten Tausende von Münzen des gleichen Typs unter dem phantasievollen Namen »Scherflein der Witwe« (nach den »zwei kleinen Münzen« von Markus 12,42 und Lukas 21,2), um potenzielle Käufer anzulocken. Vieles spricht dafür, dass sie alle aus dem Gebiet des Toten Meeres kamen. Vermutlich waren diese Münzen mit einem aufgeprägten Anker als Entlohnung für die Söldner gedacht, die nach Josephus (Ant. Jud. 13, 249) einen wichtigen Bestandteil des Heeres von Johannes Hyrkanus I. und Alexander Jannaeus bildeten. Wahrscheinlich wählte Jannaeus das Anker-Motiv nicht zuletzt auch, um seine maritime Aktivität im Toten Meer zu betonen. Die gewaltige Zahl der Münzen ist ein weiterer Beweis dafür, wie wichtig und umfassend damals die militärische Präsenz in diesem Gebiet war. Mit anderen Worten: Qumran lag am Rand einer Oase, die kein abgelegener Ort für Asketen, sondern ein wahres Zentrum an Aktivität war – das genaue Gegenteil des Lebens, das Einsiedler suchten[9].

Zusätzlich zu den Siedlungen am Ufer wurde auf den hohen Felsen der Judäischen Wüste östlich und westlich des Toten Meeres eine Kette von Festungen errichtet. Die hasmonäischen Herrscher von Judäa bauten diese Festungen, um die Zufahrtswege nach Jerusalem zu schützen und die jüdische Herrschaft über die Region zu sichern. Die Festung Dok thront auf dem Berg Qarantal westlich von Jericho. Etwas weiter südlich liegen zwei Festungen an der alten Straße nach Jerusalem: auf der Nordseite Nuseib el-Uweishira und auf der Südseite Kypros (Tel Aqaba).[10] An der Straße von Jerusalem nach Qumran gründete Johannes Hyrkanos I. (134-104 v.Chr.) die Festung Hyrkania.[11] Bei Tel Goren in der Oase En-Gedi wurden die Überreste einer hasmonäischen Befestigung freigelegt, die dem Schutz der Oase diente.[12] Südlich von En-Gedi, auf einem

Erdgeschoss des Baus gefundene Repertoire auch Keramik aus späthellenistisch-frührömischer Zeit. Da der Bau nur einer einzigen Periode angehört, ist es wohl am besten, die Datierung auf die spätere Keramik zu gründen.

8. Hirschfeld 2002; Hirschfeld / Ariel 2005.
9. Zangenberg 2000a.
10. Die hasmonäischen Festungsanlagen in Judäa erwähnt Josephus, Antiquitates 13,183, zu den Festungen in der judäischen Wüste aus der Zeit des Zweiten Tempels vgl. Tsafrir 1982. Zu den diversen Anlagen in und um Jericho vgl. Netzer 1999, 5-59; ders. 2001; ders. 2004.
11. Zu den archäologischen Überresten von Hyrkania vgl. Patrich 1993; ders. 2002.
12. Mazar 1993, S. 403 f. In früheren Publikationen datierten Mazar und seine Kollegen

hoch aufragenden Plateau, gründeten die Hasmonäer Masada, »eine Festung von gewaltiger Stärke«, wie Josephus sagt.[13]

Mit der Befestigung Judäas begannen die Hasmonäer schon zur Zeit des Hohenpriesters Jonathan, um die Mitte des zweiten Jahrhunderts v. Chr. Seit 129 v. Chr. erweiterten die großen Hasmonäerkönige, Johannes Hyrkanos I. und sein Sohn Alexander Jannaeus, das Königreich durch Eroberungsfeldzüge ins Transjordanland und zum Ostufer des Toten Meeres. Nach der Eroberung der Region im Nordosten des Toten Meeres und der transjordanischen Anhöhen gründete Jannaeus auf einem Berggipfel östlich von Kallirhoe die Festung Machaerus.[14] Sie war von großer militärischer Bedeutung, da man von hier aus Sichtkontakt zu den Festungen am Westufer des Toten Meeres hatte. Im Jordantal nördlich von Jericho gründete Alexander Jannaeus eine weitere Festung, Alexandrium, die seinen Namen trägt.[15] Herodes der Große erbte diese Festungen von den Hasmonäern; er nutzte seine Energien und seine beträchtlichen finanziellen Mittel, um sie zu verstärken und in einigen von ihnen, etwa Masada und Machaerus, großartige Paläste zu errichten – zusätzlich zu seinem Hauptpalast am westlichen Ende der Oase Jericho. Er errichtete auch kleinere Paläste in den Festungen Alexandrium im Jordantal und Tell Aqaba südwestlich von Jericho (die letztere Festung nannte er zur Erinnerung an seine Mutter Kypros) sowie Herodium, den nach ihm selbst benannten befestigten Palast südöstlich von Bethlehem.[16] Die gründliche Ausgrabung zumindest von Masada, Herodium und Machaerus hat zur Entdeckung eindrucksvoller Überreste aus der Zeit des Zweiten Tempels geführt.

Die reichen und mannigfaltigen archäologischen Zeugnisse der Region am Toten Meer und der Judäischen Wüste sind nicht dem Zufall zu verdanken – die Region erlebte in hasmonäischer und herodianischer Zeit einen beispiellosen wirtschaftlichen Aufschwung. Josephus berichtet von großen Gebieten um Phasaelis und Archelais nördlich von Jericho, die vorher Wüste gewesen waren, während dieser Periode jedoch kultiviert wurden.[17] In der Region gab es vier hauptsächliche Einkommensquellen: Balsam, Datteln und die zwei bedeutends-

die Festung Tel Goren in die Regierungszeit von Alexander Jannaeus: Mazar / Dothan / Dunayevsky 1966, S. 68-72.

13. Josephus, Bellum 4,398. Nach Josephus, Bellum 7,285 erbaute der Hohepriester Jonathan (152-142 v. Chr.) die hasmonäische Festung Masada.
14. Josephus, Bellum 7,171 f. Franziskanische Archäologen gruben die Anlage aus, vgl. einstweilen Corbo 1978; Loffreda 1996 (Keramik); Netzer 1999, S. 67 f.
15. Josephus erwähnt Alexandrium in seinen Werken mehrfach als einen der wichtigsten hasmonäischen Paläste, zu den archäologischen Überresten vgl. Tsafrir / Magen 1993; Netzer 1999, S. 60-62.
16. Zum Palast des Herodes in Kypros vgl. Netzer 1999, S. 62-67; ders. 2004, S. 233-280; zu Herodion s. Corbo 1989 (Architektur); Loffreda 1996 (Keramik); Netzer 1999, 90-108.
17. Josephus, Antiquitates 16,145 (Phasaelis); ibid. 17,340 (Archelais).

ten Rohstoffe des Toten Meeres, Asphalt und Kochsalz.[18] Dattelpalmenhaine wurden an allen möglichen Orten, im Jordantal und in den Oasen von Jericho und am Toten Meer, gepflanzt – ungefähr so wie heute auch. Nach Aussage der Quellen gab es die ersten Balsamplantagen bei Jericho und En-Gedi. Bereits im vierten Jahrhundert v. Chr. berichtet Theophrast über zwei Plantagen, eine große und eine kleine; die größere war anscheinend bei Jericho, die kleinere bei En-Gedi.[19] Plinius erwähnt die Plantagen ebenfalls.[20] Auch Strabon, ein Geograph des ersten Jahrhunderts n. Chr., beschreibt die Balsamplantage beim königlichen Palast von Jericho.[21]

Nach der Schlacht bei Actium 31 v. Chr., als Augustus die Herrschaft über die Region am Toten Meer größtenteils an Herodes abtrat, begann dort eine neue Phase des Wohlstands und verstärkter Besiedlung. Wahrscheinlich wurden in dieser Periode der Anbau und die Verarbeitung von Balsam auf die kleineren Oasen von Ain-Feshkha und En-Boqeq ausgedehnt, wie archäologische Funde bezeugen. In beiden Anlagen haben Ausgrabungen die Überreste von landwirtschaftlichen Verfahren, Wohntrakten und industriellen Einrichtungen zur Verarbeitung landwirtschaftlicher Erzeugnisse freigelegt, sowie Kleinfunde wie Parfümkännchen und Glasflaschen, die wohl mit der Parfümherstellung zusammenhängen.[22]

Wir dürfen nicht vergessen, dass die Anlagen um das Tote Meer durch ein umfangreiches Straßennetz miteinander verbunden waren. Zwischen Juden und Nabatäern in der Region am Toten Meer bestanden damals klar wirtschaftliche Beziehungen; dies zeigen beispielsweise die Münzen und die cremefarbene Keramik der Nabatäer, die man in den Siedlungen am Westufer fand.[23] Auch in den Urkunden von Nahal Hever, die aus der Zeit nach dem Ersten Aufstand stammen, gibt es reichlich Belege für enge Beziehungen zwischen En-Gedi, den benachbarten Siedlungen und der Nabatäerstadt Zoar.[24]

Auch wenn heutige Menschen sich das vielleicht kaum vorstellen können: In der Zeit des Zweiten Tempels war die bequemste Verkehrsverbindung zwischen den Siedlungen am Westufer und Kallirhoe beziehungsweise Machaerus am

18. Die beste zusammenfassende Darstellung der Einkommensquellen in der Region am Toten Meer ist Gichon 2000.
19. Theophrastos, Historia Plantarum. 9,6,1, dazu Patrich 2006. Viele Forscher akzeptieren die Gleichsetzung dieser beiden Plantagen mit Jericho und En-Gedi; vgl. Patrich 1997, S. 140. Feliks 1997, S. 284 verzeichnet die Quellen, die sich auf Balsam beziehen; zu einer weiteren Erörterung der Begriffe, die für die Teile dieser Pflanze verwendet werden, vgl. Patrich / Arubas 1989; Patrich 2006.
20. Plinius, Naturalis Historia 12,54 (111).
21. Strabon, Geographia 16,2,41.
22. Fischer / Gichon / Tal 2000, S. 40 f. zu En-Boqeq; Donceel-Voûte 1994, S. 32 f. zu Qumran.
23. Z. B. in En-Boqeq, s. Fischer / Tal 2002, S. 39 f.
24. Cotton 2001.

Ostufer der Seeweg. Am Toten Meer wurden damals drei Häfen errichtet: Rujum el-Bahr im Norden, Khirbet Mazin südlich von Ain-Feshkha und Kallirhoe am Ostufer. Bei Rujum el-Bahr wurden Überreste eines Turmes und eines Ankerplatzes freigelegt (Abb. 124).[25] Aus den großen Schuttmassen von Bruchsteinen ergibt sich, dass der Turm mit 20-25 m sehr hoch gewesen sein muss; vielleicht fungierte er sogar als Leuchtturm (Abb. 125). Der Turm stand auf einer künstlichen Insel. Sein Sockel war in einer Höhe von 1 m über dem damaligen Wasserspiegel von einer Mauer umschlossen; in ihr waren Vertäusteine für Boote integriert.

Bei Khirbet Mazin, einem Gebäudekomplex mit einem Turm, wurden ein Hafendamm und ein großes Hafenbecken entdeckt. Der Komplex war 1.500 qm groß und aus massiven Bausteinen errichtet (Abb. 126). Hier, an einem Uferabschnitt gegenüber dem Komplex, wurden Tausende von Münzen aus der Zeit von Alexander Jannaeus gefunden.[26] Da Jannaeus die Festung Machaerus gründete, ist es wahrscheinlich, dass der befestigte Hafen Khirbet Mazin ebenfalls unter seiner Herrschaft errichtet wurde (Abb. 127). Von hier konnte man über das Tote Meer zum Hafen von Kallirhoe fahren und den steilen Weg zur Festung, dessen Spuren noch heute zu sehen sind, hinaufsteigen.[27] Auch in En-Gedi wurden Überreste eines Hafens entdeckt.[28] Jede Siedlung am Ufer des Toten Meeres besaß wahrscheinlich einen Hafen oder eine hafenähnliche Anlage.

Diese Häfen waren nicht nur für den Transport zu Wasser, sondern auch für das Sammeln von Asphalt nützlich. Die Asphaltbrocken, die im Toten Meer gelegentlich an die Oberfläche kommen, waren in der Antike sehr begehrt zum Bauen, zum Abdichten von Fugen in Booten, zu medizinischen Zwecken und in Ägypten sogar zur Mumifizierung der Toten.[29] Aus den Werken von Diodorus Siculus und Josephus erfahren wir, dass die Anwohner des Toten Meeres die Asphaltbrocken sammelten, indem sie hinausfuhren und sie aus dem Wasser zogen.[30] Die Siedlungen an der Küste wetteiferten wahrscheinlich miteinander darin, in den Besitz des Asphalts zu gelangen; sie hielten Boote bereit, um hinauszufahren, und an der Küste taten Beobachtungsposten Dienst. Die Türme, die für die Anlagen am Toten Meer in der Zeit des Zweiten Tempels typisch sind, dienten unter anderem vielleicht auch als Beobachtungsposten, um schwimmende Asphaltbrocken ausfindig zu machen.

Das Interesse an Asphalt hält bis in die Gegenwart an. Die Kibbutzniks von

25. Bar-Adon 1989, S. 1-14.
26. Hirschfeld 2000c.
27. Zum antiken Weg von Kallirhoe nach Machaerus vgl. Strobel 1977; zum Hafen von Kallirhoe vgl. Schult 1966, S. 141-148; Clamer 1997, S. 33-37.
28. Z.B. Hadas 1993.
29. Zum Asphalt vgl. Hammond 1959; Gichon 2000, S. 96 f.
30. Diodorus Siculus, Bibliotheca 2,48,6-8; Josephus, Bellum 4,479 f.

En-Gedi erzählten mir, dass sie Asphaltbrocken sammelten, um daraus Arzneimittel herzustellen. Gideon Hadas, ein Archäologe aus En-Gedi, gab mir ein Foto aus den 1960ern, das ihn als jungen Mann auf einem riesigen Asphaltbrocken sitzend zeigt (Abb. 105, farbig).

Als im Jahr 6 n. Chr. das Königreich Judäa dem Römischen Reich einverleibt wurde, übernahmen die Römer die Kontrolle der Balsamplantagen von Jericho und En-Gedi.[31] In der Palastanlage von Jericho entdeckte man die Überreste einer römischen Villa, die bezeugen, dass die Plantagen des Landgutes weiter bestanden.[32] In den Urkunden von Nahal Hever wird En-Gedi als »Dorf unseres Herrn Kaisers« bezeichnet – ein Hinweis darauf, dass das ganze Dorf mit seinen Balsam- und Dattelplantagen an den römischen Fiskus übergegangen war.[33] Der Fiskus investierte stark in die Entwicklung der Balsamplantagen. Nach dem Zeugnis des Plinius brachten die Plantagen an den Hängen dem römischen Fiskus ein hohes Jahreseinkommen. Während des Ersten Aufstandes versuchten die Juden, die Plantagen zu zerstören, indem sie jeden Balsamstrauch zu vernichten trachteten.[34]

Obwohl die römischen Behörden sich die königlichen Landgüter von Jericho und En-Gedi als Staatsdomäne *(patrimonium)* aneigneten, besteht kein Grund zu der Annahme, dass die kleineren Landgüter, zum Beispiel Qumran und En-Boqeq, auch an den römischen Kaiser übergingen. Die Herrschaft Roms war im Allgemeinen zurückhaltend und besonnen und tastete die Eigentumsrechte der einheimischen Bevölkerung nicht an. Im Gegenteil, die einheimische Führungsschicht der Provinzen genoss in der Regel die Unterstützung der römischen Behörden. Ihre Mitglieder konnten das römische Bürgerrecht erlangen und im römischen Heer dienen.[35] Die Landgüter Qumran und En-Boqeq, die nach den archäologischen Befunden während der Regierungszeit von Herodes dem Großen gegründet wurden, waren wahrscheinlich in Privatbesitz und blieben daher bis zu ihrer Zerstörung während des Ersten Aufstandes in jüdischer Hand.

Das zur Anpflanzung und Verarbeitung des Balsamstrauchs erforderliche Wissen wurde in einheimischen jüdischen Familien erworben und von Generation zu Generation weitergegeben. Nach dem Ersten Aufstand gestatteten die Römer den Juden, die Hauptanlagen um das Tote Meer wieder zu besiedeln. Aus den Urkunden von Nahal Hever und Wadi Murabba'at geht hervor, dass der Anbau von Datteln und Balsam weiterging.[36] In En-Gedi wurde eine römische Militäreinheit stationiert, vermutlich um die Balsamplantagen der Gegend

31. Goodman 1987, S. 59; Cotton 2001, S. 142-146.
32. Netzer 1993, S. 691; 2004, S. 3-38.
33. Cotton 2001, S. 139.
34. Plinius, Naturalis Historia 12,54 (112 f.).
35. Stern 1974, S. 330 f.; Goodman 1987, S. 34-37 und 59 f.
36. Cotton 2001.

Abb. 124: Reste des Turmes mit Anlegestelle bei Rujum el-Bahr; Blick nach Süden.

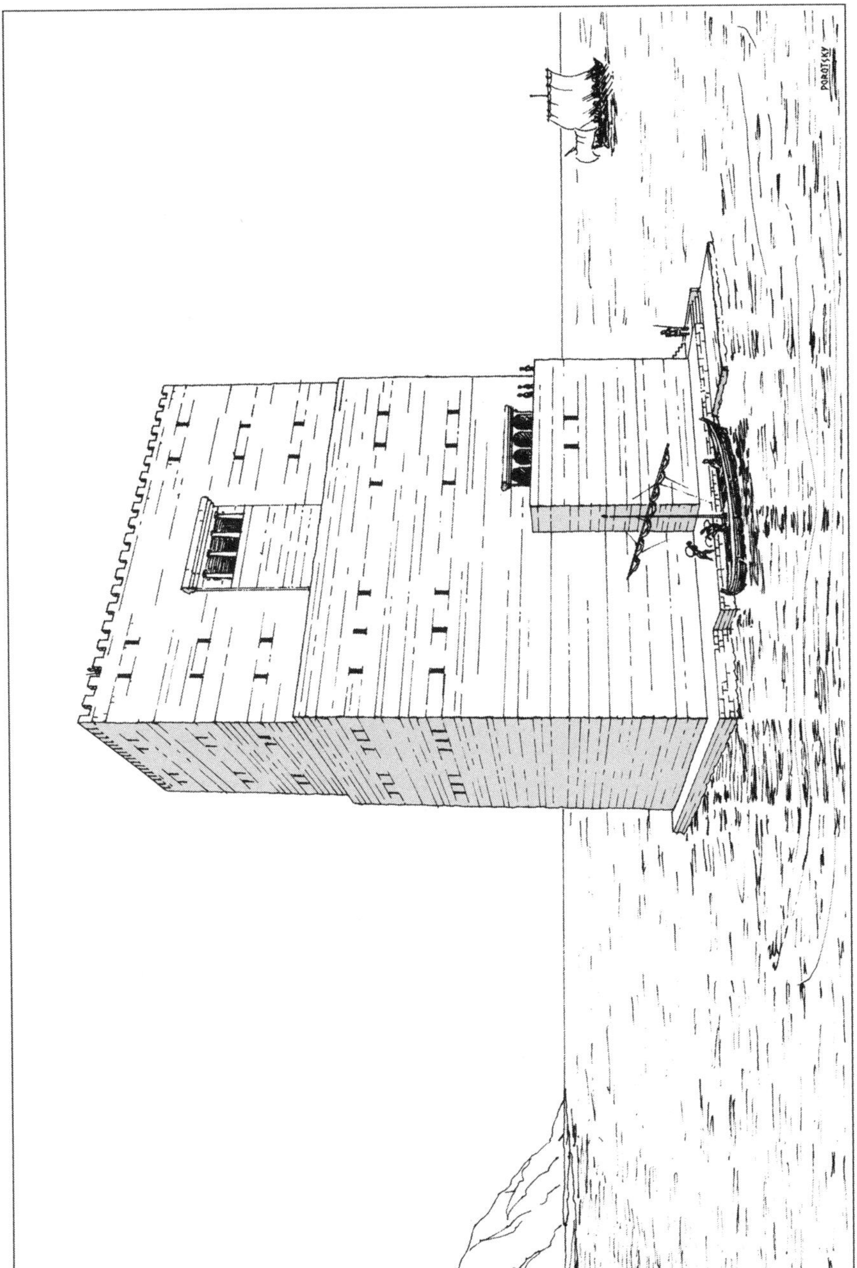

Abb. 125: Rekonstruktionsvorschlag der Anlage von Rujum el-Bahr.

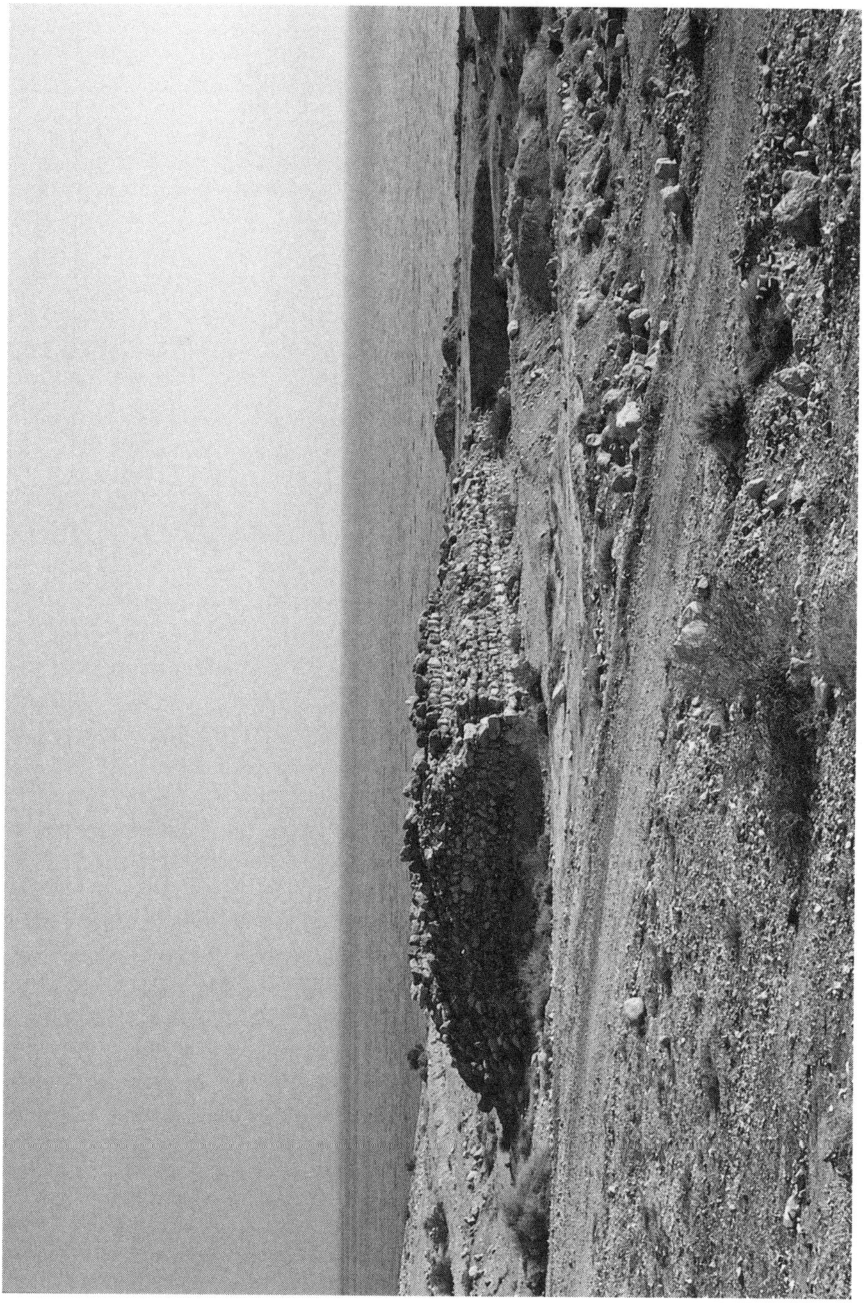

Abb. 126: Khirbet Mazin; Blick nach Osten.

Abb. 127: Rekonstruktionsvorschlag der Anlage von Khirbet Mazin.

zu schützen. Damals gehörte En-Gedi zu der Region, deren Hauptstadt Jericho war. Wahrscheinlich gestattete der römische Fiskus den jüdischen Bauern, die sich auf die Herstellung des kostbaren Balsams verstanden, in den Oasen am Toten Meer zu bleiben. Plinius bezeugt, dass in der Periode nach der Zerstörung des Tempels die Hauptanlage der Essener in den Bergen oberhalb von En-Gedi war.[37] Spuren dieser Anlage sind, wenn auch nicht mit Sicherheit, während meiner Ausgrabungen bei En-Gedi identifiziert worden.[38] Wahrscheinlich erlaubte man den Essenern, die bekanntlich in erster Linie von Landwirtschaft lebten, sich hier niederzulassen unter der Bedingung, dass sie sich an der lokalen Agrarwirtschaft beteiligten.[39] Die archäologischen Funde in Qumran und Ain-Feshkha sprechen für eine ständige Anwesenheit von Römern zwischen den beiden Aufständen, und die Balsam- und Dattelplantagen von En-Gedi und Jericho bestanden vermutlich weiter, bis sie im Zweiten Jüdischen Aufstand endgültig zerstört wurden.

Schließlich passt Qumran gut in die von den Ausgräbern En-Boqeqs vorgeschlagene Klassifizierung. Sie teilten die Siedlungen der Zeit des Zweiten Tempels am Toten Meer in vier Typen ein:[40]

1. Zentrale Siedlungen: Jericho, En-Gedi und Zoar fungierten als administrative und ökonomische Zentren der Region. Sie wurden in großen, gut bewässerten Oasen gegründet, die es ermöglichten, bedeutende Siedlungen zu entwickeln.
2. Palastanlagen: Zu dieser Gruppe gehören Jericho, Masada, Machaerus sowie die kleineren Anlagen von Alexandrium, Kypros, Kallirhoe und vielleicht auch En-Gedi.[41] Die Ausgrabungen von Jericho und Kallirhoe legten neben den Palästen und Villen große landwirtschaftliche Güter frei, die von Grenzmauern umschlossen waren. Der Winterpalast der judäischen Könige bei Jericho war ein Ableger des Hauptpalastes in Jerusalem.
3. Befestigte Landgüter: Zu dieser Gruppe gehören Qumran, Ain-Feshkha, Ain el-Ghuweir und En-Boqeq, die an der westlichen Uferstraße des Toten Meeres liegen. In allen diesen Anlagen fand man eine Verbindung von Wohntrakten und landwirtschaftlichen Einrichtungen. Manche von ihnen, etwa Qumran und En-Boqeq, weisen Türme auf. Diese Siedlungen lagen in der

37. Plinius, Naturalis Historia 5,73. Roland de Vaux 1973, S. 133-135, glaubte, die Anlage der Essener sei nicht bei En-Gedi, sondern nördlich davon zu lokalisieren. Diese Frage wird unten diskutiert.
38. Hirschfeld 2000b.
39. Die Bezeichnung der Essener als Bauern geht auf Philon von Alexandria zurück; vgl. Sandmel 1979, S. 32; Schürer 1979, S. 562 f.
40. Fischer / Gichon / Tal 2002, S. 143 f.
41. Das archäologische Beweismaterial, das möglicherweise auf einen Palast in En-Gedi hinweist, besteht aus rund zehn herodianischen Kapitellen, die in der römischen Badeanlage des späten ersten Jahrhunderts n. Chr. wieder verwendet wurden, vgl. Mazar 1993, S. 404 f.

Nähe des Ufers, was ihren Bewohnern gestattete, die natürlichen Rohstoffe des Toten Meeres auszubeuten. Die Anlagen waren sowohl Verwaltungszentrum des Landgutes als auch Wohnsitz des Gutsbesitzers bei seinen Besuchen und Lebensraum seiner Belegschaft: des Gutsverwalters, der Knechte und der Sklaven.

4. Militärische Forts: Zu dieser Gruppe gehören drei Anlagen in Ufernähe – Rujum el-Bahr, Khirbet Mazin und Qasr et-Turabeh – sowie Qumran in seiner hasmonäischen Phase. Bei ihnen allen fällt das Vorhandensein eines Turmes auf, der nicht nur Sicherheit bot, sondern auch die Macht des Regimes eindrucksvoll demonstrierte. Die Forts sollten hauptsächlich den Landverkehr entlang dem Westufer des Toten Meeres und den Seeverkehr der Häfen sichern. Die hasmonäischen Forts waren Glieder in der Kette von Festungsanlagen, die die Ostgrenze Judäas gegen die Nabatäer schützten. Sie ergänzten die großen Festungen auf den Hügelkuppen: Alexandrium, Dok, Hyrkania und Masada auf der Westseite und Machaerus auf der Ostseite des Toten Meeres.

Diese Klassifizierung der Siedlungen am Toten Meer weist auf eine Interdependenz der verschiedenen Siedlungstypen hin. Jericho und En-Gedi waren politische und administrative Zentren, und die zu ihnen gehörenden großen Landgüter waren Eigentum der Herrscher von Judäa oder des römischen Kaisers. Die Paläste waren für die Herrscher nicht nur Residenzen, sondern auch Produktionsstätten von Handelsgütern. Neben ihnen gab es Anlagen wie Qumran, Kallirhoe und En-Boqeq, die in Privatbesitz waren und ähnlichen Zwecken – als Wohnsitze und als Einkommensquelle – dienten. Die Festungen an den Verkehrswegen und auf den Hügelkuppen schützten das Gebiet und überwachten den Verkehr auf seinen Straßen sowie die Routen nach Jerusalem.

Als Herodes den judäischen Thron bestieg, erbte er die hasmonäischen Festungen und fügte ihnen eigene hinzu. Aus den Beschreibungen bei Josephus scheint jedoch hervorzugehen, dass sich unter seiner Regierung die Kontrolle über die Festungen änderte: Herodes übertrug seinen Günstlingen Landgüter im ganzen Königreich.[42] Auf diese Weise behielt er das für die hellenistischen Könige charakteristische System bei: Der König baute ein Reservistenheer auf, indem er Landgüter und große Ländereien vergab, für die man ihm als Gegenleistung bei Bedarf Soldaten stellte. Ein Beispiel ist das Landgut des Ptolemäus, eines hohen Beamten und engen Freundes von Herodes. Dieses Landgut, dessen Überreste Shimon Dar im Hügelland von Samaria aufspürte, umfasste weite Ländereien, deren Mittelpunkt ein befestigtes Herrenhaus bildete.[43]

42. Zur Zuweisung von Land in der Zeit des Herodes vgl. Jones 1938, S. 77-83; Goodman 1987, S. 38-42; Pastor 1997, S. 99-102.
43. Zur Identifizierung des Landgutes des Ptolemäus vgl. Dar 1993; zu weiteren Einzelheiten über Ptolemäus vgl. Roller 1998, S. 63 f.

Das herodianische Qumran passt gut zu diesem Muster des Herrenhauses.[44] Der quadratische Plan des Hauptbaus erinnert an Herrenhäuser, wie man sie in verschiedenen Anlagen fand, z. B. Horvat Aqav und Qasr e-Leja im nordwestlichen Samaria, Ofarim im westlichen Samaria, el-Muraq (Hilkijas Palast) und Rujum el-Hamiri in den Bergen von Hebron sowie Tel Aroer im südlichen Judäa (Abb. 128). Die meisten dieser Herrenhäuser verfügen über einen Eckturm. Ein gutes Beispiel ist Horvat Aqav bei Ramat Hanadiv, das einen Eckturm und landwirtschaftliche Einrichtungen wie Wein- und Ölpressen innerhalb und außerhalb des Komplexes aufweist. (Abb. 129). Der Turm von Rujum el-Hamiri in den Bergen von Hebron hat eine schräg ansteigende Vormauer wie der von Qumran (Abb. 130). Die Vormauer verstärkte den Unterbau des Turms und verlieh ihm ein massiveres Aussehen.

Die Gesellschaftsstruktur Judäas unter Herodes erinnert stark an die Feudalordnung Europas im Mittelalter. Die Spitze der Pyramide nahm der König ein; unter ihm stand eine aristokratische Schicht von Fürsten, engen Freunden und Veteranen, die alle dem König bei der Verwaltung seines Herrschaftsgebiets halfen. Als Gegenleistung für ihre Ergebenheit verlieh ihnen der König große Ländereien, zu denen Dörfer und Güter mit Pächtern gehörten. Die Herrenhäuser besaßen Mauern und Türme und standen, ähnlich wie mittelalterliche Burgen, auf Anhöhen im Zentrum ihrer Landgüter. So wurden diese Herrenhäuser, zusammen mit den königlichen Palästen, zu einem beherrschenden Merkmal der ländlichen Szene im herodianischen Judäa.

Die Zeit des Zweiten Tempels liefert eine Fülle von Belegen für wohlhabende Gutsbesitzer. Josephus beschreibt das Landgut, das der Hyrkanos-Sohn Tobias im frühen zweiten Jahrhundert v. Chr. bei Tyros im Transjordanland besaß. Im Zentrum des Gutes errichtete Hyrkanos ein festes, durch einen Graben geschütztes »Schloss« (griech. *baris*) aus Stein, das von dekorativen Höfen, in den Fels gehauenen Festsälen und »ungeheuer großen Gärten« umgeben war.[45] Herodes übertrug Landgüter oft Veteranen. Josephus erwähnt zwei Ansiedlungen von Veteranen, die eine in Gaba Hippeum beim Karmel, die andere in Heschbon im Transjordanland.[46] Die beiden Hauptansiedlungsgebiete für Veteranen des Herodes waren Samaria, wo den Bewohnern der Stadt Sebaste Ländereien übertragen wurden, und Idumäa, wo etwa 2.000 Edomiter, die Herodes treu ergeben waren, Ländereien erhielten.[47] Josephus berichtet, Herodes habe in seinem Testament seinen Familienangehörigen, Freunden und Veteranen viele

44. Vgl. Hirschfeld 1998; ders. 2000a, S. 709-720; ders. 2000d.
45. Josephus, Antiquitates 12,230-232. Zum Landgut von Tyros vgl. Nielsen 1994, S. 141-143.
46. Josephus, Antiquitates 15,292.
47. Josephus, Antiquitates 15,296 zu Sebaste; Bellum 2,57 zu Idumäa. Zum Status der Veteranen des Herodes vgl. Shatzman 1991, S. 171-183.

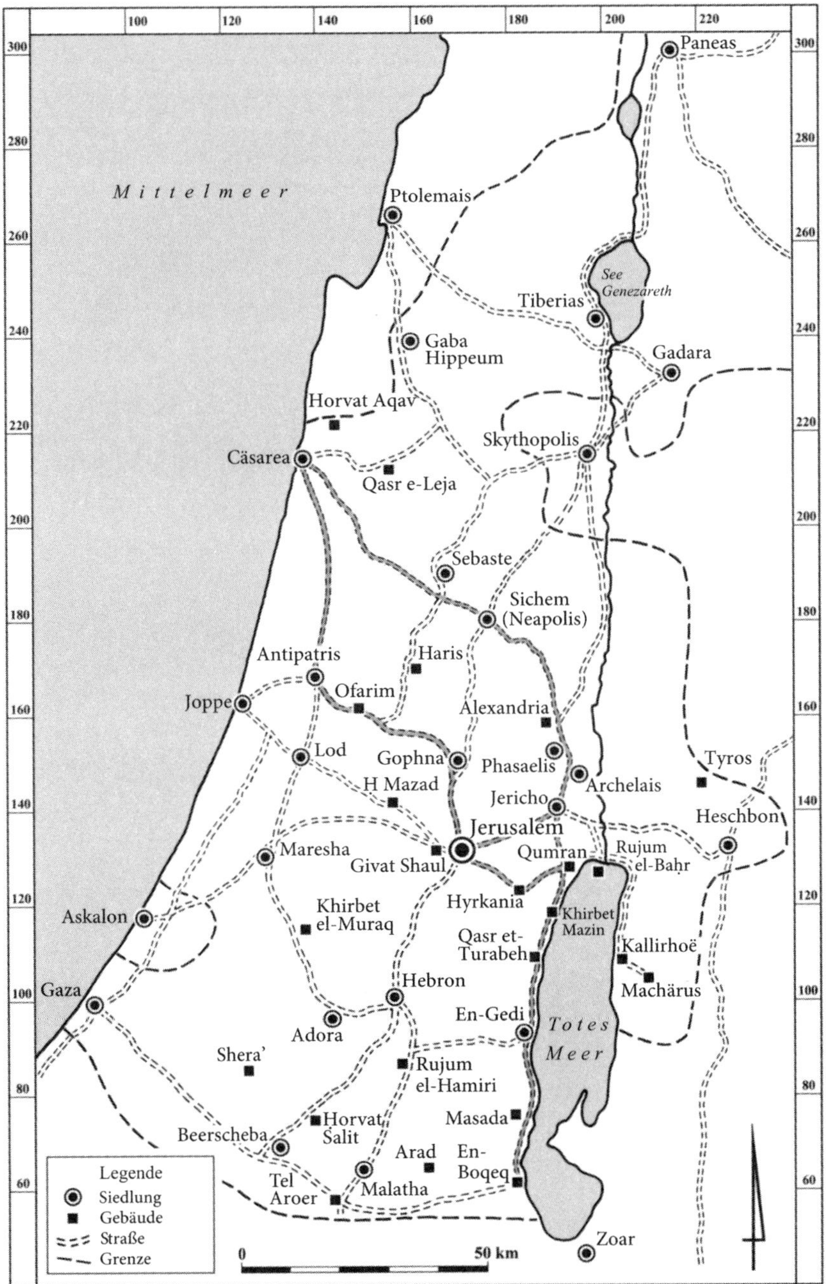

Abb. 128: Karte mit Verteilung von »manor houses« (Herrenhäusern) im herodianischen Judäa.

Abb. 129: Rekonstruktionsvorschlag der Anlage von Horvat Aqav bei Ramat Hanadiv.

Abb. 130: Die steinerne Vormauer um den Turm der Anlage von Rujum el-Hamiri; Blick nach Osten.

Ländereien vermacht.[48] Ptolemäus, der bereits erwähnte Minister am Hof von Herodes, besaß ein großes Landgut (griech. *ktema*) im Herzen von Samaria, auf dem, wie Josephus vermerkt, das Dorf Arus (Haris) lag.[49] Das Landgut des Ptolemäus erstreckte sich also offenbar über ein großes Gebiet mit mehreren Dörfern, deren Bewohner Pachtbauern waren. In seiner Untersuchung über dieses Landgut schätzt Dar sein Areal auf rund 900 ha (d.h. 9 qkm) – ein beträchtliches Gebiet, das die Hauptquelle für die Macht und den Wohlstand des Ptolemäus bildete.[50] Das Zeugnis des Josephus macht deutlich, dass der ständige Wohnort des Ptolemäus Jerusalem war; vermutlich besuchte er sein Landgut nur gelegentlich. Der abwesende Gutsbesitzer war offenbar das übliche Muster, obwohl manche Gutsbesitzer das Muster vermutlich umkehrten, indem sie ständig auf dem Landgut wohnten und die Stadt nur ab und zu in geschäftlichen Angelegenheiten besuchten.

Gutsbesitzer in Judäa begegnen häufig in Gleichnissen des Neuen Testaments. So hören wir von einem abwesenden Gutsbesitzer, der seine Knechte zu den Winzern schickte, um seinen Anteil an der Ernte abzuholen.[51] An einer anderen Stelle wird von einem reichen Mann erzählt, dessen Verwalter (lat. *vilicus*) beschuldigt wurde, er verschleudere seinen Besitz.[52] Dreimal erscheint im Neuen Testament der Begriff »Herodianer«; er bezieht sich auf treue Untertanen des Königs, die verschiedene wirtschaftliche Vergünstigungen genossen.[53] Aufgrund der Quellen darf man annehmen, dass die wohlhabenden Gutsbesitzer ihre Güter durch Tricks und Unterdrückung weiter ausdehnten, was den Groll der Bevölkerung gegen sie verstärkte. Infolgedessen verschärften sich die sozialen Gegensätze, die für Judäa am Ende der Zeit des Zweiten Tempels charakteristisch waren, und die Zahl der Räuber wuchs.[54] Die befestigten Herrenhäuser Judäas spiegeln also auch die fehlende innere Sicherheit wider. Anders als römische Villen, die offen in der Landschaft lagen, waren sie abgeschlossen und zum Schutz mit Mauern und Türmen versehen.

In welchem Sinne verstehe ich also den Begriff *villa rustica?* Schon als dieser Terminus durch Robert Donceel und Pauline Donceel-Voûte in die Diskussion eingeführt wurde, traf er bei den Vertretern der »Qumran-Essener-Hypothese« auf scharfe Ablehnung[55], da er meist im Zusammenhang mit Gebäuden aus dem Westen des römischen Reiches verwendet wird. Mir geht es nun nicht da-

48. Josephus, Bellum 2,646.
49. Josephus, Bellum 2,69.
50. Dar 1993, S. 46f.
51. Matth. 21,33-40; Schottroff 1996; Zangenberg 2000a, S. 152-154.
52. Lukas 16,1.
53. Zur Bedeutung des Begriffs »Herodianer« vgl. Schalit 1964, S. 237f.; Charlesworth 1988, S. 146-148.
54. Zu den sozialen Gegensätzen in Judäa vgl. Theissen 1977, S. 47-49; Goodman 1987, S. 38-42. Zum Banditenunwesen vgl. Isaac 1984, S. 177-180.
55. Magness 2002, S. 90-100; vgl. schon die Diskussion auf der New Yorker Konferenz

rum, fremde Kategorien über die Verhältnisse in Judäa und am Toten Meer zu stülpen und Gleichmacherei zu betreiben, im Gegenteil. Entscheidend sind jeweils die lokalen und regionalen Bezüge, in denen die Architektur und Bauweise von Gebäuden jeweils steht; daher sind ja Vergleiche mit anderen Strukturen aus derselben Zeit und Region so erhellend. Der Begriff *villa rustica* ist deshalb allemal allen anderen, auf den angeblich sektarischen Eigenheiten der Bewohner gegründeten Bezeichungen wie »Gemeinschaftszentrum« oder »Sektensiedlung« vorzuziehen, da er auf einer streng *archäologischen Analyse* der Siedlung beruht, die Siedlung nicht künstlich von ihren formalen Parallelen isoliert und ihren vornehmlichen, nämlich wirtschaftlichen (Landwirtschaft) und sozialen (Landausbau durch die Oberschicht), Kontext benennt. Über die Praktikabilität des Begriffs kann man sicher streiten (bessere Vorschläge sind willkommen), über das, was er bezüglich des sachlichen Hintergrunds Qumrans bezeichnen soll, nicht.

Die judäischen Herrenhäuser waren natürlich keine Paläste; ihre Architektur ist schlicht und zweckmäßig. Viele von ihnen, etwa Qumran, waren die lokale Version der römischen Villa, die ein ländlicher Komplex mit Herrenhaus, Unterkünften für die Knechte und landwirtschaftlichen Gebäuden war und ein markantes Merkmal des römischen Lebens bildete.[56] Römische Agronomen beschrieben den Unterschied zwischen der *pars urbana*, dem Wohntrakt des Besitzers (lat. *dominus*), seiner Familie und seiner Gäste, und der *pars rustica* oder *pars fructuaria*, wo die Unterkünfte der Knechte, Werkstätten, Scheunen und andere Nebengebäude sowie der Garten lagen. Für die Römer war die Villa – je nach dem Klima – eine luxuriöse Sommer- oder Winterresidenz in Verbindung mit einem Landgut. Sie galt als ruhiger Zufluchtsort, hatte aber dennoch eine wichtige wirtschaftliche Funktion.

Der genaue Plan der Villa hing von verschiedenen Faktoren ab, zum Beispiel von ihrer besonderen Lage, ihrer Funktion und den Neigungen ihres Besitzers. Anders als die königlichen Paläste und die luxuriösen *villae maritimae*, die in Italien oft eine herrliche Aussicht auf das Meer hatten und von denen es nicht viele gab, gehörten die meisten Villen im frührömischen Judäa einem ziemlich gängigen Typ an. Viele, wie etwa Qumran, waren mit Säulen und *opus-sectile*-Fußböden geschmückt.

In Judäa bezeichnete man ein großes Herrenhaus offenbar mit dem griechischen Wort *baris* (hebr. *birah*). Dieser Begriff frühsemitischen Ursprungs wurde gewöhnlich auf befestigte Paläste angewandt, die auch als regionale Ver-

»Methods of Investigation of the Dead Sea Scrolls and the Khirbet Qumran Site« in Wise / Golb / Collins / Pardee 1994, S. 32-38.

56. Fernandez Castro 1982, S. 310. Smith 1997, S. XXXI definiert die *villa* als »das Hauptgebäude eines Landguts oder Bauernhofs«. Nach Ellis 2000, S. 11 ist eine römische Villa »ein Landgut mit einem reich geschmückten Haus«.

waltungszentren dienten.[57] Aber Josephus verwendet den Begriff *baris* auch, um den oben erwähnten Palast des Hyrkanos-Sohnes Tobias im Transjordanland zu bezeichnen, und an anderer Stelle bezeichnet er mit diesem Begriff auch ein hohes, turmähnliches Wohngebäude.[58] Der Begriff, im Sinne eines befestigten Herrenhauses, erscheint auch in historischen und epigraphischen Zeugnissen der gesamten hellenistischen Welt.[59] Er weist sowohl auf die konkrete Form des Hauses als auch auf seine soziale und ökonomische Rolle hin.

Ein anderes Wort, das die Quellen als allgemeinen Begriff für diesen Haustyp verwenden, ist das griechische *pyrgos* (Turm). So berichtet Josephus, dass Agrippa I. um 40 n. Chr. an einem *pyrgos* in Malatha (im südlichen Judäa) ankam, der ihm und seiner Familie gehörte.[60] Da wir erfahren, dass Agrippa dort mit seiner Frau und seinen Kindern ankam, dürfen wir vermuten, dass es sich hierbei nicht um eine militärische Festung, sondern vielmehr um ein privates Gebäude handelte, das seinen Besitzern Zuflucht bieten sollte. Der Begriff *pyrgos* – in der späteren rabbinischen Literatur wurde daraus *burganin* oder *burgasin* – erscheint gewöhnlich im Zusammenhang mit agrarischer Aktivität und Aufbewahrung der Ernte.[61] Eine andere Bezeichnung für ein Herrenhaus ist das hebräische *ir* (Stadt) oder genauer *ir shel yakhid* (Stadt eines Individuums). In der rabbinischen Literatur bezeichnet *ir* ein Grundstück in Privatbesitz, auch den Komplex eines Bauernhofes oder Herrenhauses, der nicht unbedingt befestigt war.[62] Die Vielfalt dieser Bezeichnungen spiegelt die große Vielfalt judäischer Herrenhäuser in der Zeit des Zweiten Tempels wider.

Die Verbindung eines Turms mit einem von Räumen umgebenen Innenhof (Abb. 131) ist typisch für die befestigten Herrenhäuser Judäas. Landwirtschaftliche Einrichtungen wie Wein- und Ölpressen fand man in mehreren dieser Bauten, was darauf hinweist, dass solche Gutshöfe Wirtschaftsbetriebe waren. Im Herrenhaus von Tel Aroer im südlichen Judäa förderten Ausgrabungen ein Ostrakon zutage, auf dem Löhne von Landarbeitern verzeichnet waren.[63] Ein anderes Ostrakon, das sich mit landwirtschaftlichen Angelegenheiten befasst, das sog. Yahad-Ostrakon, wurde in Qumran gefunden.[64] Befestigte Herrenhäuser liegen meist auf Anhöhen, die ihre Umgebung beherrschen, und in der Nähe der durch die Region führenden Hauptverkehrswege. Deshalb deutet die For-

57. Zur Herkunft des Begriffs *baris* vgl. Will 1987; zu seiner hebräischen Entsprechung, *birah*, vgl. Mendel 1992.
58. Josephus, Vita 48.
59. Zur weit verbreiteten Verwendung des Begriffs *baris* vgl. Lawrence 1979, S. 292 f.; Hopwood 1986, S. 348.
60. Josephus, Antiquitates 18,147.
61. Sperber 1976. Zur Bedeutung des Begriffs *burgi*, z. B. in Mischna Erub. 5,6 vgl. Isaac 1993.
62. Zum Begriff *ir* in der rabbinischen Literatur vgl. Applebaum 1976, S. 641-643.
63. Vgl. Naveh 1985, S. 121.
64. Vgl. Cross / Eshel 1997.

Abb. 131: Vergleichsübersicht von herodianischen Herrenhäusern aus Judäa mit einem Beispiel aus Chersonesos.

schung diese Bauten häufig als Festungen.[65] Eine genaue Untersuchung von Herrenhäusern und Festungen der hellenistischen und römischen Periode zeigt jedoch, dass zwischen beiden erhebliche Unterschiede bestanden. Festungen besitzen in der Regel einen großen Innenhof, um Truppen unterzubringen und um in Notzeiten Flüchtlingen eine vorübergehende Zuflucht zu bieten.[66] Dagegen haben befestigte Herrenhäuser einen relativ kleinen Innenhof, umgeben von Räumen und Hallen, die den täglichen Bedürfnissen ihrer Bewohner dienten. Obwohl viele Herrenhäuser defensive Bestandteile wie Mauern, Türme und Wachhäuser aufwiesen, hatten diese wohl eher eine zivile als eine militärische Funktion. Die Lage der Herrenhäuser in der Nähe größerer Verkehrsverbindungen ermöglichte es ihren Bewohnern, ihre landwirtschaftlichen Erzeugnisse zu vermarkten und das umliegende Gebiet zu kontrollieren.

Der Turm war ein primäres Merkmal des befestigten Herrenhauses in Judäa und anderswo. Er erfüllte verschiedene Zwecke: er diente gleichzeitig als Wohnung, als Wachtturm, als sicherer Aufbewahrungsort für Wertsachen und in Notzeiten als Zuflucht für die Bewohner des Landgutes.[67] Höhe und Stärke des Turmes waren eine Prestigesache, ein architektonisches Symbol für den Rang und den Wohlstand des Gutsbesitzers.

Vergleichbare Herrenhäuser mit Türmen finden sich hauptsächlich auf dem griechischen Festland sowie in griechischen Kolonien an den Küsten des Mittelmeers und des Schwarzen Meers. Solche Bauten sind in Griechenland seit dem fünften Jahrhundert v. Chr. bekannt.[68] Die engsten Parallelen zu den judäischen Herrenhäusern sind jedoch die der hellenistischen Periode in Chersonesos. Diese griechische Kolonie auf der Halbinsel Krim, an der Küste des Schwarzen Meers, enthält eines der besten Beispiele für einen Eckturm und einen von Räumen umgebenen Innenhof.[69] Die Ähnlichkeit zwischen diesem Komplex und denen in Judäa, etwa Qasr e-Leja, Ofarim, Rujum el-Hamiri und Qumran, kann nicht zufällig sein. Wahrscheinlich übernahmen die Gutsbesitzer in Judäa ein in der ganzen hellenistischen Welt bekanntes Muster, das ihren gesellschaftlichen und wirtschaftlichen Bedürfnissen entsprach.

Aufgrund dieser Befunde kann man annehmen, dass die Anlage Qumran, die während der hasmonäischen Periode als Wegstation und Fort errichtet wurde, während der Regierungszeit des Herodes einem seiner Günstlinge übergeben wurde, einem, der die Neigung des Herodes, die Aristokratie zu säubern und

65. Vgl. etwa Barouch 1996. Shatzman 1991, S. 266 stellt fest: »Viele dieser [befestigten Anlagen] waren zivile Siedlungen, die über angemessene Verteidigungseinrichtungen und Truppen verfügten.«
66. Zu den Merkmalen von Festungen vgl. Lawrence 1979, S. 172.
67. Vgl. Nowicka 1975, S. 119-121.
68. Zu Bauern- und Herrenhäusern in Griechenland vgl. Young 1956.
69. Zu den befestigten Herrenhäusern mit Türmen auf der Halbinsel Krim vgl. Nowicka 1975, S. 113-118. Zu befestigten Villen in der Zeit der späten römischen Republik vgl. McKay 1975, S. 102f.

nur ergebene Anhänger übrig zu lassen, überlebt hatte. Von dieser Zeit bis zu seiner Zerstörung im Ersten Jüdischen Aufstand war Qumran nach meinem Dafürhalten ein befestigtes Landgut, bewohnt von dem Gutsbesitzer während seiner Besuche sowie von seinem Verwalter, seinen Knechten und Sklaven. Die Wohntrakte für den Besitzer, seine Familie und seine Gäste waren im Hauptbau; die Belegschaft der Knechte und Sklaven wohnte in den angrenzenden Dienstleistungsanbauten.[70]

Qumran ist daher zu definieren als Zentrum eines landwirtschaftlichen Gutes, nicht als Gemeinschaftszentrum der Schreiber oder Nutzer der Schriftrollen. Da man Schriftrollen nur in den nahen Höhlen, jedoch keine einzige in der Anlage selbst entdeckte, darf man annehmen, dass diese nicht aus der Siedlung stammen. Als bester Kandidat für die Herkunft kann statt dessen Jerusalem gelten.[71]

5.2 Die Essener und die Asketen am Toten Meer

Nach der allgemein vertretenen Auffassung war Qumran ein religiöses Zentrum für Mitglieder der Essenersekte. Dass die Essener als Menschen beschrieben werden, die sich freiwillig für Armut und ein genügsames Leben entschieden, steht jedoch in klarem Widerspruch zu den Überresten und Funden in der Anlage Qumran. Josephus bemerkt, dass die Essener Reichtum verachteten, und Philo von Alexandria sagt ausdrücklich: »Sie horten keine Schätze von Silber und Gold, und sie erwerben auch keine großen Ländereien, um daraus Gewinne zu erzielen.«[72] Die Gruppe der Essener, »unterhalb derer« *(infra hos)* sich laut Plinius dem Älteren En-Gedi befand, war in ihrer asketischen Lebensweise besonders streng: »Der einsiedlerische Menschenschlag der Essener [...] lebt ohne Frauen, ohne jedes sexuelle Verlangen, ohne Geld und nur in Gesellschaft von Palmen.«[73]

Um Elemente, die auf Wohlstand in Qumran hinweisen, zu erklären, greifen Vertreter der Qumran-Essener-Theorie auf das monastische Modell in der byzantinischen Periode und im Mittelalter zurück; demzufolge lebten die Mönche, nachdem sie ihre weltliche Habe dem Abt übergeben hatten, enthaltsam

70. Zur Trennung des Wohnbereichs für den Hausbesitzer und seine Gäste *(pars urbana)* vom Dienstleistungsbereich der landwirtschaftlichen Gebäude *(pars rustica)* vgl. Percival 1996, S. 68 f.; Hirschfeld 1989, S. 181 f.
71. Golb 1999; Cansdale 1997, S. 189 f.
72. Philo, Quod omnis probus liber sit, 689. Zu Josephus' Beschreibung der Essener vgl. Bellum 2,122. Zur freiwilligen Armut der Essener vgl. Boccacini 1998, S. 32-34; Broshi 2000, S. 633 f.
73. Plinius, Naturalis Historia 5,73.

und arm, obwohl ihre Klöster umfangreich und ziemlich großartig waren.[74] Wir haben eindrucksvolle Überreste solcher Klöster, z. B. das Martyrius-Kloster bei Maaleh Adumim in der Judäischen Wüste östlich von Jerusalem. Als Zeugnis für diese Lebensweise gilt die Geschichte von dem Wüstenmönch Sabas im fünften Jahrhundert, der bei seinem Eintritt ins Kloster dem Abt drei Goldmünzen übergab.[75] Diese Anekdote erinnert an das, was Josephus über die Essener sagt und was die *Gemeinschaftsregel* über die Sekte am Toten Meer berichtet: dass sie ihr Privateigentum der Gemeinschaft übergaben und eine gemeinsame Vermögensverwaltung hatten.

Es gibt viele Ähnlichkeiten zwischen den Essenern, wie sie von Josephus und Philo und besonders von Plinius beschrieben werden, und den ersten Christen, wie das Neue Testament sie darstellt. So praktizierten beide Gruppen Gütergemeinschaft und ein gemeinsames Leben. Die Lebensweise der Essener war für die ersten Christen gewiss eine Quelle der Inspiration.

Neben dem Rückzug aus der Gesellschaft, der Armut und der Ehelosigkeit betont Plinius besonders die »Gesellschaft von Palmen«, d. h. die Naturnähe, wenn er die asketische Lebensweise der Essener beschreibt. Schon im dritten und vierten Jahrhundert haben wir literarische und archäologische Belege für christliche Einsiedler, die als die Gründer des christlichen Mönchtums gelten: sie lebten genau wie die Essener in der Wüste, z. B. der heilige Antonius in Ägypten, Hilarion in der Wüstenregion von Gaza und Chariton in der Judäischen Wüste. Insofern ist das Erbe der Essener am Toten Meer dem Geist des Christentums bis heute unauslöschlich eingeprägt.

Die angeblichen Ähnlichkeiten zwischen dem byzantinischen Mönchtum, Qumran und den Essenern klingen überzeugend, sind jedoch völlig irreführend. Der tatsächliche Reichtum der späteren Klöster kam nicht von den »Münzen des Sabas«. Er stammte direkt aus dem kirchlichen Establishment in Jerusalem und Konstantinopel. Viele Mönche wurden in hohe Kirchenämter berufen, und einige wurden sogar Patriarchen. Dagegen werden die Essener beschrieben als eine kleine Sekte am Rand der jüdischen Gesellschaft, ohne Zugang zum jüdischen Establishment in Jerusalem. Ein weiterer wichtiger Unterschied zwischen dem byzantinischen Modell und den Essenern ist, dass der Reichtum der byzantinischen Mönche teilweise von reichen Pilgern stammte, während die Besucher der Essener, soweit wir wissen, hauptsächlich arme Leute waren. Jesus, Johannes der Täufer und ihre Anhänger, die sich nach der Dar-

74. Safrai 2000, S. 42 geht auf den inneren Widerspruch ein, dass eine reiche Sekte arme Mitglieder hatte, verweist dann jedoch auf christliche Mönchsgemeinschaften. Er gelangt zu der absurden Schlussfolgerung, dass die in Qumran lebenden Essener einen hohen Lebensstandard hatten, zu dem unter anderem »ausgedehnte Festessen« mit »mehreren Gängen Fleisch« gehörten (ibid., S. 47).

75. Zum Martyrius-Kloster und anderen Klöstern in der Judäischen Wüste vgl. Hirschfeld 1992, S. 42-45.

stellung des Neuen Testaments und des Josephus in die Region am Toten Meer und in die Wüste zurückzogen, sind gute Beispiele für die Art von Menschen, die vermutlich zu den Essenern kamen.[76] Andererseits haben wir das Beispiel des Josephus selbst, der aus einer Priesterfamilie stammte und sich drei Jahre lang dem Asketen Bannus in der Wüste anschloss[77]. Doch selbst Josephus besaß im Alter von sechzehn Jahren gewiss kein eigenes Vermögen, das er hätte verschenken können.

Aus den überlieferten antiken Quellen erfahren wir, dass es in der ausgehenden Zeit des Zweiten Tempels, vor allem im ersten Jahrhundert n.Chr., eine verbreitete Bewegung des Rückzugs in die Wüste gab.[78] Soziale und wirtschaftliche Not, zusammen mit messianischer Begeisterung, trieben offenbar viele Menschen dazu, ihr Zuhause aufzugeben und sich in der Judäischen Wüste und am Toten Meer niederzulassen. Sie entschieden sich freiwillig für ein asketisches Leben, zu dem vor allem Verzicht auf Eigentum, Ehelosigkeit, strenge Einhaltung der Reinheitsgebote und äußerste Genügsamkeit gehörten.

Josephus berichtet mehrfach von Menschen aus ganz Judäa, die im ersten Jahrhundert n.Chr., vor dem Jüdischen Aufstand, ihren Führern in die Wüsten Judäas und des Jordantales folgten.[79] Wie bereits erwähnt, verbrachte Josephus selbst drei Jahre in der Wüste bei dem Asketen Bannus, der angeblich nur wild wachsende Pflanzen aß, Kleider aus Baumrinde trug und häufig in kaltem Wasser badete.[80] Obwohl diese Beschreibung des Bannus starke Ähnlichkeiten mit der Darstellung der Essener bei Plinius aufweist, gehörte er nicht zu dieser Gruppe, denn Josephus schloss sich Bannus erst an, nachdem er die Lebensweise der Essener kennengelernt hatte.

Unter denen, die sich in die Wüste zurückzogen, waren zahlreiche Essener, wie wir von Plinius dem Älteren wissen, der um 75 n.Chr., wenige Jahre vor seinem Tod beim Ausbruch des Vesuv, schrieb:

Auf der Westseite des Toten Meeres, soweit das Ufer nicht infolge der Ausdünstungen ungesund ist, leben die Essener *(Esseni)*, ein einsiedlerischer und vor allen übrigen Erdbewohnern bemerkenswerter Menschenschlag *(gens)*, denn sie leben ohne Frauen, ohne jedes sexuelle Verlangen, ohne Geld und nur in Gesellschaft von Palmen. Ihre Zahl ergänzt sich gleichmäßig Tag für Tag durch zahlreiche Neuankömmlinge, die des Lebens überdrüssig sind und von den Wogen des Schicksals dazu getrieben werden, ihre Lebensweise anzunehmen. So besteht durch Jahrtausende (auch wenn es unglaublich klingt) ein Menschenschlag immer weiter, bei dem nie-

76. Matth. 3,1-13; Josephus, Antiquitates 18,116.
77. Josephus, Vita 11f.
78. Zu asketischen Einsiedlern und den messianischen Bewegungen, die im ersten Jahrhundert n.Chr. in der Judäischen Wüste auftraten, vgl. Goodman 1987, S. 79f.; Schwartz 1992, S. 29-31.
79. Josephus, Antiquitates 20,167; Bellum 2,116.
80. Josephus, Vita 11f.

mand geboren wird. So fruchtbar ist für die Essener der Lebensüberdruss anderer Menschen![81]

Plinius sagt uns genau, wo wir die Essener suchen müssen:

Unterhalb von diesen *(infra hos)* [d.h. den Essenern] lag früher die Stadt Engedi, die wegen ihres fruchtbaren Bodens und ihrer Palmenhaine nur Jerusalem nachsteht; jetzt ist sie ebenfalls ein Trümmerhaufen.[82]

De Vaux glaubte, wie viele andere Forscher nach ihm, die Essenersiedlung sei in Qumran, nördlich von En-Gedi, zu lokalisieren, denn die lateinischen Worte *infra hos* bedeuten nach seiner Auffassung »südlich von diesen« oder »stromabwärts von diesen«.[83] Nach dieser Deutung ist En-Gedi südlich von der Essenersiedlung, stromabwärts des Jordan, und folglich sollte man die Essener im Nordwesten der Region des Toten Meeres, das heißt in Qumran, suchen.

Das Zeugnis des Plinius ist das einzige, das die Essener in der Region am Toten Meer lokalisiert; es hat daher große Bedeutung. Eine genaue Untersuchung des Textabschnitts ergibt, dass beide für *infra hos* vorgeschlagene Übersetzungen nicht überzeugen. Am Anfang des Abschnitts über Judäa beschreibt Plinius die Quelle des Jordans und seinen Lauf über den See Genezareth zum Toten Meer (griech./lat. *Asphalites*).[84] Dann erwähnt er verschiedene Siedlungen am See Genezareth (Bethsaida [Julias], Hippos [Susita], Tarichea und Tiberias), bevor er zum Toten Meer zurückkehrt. Nach der Beschreibung des Toten Meeres erwähnt Plinius mehrere Orte auf dessen Ostseite. Er berichtet über die Festung Machaerus, deren Stärke nur von Jerusalem übertroffen wird, in den Bergen von Moab und beschreibt Kallirhoe und seine Thermalquellen. Erst dann geht er zur Westseite des Toten Meeres über und beschreibt die Essener und zwei andere interessante Orte, En-Gedi und Masada. Daraus geht hervor, dass Plinius keine direkte Reiseroute von Norden nach Süden beschreibt, sondern aufgrund der ihm zur Verfügung stehenden literarischen Quellen über verschiedene Orte und Siedlungen am Toten Meer berichtet.[85]

Nirgends in seiner Darstellung erkennt man eine systematische Beschreibung in nord-südlicher Richtung nach dem Lauf des Jordans. Außerdem endet seine Beschreibung des Flusses, lange bevor er die Siedlungen am Toten Meer behandelt. Es ist auch nicht plausibel, *infra hos* mit »südlich von diesen« zu über-

81. Plinius, Naturalis Historia 5,73.
82. Plinius, Naturalis Historia 5,73. Vermutlich schrieb hier ein Kopist aus Versehen »Jerusalem« statt »Jericho«, das wegen seines fruchtbaren Bodens berühmt war.
83. De Vaux 1973, S. 134f.
84. Plinius, Naturalis Historia 5,71f.
85. Vor der Entdeckung der Schriftrollen vom Toten Meer gab es unter den Gelehrten keine Zweifel, dass die Essenersiedlung im Gebiet von En-Gedi zu lokalisieren sei, vgl. etwa Abel 1938, S. 316f. Zu einer Analyse der Darstellung des Plinius vgl. Hutchesson 2000, S. 26-28, eine neue Deutung des Abschnittes über die Essener wird vorgeschlagen von Kraft 2001, S. 257.

setzen. Wenn Plinius ausdrücklich »südlich von« meint, etwa wenn er sagt, dass Tarichea am See Genezareth »südlich von« Hippos und Bethsaida oder dass Arabien »südlich von« Machaerus liegt, verwendet er den Ausdruck *a meridie*. Hätte Plinius an der von uns betrachteten Stelle auf eine Richtung hinweisen wollen, dann hätte er wahrscheinlich wieder denselben Ausdruck verwendet, um die Lage En-Gedis in Bezug auf die Essenersiedlung zu bezeichnen.

Die wörtliche Übersetzung von *infra hos* bei Plinius ist: »unterhalb von diesen« im topographischen Sinne. Wenn diese Auffassung, die in den meisten modernen Übersetzungen erscheint, richtig ist, sollte man die Essenersiedlung nicht in Qumran, sondern auf einem der Berghänge oberhalb von En-Gedi suchen.

Wenn Qumran nicht das von Plinius beschriebene Zentrum der Essener war, wo lebten sie dann? In den Jahren 1998/99 grub ich oberhalb von En-Gedi eine Anlage aus, die vielleicht eine Antwort auf diese Frage gibt.[86] Sie liegt auf einer natürlichen Felsterrasse am Rand der Oase En-Gedi, etwa 200 m oberhalb der antiken Anlage und etwa 200 m über dem heutigen Wasserspiegel des Toten Meeres (Abb. 106, farbig). Die hier gefundenen Überreste stimmen – im Gegensatz zu denen von Qumran – mit dem in den Quellen beschriebenen asketischen Charakter der Essener überein.

Die »Essener-Anlage«, wie ich sie genannt habe, erstreckt sich über eine lange, schmale Terrasse in einer Länge von rund 300 m und einer Breite von 20-25 m. Dieses mit rund 7500 qm relativ große Areal war spärlich besiedelt (Abb. 132). Die wichtigsten Überreste sind 28 kleine Zellen ohne Innenhöfe. Zwischen den Zellen besteht keine Verbindung, und jede verfügt über einen separaten Eingang. Sie besitzen eine unregelmäßige Form und sind wahllos über das Areal verstreut. Der Innenraum der Zellen ist nur 2-3 qm groß – ein Hinweis darauf, dass in ihnen jeweils nur eine Person wohnte. Die Mauern der Zellen sind im Allgemeinen bis zu einer Höhe von 1 m – in Einzelfällen sogar bis zu 2 m – erhalten. Ein schönes Beispiel ist die gut erhaltene nördlichste Zelle (Abb. 133). Ihre 80 cm dicken Mauern sind ohne verbindendes Material aus natürlichen Steinbrocken erbaut, die in der Nähe herumliegen. Die Fußböden bestehen aus festgestampftem Mergel. Da bei der Ausgrabung keine Spuren einer Überdachung gefunden wurden, waren die Zellen wahrscheinlich mit Palmzweigen gedeckt (Abb. 134). Die Zellen liegen auf beiden Seiten eines alten Pfades, der zum Dorf En-Gedi hinabführt.

Drei Bauwerke im Zentrum der Anlage fallen durch ihr größeres Ausmaß und ihre solidere Bauweise auf. Eines von ihnen besteht aus zwei Räumen. Im Gegensatz zu den übrigen Zellen, die ganz aus unbehauenen Feldsteinen errichtet sind, haben diese Bauwerke Ecken und Öffnungen aus grob behauenen Stei-

86. Hirschfeld 2000b.

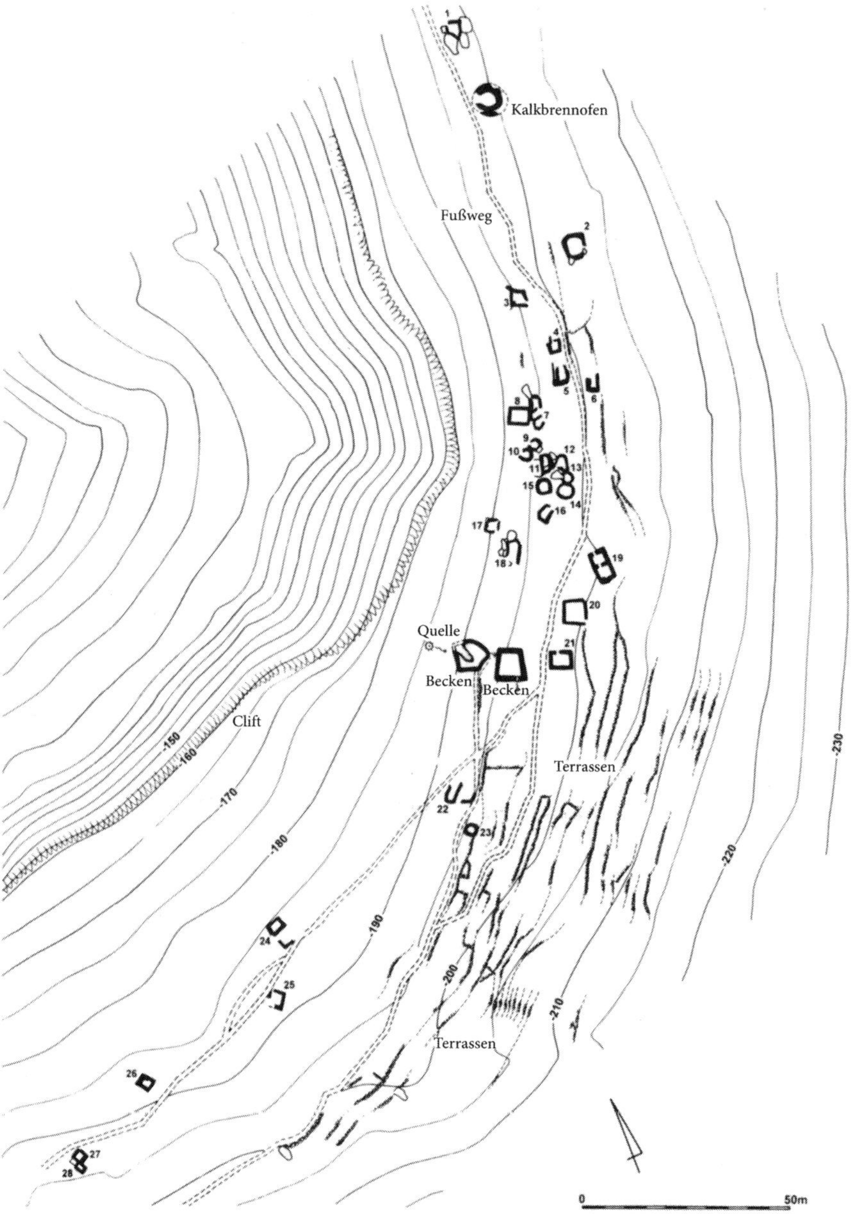

Abb. 132: Plan der Überreste der vermutlichen »Essenersiedlung«.

Abb. 133: Die nördlichste Zelle der »Essenersiedlung«; Blick nach Süden.

Abb. 134: Rekonstruktionsvorschlag einer »Essenerzelle«.

nen. Ihr Grundriss ist regelmäßig, mit rechtwinkligen Ecken. Wahrscheinlich dienten sie gemeinschaftlichen Zwecken; sie liegen auf der Ostseite des Pfades, der die Anlage von Norden nach Süden durchschneidet.

Ihnen gegenüber, auf der Westseite des Pfades, liegen zwei Becken, das eine oberhalb des anderen. Bis zum heutigen Tag entspringt im Boden des oberen Beckens eine kleine Quelle. Das Becken hat eine unregelmäßige Form, die sich an die Topographie der umgebenden Felsformationen anpasst. Es ist mit mehreren Schichten des grauen Wassermörtels verputzt, der für die herodianische Periode bezeichnend ist. Beim Heraushauen des Beckens ließen die Bauleute absichtlich eine Art Rampe stehen, um das Hinabsteigen auf den Boden des Beckens zu ermöglichen (Abb. 135). Nach dem jüdischen Gesetz musste das Hinabsteigen in die Mikwe würdig geschehen, mittels einer Treppe, einer Rampe oder eines sanften Gefälles, wenn es eine natürliche Quelle – ein See, ein Teich oder ein Fluss – war. Wegen dieser Rampe habe ich vermutet, dass das obere Becken eine Mikwe war. Das untere Becken ist quadratisch und mit dem hellen Wassermörtel verputzt, der für En-Gedi in der byzantinischen Periode bezeichnend ist. Dieses Becken wurde anscheinend in der byzantinischen Periode der Anlage hinzugefügt; aufgrund des numismatischen Befundes ist es wohl in das vierte bis sechste Jahrhundert n. Chr. zu datieren.

Bei der Ausgrabung innerhalb der Zellen wurde Keramik und Glas freigelegt, die für die zweite Hälfte des ersten Jahrhunderts und die erste Hälfte des zweiten Jahrhunderts n. Chr. typisch sind. Die Keramiksammlung besteht hauptsächlich aus Vorratskrügen (darunter einige nabatäischen Ursprungs), Kannen, Kännchen, Platten und Schüsseln. Der numismatische Befund bestätigt diese Datierung; er zeigt, dass die Anlage während des ersten Jahrhunderts und bis zum Zweiten Jüdischen Aufstand (132-135) bewohnt war. Diese Datierung stimmt mit dem Zeugnis des Plinius überein, der sein Werk nach der Zerstörung Jerusalems (70 n. Chr.) schrieb. Er verwendet in seiner Darstellung das Präsens; dies beweist, dass die Essenersiedlung nach der Zerstörung Jerusalems noch bestand. Damit wird die Möglichkeit ausgeschlossen, dass die 68 n. Chr. zerstörte Anlage Qumran der Ort der Essenersiedlung war. Dagegen stimmt mit der Darstellung des Plinius überein, dass die von mir oberhalb von En-Gedi ausgegrabene Anlage nach dem Ersten Aufstand weiter bestand.

Die baulichen Überreste der Anlage entsprechen der Schilderung der Essenersiedlung bei Plinius. Die Zellen können durchaus die von Asketen gewesen sein, da ihre kleinen Ausmaße nur für eine Person Raum ließen. Dass die Anlage am Rand der Oase En-Gedi gegründet wurde, würde zu Asketen passen, die sich aus der Gesellschaft zurückgezogen hatten. Die Vermutung, die Anlage sei von einfachen, in der Oase beschäftigten Arbeitern bewohnt gewesen, ist inakzeptabel.[87] Gewöhnliche Lohnarbeiter hätten es vorgezogen, im Zentrum der

87. Amit / Magness 2000.

Abb. 135: Das obere Becken in der »Essenersiedlung«. Beachte die aus dem Fels geschlagene Abstiegsrampe zum Boden des Beckens; Blick nach Westen.

Oase, nahe bei den landwirtschaftlichen Grundstücken, zu wohnen. Der abgeschiedene Ort der Anlage, 200 m oberhalb des Dorfes En-Gedi, spricht dafür, dass die Anlage von Asketen bewohnt war.

Meine Ausgrabung ergab nur wenige Funde, und diese waren praktischer Art: einheimische Keramikgefäße, kleine Mengen Glas und vier Münzen. Ein weiteres auffallendes Merkmal der Funde ist das völlige Fehlen von Tierknochen. Obwohl wir sorgfältig vorgingen und den gesamten Aushub siebten, fanden wir keinerlei Knochen. Dieser Umstand ist bedeutsam, da Fleisch in der Antike ein wichtiger Bestandteil der Nahrung war; dies beweisen die zahlreichen Tierknochen, die in antiken Anlagen, besonders in Wüstengebieten, gefunden wurden. Bei meinen Ausgrabungen im Dorf En-Gedi förderten wir zum Beispiel über 3.000 Tierknochen zutage. So bleibt nur die Schlussfolgerung, dass die Bewohner der Anlage oberhalb von En-Gedi im ersten und zweiten Jahrhundert Vegetarier waren. Diese Schlussfolgerung stimmt überein mit Quellenaussagen, die die Essener als Vegetarier bezeichnen[88].

Am Fuße der Berghänge am Westufer des Toten Meeres gibt es zahlreiche ähnliche Anlagen von Asketen (Abb. 136). In seinem Survey von 1968 ermittelte Bar-Adon 16 solcher Anlagen, die alle aus der römischen Periode stammen[89] und aus einer Anhäufung von Zellen bestehen. Diese Anlagen liegen am Fuß von Abhängen oder auf der natürlichen Felsterrasse, die parallel zu ihnen verläuft. In der Form gleichen diese Zellen denen der »Essener-Anlage« oberhalb von En-Gedi. Die Anzahl der Zellen ist von Anlage zu Anlage verschieden. In manchen gibt es nur zwei Zellen, in anderen zehn bis zwölf; im Durchschnitt sind es sechs. Die Anlage oberhalb von En-Gedi mit ihren 28 Zellen ist außergewöhnlich. Eine Analyse der Aussagen des Plinius bestätigt die Vermutung, dass diese und ähnliche Anlagen in der Zeit des Zweiten Tempels Bestandteil des allgemeinen Phänomens von Asketenkolonien am Westufer des Toten Meeres waren.

In dem einzigartigen Siedlungsmuster, das in der Zeit des Zweiten Tempels für die Region am Toten Meer typisch war, bestand ein Element der Bevölkerung aus wohlhabenden Gutsbesitzern, beispielsweise in Qumran, Jericho und En-Gedi. Ein weiteres Element waren Asketen, die an den Rändern der Landgüter lebten; sie führten als Einsiedler ein Leben der Kontemplation, arbeiteten aber auch auf den nahen Landgütern für ihren Lebensunterhalt. Für die Gutsbesitzer waren sie billige Arbeitskräfte, die für die anfallenden landwirtschaftlichen Arbeiten zur Verfügung standen. Die Pflege der Dattel- und Balsamplantagen erforderte für die anstrengende Arbeit das ganze Jahr über zahlreiche Arbeitskräfte. Es lag im Interesse der Gutsbesitzer, an den Rändern ihrer Güter

88. Vgl. Porphyrius, De Abstinentia 4,3; Hieronymus, Contra Iovinianum 2,14.
89. Hirschfeld 2000b, S. 139-143.

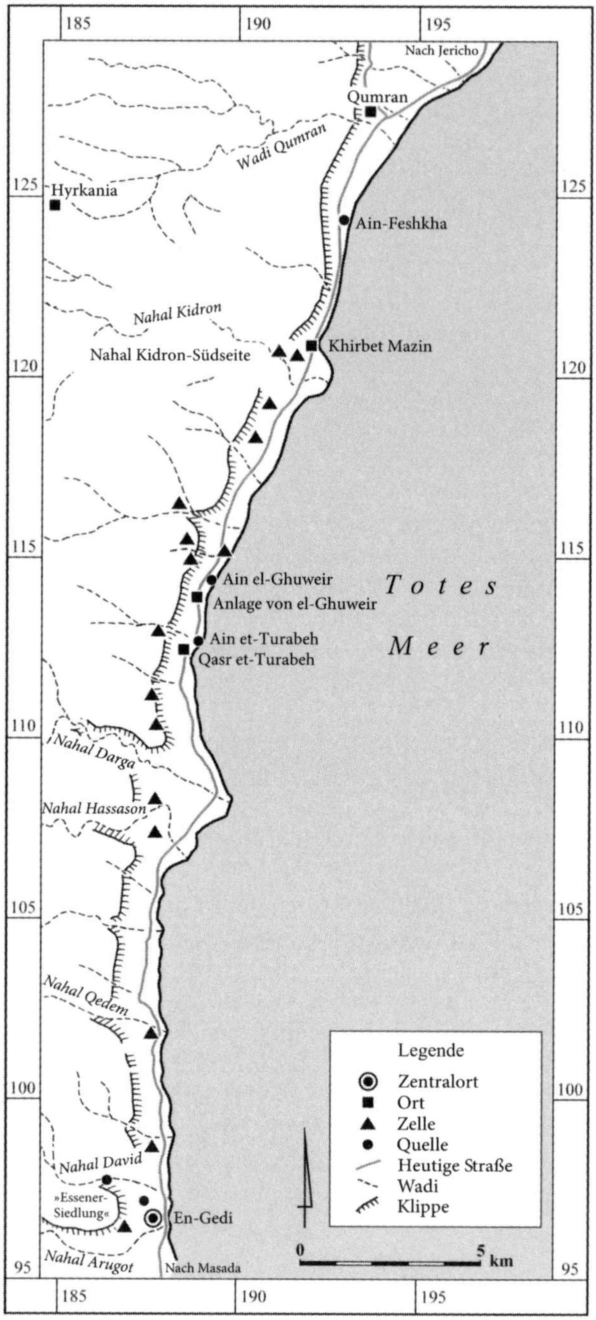

Abb. 136: Verteilungskarte von Eremitensiedlungen zwischen En-Gedi und Qumran.

Gemeinschaften von Einsiedlern zu dulden. Ihre Beschäftigung auf diesen Gütern ermöglichte es den Asketen am Toten Meer, ihr Leben zu fristen; denn auch genügsame Asketen brauchten ein Einkommen, um ihre Grundbedürfnisse zu befriedigen und in der Wüste ein reines Leben zu führen.

Schlussbetrachtung

Das archäologische Bild, das die Ausgrabungen von Qumran und Ain-Feshkha ergeben, stimmt mit den historischen Darstellungen der Essener und anderer in der Region lebender Asketen nicht überein. Der herodianische Komplex ist ein stattlicher, solider Bau. In seinem Zentrum stand ein massiver, von einer Vormauer umgebener Turm. Aus den reichen Ausgrabungsfunden scheint hervorzugehen, dass der Besitzer von Qumran nicht nur wohlhabend war, sondern auch gesellschaftliche und wirtschaftliche Verbindungen zu Verwaltungszentren innerhalb und außerhalb von Judäa besaß.

Folglich sollte man zwischen den Essenern und den ständigen Bewohnern von Qumran deutlich unterscheiden. Die Essener, die laut Plinius am Westufer des Toten Meeres lebten, sollten als Teil einer verbreiteten Bewegung angesehen werden, deren Mitglieder sich aus religiösen Gründen in der Judäischen Wüste niederließen. Josephus erwähnt große Menschengruppen, die in die Wüste zogen, um dort das Heil zu finden, und er berichtet, dass er selbst drei Jahre lang bei Asketen in der Wüste lebte. Die Erzählungen des Neuen Testaments über Johannes den Täufer, der sich am Jordan nördlich des Toten Meeres als Asket aufhielt, sollten als Teil dieses Phänomens verstanden werden. Es gibt keinen Grund für die Annahme, dass so arme Asketen eine so stattliche und reiche Anlage wie Qumran erwerben oder betreiben konnten, aber vielleicht arbeiteten sie dort gemeinsam mit anderen jüdischen Bewohnern.

Obwohl der herodianische Komplex Qumran solide gebaut und befestigt war, sprechen seine zahlreichen Eingänge dagegen, ihn als Fort mit primär militärischer Funktion zu bezeichnen. Aus den verschiedenen in Qumran freigelegten industriellen Einrichtungen wie Öfen und Einweichbecken sowie aus dem *columbarium* und den Installationen, die man im nahen Ain-Feshkha fand, geht hervor, dass die Bewohner Qumrans sich hauptsächlich mit Landwirtschaft und mit der Verarbeitung landwirtschaftlicher Erzeugnisse befassten. Die Verbindung aller dieser Elemente – des befestigten Turmes, der Wohntrakte und der industriellen Einrichtungen – weist darauf hin, dass Qumran in seiner herodianischen Phase das Zentrum eines Landgutes war.

Sobald man die Bedeutung der wertvollen Lage Qumrans am Verbindungspunkt der Straßen von Jerusalem und Jericho nach En-Gedi erkennt, darf man vernünftigerweise vermuten, dass die Könige der Hasmonäerdynastie die Anlage ursprünglich als Fort gründeten. In diesem Kontext spielten, wie wir gesehen haben, Qumran und andere befestigte Anlagen am Toten Meer eine Schlüsselrolle. Die hasmonäischen Befestigungen waren Mehrzweckanlagen; sie dienten als Forts zum Schutz der Grenzen und zur Sicherung des Straßenverkehrs und gleichzeitig als Verwaltungszentren und Burgen zur Aufbewahrung königlicher Einkünfte. Wahrscheinlich wurde das hasmonäische Qumran als eine solche *baris* (ein Fort) errichtet, und seine Bewohner genossen das Vertrauen des Königs.

Zur Zeit des Herodes wurde Qumran zu einem befestigten Herrenhaus umgebaut; in dieser Funktion diente es bis zum Ersten Jüdischen Aufstand. Der Gutsbesitzer *(dominus)* war wohl ein Angehöriger der herodianischen Elite, der eng mit dem König verbunden war. Zur herodianischen Aristokratie gehörten Priesterfamilien aus Alexandria und Babylon und alteingesessene Priesterfamilien aus Jerusalem, wie die des Josephus.[1] Solche Familien erhielten Ländereien in verschiedenen Teilen des Königreichs, wie Josephus für seine eigene Familie bezeugt.[2] Vor diesem Hintergrund darf man vermuten, dass eine der wohlhabenden Priesterfamilien in Jerusalem Qumran und sein Landgut besaß. Diese Annahme erklärt vielleicht auch, dass die Bewohner Qumrans die Gebote der rituellen Reinheit strikt befolgten, was die in der Anlage gefundenen Mikwen und Steingefäße vermuten lassen.

Die Quellen lassen erkennen, dass die 6 n. Chr. erfolgte Einverleibung Judäas in das Römische Reich den Status der Gutsbesitzer, zum Beispiel der Besitzer des Landgutes Qumran, nicht veränderte. Josephus erwähnt verschiedene Landgüter und Türme, die im ersten Jahrhundert n. Chr. im Besitz der jüdischen Oberschicht waren.[3] Auch der Grabungsbefund enthält keine Anzeichen dafür, dass der Alltag der Bewohner Qumrans sich im ersten Jahrhundert n. Chr. geändert hätte. Diese Juden, die nach dem Zeugnis der Funde das Gesetz streng befolgten, lebten bis zum Ersten Jüdischen Aufstand weiterhin in Qumran – ein entscheidender Sachverhalt für jedes Szenario, das die Herkunft der Schriftrollen vom Toten Meer zu erklären versucht.

Wir haben uns bemüht, die Identität der Bewohner Qumrans zu ermitteln. Nun muss die Frage gestellt werden: Wer versteckte die Schriftrollen? Neuerdings sehen mehr Forscher einen Zusammenhang zwischen den Sektenrollen der Qumranhöhlen und der sadduzäischen Halacha.[4] So könnte in einigen dieser Rollen der Gegensatz zum Tempel eher eine alte sadduzäisch-hasmonäische Fehde widerspiegeln als Überzeugungen der Essener, wie gemeinhin angenommen wird. Die Sadduzäer, eine in biblischer Zeit gegründete Dynastie (vgl. 2 Sam 8,17; 1 Chron 29,22), brachten die meisten reichen Priesterfamilien

1. Zu den Priesterfamilien in der Zeit des Herodes vgl. Stern 1976, S. 600-612; Schürer 1979, S. 227-236; Goodman 1987, S. 70.
2. Nach dem unabhängigen Zeugnis des Josephus besaß seine Familie Landgüter in der Nähe Jerusalems (Vita 422). Nach der Niederwerfung des Ersten Aufstands erhielt Josephus von Titus ein Landgut in der Küstenebene anstelle derjenigen, die er in der Gegend von Jerusalem verloren hatte (Vita 426).
3. Zur Kontinuität des Grundbesitzes in Judäa nach 6 n. Chr. vgl. Goodman 1987, S. 59 f.
4. Vgl. etwa Baumgarten 1997; Schiffman 1975; ders. 1990; ders. 2001; sowie Sussmann 1992.

Jerusalems hervor. Herodes ersetzte diese alten Familien durch neureiche sadduzäische »Emporkömmlinge«, die ihm treu ergeben waren. Trotzdem behielten einige alte Familien ihren Reichtum, darunter die des Josephus, der bekanntlich mit den priesterlichen Hasmonäern verwandt war. Die im Neuen Testament (z.B. Matth 22,34 und Apg 5,17) erwähnten Sadduzäer sind eine Mischung dieser beiden Gruppen.

Das Wort »Priester« kann gelegentlich irreführend sein. Die Sadduzäer waren die kultiviertesten, wohlhabendsten und elegantesten Bürger Jerusalems, und sie waren am stärksten von hellenistisch-römischer Kultur berührt. Die Ausgrabungen von Nahman Avigad in Jerusalem zeigen den Lebensstil dieser reichen Oberschicht.[5] Auch der Friedhof von Jericho aus der Zeit des Zweiten Tempels, den Rachel Hachlili und Anne Killebrew ausgruben, liefert viele Belege für diesen Reichtum.[6] Die Befunde ihrer Ausgrabungen zeigen, dass diese Menschen einerseits wohlhabend und romanisiert, andererseits aber im Befolgen der Halacha und in Fragen der rituellen Reinheit übergenau waren. Die archäologischen Funde in Qumran, die einerseits auf Wohlstand und römische Kultur, andererseits auf Mikwen des Jerusalemer Typs und Steingeräte hinweisen, passen sehr gut zu diesen Familien.

Man kann sich daher gut vorstellen, dass nach dem Beginn des Aufstandes im Jahr 66 und vor der Einnahme Jerichos im Jahr 68 und dem Beginn der Belagerung Jerusalems Priester sadduzäischer Herkunft in Jerusalem beschlossen, alles daran zu setzen, ihre heiligen Schriften aus den Jerusalemer Bibliotheken in Sicherheit zu bringen. Sie brachten diese zu jemand, der ihnen nahe stand und offenbar der gleichen sozialen Schicht angehörte: zum Besitzer des Landgutes Qumran. Er lieferte möglicherweise auch die Krüge, in denen man einige der Schriftrollen fand.

Angesichts der gewaltigen Zahl von Schriftrollen lässt sich auch gut annehmen, dass eine ganze Karawane von Lasttieren nötig war, um sie nach Qumran zu transportieren. Der Besitzer von Qumran, vermutlich mit der Gegend vertraut, war dabei behilflich, die Höhlen ausfindig zu machen, in denen die Schriftrollen am besten versteckt werden konnten. Der Auftrag wurde erfolgreich ausgeführt – die Schriftrollen blieben – sieht man von den beiden Entdeckungen im 3. und 8. Jahrhundert ab – fast 1900 Jahre lang verborgen und kehrten dank der Wechselfälle der Geschichte schließlich wieder in jüdische Hand nach Jerusalem zurück.

Wie steht es nun mit den Essenern? Obwohl sie wahrscheinlich weder auf dem Landgut Qumran noch auf den übrigen Landgütern am Toten Meer noch im Dorf En-Gedi wohnten, dürfen wir annehmen, dass sie an den Rändern dieser Oasen, in der Nähe der Dattel- und Balsamplantagen lebten. Die Essener gehörten in der ausgehenden Zeit des Zweiten Tempels zweifellos zum Sied-

5. Avigad 1983.
6. Hachlili / Killebrew 1999.

lungsbild der Region am Toten Meer, wie andere jüdische Asketen, die sich dafür entschieden, an den Rändern dieser Region zu leben. Hier konnten sie Gott nahe sein und im Einklang mit der Natur leben, aber auch ihren Lebensunterhalt verdienen, indem sie auf Plantagen wie denen von Qumran, Ain-Feshkha, En-Gedi und Jericho arbeiteten. Sie arbeiteten zwar, um ihr Leben zu fristen, aber ihr Dasein in der Wüste war ein spirituelles Zeugnis einfacher Menschen am unteren Ende der gesellschaftlichen Stufenleiter.

Die Oberschicht, die in Anlagen wie Qumran lebte, hinterließ erstaunliche architektonische Reste und ein reiches materielles Erbe. Aber diese Funde sind in Qumran und anderswo weitgehend ignoriert worden. Warum? Diese Menschen, die Sadduzäer waren und zur wohlhabenden Schicht gehörten, überlebten die sozialen Wirren der Zeit des Zweiten Tempels und die Katastrophe von 70 n. Chr. in den allermeisten Fällen nicht. Das Erbe der Pharisäer, der Essener, Johannes des Täufers und Jesu setzte sich durch; es ist eine Ironie der Geschichte, dass diese nur wenige mateielle Überreste ihrer Existenz hinterlassen haben. Um aber jene Zeit in ihrer ganzen Komplexität verstehen zu können, müssen wir die Rolle der wohlhabenden Oberschicht Judäas in ihrem gesamten Kontext betrachten. Die Ausgrabungen in Qumran und anderswo helfen uns bei dieser Aufgabe.

Anhang

Bibliographie

a) Textausgaben und Übersetzungen

Eisenman, R. / Wise, M. O. 1993: Jesus und die Urchristen. Die Qumran-Rollen entschlüsselt, Gütersloh.
Garcia Martinez, F. / Tigchelaar, E. J. C. 1997: The Dead Sea Scrolls Study Edition, 2 Bände, Leiden / Boston.
Lohse, E. 1981: Die Texte aus Qumran. Hebräisch und deutsch, Darmstadt.
Maier, J. 1995-1996: Die Qumran-Essener. Die Texte vom Toten Meer, 3 Bände, München / Basel.
– 1997: Die Tempelrolle vom Toten Meer und das »Neue Jerusalem«, 11Q19 und 11Q20; 1Q32, 2Q24; 4Q554-555, 5Q15 und 11Q18. Übersetzung und Erläuterung. Mit Grundrissen der Tempelhofanlage und Skizzen zur Stadtplanung, 3. Auflage, München / Basel.
Steudel, A. 2001: Die Texte aus Qumran II. Hebräisch/Aramäisch und Deutsch, unter der Mitarbeit von H.-U. Boesche, B. Bredereke, Ch. Gasser und R. Vielhauer, Darmstadt.
Wise, M. O. / Abegg, M. / Cook, E. 1997: Die Schriftrollen von Qumran. Übersetzung und Kommentar mit bisher unveröffentlichten Texten hg. v. A. Läpple, Augsburg.
Barrett, C. K. / Thornton, C.-J. 1991: Texte zur Umwelt des Neuen Testaments, 2. überarbeitete Auflage, Tübingen.
Vermes, G. / Goodman, M. 1989 (Hgg.): The Essenes According to the Classical Sources, Sheffield (Oxford Centre Textbooks 1).

Einzelne Bände der autoritativen wissenschaftlichen Edition »Discoveries in the Judaean Desert (of Jordan)« sind im folgenden Abschnitt aufgelistet.

b) Sekundärliteratur

Abel, F. M. 1938: Géographie de la Palestine, Paris.
Adkins, L. / Adkins, R. 1994: Handbook to Life in Ancient Rome, New York.
Albani, M. / Glessmer, U. / Grasshoff, G. 1997: An Instrument for Determining the Hours of the Day and the Seasons (Sundial), in: Roitman, A. (Hg.), A Day at Qumran. The Dead Sea Sect and Its Scrolls, Jerusalem, S. 20-24.
Alkier, S. / Zangenberg, J. (Hgg.) 2003: Zeichen aus Text und Stein. Studien auf dem Weg zu einer Archäologie des Neuen Testaments, Tübingen (Texte und Arbeiten zum Neutestamentlichen Zeitalter 42).
Allegro, J. M. 1956: The Dead Sea Scrolls, Harmondsworth.

– 1960: The Treasure of the Copper Scroll, New York.
– 1968: Qumran Cave 4/I (4Q158-4Q186), Oxford (Discoveries in the Judaean Desert of Jordan 5).
Amar, Z. 1997: Agricultural Products in the Jordan Valley During the Middle Ages, in: S. Dar / Z. Safrai (Hgg.), The Village in Ancient Israel, Tel Aviv, S. 297-326 (Hebr.).
– 1998a: The Production of Salt and Sulphur from the Dead Sea Region in the Tenth Century According to At-Tamimi, Palestine Exploration Quarterly 130, S. 3-7.
– 1998b: The Ash and the Red Material from Qumran, Dead Sea Discoveries 5, S. 1-15.
Amiran, D. H. K. 1997: The Madaba Mosaic Map as a Climate Indicator for the Sixth Century, Israel Exploration Journal 47, S. 97-99.
Amit, D. 1989/1990: Khirbet Dah-Dah, Excavations and Surveys in Israel 9, S. 162-163.
– 1993: Ritual Baths (Mikva'ot) from the Second Temple Period in the Hebron Mountains, Judea and Samaria Research Studies 3, S. 157-189 (Hebr.).
Amit, D. / Magness, J. 2000: Not a Settlement of Hermits or Essenes. A Response to Y. Hirschfeld, »A Settlement of Hermits above 'En Gedi«, Tel Aviv 27, S. 273-285.
Amit, D. / Patrich, J. / Hirschfeld, Y. (Hgg.) 2002: The Aqueducts of Israel, Portsmouth RI (Journal of Roman Archaeology. Supplementary Series 46).
Amit, D. / Zeligman, J. / Zilberbod, I. 2001: A Quarry and Workshop for the Production of Stone Vessels on the Eastern Slope of Mount Scopus, Qadmoniot 34, S. 102-110 (Hebr.).
'Amr, K. / Hamdan, K. / Helms, S. / Mohamadieh, L. 1996: Archaeological Survey of the East Coast of the Dead Sea, Phase 1: Suwayma, az-Zara and Umm Sidra, Annual of the Department of Antiquities in Jordan 40, S. 443-445.
Applebaum, S. 1976: Economic Life in Palestine, in: Safrai, S. / Stern, M. (Hgg.) 1974: The Jewish People in the First Century. Historical Geography, Political History, Social, Cultural and Religious Life and Institutions, Band I/1, Assen / Philadelphia, S. 631-700 (Corpus Iudaicum ad Novum Testamentum I/1).
Arensburg, B. / Smith, P. 1983: The Jewish Population of Jericho, 100 B.C.–70 A.D., Palestine Exploration Quarterly 115, S. 133-139.
Ariel, D. T. 1993: Hoard of Coins, in: A. Sussman / R. Peled (Hgg.), Scrolls from the Dead Sea, Washington DC, S. 86-89.
Arif, A. S. 1986: A Treasury of Classical and Islamic Coins. The Collection of Amman Museum, London.
Avigad, N. 1983: Discovering Jerusalem. Nashville.
Avi-Yonah, M. 1954: The Madaba Mosaic Map, Jerusalem.
– 1966: The Holy Land. A Historical Geography, Grand Rapids. deutsche Ausgabe
Ayalon, E. 1987: The Palm Tree. Tree of Life, Tel Aviv (Hebr.).
Baillet, M. / Milik, J. T. / de Vaux, R. (Hgg.) 1962: Les »Petites Grottes« de Qumrân. Exploration de la falaise. Les grottes 2Q, 3Q, 5Q, 6Q, 7Q à 10Q. Le rouleau de cuivre, Oxford (Discoveries in the Judaean Desert of Jordan 3).
Bar-Adon, P. 1977: Another Settlement of the Judean Desert Sect at 'Ein el-Ghuweir on the Shores of the Dead Sea, Bulletin of the American Schools of Oriental Research 227, S. 1-26.

– 1981: The Hasmonean Fortresses and the Status of Khirbet Qumran, Eretz-Israel 15, S. 349-352 (Hebr.).
– 1989: Excavations in the Judean Desert, Jerusalem ('Atiqot 9; Hebr. mit engl. Summary).Bar-Nathan, R. 1981: Pottery and Stone Vessels of the Herodian Period, in: E. Netzer (Hg.), Greater Herodium, Jerusalem, S. 54-70 (Qedem 13).
– 2002: Hasmonean and Herodian Palaces at Jericho. Final Reports of the 1973-1987 Excavations, Band 3: The Pottery, Jerusalem.
Bardtke, H. 1952: Die Handschriftenfunde am Toten Meer, Berlin.
– 1958: Die Handschriftenfunde am Toten Meer, Band 2: Die Sekte von Qumran, Berlin.
– 1963 (Hg.): Qumran-Probleme. Vorträge des Leipziger Symposions über Qumran-Probleme vom 9. bis 14. Oktober 1961, Berlin.
Barouch, Y. 1996: Road Stations in Judea During the Second Temple Period, Judaea and Samaria Research Studies 6, S. 125-136 (Hebr.).
Barthélemy, D. / Milik, J. T. (Hgg.) 1955: Qumran Cave I, Oxford (Discoveries in the Judaean Desert of Jordan 1).
Bauckham, R. (Hg.) 1995: The Book of Acts in Its Palestinian Setting, Grand Rapids / Carlisle (The Book of Acts in Its First Century Setting 4).
Baumgarten, A. I. 1997: The Zadokite Priests at Qumran. A Reconsideration, Dead Sea Discoveries 4, 137-156.
– 1998: Graeco-Roman Voluntary Associations and Ancient Jewish Sects, in: M. Goodman (Hg.), Jews in a Graeco-Roman World, Oxford, S. 93-111.
Beall, T. S. 2000: Essenes, in: L. H. Schiffman / J. C. VanderKam (Hgg.), Encyclopedia of the Dead Sea Scrolls, Band 1, Oxford, S. 262-269.
Beit-Arieh, I. 1996: The Dead Sea Region. An Archaeological Perspective, in: T. M. Niemi / Z. Ben-Avraham / J. R. Gat (Hgg.), The Dead Sea, New York, S. 249-251.
Bélis, M. 2003a: Des textiles. Catalogues et commentaires, in: J.-B. Humbert / J. Gunneweg (Hgg.), Khirbet Qumran et Ain Feshkha, Band 2: Études d'anthropologie, de physique et de chimie. Studies of Anthropology, Physics and Chemistry, Fribourg (Suisse) / Göttingen (Novum Testamentum et Orbis Antiquus. Series Archaeologica 3), S. 207-276.
– 2003b: Révision commentée des différents systèmes de numérotation, in: J.-B. Humbert / J. Gunneweg (Hgg.), Khirbet Qumran et Ain Feshkha, Band 2: Études d'anthropologie, de physique et de chimie. Studies of Anthropology, Physics and Chemistry, Fribourg (Suisse) / Göttingen (Novum Testamentum et Orbis Antiquus. Series Archaeologica 3), S. 409-415.
– 2006: The Production of Indigo Dye in the Installations of 'Ain Feshkha, in: J.-B. Humbert / K. Galor / J. Zangenberg (Hgg.), Qumran – The Site of the Dead Sea Scrolls. Archaeological Interpretations and Debates. Proceedings of a Conference Held at Brown University November 17-19, 2002, Leiden / Boston, S. 253-261 (Studies on the Texts of the Desert of Juda 57).
Benoit, P. / Milik, J. T. / de Vaux, R. (Hgg.) 1961: Les grottes de Murabba'at, Oxford (Discoveries in the Judaean Desert of Jordan 2).
Berger, K. 1998: Qumran. Funde – Texte – Geschichte, Stuttgart (Reclam Universal-Bibliothek 9668).

Berlin, A. 1997: Between Large Forces. Palestine in the Hellenistic Period, Biblical Archaeologist 60, S. 3-51.
Betz, O. / Riesner, R. 1993: Jesus, Qumran und der Vatikan. Klarstellungen, Gießen / Freiburg / Basel / Wien.
Bijovsky, G. 2004: A Hoard of Coins of Mattathias Antigonus from 'Ein Feshkha, Israel Exploration Journal 54, S. 75-76.
Blake, M. I. 1966: Rivage occidentale de la mer Morte, Revue Biblique 73, S. 564-566.
Boccaccini, G. 1998: Beyond the Essene Hypothesis. The Parting of the Ways Between Qumran and Enochic Judaism, Grand Rapids.
Branham, J. 2006: Hedging the Holy at Qumran. Walls as Symbolic Devices, in: J.-B. Humbert / K. Galor / J. Zangenberg (Hgg.), Qumran – The Site of the Dead Sea Scrolls. Archaeological Interpretations and Debates. Proceedings of a Conference Held at Brown University November 17-19, 2002, Leiden / Boston, S. 117-131 (Studies on the Texts of the Desert of Juda 57).
Braun, O. 1901: Ein Brief des Katholikos Timotheus I. über biblische Studien des 9. Jahrhunderts, Oriens Christianus 1, S. 299-313.
Brooke, G. J. 1989: Temple Scroll Studies. Papers Presented at the International Symposium on the Temple Scroll (Manchester 1987), Sheffield (Journal for the Study of the Pseudepigrapha. Supplement Series 7).
Brooke, G. J. / Davies, P. R. 2002: Copper Scroll Studies, Sheffield (Journal for the Study of the Pseudepigrapha. Supplement Series 40).
Broshi, M. 1980: The Population of Western Palestine in the Roman-Byzantine Period, Bulletin of the American Schools of Oriental Research 236, S. 1-10.
– 1992: The Archaeology of Qumran. A Reconsideration, in: D. Dimant / U. Rappaport (Hgg.), The Dead Sea Scrolls. Forty Years of Research, Leiden, S. 103-115 (Studies on the Texts of the Desert of Judah 10).
– 1998: Was Qumran, Indeed, a Monastery?, in: J. H. Charlesworth (Hg.), Caves of Enlightenment, North Richland Hills TX, S. 19-37.
– 1999: Was Qumran a Crossroads?, Revue de Qumran 19, S. 273-276.
– 2000: Matrimony and Poverty. Jesus and the Essenes, Revue de Qumran 19, S. 629-634.
– 2001: Qumran and Its Scrolls. Stocktaking, Cathedra 100, S. 165-182 (Hebr.).
Broshi, M. / Eshel, H. 1999a: How and Where Did the Qumranites Live?, in: D. W. Parry / E. C. Ulrich (Hgg.), The Provo International Conference on the Dead Sea Scrolls. New Texts, Re-Formulated Issues and Technological Innovations, Leiden, S. 267-272 (Studies on the Texts of the Desert of Judah 30).
– 1999b: Residential Caves at Qumran, Dead Sea Discoveries 6, S. 328-348.
– 2003: Whose Bones? New Qumran Excavation, New Debates, Biblical Archaeology Review 29, S. 26-33 und 71.
– 2004: Three Seasons of Excavations at Qumran, Journal of Roman Archaeology 17, S. 321-332.
Burdajewicz, M. 2001: Typology of the Pottery from Khirbet Qumran (French Excavations, 1953-1956), American Schools of Oriental Research Newsletter 51, S. 14.
Burgmann, H. 1989: The Saduccean Torah, in: G. J. Brooke (Hg.), Temple Scrolls

Studies. Papers Presented at the International Symposium on the Temple Scroll (Manchester 1987), Sheffield, S. 257-263 (Journal for the Sudy of the Pseudepigrapha. Supplement Series 7).

Campbell, J. 1999: The Qumran Sectarian Writings, in: W. D. Davies / L. Finkelstein (Hgg.), The Cambridge History of Judaism, Band 3: The Early Roman Period, Cambridge, S. 798-821.

Cansdale, L. 1997: Qumran and the Essenes. A Re-evaluation of the Evidence, Tübingen (Texte und Studien zum Antiken Judentum 60).

– 2000: The Metamorphosis of the Name Qumran, in: L. H. Schiffmann / E. Tov / J. C. VanderKam (Hgg.), The Dead Sea Scrolls Fifty Years After Their Discovery, Jerusalem, S. 631-636.

Capper, B. 1995: The Palestinian Cultural Context of Earliest Christian Community of Goods, in: R. Bauckham (Hg.), The Book of Acts in Its Palestinian Setting, Grand Rapids / Carlisle (The Book of Acts in Its First Century Setting 4), S. 323-356.

Carswell, J. 1977: Fastenings on the Qumran Manuscripts, in: R. de Vaux / J. T. Milik (Hgg.), Qumrân grotte 4/II. Archéologie par R. de Vaux avec des contributions de J. W. B. Barns et J. Carswell und Tefillin, Mezuzot et Targums (4Q128-4Q157) par J. T. Milik, Oxford, S. 23-28 (Discoveries in the Judaean Desert 6).

Casson, L. 2001: Libraries in the Ancient World, New Haven.

Chambon, A. 2003: Catalogue des blocs d'architecture localisés ou erratiques, in: J.-B. Humbert / J. Gunneweg (Hgg.), Khirbet Qumran et Ain Feshkha, Band 2: Études d'anthropologie, de physique et de chimie. Studies of Anthropology, Physics and Chemistry, Fribourg (Suisse) / Göttingen (Novum Testamentum et Orbis Antiquus. Series Archaeologica 3), S. 445-465.

Charlesworth, J. H. 1988: Jesus within Judaism, New York.

– 1998: Caves of Enlightenment, North Richland Hills TX.

Ciecielag, J. 1998: Coins from the So-Called Essene Settlements on the Dead Sea Shore, in: Z. J. Kapera (Hg.), Mogilany 1995. Papers of the Dead Sea Scrolls Offered in Memory of Aleksy Klawek, Krakau, S. 105-115.

Clamer, C. 1997: Fouilles archéologiques de 'Ain ez-Zâra/Callirrhoë, Beirut.

– 2003: Jewellery Finds from the Cemetery, in: J.-B. Humbert / J. Gunneweg (Hgg.), Khirbet Qumran et Ain Feshkha, Band 2: Études d'anthropologie, de physique et de chimie. Studies of Anthropology, Physics and Chemistry, Fribourg (Suisse) / Göttingen (Novum Testamentum et Orbis Antiquus. Series Archaeologica 3), S. 171-183.

Clermont-Ganneau, C. 1899: Archaeological Research in Palestine during the Years 1873-1874, Band 2, London.

Conder, C. R. / Kitchener, H. H. 1883: The Survey of Western Palestine, Band 3: Judaea, London.

Corbo, V. 1978: La fortezza di Macheronte, Liber Annuus 28, S. 217-231.

– 1989: Herodion. Band 1: Gli edifici della reggia-fortezza, Jerusalem (Studium Biblicum Franciscanum. Collectio Maior 20).

Cotton, H. M. 2001: Ein Gedi between the Two Revolts, Scripta Classica Israelica 20, S. 139-154.

Cotton, H. M. / Eck, W. 1997: Ein Staatsmonopol und seine Folgen. Plinius, Natu-

ralis Historia 12,123 und der Preis für Balsam, Rheinisches Museum 140, S. 153-161.
Cotton, H. M. / Geiger, J. 1989: Masada. The Yigael Yadin Excavations 1963-1965, Final Reports, Band 2: The Latin and Greek Documents, Jerusalem.
Cotton, H. M. / Yardeni, A. 1997: Aramaic, Hebrew, and Greek Documentary Texts from Nahal Hever and Other Sites, Oxford (Discoveries in the Judaean Desert 27).
Cross, F. M. 1958: The Ancient Library of Qumran and Modern Biblical Studies, New York.
Cross, F. M. / Eshel, E. 1997: Ostraca from Khirbet Qumran, Israel Exploration Journal 47, S. 17-28.
Cross, F. M. / Milik, J. T. 1956: Explorations in the Judaean Buqe'ah, Bulletin of the American Schools of Oriental Research 142, S. 2-17.
Crowfoot, G. M. 1955: The Linen Textiles, in: D. Barthélemy / J. T. Milik (Hgg.), Qumran Cave 1, Oxford, S. 18-38 (Discoveries in the Judaean Desert of Jordan 1).
Dahari, U. / Ad, U. 1998: Shoham Bypass Road, Hadashot Arkheologiot 109, S. 79-83.
Dalman, G. 1914: Die Ausflüge (chirbet kumran), Palästinajahrbuch des deutschen evangelischen Instituts für Altertumswissenschaft des heiligen Landes zu Jerusalem 10, S. 9-10.
Dar, S. 1993: The Estate of Ptolemy, Senior Minister of Herod, in: I. Gafni / A. Oppenheimer / M. Stern (Hgg.), Jews and Judaism in the Second Temple, Mishna and Talmud Period, Jerusalem, S. 36-50 (Hebr.).
Dar, S. / Safrai, Z. (Hgg.) 1997: The Village in Ancient Israel, Tel Aviv.
Davies, P. R. 1983: The Damascus Covenant. Sheffield.
– 1988: How Not to Do Archaeology. The Story of Qumran, Biblical Archaeologist 51, S. 203-207.
Davies, P. R. / Brooke, G. J. / Callaway, P. R. 2002: Qumran. Die Schriftrollen vom Toten Meer, Stuttgart.
– 1990: The Birthplace of the Essenes. Where Is Damascus? Revue de Qumran 14, S. 503-519.
Dayagi-Mendels, M. 1993: Perfumes and Cosmetics in the Ancient World, Jerusalem.
Deines, R. 1993: Jüdische Steingefäße und pharisäische Frömmigkeit. Ein archäologisch-historischer Beitrag zum Verständnis von Joh 2,6 und der jüdischen Reinheitshalacha zur Zeit Jesu, Tübingen (Wissenschaftliche Untersuchungen zum Neuen Testament II/52).
Dimant, D. 1994: The Qumran Manuscripts. Contents and Significance, in: D. Dimant / L. H. Schiffman (Hgg.), Time to Prepare the Way in the Wilderness. Papers on the Qumran Scrolls by Fellows of the Institute for Advanced Studies of the Hebrew University, Jerusalem 1989-1990, Leiden, S. 23-58 (Studies in the Texts of the Desert of Juda 16).
– 2000: The Library of Qumran. Its Content and Character, in: L. H. Schiffmann / E. Tov / J. C. VanderKam (Hgg.), The Dead Sea Scrolls Fifty Years After Their Discovery, Jerusalem, S. 170-176.

Dimant, D. / Rappaport, U. (Hgg.) 1992: The Dead Sea Scrolls. Forty Years of Research, Leiden.
Dimant, D. / Schiffman, L. H. (Hgg.) 1994: Time to Prepare the Way in the Wilderness. Papers on the Qumran Scrolls by Fellows of the Institute for Advanced Studies of the Hebrew University, Jerusalem 1989-1990, Leiden (Studies in the Texts of the Desert of Juda).
Donceel, R. 1997: Qumran, in: E. M. Meyers (Hg.), The Oxford Encyclopedia of Archaeology in the Near East, Band 4, Oxford, S. 392-396.
– 2002: Synthèse des observations faites en fouillant les tombes des nécropoles de Khirbet Qumrân et des environs, Krakau (Qumran Chronicle 10).
– 2005: Khirbet Qumrân (Paléstine). Le locus 130 et les ›ossments sous jarre‹. Mise à jour de la documentation, Krakau (Qumran Chronicle 13/1).
Donceel, R. / Donceel-Voûte, P. 1994: The Archaeology of Khirbet Qumran, in: M. O. Wise / N. Golb / J. J. Collins / D. Pardee (Hgg.), Methods of Investigation of the Dead Sea Scrolls and the Khirbet Qumran Site. Present Realities and Future Prospects, New York, S. 1-36 (Annals of the New York Academy of Sciences 722).
– 1998: Poursuites des travaux de publication du matériel archéologique de Khirbet Qumràn. Les lampes en terre-cuite, in: Z. J. Kapera (Hg.), Mogilany 1995. Papers on the Dead Sea Scrolls, Krakau, S. 87-104.
Donceel-Voûte, P. 1992: »Coenaculum«. La salle à l'étage du locus 30 à Khirbet Qumrân sur la mer Morte, Res Orientales 4, S. 1-36 in 61-84.
– 1994: Les ruines de Qumran réinterprétées, Archéologia 298, S. 24-35.
– 1998: Traces of Fragrance Along the Dead Sea, Res Orientales 11, S. 93-117.
Dorsey, D. A. 1991: The Roads and Highways of Ancient Israel, Baltimore.
Driver, G. R. 1951: The Hebrew Scrolls from the Neighbourhood of Jericho and the Dead Sea, London. Dupont-Sommer, A. 1954: The Jewish Sect of Qumran and the Essenes, London.
Edwards, D. R. (Hg.) 2004: Religion and Society in Roman Palestine. Old Questions, New Approaches (Festschrift E. M. Meyers), London / New York.
Eisenberg, E. 2001: Nahal Yarmut, Hadashot Arkheologiyot 112, S. 91-93 (Hebr.).
Eitan, D. 1996: Mass Production of Cereal Groats in Ancient Israel during the Roman and Byzantine Periods, Judea and Samaria Research Studies 6, S. 192-202 (Hebr.).
Elder, L. B. 1994: The Woman Question and Female Ascetics among Essenes, Biblical Archaeologist 57, S. 220-234.
Elderen, B. van 1998: Early Christian Libraries, in: J. L. Sharpe / K. van Kampen (Hgg.), The Bible as Book, London, S. 45-59.
Ellis, S. P. 2000: Roman Housing, London.
Eshel, E. / Eshel, H. / Yardeni, A. 1992: A Qumran Composition Containing Part of Ps. 154 and a Prayer for the Welfare of King Jonathan and His Kingdom, Israel Exploration Journal 42, S. 199-229.
Eshel, E. / Eshel, H. 2005: New Fragments from Qumran. 4QGen^{f}, 4QIsa^{b}, 4Q226, 8QGen and XQpapEnoch, Dead Sea Discoveries 12, S. 134-157.
Eshel, H. 1995: A Note on Joshua 15:61-62 and the Identification of the City of Salt, Israel Exploration Journal 45, S. 37-40.

– 2000: The Date of the Founding of Aelia Capitolina, in: L. H. Schiffman / E. Tov / J. C. VanderKam (Hgg.), The Dead Sea Scrolls Fifty Years after Their Discovery, Jerusalem, S. 637-643.

Eshel, H. / Broshi, M. 2003: Excavations at Qumran, Summer of 2001, Israel Exploration Journal 53, S. 61-73.

Eshel, H. / Broshi, M. / Freund, R. A. / Schultz, B. 2002: New Data on the Cemetery East of Khirbet Qumran, Dead Sea Discoveries 9 (2002), 135-165.

Eshel, H. / Greenhut, Z. 1993: Hiam El-Sagha. A Cemetery of the Qumran type, Judaean Desert, Revue Biblique 100, S. 252-259.

Eshel, H. / Zissu, B. 2000: Ketef Jericho, in: J. Charlesworth et al. (Hgg.), Miscellaneous Texts from the Judaean Desert, Oxford, S. 3-20 (Discoveries in the Judaean Desert 38).

Fabry, H.-J. 2003: Die Friedhöfe von Chirbet Qumran, in: J. Frey / H. Stegemann (Hgg.), Qumran kontrovers. Beiträge zu den Textfunden vom Toten Meer, Paderborn, S. 173-191 (Einblicke 6).

– 2004: Zadokiden und Aaroniden in Qumran, in: F.-L. Hossfeld / L. Schwienhorst-Schönberger (Hgg.), Das Manna fällt auch heute noch. Beiträge zur Geschichte und Theologie des Alten, Ersten Testaments (Festschrift für E. Zenger), Freiburg, S. 201-217 (Herders Biblische Studien 44).

Farmer, W. R. 1955: The Economic Basis of the Qumran Community, Theologische Zeitschrift 11, S. 295-308.

Faßbeck, G. 2000: Die Archäologie Qumrans und ihre Interpretationen. Bemerkungen zur aktuellen Diskussion, in: B. Mayer (Hg.), Jericho und Qumran. Neues zum Umfeld der Bibel, Regensburg, S. 111-128 (Eichstätter Studien 45).

– 2005: Die Essener und die Schriftfunde von Qumran, in: J. Zangenberg (Hg.), Weltauffassung, Kult, Ethos = Band 3 von: K. Erlemann / K.-L. Noethlichs / K. Scherberich / J. Zangenberg (Hgg.), Neues Testament und Antike Kultur, Neukirchen-Vluyn, S. 36-40.

Feliks, Y. 1997: The History of Balsamon Culltivation in the Land of Israel, in: S. Dar / Z. Safrai (Hgg.), The Village in Ancient Israel, Ramat Gan, S. 275-296.

Fernández Castro, M. C. 1982: Villas romanas en España, Madrid.

Finkelstein, I. 1990: A Few Notes on Demographic Data from Recent Generations and Ethnoarchaeology, Palestine Exploration Quarterly 22, S. 47-52.

Fischer, M. / Gichon, M. / Tal, O. 2000: 'En Boqeq. Excavations in an Oasis on the Dead Sea, Band 2: The *officina*, Mainz.

Fischer, M. / Tal, O. 2000: The Pottery, in: M. Fischer / M. Gichon / O. Tal, 'En Boqeq. Excavations in an Oasis on the Dead Sea, Band 2: The *officina*, Mainz, S. 29-68.

Flint, P. W. / VanderKam, J. C. (Hgg.) 1998: The Dead Sea Scrolls after Fifty Years. A Comprehensive Assessment, Leiden / Boston.

Foerster, G. 1981: The Conquest of John Hyrcanus I in Moab and the Identification of Samaga-Samoge, Eretz-Israel 19, S. 353-355 (Hebr.).

– 1995: Masada. The Yigael Yadin Excavations 1963-1965, Final Reports, Band 5: Art and Architecture, Jerusalem.

Frankel, R. 2003: The Olynthus Mill, its Origin and Diffusion. Typology and Distribution, American Journal of Aracheology 107, S. 1-21.

Freund, R. A. 2003: The Bones of Qumran. An Apology – and a Charge of Libel, Biblical Archaeology Review 29/3, S. 62-63.

Frey, J. / Stegemann, H. 2003 (Hgg.): Qumran kontrovers. Beiträge zu den Textfunden vom Toten Meer, Paderborn (Einblicke 6).

Fritz, V. 1994: Das Buch Josua, Tübingen (Handbuch zum Alten Testament I/7).

Frumkin, A. 1997: The Holocene History of Dead Sea Levels, in: T. M. Niemi, Z. Ben-Avraham, J. R. Gat, The Dead Sea, New York, S. 237-248.

Frumkin, A. / Elitzur, Y. 2001: The Rise and Fall of the Dead Sea, Biblical Archaeology Review 27, S. 43-50.

Gafni, I. / Oppenheimer, A. / Stern, M. (Hgg.) 1993: Jews and Judaism in the Second Temple, Mishna and Talmud Period, Jerusalem.

Galor, K. 2002: Qumran's Plastered Installations. Cisterns or Immersion Pools?, in: C. Ohlig / Y. Peleg / T. Tsuk (Hgg.), *Cura aquarum* in Israel, Siegburg, S. 33-46.

– 2003: Plastered Pools. A New Perspective, in: J.-B. Humbert / J. Gunneweg (Hgg.), Khirbet Qumran et Ain Feshkha, II. Études d'anthropologie, de physique et de chimie. Studies of Anthropology, Physics and Chemistry, Fribourg (Suisse) / Göttingen (Novum Testamentum et Orbis Antiquus. Series Archaeologica 3), S. 291-320.

Galor, K. / Zangenberg, J. 2006: Qumran Archaeology in Search for a Consensus, in: J.-B. Humbert / K. Galor / J. Zangenberg (Hgg.), Qumran – The Site of the Dead Sea Scrolls. Archaeological Interpretations and Debates. Proceedings of a Conference Held at Brown University November 17-19, 2002, Leiden / Boston, S. 1-15 (Studies on the Texts of the Desert of Juda 57).

Garbrecht G. / Peleg, Y. 1994: The Water Supply of the Desert Fortresses in the Jordan Valley, Biblical Archaeologist 57, S. 161-170.

Garcia Martinez, F. / Parry, D. W. 1996: A Bibliography of the Finds in the Desert of Judah, 1970-1995, Leiden (Studies on the Texts of the Desert of Judah 19).

Gat, Z. / Karni, O. 1998: The Evaporation Regime over the Samaria and Judea, Judea and Samaria Research Studies 8, S. 257-274 (Hebr.).

Gibson, S. 1983: The Stone Vessels Industry at Hizma, Israel Exploration Journal 31, S. 176-188.

– 1994: The Tel el-Judeideh (Tel Goded) Excavations. A Reappraisal Based on Archival Records in the Palestinian Exploration Fund, Tel Aviv 21, S. 194-234.

Gichon, M. 1993: En Boqeq. Ausgrabungen in einer Oase am Toten Meer, Band 1: Geographie und Geschichte der Oase. Das spätrömisch-byzantinische Kastell, Mainz.

– 2000: The Industry, in: M. Fischer / M. Gichon / O. Tal, 'En Boqeq. Excavations in an Oasis on the Dead Sea, Band 2: The *officina*, Mainz, S. 93-126.

Gleason, K. 1993: A Garden Excavation in the Oasis Palace of Herod the Great at Jericho, Landscape Journal 12, S. 156-167.

Glessmer, U. 1998: Calendars in the Qumran Scrolls, in: P. W. Flint / J. C. VanderKam (Hgg.), The Dead Sea Scrolls After Fifty Years. A Comprehensive Assessment, Band 1, Leiden / Boston, S. 213-278.

Glessmer, U. / Albani, M. 1999: An Astronomical Measuring Instrument from Qumran, in: D. W. Parry / E. C. Ulrich (Hgg.), The Provo International Conference on the Dead Sea Scrolls. Technological Innovations, New Texts, and Refor-

mulated Issues, Leiden, S. S. 407-442 (Studies on the Texts of the Desert of Judah 30).
Golb, N. 1994a: Khirbet Qumran and the Manuscript Finds of the Judean Wilderness, in: M. O. Wise / N. Golb / J. J. Collins / D. Pardee (Hgg.), Methods of Investigation of the Dead Sea Scrolls and the Khirbet Qumran Site. Present Realities and Future Prospects, New York, S. 51-72 (Annals of the New York Academy of Sciences 722).
– 1994b: Qumran. Wer schrieb die Schriftrollen vom Toten Meer?, Hamburg.
– 1999: The Dead Sea Scrolls and Pre-Tannaitic Judaism, in: W. D. Davies / L. Finkelstein (Hgg.), The Cambridge History of Judaism, Band 3: The Early Roman Period, Oxford, S. 822-851.
Goodman, M. 1987: The Ruling Class of Judaea, Cambridge.
– 1995: A Note on the Qumran Sectarians, the Essenes and Josephus, Journal of Jewish Studies 46, S. 161-166.
Goranson, S. 1992: An Inkwell from Qumran, Michmanim 6, S. 37-40.
– 1994: Qumran. A Hive of Scribal Activity?, Biblical Archaeology Review 20, S. 37-39.
Gunneweg, G. / Balla, M. 2003a: Neutron Activation Analysis of Scroll Jars and Common Ware, in: J.-B. Humbert / J. Gunneweg (Hgg.), Khirbet Qumran et Ain Feshkha, Band 2: Études d'anthropologie, de physique et de chimie. Studies of Anthropology, Physics and Chemistry, Fribourg (Suisse) / Göttingen, 2003 (Novum Testamentum et Orbis Antiquus. Series Archaeologica 3), S. 3-53.
– 2003b: Possible Connection Between the Inscriptions on Pottery, the Ostraca and Scrolls Found in the Caves, in: J.-B. Humbert / J. Gunneweg (Hgg.), Khirbet Qumran et Ain Feshkha, Band 2: Études d'anthropologie, de physique et de chimie. Studies of Anthropology, Physics and Chemistry, Fribourg (Suisse) / Göttingen, 2003 (Novum Testamentum et Orbis Antiquus. Series Archaeologica 3), S. 389-394.
Hachlili, R. 1993: Burial Practices at Qumran, Revue de Qumran 16, S. 247-264.
– 2000: The Qumran Cemetery. A Reconsideration, in: L. H. Schiffmann / E. Tov / J. C. VanderKam (Hgg.), The Dead Sea Scrolls Fifty Years after Their Discovery, Jerusalem, S. 661-672.
– 2005: Jewish Funerary Customs, Practices and Rites in the Second Temple Period, Leiden / Boston (Journal for the Study of Judaism. Supplements 94).
Hachlili, R. / Killebrew, A. 1999: The Jewish Cemetery of the Second Temple Period, Jerusalem (IAA Reports 7).
Hadas, G. 1993: Where Was the Harbour of 'En-Gedi Situated?, Israel Exploration Journal 43, S. 45-49.
– 1994: Nine Tombs of the Second Temple Period at 'En Gedi, Jerusalem ('Atiqot 24).
– 2002: Irrigation Agriculture in the Oasis of Ein Gedi and Its Parallels in the Oases around the Dead Sea during the Roman-Byzantine Period, Ph.D. Dissertation, Hebrew University of Jerusalem (Hebr.).
Hammond, P. C. 1959: The Nabatean Bitumen Industry at the Dead Sea, Biblical Archaeologist 27, S. 40-48.
Harding, G. W. Lankester 1949: The Dead Sea Scrolls, Palestine Exploration Quarterly 81, S. 112-116.

– 1952: Khirbet Qumran and Wady Muraba'at, Palestine Exploration Quarterly 84, S. 104-109.
– 1955: The Archaeological Finds, in: D. Barthélemy / J. T. Milik (Hgg.), Qumran Cave I, Oxford, S. 3-7 (Discoveries in the Judaean Desert 1).
– 1958: Recent Discoveries in Jordan, Palestine Exploration Quarterly 90, S. 7-18.
Har-El, M. 2000: Agriculture, in: L. H. Schiffman / J. C. VanderKam (Hgg.), Encyclopedia of the Dead Sea Scrolls, Band 1, Oxford, S. 13-16.
Hepper, N. F. / Taylor, J. E. 2004: Date Palms and Opobalsam in the Madaba Mosaic Map, Palestine Exploration Quarterly 136, S. 35-44.
Hidiroglou, P. 2000a: Aqueducts, Basins and Cisterns. The Water Systems of Qumran, Near Eastern Archaeology 63, S. 138-139.
– 2000b: L'eau et les bains à Qoumran, Revue des Études Juives 159, S. 19-47.
Hirschfeld, Y. 1991: Gerasimus and His Laura in the Jordan Valley, Revue Biblique 98, S. 419-430.
– 1992: The Judean Desert Monasteries in the Byzantine Period, New Haven.
– 1995: The Palestinian Dwelling in the Roman-Byzantine Period, Jerusalem (Studium Biblicum Franciscanum. Collectio Minor 34).
– 1998: Early Roman Manor Houses in Judea and the Site of Khirbet Qumran, Journal of Near Eastern Studies 57, S. 161-189.
– 2000a: Ramat Hanadiv Excavations, Jerusalem.
– 2000b: A Settlement of Hermits above 'En Gedi, Tel Aviv 27, S. 103-155.
– 2000c: The Architectural Context of Qumran, in: L. H. Schiffmann / E. Tov / J. C. VanderKam (Hgg.), The Dead Sea Scrolls Fifty Years after Their Discovery, Jerusalem, S. 673-683.
– 2001-2002: The Monastery of Marda. Masada in the Byzantine Period, Bulletin of the Anglo-Israel Archaeological Society 19-20, S. 119-156.
– 2002: A Royal Marina on the Dead Sea?, Eretz. The Geographic Magazine from Israel 83, S. 8-43.
– 2004a: Excavations at 'Ein Feshkha 2001. Final Report, Israel Exploration Journal 54, S. 37-74.
– 2004b: The Library of King Herod in the Northern Palace of Masada, Scripta Classica Israelica 23, S. 69-80.
– 2004c: A Climatic Change in the Early Byzantine Period? Some Archaeological Evidence, Palestine Exploration Quarterly 136, S. 133-149.
– 2006: Qumran in the Second Temple Period. A Reassessment, in: J.-B. Humbert / K. Galor / J. Zangenberg (Hgg.), Qumran – The Site of the Dead Sea Scrolls. Archaeological Interpretations and Debates. Proceedings of a Conference Held at Brown University November 17-19, 2002, Leiden / Boston, S. 223-239 (Studies on the Texts of the Desert of Juda 57).
Hirschfeld, Y. / Ariel, D. T. 2005: A Coin Assemblage from the Reign of Alexander Jannaeus (103-76 B.C.E.) Found on the Shore of the Dead Sea, Israel Exploration Journal 25, S. 66-89.
Hoepfner, W. 2002: Antike Bibliotheken, Mainz (Zaberns Bildbände zur Archäologie).
Hollenback, G. M. 2000: The Qumran Roundel. An Equatorial Sundial?, Dead Sea Discoveries 7, S. 123-129.

Hopwood, K. 1986: Towners, Territory and Terror. How the East was Held, in: P. Freedman / D. Kennedy (Hgg.), The Defence of the Roman and Byzantine East, Band 2, Oxford, S. 343-356 (British Archaeology Reports International 297).

Hossfeld, F.-L. / Schwienhorst-Schönberger, L. 2004 (Hgg.): Das Manna fällt auch heute noch. Beiträge zur Geschichte und Theologie des Alten, Ersten Testaments (Festschrift für E. Zenger), Freiburg (Herders Biblische Studien 44).

Humbert, J.-B. 1994: L'espace sacré à Qumràn. Propositions pour l'archéologie, Revue Biblique 101/102, S. 161-214.

– 1999: Qumràn, ésseniens et architecture, in: B. Kollmann / W. Reinbold / A. Steudel (Hgg.), Antikes Judentum und frühes Christentum. Festschrift für Hartmut Stegemann, Berlin / New York, S. 183-196 (Beihefte zur Zeitschrift für die Neutestamentliche Wissenschaft und die Kunde der älteren Kirche 97).

– 2000: Interpreting the Qumran Site, Near Eastern Archaeology 63, S. 140-143.

– 2003a: L'agglomérat métallique KhQ 960 et son contexte, in: J.-B. Humbert / J. Gunneweg (Hgg.), Khirbet Qumran et Ain Feshkha, Band 2: Études d'anthropologie, de physique et de chimie. Studies of Anthropology, Physics and Chemistry, Fribourg (Suisse) / Göttingen, 2003 (Novum Testamentum et Orbis Antiquus. Series Archaeologica 3), S. 405.

– 2003b: Reconsideration of the Archaeological Interpretation, in: J.-B. Humbert / J. Gunneweg (Hgg.), Khirbet Qumran et Ain Feshkha, Band 2: Études d'anthropologie, de physique et de chimie. Studies of Anthropology, Physics and Chemistry, Fribourg (Suisse) / Göttingen (Novum Testamentum et Orbis Antiquus. Series Archaeologica 3), S. 419-425.

– 2003c: The Chronology During the First Century B.C., de Vaux and His Method. A Debate, in: J.-B. Humbert / J. Gunneweg (Hgg.), Khirbet Qumran et Ain Feshkha, Band 2: Études d'anthropologie, de physique et de chimie. Studies of Anthropology, Physics and Chemistry, Fribourg (Suisse) / Göttingen (Novum Testamentum et Orbis Antiquus. Series Archaeologica 3), S. 425-444.

– 2003d: Arguments en faveur d'une résidence pré-éssenienne, in: J.-B. Humbert / J. Gunneweg (Hgg.), Khirbet Qumran et Ain Feshkha, Band 2: Études d'anthropologie, de physique et de chimie. Studies of Anthropology, Physics and Chemistry, Fribourg (Suisse) / Göttingen (Novum Testamentum et Orbis Antiquus. Series Archaeologica 3), S. 467-482.

– 2006: Some Remarks on the Archaeology of Qumran, in: J.-B. Humbert / K. Galor / J. Zangenberg (Hgg.), Qumran – The Site of the Dead Sea Scrolls. Archaeological Interpretations and Debates. Proceedings of a Conference Held at Brown University November 17-19, 2002, Leiden / Boston, S. 19-39 (Studies on the Texts of the Desert of Juda 57).

Humbert, J.-B. / Chambon, A. (Hgg.) 1994: Fouilles de Khirbet Qumran et de Ain Feshkha, I. Album de photographies. Répertoire du finds photographique. Synthèse des notes de chantier du Pére Roland de Vaux OP, Fribourg, Göttingen (Novum Testamentum et Orbis Antiquus. Series Archaeologica 1).

Humbert, J.-B. / Gunneweg, J. (Hgg.) 2003: Khirbet Qumran et Ain Feshkha, Band 2: Études d'anthropologie, de physique et de chimie. Studies of Anthropology, Physics and Chemistry, Fribourg (Suisse) / Göttingen (Novum Testamentum et Orbis Antiquus. Series Archaeologica 3).

Humbert, J.-B. / Galor, K. / Zangenberg, J. (Hgg.) 2006: Qumran – The Site of the Dead Sea Scrolls. Archaeological Interpretations and Debates. Proceedings of a Conference Held at Brown University November 17-19, 2002, Leiden / Boston (Studies on the Texts of the Desert of Juda 57).

Hutchesson, I. 2000: The Essene Hypothesis after Fifty Years. An Assessment, Qumran Chronicle 9, S. 17-34.

Ilan, Z. / Amit, D. 2002: The Aqueduct of Qumran, in: D. Amit / J. Patrich / Y. Hirschfeld (Hgg.), The Aqueducts of Israel, Portsmouth RI, S. 380-386 (Journal of Roman Archaeology. Supplementary Series 46).

Isaac, B. 1984: Bandits in Judea and Arabia, Harvard Studies in Classical Philology 88, S. 171-203.

– 1993: The Function of Burgi and Burgarii, in: I. Gafni / A. Oppenheimer / M. Stern (Hgg.), Jews and Judaism in the Second Temple, Mishna and Talmud Period, Jerusalem, S. 235-242.

Israel, I. 1993: Ashqelon, Excavations and Surveys in Israel 13, S. 100-105.

Jashemski, W. F. 1979: The Gardens of Pompeii, New York.

– 1987: Recently Excavated Gardens of the Villas at Boscoreale and Oplontis, in: E. B. Macdougall (Hg.), Ancient Roman Villa Gardens, Washington DC, S. 31-76.

Jones, A. H. M. 1938: The Herods of Judaea, Oxford. Kampen, J. / Bernstein, M. J. 1996 (Hgg.): Reading 4QMMT. New Perspectives on Qumran Law and History, Atlanta (SBL.Syposium Series 2). Kapera, Z. J. 1994: Some Remarks on the Qumran Cemetery, in: M. O. Wise / N. Golb / J. J. Collins / D. Pardee (Hgg.), Methods of Investigation of the Dead Sea Scrolls and the Khirbet Qumran Site. Present Realities and Future Prospects, New York, S. 97-114 (Annals of the New York Academy of Sciences 722).– 1995: Recent Research on the Qumran Cemetery, Qumran Chronicle 5, S. 123-132.

– 1996: Khirbet Qumran. A Monastic Settlement or a Villa Rustica?, Qumran Chronicle 6, S. 93-114.

– 1998: Mogilany 1995. Papers on the Dead Sea Scrolls Offered in Memory of Aleksy Klawek, Krakau.

– 2000: Some Notes on the Statistical Elements in the Interpretation of the Qumran Cemetery, Qumran Chronicle 9, S. 139-152.

Kasher, A. 1993: The Wars of Alexander Jannaeus Against the Nabateans, in: U. Rappaport / I. Ronen (Hgg.), The Hasmonean State, Jerusalem,S. 379-392 (Hebr.).

Kenael, B. 1958: Some Observations on the Chronology of Khirbet Qumran, Eretz-Israel 5, S. 165-169 (Hebr.).

Kenyon, K. M. 1952: Beginning in Archaeology, London.

– 1957: Digging Up Jericho, London.

Khairy, N. I. 1980: Ink-Wells of the Roman Period from Jordan, Levant 12, S. 155-163.

Klinghardt, M. 1994: The Manual of Discipline in the Light of Statutes of Hellenistic Associations, in: M. O. Wise / N. Golb / J. J. Collins / D. Pardee (Hgg.), Methods of Investigation of the Dead Sea Scrolls and the Khirbet Qumran Site. Present Realities and Future Prospects, New York, S. 251-270 (Annals of the New York Academy of Sciences 722).

Kloner, A. 1996: Central-Pillar Spiral Staircases in the Hellenistic Period, Eretz-Israel 25, S. 484-489 (Hebr.).
Kol-Yaakov, S. 2000: Various Objects from the Hellenistic, Roman and Byzantine Periods, in: Y. Hirschfeld (Hg.), Ramat Hanadiv Excavations, Jerusalem, S. 473-503.
Kraft, R. A. 2001: Pliny on Essenes, Pliny on Jews, Dead Sea Discoveries 8, S. 255-261.
Kramer, C. (Hg.) 1979: Ethnoarchaeology. Implications of Ethnography for Archaeology, New York.
Kuhnen, H.-P. 1990: Palästina in griechisch-römischer Zeit. Mit Beiträgen von Leo Mildenberg und Robert Wenning, München (Handbuch der Archäologie. Vorderasien II/2).
Lacoudre, N. 2003: L'amas métallique KhQ 960, in: J.-B. Humbert / J. Gunneweg (Hgg.), Khirbet Qumran et Ain Feshkha, Band 2: Études d'anthropologie, de physique et de chimie. Studies of Anthropology, Physics and Chemistry, Fribourg (Suisse) / Göttingen, 2003 (Novum Testamentum et Orbis Antiquus. Series Archaeologica 3), S. 397-404.
Lange, A. 2003: Qumran, in: Die Religion in Geschichte und Gegenwart, Band 6, S. 1873-1896.
Lange, A. / Lichtenberger, H. 1997: Qumran, in: Theologische Realenzyklopädie 28, S. 45-75.
Laperrousaz, E. M. 1976: Qumrân: L'établissement essénien des bords de la mer Morte. Paris.
Lapp, P. W. 1961: Palestine Ceramic Chronology 200 B.C.–A.D. 70, New Haven.
Lawrence, A. W. 1979: Greek Aims in Fortifications, Oxford.
Lefkovits, J. K. 2000: The Copper Scroll (3Q 15) – A Reevaluation. A New Reading, Translation and Commentary, Leiden / Boston / Köln (Studies on the Texts of the Desert of Judah 25).
Lemaire A. 2000: Reflexions sur la fonction du site du Qumrân, in: D. Dlugosz / H. Ralajczak (Hgg.), Józef Tadeusz Milik et cinquantaire de la découverte des manuscripts de la mer Morte de Qumran, Warschau, S. 37-42.
– 2003: Inscriptions du Khirbet, des grottes et de 'Ain Feshkha, in: J.-B. Humbert / J. Gunneweg (Hgg.), Khirbet Qumran et Ain Feshkha, Band 2: Études d'anthropologie, de physique et de chimie. Studies of Anthropology, Physics and Chemistry, Fribourg (Suisse) / Göttingen (Novum Testamentum et Orbis Antiquus. Series Archaeologica 3), S. 341-388. Leonard, R. D. 1997: Numismatic Evidence for the Dating of Qumran, Qumran Chronicle 7, S. 225-234.
Levy, A. 1998: Bad Timing. Time to Get a New Theory, Biblical Archaeology Review 24/4, S. 18-23.
Loffreda, S. 1996: La Ceramica di Macheronte e dell'Herodion, Jerusalem (Studium Biblicum Franciscanum. Collectio Maior 39).
Lönnqvist, M. / Lönnqvist, K. 2002: Archaeology of the Hidden Qumran. The New Paradigm, Helsinki.
Magen, Y. 2002: The Stone Vessel Industry in the Second Temple Period, Jerusalem (Judaea and Samaria Publications 1).
– 2004: Qalandiya. A Second Temple-period Viticulture and Wine-manufactureing

[*sic!*] Agricultural Settlement, in: Y. Magen / D. Ariel / G. Bijovsky / Y. Tzionit / O. Sirkis, The Land of Benjamin, Jerusalem, S. 29-144 (Judaea and Samaria Publications 3).

Magen, Y. / Peleg, Y. 2006: Back to Qumran. Ten Years of Excavation and Research, 1993-2004, in: J.-B. Humbert / K. Galor / J. Zangenberg (Hgg.), Qumran – The Site of the Dead Sea Scrolls. Archaeological Interpretations and Debates. Proceedings of a Conference Held at Brown University November 17-19, 2002, Leiden / Boston, S. 55-113 (Studies on the Texts of the Desert of Juda 57).

Magen, Y. / Ariel, D. / Bijovsky, G. / Tzionit, Y. / Sirkis, O., The Land of Benjamin, Jerusalem (Judaea and Samaria Publications 3).

Magness, J. 1995: The Chronology of the Settlement at Qumran in the Herodian Period, Dead Sea Discoveries 2, S. 58-65.

– 1998: Qumran Archaeology. Past Perspectives and Future Prospects, in: P. W. Flint / J. C. VanderKam (Hgg.), The Dead Sea Scrolls after Fifty Years. A Comprehensive Assessment, Band 1, Leiden / Boston, S. 47-77.

– 2000: A Reassessment of the Excavations of Qumran, in: L. H. Schiffman / E. Tov / J. C. VanderKam (Hgg.), The Dead Sea Scrolls Fifty Years after Their Discovery, Jerusalem, S. 708-719.

– 2002: The Archaeology of Qumran and the Dead Sea Scrolls, Grand Rapids.

– 2004a: Why Scroll Jars?, in: D. R. Edwards (Hg.), Religion and Society in Roman Palestine. Old Questions, New Approaches (Festschrift E. M. Meyers), London / New York, S. 146-161.– 2004b: Debating Qumran. Collected Essays on Its Archaeology, Leuven / Paris / Dudley (Interdisciplinary Studies in Ancient Culture and Religion 4).

– 2005: Rezension zu Yizhar Hirschfeld, Qumran in Context. Reassessing the Archaeological Evidence, Peabody 2004, Revue of Biblical Literature 8, www.bookreviews.org.

Maier, J. 1990: Zwischen den Testamenten. Geschichte und Religion in der Zeit des Zweiten Temples, Würzburg (Die Neue Echter Bibel. Ergänzungsband 3).

Markus, M. 1970: Rosh Tzuqim, in: S. Ben Yoseph (Hg.), Israel Guide. The Judean Desert and the Jordan Valley, Jerusalem, S. 176-178 (Hebr.).

– 1986: The Northern Judean Desert, Jerusalem (Hebr.).

Masterman, E. W. G. 1902: Observation of the Dead Sea Levels, 'Ain el-Feshkha, el-Hajar, el-Asbeh, and Khurbat Kumrân, Palestine Exploration Fund Quarterly Statement 27, S. 155-167.

– 1903: Notes on Some Ruins and a Rock-Cut Aqueduct in the Wady Kumrân, Palestine Exploration Fund Quarterly Statement 28, S. 264-267.

Mayer, B. (Hg.) 2000: Jericho und Qumran. Neues zum Umfeld der Bibel, Regensburg (Eichstätter Studien 45).

Mazar, B. 1993: En-Gedi, in: E. Stern (Hg.), The New Encyclopedia of Archaeological Excavations in the Holy Land, Band 2, Jerusalem, S. 399-405.

Mazar, B. / Dothan, T. / Dunayevsky, I. 1966: 'En-Gedi. The First and Second Seasons of Excavation, 1961-1962, Jerusalem ('Atiqot 5).

Mazor, E. 1997: Groundwaters along the Western Dead Sea Shore, in: T. M. Niemi / Z. Ben-Avraham / J. R. Gat (Hgg.), The Dead Sea: The Lake and Its Setting, New York, S. 265-275.

Mazor, E. / Molcho, M. 1972: Geochemical Studies on the Feshkha Springs, Dead Sea Basin, Journal of Hydrology 15, S. 37-47.
McKay, A. G. 1975: Houses, Villas and Palaces in the Roman World, London.
McNicholl, A. W. 1997: Hellenistic Fortifications from the Aegean to the Euphrates, Oxford.
Mébarki, F. 2000: Józef Tadeusz Milik. Memories of Fieldwork, Near Eastern Archaeology 63, S. 131-135.
Mendel, P. 1992: Birah as an Architectural Term in Rabbinic Literature, Tarbiz 61, S. 195-217 (Hebr.).
Metzger, B. M. 1959: The Furniture in the Scriptorium at Qumran, Revue de Qumran 4, S. 509-515.
Meyers, E. M. (Hg.) 1997: The Oxford Encyclopedia of Archaeology in the Near East, Oxford.
Michniewicz, J. / Krzysko, M. 2003: The Provenance of Scroll Jars from Qumran in the Light of Archaeometric Investigations, in: J.-B. Humbert / J. Gunneweg (Hgg.), Khirbet Qumran et Ain Feshkha, Band 2: Études d'anthropologie, de physique et de chimie. Studies of Anthropology, Physics and Chemistry, Fribourg (Suisse) / Göttingen (Novum Testamentum et Orbis Antiquus. Series Archaeologica 3), S. 59-100.
Milik, J. T. 1959: Ten Years of Discovery in the Wilderness of Juda, Naperville (Studies in Biblical Theology).
– 1962: Le rouleau de cuivre provenant de la grotte 3Q (3Q 15), in: M. Baillet / J. T. Milik / R. de Vaux (Hgg.): Les »Petites Grottes« de Qumrân. Exploration de la falaise. Les grottes 2Q, 3Q, 5Q, 6Q, 7Q à 10Q. Le rouleau de cuivre, Oxford, S. 201-302 (Discoveries in the Judaean Desert of Jordan 3).
– 1977: Qumrân grotte 4. Tefillin, mezuzot et targums, in: R. de Vaux / J. T. Milik (Hgg.), Qumrân grotte 4. Archéologie par R. de Vaux avec des contributions de J. W. B. Barns et J. Carswell, Band 2: Tefillin, Mezuzot et Targums (4Q128-4Q157) par J. T. Milik, Oxford, S. 33-90 (Discoveries in the Judean Desert 6).
Miller, S. S. 2003: Some Observations on Stone Vessel Finds and Ritual Purity in Light of Talmudic Sources, in: Alkier, S. / Zangenberg, J. (Hgg.), Zeichen aus Text und Stein. Studien auf dem Weg zu einer Archäologie des Neuen Testaments, Tübingen, S. 402-419 (Texte und Arbeiten zum Neutestamentlichen Zeitalter 42).
Müller, P. 2005a: Antike Buchproduktion, in: K. Scherberich (Hg.), Familie, Gesellschaft, Wirtschaft = Band 2 von: K. Erlemann / K.-L. Noethlichs / K. Scherberich / J. Zangenberg (Hgg.), Neues Testament und Antike Kultur, Neukirchen-Vluyn, S. 227-230.
– 2005b: Archive und Bibliotheken, in: K. Scherberich (Hg.), Familie, Gesellschaft, Wirtschaft = Band 2 von: K. Erlemann / K.-L. Noethlichs / K. Scherberich / J. Zangenberg (Hgg.), Neues Testament und Antike Kultur, Neukirchen-Vluyn, S. 230-233.
Murphy, C. M. 2002: Wealth in the Dead Sea Scrolls and in the Qumran Community, Leiden / Boston (Studies on the Texts of the Desert of Judah 40).
Naveh, J. 1985: Published and Unpublished Aramaic Ostraca, 'Atiqot 17, S. 114-121.
Neubrand, M. 2000: Die Wüste. Zur theologischen Deutung in der Bibel, in:

B. Mayer (Hg.), Jericho und Qumran. Neues zum Umfeld der Bibel, Regensburg, S. 89-110 (Eichstätter Studien 45).
Netzer, E. 1978: Miqvaot (Ritual Baths) of the Second Temple Period at Jericho, Qadmoniot 11, S. 54-59 (Hebr.).
– 1981: Greater Herodium, Jerusalem (Qedem 13).
– 1991: Masada. The Yigael Yadin Excavations 1963-1965, Final Reports, Band 3: The Buildings, Stratigraphy and Architecture, Jerusalem.
– 1993: Jericho. Hellenistic to Early Roman Period, in: E. Stern (Hg.), The New Encyclopedia of Archaeological Excavations in the Holy Land, Band 2, Jerusalem, S. 681-691.
– 1999: Die Paläste der Hasmonäer und Herodes' des Großen, Mainz (Zaberns Bildbände zur Archäologie).
– 2001: Hasmonean and Herodian Palaces at Jericho. Final Reports of the 1973-1987 Excavations, Band 1: Stratigraphy and Architecture, Jerusalem.
– 2002a: Date »Winepress« in the Royal Estate at Jericho, Judea and Samaria Research Studies 11, S. 69-80 (Hebr.).
– 2002b: A Proposal Concerning the Utilization of the Ritual Bath at Qumran, Qadmoniot 35, S. 116-117 (Hebr.).
– 2004: Hasmonaean and Herodian Palaces at Jericho. Final Reports of the 1973-1987 Excavations, Band 2: Stratigraphy and Architecture. The Coins, Jerusalem.
– 2005: Did Any Perfume Industry Exist at 'Ein Feshcha?, Israel Exploration Journal 55, S. 97-100.
Nielsen, I. 1994: Hellenistic Palaces. Tradition and Renewal, Aarhus.
Niemi, T. M. / Ben-Avraham, Z. / Gat, J. R. 1996: The Dead Sea, New York.
Norton, J. 2003: Reassessment of Controversial Studies on the Cemetery, in: J.-B. Humbert / J. Gunneweg (Hgg.), Khirbet Qumran et Ain Feshkha, Band 2: Études d'anthropologie, de physique et de chimie. Studies of Anthropology, Physics and Chemistry, Fribourg (Suisse) / Göttingen (Novum Testamentum et Orbis Antiquus. Series Archaeologica 3), S. 107-127.
Nowicka, M. 1975: Les maisons à tour dans le monde grec, Breslau.
Ofer, A. 1998: Qumran is Secaca, Qadmoniot 31, S. 65 (Hebr.).
Ohlig, C. / Peleg, Y. / Tsuk, T. (Hgg.) 2002: *Cura aquarum* in Israel, Siegburg.
Oppenheimer, A. 1980: Benevolent Societies in Jerusalem, in: A. Oppenheimer / U. Rappaport / M. Stern (Hgg.), Jerusalem in the Second Temple Period, Jerusalem, S. 178-190 (Hebr.).
Oppenheimer, A. / Rappaport, U. / Stern, M. (Hgg.): Jerusalem in the Second Temple Period, Jerusalem.
Palmer, E. H. 1881: The Survey of Palestine. Arabic and English Name List, London.
Parker, S. T. 2000: The Roman 'Aqaba Project. The 1997 and 1998 Campaigns, Annual of the Department of Antiquities of Jordan 44, S. 373-394.
Parry, D. W. / Ulrich, E. C. (Hgg.) 1999: The Provo International Conference on the Dead Sea Scrolls. New Texts, Re-Formulated Issues and Technological Innovations, Leiden (Studies on the Texts of the Desert of Judah 30).
Pastor, J. 1997: Land and Economy in Ancient Palestine. New York.
Patrich, J. 1993: Hyrcania, in: E. Stern (Hg.), The New Encyclopedia of Archaeological Excavations in the Holy Land, Band 2, Jerusalem, S. 639-641.

– 1994a: Khirbet Qumran in the Light of New Archaeological Explorations in the Qumran Caves, in: M. O. Wise / N. Golb / J. J. Collins / D. Pardee (Hgg.), Methods of Investigation of the Dead Sea Scrolls and the Khirbet Qumran Site. Present Realities and Future Prospects, New York, S. 73-96 (Annals of the New York Academy of Sciences 722).
– 1994b: Graves and Burial Practices in Talmudic Sources, in: I. Singer (Hg.), Graves and Burial Practices in Israel in the Ancient Period, Jerusalem, S. 190-211 (Hebr.).
– 1995: Sabas, Leader of Palestinian Monasticism. A Comparative Study in Eastern Monasticism, Fourth to Seventh Centuries, Washington DC.
– 2000: Did Extra-Mural Dwelling Quarters Exist at Qumran?, in: L. H. Schiffman / E. Tov / J. C. VanderKam (Hgg.), The Dead Sea Scrolls Fifty Years after Their Discovery, Jerusalem, S. 720-727.
– 2002: The Aqueducts of Hyrcania-Kastellion, in: D. Amit / J. Patrich / Y. Hirschfeld (Hgg.), The Aqueducts of Israel, Portsmouth RI, S. 336-352 (Journal of Roman Archaeology. Supplementary Series 46).
– 2006: Agricultural Development in Antiquity. Improvements in the Cultivation and Production of Balsam, in: J.-B. Humbert / K. Galor / J. Zangenberg (Hgg.), Qumran – The Site of the Dead Sea Scrolls. Archaeological Interpretations and Debates. Proceedings of a Conference Held at Brown University November 17-19, 2002, Leiden / Boston, S. 241-248 (Studies on the Texts of the Desert of Juda 57).
Patrich, J. / Arubas, B. 1989: A Juglet Containing Balsam Oil (?) from a Cave near Qumran, Israel Exploration Journal 39, S. 43-59.
Percival, J. 1996: Houses in the Country, I. M. Barton (Hg.), Roman Domestic Buildings, Exeter, S. 65-90.
Peskowitz, M. 2004: Gender, Difference and Everyday Life. The Case of Weaving and Its Tools, in: D. R. Edwards (Hg.), Religion and Society in Roman Palestine. Old Questions, New Approaches (Festschrift E. M. Meyers), London / New York, S. 129-145.
Pfann, S. 1994. The Wine Press (and Miqveh) at Kh. Qumran (Loc. 75 and 69), Revue Biblique 101/102, S. 212-214.
– 2003: The Excavations of Khirbet Qumran and 'Ain Feshkha. Synthesis of Roland de Vaux's Field Notes, Fribourg (Suisse) / Göttingen (Novum Testamentum et Orbis Antiquus. Series Archaeologica 1B).
– 2006: A Table Prepared in the Wilderness. Pantries and Tables, Pure Food and Sacred Space at Qumran, in: J.-B. Humbert / K. Galor / J. Zangenberg (Hgg.), Qumran – The Site of the Dead Sea Scrolls. Archaeological Interpretations and Debates. Proceedings of a Conference Held at Brown University November 17-19, 2002, Leiden / Boston, S. 159-178 (Studies on the Texts of the Desert of Juda 57).
Politis, K. D. 1998a: Rescue Excavations in the Nabatean Cemetery at Khirbet Qazone, Annual of the Department of Antiquities of Jordan 42, S. 611-614.
– 1998b: Survey and Rescue Collections in the Ghawr es-Safi, Annual of the Department of Antiquities of Jordan 42, S. 627-633.
– 1999: The Nabatean Cemetery at Khirbet Qazone, Near Eastern Archaeology 62, S. 128.
– 2006: The Discovery and Excavation of the Khirbet Qazone Cemetery and Its

Significance Relative to Qumran, in: J.-B. Humbert / K. Galor / J. Zangenberg (Hgg.), Qumran – The Site of the Dead Sea Scrolls. Archaeological Interpretations and Debates. Proceedings of a Conference Held at Brown University November 17-19, 2002, Leiden / Boston, S. 213-219 (Studies on the Texts of the Desert of Juda 57).

Poole, J. B. / Reed, R. 1961: The »Tannery« of 'Ain Feshkha, Palestine Exploration Quarterly 93, S. 114-123.

Porath, J. 1986: Aspects of the Development of Ancient Irrigation Agriculture in Jericho and Ein Gedi, in: A. Kasher / A. Oppenheimer / U. Rappaport (Hgg.), Man and Land in Eretz-Israel in Antiquity, Jerusalem, S. 127-141 (Hebr.).

– 1998: Horbat Qumran, Excavations and Surveys in Israel 13, S. 84. Potcher, O. 2000: Environmental and Climatological Aspects of the *officina*, in: M. Fischer / M. Gichon / O. Tal (Hgg.), 'En Boqeq. Excavations in an Oasis on the Dead Sea, Band 2: The *officina*, Mainz, S. 21-27.

Puech, E. 1998: The Necropolis of Khirbet Qumran and 'Ain el-Ghuweir and the Essene Belief in Afterlife, Bulletin of the American Schools of Oriental Research 312, S. 21-36.

Qimron, E. / Strugnell, J. 1994: Qumran Cave 4, Band 5: Miqsat Ma'ase Ha-Tora, Oxford (Discoveries in the Judaean Desert 10).

Rapuano, Y. 2001: The Hasmonean Period »Synagogue« at Jericho and the Council Chamber Building at Qumran, Israel Exploration Journal 91, S. 48-56.

Raz, E. 1993: Sefer Yam Hamelah, Jerusalem (Hebr.).

Reed, J. L. 2003: Stone Vessels and Gospel Texts. Purity and Socio-Economics in John 2, in: S. Alkier / J. Zangenberg (Hgg.), Zeichen aus Text und Stein. Studien auf dem Weg zu einer Archäologie des Neuen Testaments, Tübingen, S. 381– 401 (Texte und Arbeiten zum Neuetestamentlichen Zeitalter 42).

Reed, W. M. 1954: The Qumran Caves Expedition of March 1952, Bulletin of the American Schools of Oriental Research 135, S. 8-13.

Regev, E. 1996: Ritual Baths of Jewish Groups and Sects in the Second Temple Period. Cathedra 79, S. 3-20 (Hebr.).

– 2001: The Individualistic Meaning of Jewish Ossuaries: A Socio-Anthropological Perspective on Burial Practice, Palestine Exploration Quarterly 133, S. 39-49.

Reich, R. 1988: A Note on Samaritan Ritual Baths, in: D. Jacoby / Y. Tsafrir (Hgg.), Jews,

Samaritans and Christians in Byzantine Palestine, Jerusalem, S. 242-244.

– 1990: Miqwa'ot (Jewish Ritual Immersion Baths) in Eretz Israel in the Second Temple and the Mishnah and Talmud Periods, Ph.D. Dissertation, Hebrew University of Jerusalem (Hebr.).

– 1995: A Note on the Function of Room 30 (the »Scriptorium«) at Khribet Qumran, Journal of Jewish Studies 46, S. 157-160.

– 2000: Miqwa'ot at Khirbet Qumran and the Jerusalem Connection, in: L. H. Schiffman, E. Tov / J. C. VanderKam (Hgg.), The Dead Sea Scrolls Fifty Years after Their Discovery, Jerusalem, S. 728-731.

Rengstorf, K. H. 1960: Hirbet Qumran und die Bibliothek vom Toten Meer, Stuttgart.

Richardson, P. 1996: Herod. King of the Jews and Friend of the Romans, Columbia.

Riesner, R. 1995: Das Jerusalemer Essenerviertel und die Urgemeinde. Josephus, Bellum Judaicum V 145; 11QMiqdasch 46, 13-16; Apostelgeschichte 1-6 und die Archäologie, in: W. Haase / H. Temporini (Hgg.), Aufstieg und Niedergang der römischen Welt, II 26/2, S. 1775-1922.

– 1998: Essener und Urgemeinde in Jerusalem. Neue Funde und Quellen, 2. Auflage, Gießen / Basel (Biblische Archäologie und Zeitgeschichte 6).

Röhrer-Ertl, O. 2006: Facts and Results Based on Skeletal Remains from Qumran Found in the *Collectio Kurth*. A Study on Methodology, in: J.-B. Humbert / K. Galor / J. Zangenberg (Hgg.), Qumran – The Site of the Dead Sea Scrolls. Archaeological Interpretations and Debates. Proceedings of a Conference Held at Brown University November 17-19, 2002, Leiden / Boston, S. 181-193 (Studies on the Texts of the Desert of Juda 57).

Röhrer-Ertl, O. / Rohrhirsch, F. / Hahn, D. 2000: Über die Gräberfelder von Khirbet Qumran, insbesondere die Funde der Campagne 1956, Teil 1: Anthropologische Datenvorlage und Erstauswertung aufgrund der *Collectio Kurth*, in: B. Mayer (Hg.), Jericho und Qumran. Neues zum Umfeld der Bibel, Regensburg, S. 165-226 (Eichstätter Studien 45), auch veröffentlicht in Revue de Qumran 73 (1999), S. 3-46.

Röhrer-Ertl, O. / Rohrhirsch, F. / Baumann, M. / Bayer, E. / Bonani, G. 2000: Über die Gräberfelder von Khirbet Qumran, insbesondere die Funde der Campagne 1956, Teil 2: Naturwissenschaftliche Datenvorlage und Befunddiskussion, besonders der *Collectio Kurth*, in: B. Mayer (Hg.), Jericho und Qumran. Neues zum Umfeld der Bibel, Regensburg, S. 227-276 (Eichstätter Studien 45).

Rohrhirsch, F. 1996: Wissenschaftstheorie und Qumran. Die Geltungsbegründungen von Aussagen in der Biblischen Archäologie am Beispiel von Chirbet Qumran und En Feschcha, Fribourg (Suisse) / Göttingen (Novum Testamentum et Orbis Antiquus 32).

– 1999: Die Geltungsbegründungen der Industrie-Rollen-Theorie zu Chirbet Qumran und En Feshcha auf dem methodologischen Prüfstand. Relativierung und Widerlegung, Dead Sea Discoveries 6, S. 267-281.

– 2003: Datengenerierung und Dateninterpretation. Zur Bedeutung von Theorien in der Archäologie am Beispiel der Gräber von Chirbet Qumran, in: J. Frey / H. Stegemann (Hgg.), Qumran kontrovers. Beiträge zu den Textfunden vom Toten Meer, Paderborn, S. 159-171 (Einblicke 6).

Rohrhirsch, F. / Hofmeir, B. 1996: Die Ausgrabungen von Qumran und En Feschcha. Die Grabungstagebücher von Roland de Vaux OP, Fribourg (Suisse) / Göttingen (Novum Testamentum et Orbis Antiquus. Series Archaeologica 1A).

Rohrhirsch, F. / Röhrer-Ertl, O. 2000: Über die Gräberfelder von Khirbet Qumran, insbesondere die Funde der Campagne 1956, Teil 3: Zum Versuch der Nachweisbarkeit eines religiösen Eigengepräges von Khirbet Qumran, in: B. Mayer (Hg.), Jericho und Qumran. Neues zum Umfeld der Bibel, Regensburg, S. 277-309 (Eichstätter Studien 45).

Rohrhirsch, F. / Röhrer-Ertl, O. 2001: Die Individuen des Gräberfelder von Hirbet Qumran aus der Collectio Kurth. Eine Zusammenfassung, Zeitschrift des Deutschen Palästina-Vereins 117, 164-170.

Roitman, A. 1997: A Day at Qumran. The Dead Sea Sect and Its Scrolls, Jerusalem.

Roller, D. W. 1998: The Building Program of Herod the Great, Berkeley.
Rosenthal, R. / Sivan, R. 1978: Ancient Lamps in the Schloessinger Collection, Jerusalem (Qedem 8).
Roth, C. 1959: Why the Qumran Sect Cannot Have Been Essenes, Revue de Qumran 3, S. 417-422.
Safrai, S. / Stern, M. (Hgg.) 1974: The Jewish People in the First Century. Historical Geography, Political History, Social, Cultural and Religious Life and Institutions, Band I/1, Assen / Philadelphia (Corpus Iudaicum ad Novum Testamentum I/1).
Safrai, S. / Stern, M. (Hgg.) 1976: The Jewish People in the First Century. Historical Geography, Political History, Social, Cultural and Religious Life and Institutions, Band I/2, Assen / Philadelphia (Corpus Iudaicum ad Novum Testamentum I/2).
Safrai, Z. 2000: Qumran or Ein Gedi. Where Did the Dead Sea Sect Live?, Cathedra 96, S. 41-56 (Hebr.).
Sanders, E. P. 1992: Judaism. Practice and Belief 63 BCE – 66 CE, London / Philadelphia.
Sandmel, S. 1979: Philo of Alexandria. An Introduction, New York.
Shapiro, S. 1997: Concerning the Identification of Qumran, Qumran Chronicle 7, S. 91-116 und 215-223.
Schalit, A. 2001: König Herodes. Der Mann und sein Werk, 2. Auflage, Berlin / New York.
Schechter, S. 1910: Fragments of a Zadokite Work, Band 1, Cambridge.
Schick, T. 1993: Textiles, in: A. Sussmann / R. Peled (Hgg.), Scrolls from the Dead Sea, Washington DC, S. 118-127.
Schiffman, L. H. 1975: The Halakhah at Qumran, Leiden (Studies in Judaism in Late Antiquity 16).
– 1989: The Temple Scroll and the System of Jewish Law of the Second Temple Period, in: G. J. Brooke (Hg.), Temple Scroll Studies. Papers Presented at the International Symposium on the Temple Scroll (Manchester 1987), Sheffield, S. 239-255 (Journal for the Sudy of the Pseudepigrapha. Supplement Series 7).
– 1990: A New Halakhic Letter (4Q MMT) and the Origin of the Dead Sea Sect, Biblical Archaeologist 53, S. 64-73.
– 1993: Law, Custom and Messianism in the Dead Sea Scrolls, Jerusalem (Hebr.).
– 1994: Reclaiming the Dead Sea Scrolls, Philadelphia / Jerusalem.
– 2001: Pharisaic and Sadducean Halakhah in Light of the Dead Sea Scrolls, Dead Sea Discoveries 8, S. 285-299.
Schiffman, L. H. / VanderKam, J. C. (Hgg.) 2000: Encyclopedia of the Dead Sea Scrolls, Oxford.
Schiffmann, L. H. / Tov, E. / VanderKam, J. C. (Hgg.) 2000: The Dead Sea Scrolls Fifty Years After Their Discovery, Jerusalem.
Schottroff, W. 1996: Das Gleichnis von den bösen Weingärtnern (Mk 12,1-9parr). Ein Beitrag zur Geschichte der Bodenpacht in Palästina, Zeitschrift des Deutschen Palästina-Vereins 112, S. 18-48.
Schult, H. 1966: Zwei Häfen aus römischer Zeit am Toten Meer. Rujum el-bahr und el-beled (ez-Zara), Zeitschrift des Deutschen Palästina-Vereins 82, S. 139-148.
Schürer, E. 1973-1987: The History of the Jewish People in the Age of Jesus Christ

(175 B.C.–A.D. 135). 3 Bände (Hg. von G. Vermes / F. Millar / M. Goodman und M. Black), Edinburgh.
Schwartz, D. R. 1992: Studies in the Jewish Background of Christianity, Tübingen (Wissenschaftliche Untersuchungen zum Neuen Testament 60).
Seligman, J. 1995: Jerusalem, Kh. Ka'kul, Excavations and Surveys in Israel 13, S. 69-70.
Shanks, H. 1998: The Mystery and Meaning of the Dead Sea Scrolls, New York.
– 2002: Chief Scroll Editor Opens Up, Biblical Archaeology Review 28/3, S. 32-35 und 62.
Sharabani, M. 1980: Monnaies de Qumràn au Musée Rockefeller de Jérusalem, Revue Biblique 87, S. 274-284.
Shatzman, I. 1991: The Armies of the Hasmonaeans and Herod, Tübingen (Texte und Studien zum Antiken Judentum 25).
Shavit, Y. 1994: The »Qumran Library« in the Light of the Attitude towards Books and Libraries in the Second Temple Period, in: M. O. Wise / N. Golb / J. J. Collins / D. Pardee (Hgg.), Methods of Investigation of the Dead Sea Scrolls and the Khirbet Qumran Site. Present Realities and Future Prospects, New York, S. 299-318 (Annals of the New York Academy of Sciences 722).
Sheridan, S. G. 2002: Scholars, Soldiers, Craftsmen, Elites? Analysis of the French Collection of Human Remains from Qumran, Dead Sea Discoveries 9, S. 199-248.
Sheridan, S. G. / Ullinger, J. 2006: A Reconsideration of the Human Remains in the French Collection from Qumran, in: J.-B. Humbert / K. Galor / J. Zangenberg (Hgg.), Qumran – The Site of the Dead Sea Scrolls. Archaeological Interpretations and Debates. Proceedings of a Conference Held at Brown University November 17-19, 2002, Leiden / Boston, S. 195-212 (Studies on the Texts of the Desert of Juda 57).
Sheridan, S. G. / Ullinger, J. / Ramp, J. 2003: Anthropological Analysis of the Human Remains from Khirbet Qumran. The French Collection, in: J.-B. Humbert / J. Gunneweg (Hgg.), Khirbet Qumran et Ain Feshkha, Band 2: Études d'anthropologie, de physique et de chimie. Studies of Anthropology, Physics and Chemistry, Fribourg (Suisse) / Göttingen (Novum Testamentum et Orbis Antiquus. Series Archaeologica 3), S. 129-169.
Shimron, A. 2003: An Archaeometric Study of Plasters from the Water Installations, in: J.-B. Humbert / J. Gunneweg (Hgg.), Khirbet Qumran et Ain Feshkha, Band 2: Études d'anthropologie, de physique et de chimie. Studies of Anthropology, Physics and Chemistry, Fribourg (Suisse) / Göttingen (Novum Testamentum et Orbis Antiquus. Series Archaeologica 3), S. 321-337.
Silberman, N. A. 1993: A Phrophet from Amongst You. The Life of Yigael Yadin, Soldier, Scholar and Mythmaker of Modern Israel, Reading MA.
– 2000: The Scrolls as Scriptures. Qumran and the Popular Religious Imagination in the Late Twentieth Century, in: L. H. Schiffman / E. Tov / J. C. VanderKam (Hgg.), The Dead Sea Scrolls Fifty Years after Their Discovery, Jerusalem, S. 919-926.
Smith, J. T. 1997: Roman Villas. A Study in Social Structure, New York.
Smith, R. H. 1964: The Household Lamps of Palestine in Intertestamental Times, Biblical Archaeologist 27, S. 101-124.

– 1966: The Household Lamps of Palestine in New Testament Times, Biblical Archaeologist 29, S. 2-27.
Sperber, D. 1976: On the *pyrgos* as a Farm Building, Association for Jewish Studies Review 1, S. 359-361.
Stager, L. E. 1976: Farming in the Judean Desert during the Iron Age, Bulletin of the American Schools of Oriental Research 221, S. 145-158.
Steckoll, S. H. 1968. Preliminary Excavation Reports in the Qumran Cemetery, Revue de Qumran 6, S. 323-334.
Stegemann, H. [4]1994: Die Essener, Qumran, Johannes der Täufer und Jesus. Ein Sachbuch, Freiburg / Basel / Wien.
Stern, E. 1994: The Eastern Border of the Kingdom of Judah in Its Last Days, in: M. D. Coogan / J. C. Exum / L. E. Stager (Hgg.), Scripture and Other Artifacts. Essays on the Bible and Archaeology (Festschrift Philip J. King), Louisville, S. 399-409.
Stern, M. 1974: The Province of Judaea, in: S. Safrai / M. Stern (Hgg.), The Jewish People in the First Century. Historical Geography, Political History, Social, Cultural and Religious Life and Institutions, Band I/1, Assen / Philadelphia, S. 308-376 (Corpus Iudaicum ad Novum Testamentum I/1).
– 1976: The Province of Judaea, Aspects of Jewish Society. The Priesthood and Other Classes, in: S. Safrai / M. Stern (Hgg.), The Jewish People in the First Century. Historical Geography, Political History, Social, Cultural and Religious Life and Institutions, Band I/2, Assen / Philadelphia, S. 561-630 (Corpus Iudaicum ad Novum Testamentum I/2).
Stern, E. (Hg.) 1993: The New Encyclopedia of Archaeological Excavations in the Holy Land, Jerusalem.
Strange, J. F. / Strange, J. R. 2001: The Archaeology of Everyday Life at Qumran, in: Avery-Peck, A. J. / Neusner, J. / Chilton, B. (Hgg.), Judaism in Late Antiquity. Teil 5: The Judaism of Qumran. A Systemic Reading of the Dead Sea Scrolls, Band 1: Theory of Israel, Leiden / Boston / Köln, S. 45-73 (Handbuch der Orientalistik I/65,5,1).
Strange, J. F. 2006: The 1996 Excavations at Qumran and the Context of the New Hebrew Ostracon, in: J.-B. Humbert / K. Galor / J. Zangenberg (Hgg.), Qumran – The Site of the Dead Sea Scrolls. Archaeological Interpretations and Debates. Proceedings of a Conference Held at Brown University November 17-19, 2002, Leiden / Boston, S. 41-54 (Studies on the Texts of the Desert of Juda 57).
Strobel, A. 1973: Die Wasseranlagen der Hirbet Qumran, Zeitschrift des Deutschen Palästinavereins 88, S. 55-86.
– 1977: Auf der Suche nach Machärus und Kallirhoe, Zeitschrift des Deutschen Palästinavereins 93, S. 247-267.
Strobel, A. / Clamer, C. 1986: Excavations at ez-Zara, Annual of the Department of Antiquities of Jordan 30, S. 381-384.
Strobel, A. / Wimmer, S. 2003: Kallirhoe ('En ez-Zara). Dritte Grabungskampagne des Deutschen Evangelischen Instituts für Altertumswissenschaften des Heiligen Landes und Exkursionen in Süd-Peräa, Wiesbaden (Abhandlungen des Deutschen Palästina-Vereins 32).
Sukenik, E. L. 1948: Megillot Genuzot, Jerusalem (Hebr.).

Summer, W. M. 1979: Estimating Population by Analogy. An Example, in: C. Kramer (Hg.), Ethnoarchaeology. Implications of Ethnography for Archaeology, New York, S. 164-174.
Sussmann, A. / Peled, R. 1993: Scrolls from the Dead Sea, Washington DC.
Sussmann, Y. 1992: The History of Halakha and the Dead Sea Scrolls, in: M. Broshi (Hg.), The Scrolls of the Judean Desert Forty Years of Research, Jerusalem, S. 99-127 (Hebr.).
Sutcliffe, E. F. 1960: The Monks of Qumran, Westminster MD.
Tahoon, R. 1990: Around the Dead Sea, in: M. Naor (Hg.), The Dead Sea and Judean Desert, Jerusalem, S. 245-257.
Talmon, S. / Yadin, Y. 1999: Masada. The Yigael Yadin Excavations 1963-1965, Final Reports, Band 6: Hebrew Fragments from Masada. The Ben Sira Scroll from Masada, Jerusalem.
Taylor, J. E. 1999: The Cemeteries of Khirbet Qumran and Women's Presence at the Site, Dead Sea Discoveries 6, S. 285-323.
– 2002: Khirbet Qumran in the Nineteenth Century and the Name of the Site, Palestine Exploration Quarterly 134, S. 144-164.
– 2003: Jewish Women Philosophers of First-Century Alexandria. Philo's ›Therapeutae‹ Reconsidered, Oxford.
– 2006: Khirbet Qumran in Period III, in: J.-B. Humbert / K. Galor / J. Zangenberg (Hgg.), Qumran – The Site of the Dead Sea Scrolls. Archaeological Interpretations and Debates. Proceedings of a Conference Held at Brown University November 17-19, 2002, Leiden / Boston, S. 133-146 (Studies on the Texts of the Desert of Juda 57).
Taylor, J. E. / Davies, P. R. 1998: The So-Called Therapeutae of ›De vita contemplativa‹: Identity and Character, Harvard Theological Review 91, S. 3-24.
Taylor, J. E. / Higham, T. 1998: Problems of Qumran's Chronology and the Radiocarbon Dating of Palm Log Samples in Locus 86, Qumran Chronicle 8, S. 83-94.
Tepper, Y. 1986: The Rise and Fall of Dove-Raising, in: A. Kasher / A. Oppenheimer / V. Rappaport (Hgg.), Man and Land in Eretz-Israel in Antiquity, Jerusalem, S. 170-196 (Hebr.).
Theissen, G. 1977: Soziologie der Jesusbewegung, 7. Auflage, München.
Thiering, B. 1989: The Date of Composition of the Temple Scroll, in: G. J. Brooke (Hg.), Temple Scroll Studies. Papers Presented at the International Symposium on the Temple Scroll (Manchester 1987), Sheffield, S. 99-120 (Journal for the Sudy of the Pseudepigrapha. Supplement Series 7).
Tov, E. 1997: Der Text der hebräischen Bibel. Handbuch der Textkritik, Stuttgart. –
– 1998: Scribal Practices and Physical Aspects of the Dead Sea Scrolls, in: J. L. Sharpe / K. Van Kampen (Hgg.), The Bible as a Book, London, S. 45-60.
Trever, J. C. 2003: The Dead Sea Scrolls. A Personal Account, Piscatawy (Nachdruck der Originalausgabe 1965).
Trobisch, D. 1989: Die Entstehung der Paulusbriefsammlung. Studien zu den Anfängen der christlichen Publizistik, Fribourg (Suisse) / Göttingen (Novum Testamentum et Orbis Antiquus 10).
– 1996: Die Endredaktion des Neuen Testaments. Eine Untersuchung zur Entste-

hung der christlichen Bibel, Fribourg (Suisse) / Göttingen (Novum Testamentum et Orbis Antiquus 31).
Tsafrir, Y. 1982: The Desert Fortresses of Judaea in the Second Temple Period, The Jerusalem Cathedra 2, S. 120-145.
Tsafrir, Y., Magen, Y. 1993: Sartaba-Alexandrium, in: E. Stern (Hg.), The New Encyclopedia of Archaeological Excavations in the Holy Land, Band 4, Jerusalem, S. 1318-1320.
Ullmann-Margalit, E. 1998: Writings, Ruins and Their Reading. The Dead Sea Discoveries as a Case Study in Theory Formation and Scientific Interpretation, Social Research 65, S. 839-870.
Ulrich, Eugene C. 1998: The Dead Sea Scrolls and the Biblical Text, in: Flint, P. W. / VanderKam, J. C. (Hgg.) 1998: The Dead Sea Scrolls after Fifty Years. A Comprehensive Assessment, Leiden / Boston, S. 79-100.
– 1999: The Dead Sea Scrolls and the Origins of the Bible, Grand Rapids / Cambridge (Studies in the Dead Sea Scrolls and Related Literature
Underhill, H. W. 1967: Dead Sea Levels and the P. E. F. Mark, Palestine Exploration Quarterly 99, S. 43-53.
VanderKam, J. C. 1998a: Einführung in die Qumranforschung. Geschichte und Bedeutung der Schriften vom Toten Meer, Göttingen.
– 1998b: Calendars in the Dead Sea Scrolls, New York.
VanderKam, J. C. / Flint, P. 2002: The Meaning of the Dead Sea Scrolls. Their Significance for Understanding the Bible, Judaism, Jesus and Christianity, San Francisco.
Vaux, R. de 1949a: Post-scriptum: Le cachette des manuscrits hébreux, Revue Biblique 56, S. 234-237.
– 1949b: La grotte des manuscrits hébreux, Revue Biblique 56, S. 586-609.
– 1953a: Fouilles au Khirbet Qumrân. Rapport préliminaire, Revue Biblique 60, S. 83-106.
– 1953b: Exploration de la région de Qumrân. Rapport préliminaire, Revue Biblique 60, S. 540-561.
– 1954: Fouilles au Khirbet Qumrân. Rapport préliminaire sur la deuxième campagne, Revue Biblique 61, S. 206-236.
– 1955: La pottérie, in: D. Barthélemy / J. T. Milik (Hgg.), Qumran Cave I, Oxford, S. 8-18 (Discoveries in the Judaean Desert of Jordan 1).
– 1956: Fouilles au Khirbet Qumrân. Rapport préliminaire sur les 3è, 4è et 5è campagnes, Revue Biblique 63, S. 533-577.
– 1959a: Les manuscrits de Qumràn et l'archéologie, Revue Biblique 66, S. 87-110.– 1959b: Fouilles de Feshkha, Revue Biblique 66, S. 225-255.
– 1959c: Une hachette essénienne?, Vetus Testamentum 9, S. 399-407.
– 1961a: L'archéologie et les manuscrits de la mer Morte, London.
– 1961b: Archéologie, in: P. Benoit / J. T. Milik / R. de Vaux (Hgg.), Les grottes de Murabba'at, Oxford, S. 3-66 (Discoveries in the Judaean Desert of Jordan 2).
– 1962: Archéologie IV. Conclusions et hypothéses, in: M. Baillet / J. T. Milik / R. de Vaux (Hgg.), Les »petites grottes« de Qumrân, Oxford, S. 32-36 (Discoveries in the Judaean Desert of Jordan 3).

– 1973: Archaeology and the Dead Sea Scrolls. The Schweich Lectures at the British Academy 1959, London.
– 1977: Archéologie, in: R. de Vaux / J. T. Milik (Hgg.), Qumrân grotte 4/II. Archéologie par R. de Vaux avec des contributions de J. W. B. Barns et J. Carswell, Band 2: Tefillin, Mezuzot et Targums (4Q128-4Q157) par J. T. Milik, Oxford, S. 3-22 (Discoveries in the Judaean Desert 6).
– 1993: Qumran, Khirbet, and 'Ein Feshkha, in: E. Stern (Hg.), The New Encyclopedia of Archaeological Excavations in the Holy Land, Band 4, Jerusalem, S. 1235-1241.
R. de Vaux / J. T. Milik (Hgg.) 1977: Qumrân grotte 4/II, Oxford (Discoveries in the Judaean Desert 6).
Vermes, G. 1956: Discovery in the Judean Desert, London.
Walker, D. 1993: Notes on Qumran Archaeology. The Geographical Context of the Caves and Tracks, Qumran Chronicle 3, S. 93-100.
Weiss, Z. 1989: The Jewish Cemetery in the Galilee in the Mishna and Talmud Period, M. A. Thesis, Hebrew University of Jerusalem (Hebr.).
Wenning, R 1998: Essener auf dem Zion? Die Frage nach »Essenertor« und »Obergemach«, Welt und Umwelt der Bibel 9, S. 78-79.
Wheeler, R. E. M. 1954: Archaeology from the Earth, Oxford.
Will, E. 1987: Qu'est qu'un baris?, Syria 64, S. 253-259.
Wirgin, W. 1959: Numismatics and Dead Sea Scrolls, Revue de Qumran 2/5, S. 69-74.
Wise, M. O. / Golb, N. / Collins, J. J. / Pardee, D. 1994 (Hgg.): Methods of Investigation of the Dead Sea Scrolls and the Khirbet Qumran Site. Present Realities and Future Prospects, New York (Annals of the New York Academy of Sciences 722).
Wolters, A. 1994: History and the Copper Scroll, in: M. O. Wise / N. Golb / J. J. Collins / D. Pardee (Hgg.), Methods of Investigation of the Dead Sea Scrolls and the Khirbet Qumran Site. Present Realities and Future Prospects, New York, S. 285-298 (Annals of the New York Academy of Sciences 722).
– 1998: The Copper Scroll, in: P. W. Flint / J. C. VanderKam (Hgg.), The Dead Sea Scrolls after Fifty Years. A Comprehensive Assessment, Band 1, Leiden / Boston, S. 302-324.
Wood, B. G. 1984: To Dip or Sprinkle? The Qumran Cisterns in Perspective, Bulletin of the American Schools of Oriental Research 256, S. 45-60.
Woude, A. S. van der 1998: Fifty Years of Qumran Research, in: P. W. Flint and J. C. VanderKam (Hgg.), The Dead Sea Scrolls after Fifty Years. A Comprehensive Assessment, Band 1, Leiden / Boston, S. 1-45.
Wouters, H. / Fontaine-Hodiamont, C. / Donceel, R. / Aerts, A. / Janssens, K. 1999-2000: Antique Glass from Khirbet Qumran. Archaeological Context and Chemical Determination, Institut Royal du Patrimonie Artistique Bulletin 28, S. 9-40 (erschienen 2002).
Yadin, Y. 1957a: Hamegilloth Hagenuzoth Mi-Midbar Yehuda, Tel Aviv (Hebr.).
–. 1957b: The Message of the Scrolls, London.
–. 1969: Tefillin (Phylacteries) from Qumran (7Q Phyl 1-4), Eretz-Israel 9, S. 60-85 (Hebr.).
–. 1983: The Temple Scroll, Jerusalem.

Yardeni, A. 1997: A Draft of Deed on an Ostracon from Khirbet Qumran, Israel Exploration Journal 47, S. 233-235.
Yeivin, S. 1973: Temples That Were Not, Eretz-Israel 11, S. 163-175 (Hebr.).
Yellin, J. / Broshi, M. / Eshel, H. 2001: Pottery from Qumran and Ein Ghuweir. The First Chemical Exploration of Provenience, Bulletin of the American Schools of Oriental Research 321, 65-78.
Young, J. H. 1956: Studies in South Attica. Country Estates at Sunion, Hesperia 25, S. 122-146.
Zangenberg, J. 1999a: Rezension zu F. Rohrhirsch / B. Hofmeir, Die Ausgrabungen von Qumran und En Feschcha. Die Grabungstagebücher von Roland de Vaux OP, Fribourg (Suisse) / Göttingen 1996 (Novum Testamentum et Orbis Antiquus. Series Archaeologica 1A), Revue Biblique 106, S. 114-118.
– 1999b: Rezension zu F. Rohrhirsch, Wissenschaftstheorie und Qumran. Die Geltungsbegründungen von Aussagen in der Biblischen Archäologie am Beispiel von Chirbet Qumran und En Feschcha, Fribourg (Suisse) / Göttingen 1996 (Novum Testamentum et Orbis Antiquus 32), Revue Biblique 106, S. 118-125.
– 1999c: The ›Final Farewell‹. A Necessary Paradigm Shift in the Interpretation of the Qumran Cemetery, Qumran Chronicle 8, S. 213-218.
– 2000a: Wildnis unter Palmen? Khirbet Qumran im regionalen Kontext des Toten Meeres, in: B. Mayer (Hg.), Jericho und Qumran. Neues zum Umfeld der Bibel, Regensburg, S. 129-164 (Eichstätter Studien 45).
– 2000b: Bones of Contention. »New« Bones from Qumran Help Settle Old Questions (and Raise New Ones). Remarks on Two Recent Conferences, Qumran Chronicle 9, S. 51-76.
– 2003: Qumran und Archäologie. Überlegungen zu einer umstrittenen Ortslage, in: S. Alkier / J. Zangenberg (Hgg.), Zeichen aus Text und Stein. Studien auf dem Weg zu einer Archäologie des Neuen Testaments, Tübingen, 262-306 (Texte und Arbeiten zum Neutestamentlichen Zeitalter 42).
– 2004a: Opening Up Our View. Khirbet Qumran in a Regional Perspective, in: D. R. Edwards (Hg.), Religion and Society in Roman Palestine. Old Questions, New Approaches (Festschrift E. M. Meyers), London / New York, S. 170-187.
– 2004b: Rezension zu J. Magness, The Archaeology of Qumran and the Dead Sea Scrolls, Grand Rapids 2002, Dead Sea Discoveries 11, S. 365-372.
– 2005a: »From the Desert to the Sown«. Relocating Khirbet Qumran from Religious Isolation to Regional Connectivity, Jahrbuch des Deutschen Evangelischen Instituts für Altertumswissenschaften des Heiligen Landes (Jerusalem) 9/10, S. 100-112.
– 2005b: Rezension zu J.-B. Humbert, J. Gunneweg (eds.), Khirbet Qumran et Ain Feshkha, Band 2: Études d'anthropologie, de physique et de chimie.Studies of Anthropology, Physics and Chemistry, Fribourg (Suisse) / Göttingen, 2003 (Novum Testamentum et Orbis Antiquus. Series Archaeologica 3), Theologische Literaturzeitung 130, S. 625-629.
– 2005c: Rezension zu S. Pfann, The Excavations of Khirbet Qumran and Ain Feshkha. Synthesis of Roland de Vaux's Field Notes, Fribourg (Suisse) / Göttingen 2003 (Novum Testamentum et Orbis Antiquus. Series Archaeologica 1B), Orientalische Literaturzeitung 100, S. 456-462.

– 2005d: Rezension zu J. Magness, Debating Qumran. Collected Essays on its Archaeology, Leuven 2003, Theologische Literaturzeitung 130, S. 1177-1178.
– 2005e (Hg.): Weltauffassung, Kult, Ethos = Band 3 von: K. Erlemann / K.-L. Noethlichs / K. Scherberich / J. Zangenberg (Hgg.), Neues Testament und Antike Kultur, Neukirchen-Vluyn.
– 2006: »Common Judaism« and the Multidimensional Nature of Material Culture,im Druck für: F. Udoh (Hg.), Redefining First-Century Jewish and Christian Identities (Festschrift E. P. Sanders), Notre Dame.
Zangenberg, J. / Galor, K. 2003: Qumran Archaeology in Transition. Remarks on the International Conference »Qumran – The Site of the Dead Sea Scrolls. Archaeological Interpretations and Debates«, Nov 17-19, 2002 at Brown University, Providence RI, Qumran Chronicle 11, S. 1-6.
Zeuner, F. E. 1960: Notes on Qumran, Palestine Exploration Quarterly 92, S. 27-36.
Zias, J. E. 2000: The Cemeteries of Qumran and Celibacy. Confusion Laid to Rest?, Dead Sea Discoveries 7, S. 220-253.
– 2003: Qumran Archaeology. Skeletons with Multiple Personality Disorders and Other Grave Errors, Revue de Qumran 21, S. 83-98.
– 2004: Toilet Practices Among Members of the Dead Sea Scrolls Sect at Qumran (100 BCE – 68 CE), Revue de Qumran 21, 579-584.
Zissu, B. 1995: Two Herodian Dovecotes. Horvat Abu Haf and Horvat 'Aleq, in: J. H. Humphrey (Hg.), The Roman and Byzantine Near East. Some Recent Archaeological Research, Ann Arbor, S. 56-69 (Journal of Roman Archaeology 14).
– 1998: »Qumran Type« Graves in Jerusalem. Archaeological Evidence of an Essene Community?, Dead Sea Discoveries 5, S. 158-171.
– 2001: The Identification of the Copper Scrolls's Kahelet at 'Ein Samiya in the Samaria Desert, Palestine Exploration Quarterly 133, S. 145-158.
Zorn, J. 1994: Estimating the Population Size of Ancient Settlements. Methods, Problems, Solutions and A Case Study, Bulletin of the American Schools of Oriental Research 295, S. 31-48.

Register

Namen

Historische Namen

Orte

Sachen